時間怪獸

TIME'S MONSTER
How History Makes History

被歷史塑造的大英帝國進步假象

普莉亞・沙蒂婭 PRIYA SATIA

苑默文——譯

致阿曼和卡比勒
獻給媽媽蘇嘉雅

目次 *Contents*

導讀

揭開帝國蜿蜒的道德良知

陳嘉銘／中央研究院人社中心副研究員

我發現我為此感到驕傲。我當然不是唯一擁有白人血統的人，但是我有一個白人祖母，這可不像白人祖父這麼普通！所以我母親是一個混血！我從前看到她比較淡的膚色，早就該猜到了。我現在發現她比以前更漂亮了，更聰明和更優雅……我無法停止不去幻想我們的（白人）牧師，我做了一個決定，我永遠不會愛任何人，除了一個白人，一個金髮碧眼、一個法國人！

這是弗蘭茨・法農（Frantz Fanon）在他的革命性著作《黑皮膚，白面具》記錄的一個阿爾及利亞黑人女孩瑪約特（Mayotte）意外發現她的祖母是白人後留下的陶醉文字。如果說殖民地的黑人女性可以透過情愛的夢想染白，黑人男性的憤怒則來自這樣的普遍經驗：當他們去看診時，白人醫生刻意對他們講洋涇浜的法語，這些白人對他們「不存在希望、沒有興趣、漠不關心、自動地分類他們、監禁他們、原始化他們、將他們去文明化。」

一九七〇年代之後，全球各地的歐美殖民地已經紛紛獨立，但是到了今日，帝國主義在非洲、南亞、東南亞和中南美洲留下來的各種創傷並沒有癒合。許多獨立後的殖民地人民仍然處於被新的政治經濟和社會文化體制邊緣化的賤民地位。如法農觀察，被殖民者不僅需要克服外來的政治統治，而且更需要克服外來暴力深入被殖民者身體和心靈的傷害、禁錮和控制，才能奪回被殖民者的自我意識和能動性。

在二〇〇〇年前後，印度學者查克拉巴提（Dipesh Chakrabarty）等人從歷史和殖民地賤民階級的觀點，分析歐洲帝國主義及其相關制度和意識形態，如何自我正當化地粗暴擴張、如何繼續影響殖民地人民今日的次等地位，以及殖民地人民各種非西方式的抵抗形式。他們全面批評了啟蒙（以及自由主義）和帝國主義合謀的曖昧遺產。畢竟啟蒙和自由主義的世代，就是歐洲帝國主義如日中天的時代。但是他們對啟蒙和自由主義的分析，偏重於和帝國主義結盟的後果，我們不是很確定啟蒙和帝國主義的結盟是偶然、還是必然？

以珍妮佛・皮茲（Jennifer Pitts）為代表的政治理論學者在二〇〇五年的《轉向帝國：英國與法國帝國自由主義的崛起》對後殖民研究對啟蒙的全盤質疑提出回應。她認為十八世紀歐洲的啟蒙知識分子普遍都反對帝國主義，例如伯克（Edmond Burke）、亞當・斯密（Adam Smith）和邊沁（Jeremy Bentham）都不支持帝國主義，到了十九世紀，歐洲知識分子才開始全面轉向帝國。簡言之，皮茲重新以后翼棄兵開局，棄了十九世紀自由主義，保護了十八世紀的啟蒙皇后。

本書作者普莉亞・沙蒂婭教授（Priya Satia）的 *Time's Monster: how history makes history*（本書的中文書名為《時間怪獸：被歷史塑造的大英帝國進步假象》）可以視為對皮茲等政治理論學者的再回應。這本書細數了英國帝國主義在十八世紀、十九世紀上半葉、十九世紀下半葉、一戰前後以及二戰之後，在每個階段遭遇殖民地的反抗以及帝國的血腥反撲後，英國的知識分子和政治社會菁英如何透過召喚歷史感和歷史意識，管理他們的良心，為他們的能動性提出遁辭，或者洗脫罪惡感、或者英雄化地承擔起罪惡感，反而證成了他們支持帝國主義繼續擴張的主張和行動。

十九世紀維多利亞時代的英國人不是荒誕的冒險家或者汲汲營營於暴富的投機者。他們原則上都是對自己的道德良心嚴肅和認真的人。但是每次的殖民挫敗，在良心管理之後，都成為他們更支持帝國主義的理由。本書作者沙蒂婭認為關鍵的鑰匙就是啟蒙和自由主義的歷史感和歷史意識。

一七九六年，英國槍枝製造商加爾頓（Samuel Galton）被他的貴格會基督教社群控訴他的事業違反了基督精神。他為自己辯護說，戰爭是推動（神意指引的）歷史進步的必要之惡，當前戰爭驅動的軍事工業社會是無可避免的歷史現實，每個人都參與其中，他一個資本家不可能抵抗歷史進步。訴求歷史作為倫理的嚮導，提供了他否定自己能動性的理由，幫他清洗了良心。

加爾頓的歷史感來自啟蒙的歷史觀念。啟蒙認為時間朝向一個特定、線性的方向前進。意識到這樣的時間的人們會認知到歷史的審判之眼在看著他們。指引加爾頓的倫理行動的羅盤，不再是他原本面對社群的制度性良心，也不是其他人的苦難引發的同情心，而是他獨自面對歷史審判的個人化的良心。在基督教末世論，在人類歷史的終點，上帝是審判者。啟蒙的歷史觀念沿襲了末世論的形式，人類歷史也有一個最終目的，而歷史取代上帝，成為了審判者。

康德（Immanuel Kant）的朝向普世主義公民前進的歷史哲學，正是要透過這樣的歷史之眼督促統治者的倫理行為。康德甚至提出了一個理性斷定，歷史進步是註定的，但是歷史的力量高過任何個人目的，隱密的自然律則或目的（或者神意）會推動愚蠢自私的人類整體進步。這樣的歷史觀點對自由主義的帝國主義者非常方便，允許他們到世界各地推動歷史進步，但是一旦事情出錯了，他們也可以聲稱個人沒有能力超越歷史力量，否定自己的能動性，而且那些看來愚蠢的過錯，最終仍然會推動歷史進步。

亞當．斯密雖然尖銳地批評東印度公司和英國帝國主義，但是他也認為個人無法抵抗像戰爭這樣的歷史力量。所以他說英國無可避免地不會自願放棄美國，戰爭無法避免。他也說，歐洲人對非洲、美洲和印度令人髮指的掠奪無可避免，因為接觸時歐洲人意外恰巧擁有絕對優勢的武力。在歷史力量之前，這些不義都被免責了。亞當．斯密說只有靠持續的商業往來讓那些被殖民者變得強大，才會因為相互恐懼，讓歐洲人尊重被殖民者的權利。亞當．斯密和康德一樣，相信巨大的歷史力量可以確保那些看起來的邪惡最終帶來進步的目的，他的歷史視野可以容忍這些不義。

一七八三年英國敗給美國引發了英國輿論對殖民地的全面檢討，包括檢討東印度公司在印度毫不遮掩的掠奪和腐敗。埃德蒙．伯克在國會發起了委員會要審判東印度公司的前總督沃倫．黑斯廷斯（Warren Hastings）。黑斯廷斯掠奪腐敗，惡名昭彰。但是這場審判成為一場懺悔的演出，一場英國人淨化和再生帝國主義任務的一場儀式。伯克控訴印度帝國只服務了少數人，可是審判把黑斯廷斯當作代罪羔羊，確保了這只是黑斯廷斯個人的醜聞，而不是帝國本身的醜聞。審判確保了英國人統治印度必須被課責。而且帝國主義必須持續，這是英國贖罪的方式，為了補償英國羞恥的過去，英國必須致力幫助印度進步。對英國人來說，放棄印度有罪惡感，統治印度也有罪惡感，英國的良心必須為了印度的道德進步而壯烈犧牲。這場審判成為帝國合理存在的倫理基礎。幫助英國人管理良心的仍然是歷史進步的啟蒙意識。

在十九世紀初，英國人對印度的觀點開始轉變，醜聞從帝國轉移到印度殖民地身上。詹姆斯．彌爾（James Mill）的《英國印度的歷史》擁抱了啟蒙線性發展的社會路徑。是印度的專制主義讓它的野蠻文明停滯了，英國人抵達就是為了解救印度脫離野蠻。征服不再是帝國權威的正當性來源，取而代之的是文明化的使命。英國人改革印度是為了贖罪、為了補償過去犯下的罪，這是英國人的道德義務。

自由主義認為人性是普遍的，只要在法律、教育和自由市場的條件下，人就可以完全轉變。自由主義的目標要解放個人，將個人從宗教、政治和其他形式的專制主義解放出來，讓個人成為理性、一致和自主的自我。詹姆斯・彌爾試圖在印度直接推行符合自由主義標準的法律，但是他的兒子約翰・史都華・彌爾（John Stuart Mill）主張野蠻社會還不能滿足這些法律和代議政府需要的條件。只要目的是為了進步，專制統治對野蠻社會來說仍是正當的統治模式。紀律是文明的主要特徵，但紀律要成為無意識的習慣需要長久的訓練和練習。因此印度需要被託管，英國必須要盡責地、家父長主義地治理印度。神意不再是隱密的自然目的，英國的統治就是神意本身，給次等文明帶來進步的賜福。

英國在第一次英國－阿富汗戰爭遭遇羞恥的慘敗，英國的復仇軍在一八四二年回到喀布爾，展開極恐怖的暴力報復，屠殺了好幾個村落。這帶來了英國社會普遍的震撼和譴責。這樣的暴力不符合自由主義的敘事。但是沒有關係，因為英國採取這種展示、奇觀和恐怖主義的暴力是為了保護他忠誠的印度子民。英國將暴力扭曲為英國為了印度進步做出的道德犧牲。英國人將他的靈魂抵押出去是為了保護他帶給印度進步的神聖計畫。我們再次遇到自由主義內建的悔罪良心，自由主義知情地以歷史進步之名參與了罪行。如果英國戰敗是上帝的報復，那麼復仇軍就是英國極大膽的主張：歷史而非上帝是人的終極審判。

本書對英國帝國主義在不同階段面對的局勢和良心挑戰的分析極為豐富。我上面只能簡要地說明作者的核心論旨。十九世紀後半到一戰之間的帝國主義，帝國的行為只有變得更邪惡和墮落，英國人對於殖民地人民的觀點和態度也變得更失望、更殘酷。沙蒂婭也仔細討論了阿拉伯的勞倫斯對我們了解大英帝國的意義，有興趣的讀者千萬不可錯過。

這本書涵蓋的知識非常廣博，哲學、歷史哲學、思想史、文化史和政治史交互穿插，但是有耐心的讀者不會空手而回。沙蒂婭幫助我們進一步釐清了這個困惑：為什麼這些對自己的道德良心認真的歐洲人，可以容忍如此明顯違背良心的帝國主義暴力和恐怖？她的解答也可以幫助我們去了解二十世紀東亞以民族和文明之名發生的各種暴力和恐怖。法農要我們克服帝國主義暴力對身體和心理帶來的創傷，這趟療癒旅程需要被殖民者和殖民者重新承認彼此的人性。從了解帝國主義者蜿蜒的良心開始，本書是很重要的一步。

關於轉寫和翻譯

在第二、第五和第六章中，我按照習慣上的方法對烏爾都語和旁遮普語詩歌進行了字母轉寫，而沒有採用更為精確的正式轉寫形式——我在此向該領域的專家致歉。除非另有說明，書中所有詩歌的翻譯都是我自己完成的，我的目的是提供它的字面意思，而不是保留它們的音韻或格律。在第四章中，為了追求可讀性，我同樣選擇了阿拉伯語名稱的普通英文字母拼寫，沒有使用變音符號，我也要為此向專家們表示歉意。

導言

歷史學家是說書人，是過往的看守人，是集體記憶的儲藏室，是人之所以為人的富有想像力的解說人。我們用自己的方式來解釋當前，或理解過去，這些著作至關重要地塑造了「過往」是如何充盈在我們的「當下」之中的。除了這種有點莊嚴肅穆的角色之外，透過為例如反恐戰爭、槍枝管控、種族、學術領域中的女性、移民等議題提供資訊和討論觀點，歷史作品也有能力塑造我們的未來。然而，這些作品雖然和政策相關，但是它們常常是對當前的政治秩序提出批判的，政策制定者們則巴不得要將它們拋之於腦後。雖然我們也許在一個政策制定者們擁有完善的歷史資訊的世界中仍要緊繃著神經，但是歷史學家在公共辯論中更有力的角色可能是表現在與公眾進行的對話上，然後人民可以給他們選舉出來的代理人施加壓力。

然而，事情可能並不總是如此。在現代時期的大部分時間裡，歷史學家們並非是那些當權者的批評者，而是他們的教唆者；人們認為，歷史學科（舉例來說，就會比經濟學）更適合一個有政治野心的年輕人作為一個理想的學習專業。這就是在亞倫．班奈（Alan Bennett）在他二〇〇四年的獲獎劇作《歷史系男孩》（*The History Boys*）中所描繪和批判的文化。[1]它的情節設定是在一九八〇年代，在那時候，學習歷史被認為是一門研究偉人的科目，也是為胸懷大志，想成為大人物的年輕男孩的有益準備。正如英國歷史上的維多利亞時期（Victorian era, 1837-1901）有影響力的帝國主義歷史學家約翰・羅伯特・西利（John Robert Seeley）的那句名言：「歷史是政治才能的學校」。[2]

在亞倫・班奈的劇作中，這種文化尤其是一種英國人的文化（但不僅限於英國人）。自從西元十八世紀一直到非常晚近的時代，歷史學家在大英帝國的強權中是非常重要的建築師，他們既是政策制定者，也是其他政策制定者的謀士。歷史學家的統治和英國帝國主義的時代是相吻合的。

其中最著名、最令人著迷的歷史學家與政策制定者當然非溫斯頓・邱吉爾（Winston Churchill）莫屬了，這位首相曾在最黑暗的時刻裡領導他的人民，並在此後的一年又一年裡激發出人們對於傳記作品的無限著迷。這並不是巧合，而是在帝國主義的發展過程中，一種受到特定的歷史想像力所左右而成的產物。在啟蒙運動期間，歷史作為一種現代時期的道德語言出現，它賦予了歷史學家巨大的政策制定影響力，從約翰・史都華・彌爾（John Stuart Mill）一直到邱吉爾都是如此。因此，對於大英帝國的敘述，也是對一種特定歷史感的興衰之敘述。

第二次世界大戰之後，在去殖民化的時代中，越來越多人主張，歷史學科是一個反抗當權者的場域。到班奈的劇作《歷史系男孩》在二〇〇四年首演的時候，歷史學家的法則已經服從於這一新文化了，在這種新文化裡，歷史是現代史受害者的平反工具。歷史學科在方法論上已經有了改變。過去被放在「大人物」身上的過度關注，開始為那些長久以來被邊緣化了的人們的故事所取代。當學術圈仍是白人男性的專屬遊樂場的時候，歷史學科裡產生了關於歷史和文明的理論，這些理論支撐了在海外的帝國主義和在國內的不平等。當然了，相反的視角也在這時候扎下了根。但事實證明，女性和有色人種進入學術圈對於產生新的知識、打破長期占主導地位的敘述來說是至關重要的。然而，舊有的陳念在大眾流行歷史形式中仍然扮演著重要角色，而較新的、具批判性的學術歷史文化，則受到了更大範圍的「人文學科危機」的損害（包括「過度專業化」會讓歷史學家本身受到傷害的說法）。[3]但隨著越來越多與殖民歷史有關的道歉、歸還和賠償的辯論在世界各地出現，歷史學家的聲音正在從邊緣中浮現出來。

在這本書裡，我講述的是大英帝國的歷史以及歷史書寫的歷史這一對緊密結合在一起的故事。從奴隸制時期起，一直到上演英國脫歐危機的今日，英國的帝國生涯一直是仰賴一種特定的對歷史感受的支配，這種歷史感受將道德判斷推遲到了一個不確定的未來時刻上。與此同時，從威廉・布萊克（William Blake）到聖雄甘地，再到愛德華・帕爾默・湯普森（E. P. Thompson）的反殖民思想家們，則開始闡述了另外一種「反歷史決定論」倫理道德觀，強調當下的道德問責——這最終改變了歷史學科本身的基本目的以及視角。在將這兩股思想的歷史和帝國敘事編織在一起的過程中，並在探索以氣候危機、全球不平等、種族主義、離散、索賠等形式表現出的帝國主義殘渣時，我希望能引導我們更有建設性地去思考，究竟歷史學家在今天可能扮演之公共角色為何。

癥結的關鍵在於，大家都知道這些問題並非意料之外的結果，而是現代帝國主義的承諾——進步（progress）——所造成的。帝國主義的立足點在於一種視進步為必然之發展方向的歷史觀。「進步」就是帝國主義的正當存在理由。在大多數的情況下，帝國主義並不是出自壞人之手，而是出自於那些認為自己在認真做事的人之手。當然，許多歐洲人是完全出於冷漠自私的理由——搶奪和冒險——而加入這一事業的。但是也有數以百萬計的人說服了自己，認為帝國主義事業的確是一項「文明的使命」，歐洲對世界的征服是為了提高世界的文明水準，這種征服在根源上是自由主義的，無論它離自由是多麼的不著邊際或是多麼的虛幻不實。大英帝國尤其是這樣，它體現出了「自由帝國主義」（liberal imperialism）所帶有的明顯意識形態矛盾。但是，它在事實上只是一種先下手為強的征服方式，它可以確保不會有道德上的懷疑：帝國是由一群常常衷心地相信自己是在從事傳播自由的事業的人打造而成的一種剝削、壓迫性的政治型態。[4]

當然，無論是不知不覺或是故意，有良知的人經常做出不道德的行為——這是人類狀況（the human condition）的一個簡單現實。他們會在憤怒的時刻，或是在無可奈何的情境中被捲入到他們所處時代的喧囂裡；它有的時候是一場悲劇，有的時候則是一場鬧劇。即使是啟蒙運動的理性信徒康德（Immanuel Kant）也承認：「從彎曲的人性中，從來就不能製造出筆直的東西（out of the crooked timber of humanity, no straight thing was ever made，譯註：或譯為「卑劣的人性是一塊不可雕琢的朽木）。」[5]在現代時期以前，在帝國和國家之前，在我們開始歷史性地思考之前，邪惡並非不存在。但是，在現代社會裡，意圖良善的計畫出現問題的例子比比皆是，改善人類狀況的計畫總是以災難告終。[6]全球現今所處在的緊急十字路口正是來自於我們自己的愚蠢。自從啟蒙運動開始，推進人類能動性和發明活動的動力正是來自於進步的觀念，人們認為歷史必然是一個進步的故事，而這種信念把我們帶到了災難的邊緣。我們知道歷史決定論（historicism）在現代帝國崛起過程中扮演的共謀角色，我們知道它是如何用將「他者」排除在敘事之外的言論來定義什麼叫進步的，就像是迪佩希・查克拉巴提（Dipesh Chakrabarty）在二十年前就已經告訴我們的那樣：「歷史決定論在十九世紀時讓歐洲人主宰了世界」。[7]然而，我們尚未理解的是歷史決定論是如何讓歐洲人主宰世界的。我們不僅尚未理解它是如何在「進步」和「文明使命」觀念的層面上做到這一點，而且也沒有理解它是如何在帝國主義的實際決策領域中做到的，同樣地，我們也沒有理解為什麼對良善的意圖（good intentions）的斷言會產生出這樣的驅動力。[8]可以肯定的是，這種道德語言的影響從來就沒有得到完整的理解。「通往地獄的道路是用善意鋪成的」，這句諺語恰好就是在這個時候提出，它是對道德與否的判斷取決於未來的結果的這一觀點的隱晦批判。英國人用這句話來表達他們一種揮之不去的意識，即良好的意圖並不能免除一個人對其行為的不良後果的責任。

然而，對於抱持善意的自由主義帝國（liberal empire）的篤信，一直是開脫罪責強而有力的方式；這種古老的歷史想像會繼續勾結在對大英帝國的蓋棺論定中。今天，人們既不能同意是帝國主義帶來了地獄，也不同意對善意的嚴正聲明是足以免責的藉口。不計其數的反殖民思想家和歷史學家已經證明了大英帝國的道德基礎已經破產，它在種族主義、暴力、壓榨、剝削和掠奪方面劣跡斑斑。印度的反殖民主義領袖聖雄甘地採取了非暴力策略來對抗帝國，他在一九二一年時寫道：「讓我們記住，暴力是政府大廈的基石。」[9]但是這一劣跡斑斑、罄竹難書的現實仍然顯得油腔滑調、顧左右而言他。根據二〇一六年的一份研究顯示，百分之四十三的英國人相信大英帝國是一個好東西，而且有百分之四十四的人認為大英帝國的殖民歷史是其自豪感的來源。一份二〇二〇年的研究表明，英國人比法國、德國、日本和其他一些前殖民列強的人民更傾向於希望自己的國家仍然擁有一個帝國。[10]當英國正準備自己在脫歐後的國際秩序中扮演的新角色時，國防部委託編寫的一份關於「重啟英國的干預政策」（Renewing UK Intervention Policy）的報告直言不諱地援引了那些關於大英帝國的懷舊觀點，以重新推動其干預政策：「由於帝國主義的歷史，英國保持著對全球負有責任的傳統，並且有能力向海外投放軍事力量。」[11]英國人會歡慶自己的國家在一八〇七年時參與結束奴隸貿易的廢奴運動的美德英雄主義，但是卻往往忽視了在此之前英國曾在奴隸貿易中扮演的核心角色，以及它此後在抵債性勞動（bonded labor）中的剝削所得。對英國有多麼人道的記載淹沒了英國的非人道紀錄。在公眾記憶中，關於殖民地取得進步的免責迷思一直在掩蓋帝國劣跡斑斑的歷史，這些劣跡包括搶劫、掠奪、政策導致的饑荒、手段殘酷地鎮壓叛亂、酷刑、集中營、監視、司空見慣的種族主義和羞辱。有一種「資產利弊權衡表」想要表明帝國主義所帶來的好處要比壞處更多，認為那些「利」——鐵路、大壩、法治，可以蓋過那些「弊」——偶爾的過度暴力、種族主義。但是，許多聲稱的「利」都是模稜兩可的，而且這種說法的前提本身就存在巨大的瑕疵，它認為我們可以跳脫出根源上的非法、非道德本質來為這些行為做出其他的判斷。特別是關於大英帝國的終結的問題，它被頌揚為一個和平的、自願的、紳士般的權力轉移。前工黨總理克萊門特·艾德禮（Clement Atlee）在一九六〇年時曾經宣稱：「只有一個帝國是在沒有外部壓力或是對統治負擔感到厭倦的情形下，自願交出對臣民的霸權以賦予他們自由的。」[12]但實際上，印度、肯亞、馬來西亞、塞普勒斯（Cyprus）、埃及、巴勒斯坦和其他許多的殖民地都在反殖民鬥爭中經受了可怕的暴力——這些暴力都沒有得到正式的紀念或是懺悔，這與猶太人大屠殺和廣島原子彈爆炸之類的其他現代反人類罪行所獲得的紀念和懺悔截然相反。[13]

我們的這種遺忘以及它所帶來的後帝國時代的輕鬆良知並不是在偶然中發生的。公眾對於大英帝國的記憶是被挾持在神話迷思裡的，部分原因是歷史學家無法解釋如何讓那些曾經抱持善意而參與大英帝國的建設的英國人對此負責。但是，我們要如何正確地處理那些對自己的道德健全有信心的人所提出的抗議和對不公行為的無能為力呢？「偽善」一詞可以用來描述這種人，但是這個詞無助於解釋這種人的愚蠢行為。沒有人會認為自己是一個偽善的癮君子。而以揭開「偽善」面具為框架的歷史分析則是會帶有譴責的口吻，這就會破壞理解。並非所有的合理化解釋都是自私的和透明的。我們必須審慎對待那些歷史舞臺上的人們所做出的道德聲明，從而理解在特定制度和文化框架內行事的普通人如何能夠在抱持善意的情形下，在人類歷史上創造出了令人驚駭的篇章。存在於這裡的謎團是真實的：英國人要如何理解和處理帝國主義帶來的道德困境？可以肯定的是，有一個關於「平庸之惡」（banality of evil）的故事要講——一個關於普通人自動、順從地成為非人道行為同謀者的方式。但在大英帝國的案例中，更宏大的故事也許是關於那些深深關切自己良知的人們所犯下的非人道行為的，實際上，這些人積極地拷問他們的良知。這些公開的「好人」是如何在做壞事的情況下過日子的？如果我們能回答這個問題，我們就能夠解開今天的英國人對帝國缺乏惡的良知的大部分謎題了。

關於大英帝國引人神迷的寬恕條款（forgiving terms），存在著一句最常被拿來引用的名言，它是維多利亞時代的歷史學家西利所說過的一句話，即英國人是在「不知不覺、心不在焉（a fit of absence of mind）的情況下」獲得了一個帝國的，他們是不情願的帝國主義者，不得不接下了統治全球的負擔。但是它在獲得和掌控帝國的時候並非不知不覺，也不是沒有管控，亦不是沒有良知。我們所說的「良善的意圖」常常和良知管控是相互依存的，它是一種抵賴，是在現代時期擴張帝國主義和工業資本主義所不可或缺的。對於意圖的關注會假定有一種積極的、無中介的良知。我們可以反過來問，良知是如何被管控的，是什麼讓參與這些罪行的個人相信並聲稱他們是在施行其良善的意圖。英國人這樣做事的方式，使得對大英帝國的歷史清算比對納粹明顯畸形的意圖的清算更為複雜。考慮到英國人長期以來在外交話語中奉行為達目的不惜「背信棄義」（Perfidious Albion）——英國人天生不誠實、容易背叛諾言（也就是背叛善意）——的觀念，在清算大英帝國歷史這件事上的複雜性是很諷刺的，但是，對於善意的大聲抗議也隨之而來（部分原因是承擔這種刻板印象的責任刺激了抗議的出現）。現在，許多人拿出越來越多的證據說明善意所帶來的破壞性後果。「良善的意圖」促使了大英帝國的暴力後果，這樣的說法不能當成為它贖罪的藉口。這麼做就好比是爭辯說，對納粹殺人意圖的更周全考慮將會在某種程度上為納粹贖罪一樣。納粹的目標是公開的謀殺——給歐洲加以「清洗」——但是對自由主義帝國的意識形態來說，它要求有一個更加冠冕堂皇的遮掩，也因此，自由主義帝國的意識形態比納粹主義延續得更長久。對善意加以主張和斷言的真正價值在於它們揭示了英國人是如何管控自己對於帝國不公不義行為的良知的。

歷史學家將繼續揭露帝國主義的虛偽和偽善，但是在這裡，我想展現的是，一些知性的資料來源，尤其是那些具有一種特定歷史感受的資料來源，揭示出它們是如何允許，並繼續允許許多人避免察覺出它們在現代時期的道德不一致——也就是偽善的行為。文化，作為一種對事件和變化的特定想像形式，塑造了帝國的實際展開。[14]這本書是一本關於歷史學科如何透過讓帝國在道德上可信來幫助打造帝國，並且透過讓帝國獲得合理性，從而再造了歷史學科的書。我們所著眼的是圍繞著歷史敘事的文化如何塑造人們創造歷史的能動性。這個領域裡有豐富的重疊性，它創造出了「歷史」所蘊含的兩種意義：過去發生了什麼，以及對過去發生的事情的敘述。對其他地方和民族的精煉，給大英帝國打下了文化基礎，但是歷史思考（historical thinking）則推動了英國人在這些地方和民族身上做出行動。[15]持有一種特定的對歷史和歷史能動性的理解的文化並非無辜，而是有意地與帝國的建造實現了同謀。

我提供這種敘述並不是要攻擊歷史學科（這門學科的種種工具讓我得以書寫這本書），而是要回顧它是怎樣在塑造世界的過程中出現，以及它所塑造的世界是如何隨著時間的推移而反過來改變歷史學科的，我這樣寫的另一個目的是要捍衛它和現在的新歷史的相關性。許多學者對於啟蒙運動價值觀的積極和消極影響，以及這些價值觀的地方和全球來源有所爭論。我想要考察的是，在啟蒙運動期間培育出的某些歷史觀念是如何在現實世界裡「發揮作用的」，以及歷代的人們是如何使這些概念適應其時代的道德要求的。

在這本書所涵蓋的大英帝國歷史的關鍵時刻中，那些參與帝國運作的英國人透過求助於某些歷史概念，尤其是那些強調大人物在「天意」面前無能為力的歷史概念，來安撫和抵禦負罪的良知。這並不是一些關於用目的來證明手段的不道德概念。馬基維利主義（Machiavellianism）是把政治利益作為自己的目的，毫無顧忌地為目的服務。我們書中的主人公們則是對道德判斷深感關注，但是他們認為，道德判斷需要足夠長的時間才能見分曉。他們對於良知的理解以不同的方式建立在歷史變化的概念上。在現代，關於這種變化是如何發生的相互競爭觀念，形成了人們對於人類所作所為的理解，從而有了個人的責任——這是人類塑造世界的能力，因此人們也是同謀。

現代時期的「現代性」在很大程度上在於一種關於良知的新的自我意識。我並不是要暗示一種關於良知的世俗化思考；在一些例子中，歷史感受驅動、補充、完善或是嫁接到基於宗教的良知概念上（這本書也不是一本關於異議或國家對良知的保護的書）。關鍵的問題在於，人們在思考和管控良知的時候，參考了大量關於人類歷史——關於歷史如何和為何演變的論述。

例如，自由主義的歷史理論設想出了「進步」，它通常是由大人物的意志（是由天意選擇和引導）帶來的。而馬克思主義理論則是將英雄的力量歸功於無產階級（公允地說，也包括布爾喬亞階級在內）。兩種理論都充滿了對種族和經濟進步的某些假設。這種歷史理論在十九世紀的英國人的頭腦中是激勵性的——它激發了人們行使自己的能動性——而且是免責的，因為它們援引的是更高的最終目的或「時代背景」——是歷史大環境或需要限制了人的作用，也從而限制了個人責任。我的興趣是在這一類觀念中所具有的文化力量；對於動機和行動的神經學和哲學理解包含了超出此範圍的巨大知識領域。

當然，人們也會根據良知的需要來調整自己的歷史感受：十八世紀的巴貝多（Barbados）種植園主可能會自以為是地慶祝他將自己的土地轉變成了一個經濟發動機，而很少考慮到實際上讓他獲得成功的政府政策和他所繼承的財富。如果讓時間快轉到一八三六年，在奴隸制結束後，我們可能會發現他的兒子同樣自顧自地輕描淡寫自己的能力，從而能確保自己的繁榮能夠繼續下去，而不需要政府對奴隸損失給予賠償。變革只依賴於個人的事業進取心的觀念，現在已經變得不合用了。他所陷入的歷史變革的缺點沒有阻止他的貪婪，但是拓寬了他的歷史想像力，使他能夠比他的父親更清楚地意識到大環境的作用。

我開始覺察到了良知管控和歷史想像力之間的聯繫，這是對我上一本著作，二〇一八年出版的《槍炮帝國：工業革命的暴力誕生》（*Empire of Guns: The Violent Making of the Industrial Revolution*）一書中的主人公的突然頓悟。十八世紀英國最重要的槍枝製造商是薩繆爾・加爾頓（Samuel Galton）。他是貴格會（Quaker）的成員，該組織也許是在現代英國，和良知問題聯繫最緊密的團體了。正如我在那本書裡所敘述的那樣，他在一七九六年時為自己的生意向貴格會教友們辯護時，他爭辯說，在他的時代和他所處的地方，他無論做什麼，都會以某種方式和戰爭產生關聯——這就是當時英國經濟的性質。我利用這一觀察，對工業革命進行了新的敘述。加爾頓告訴我們，在他的時代，戰爭推動了西米德蘭郡的工業活動。但是，他是否真的沒有其他選擇呢？在後來的思索中，我意識到，他的想法所揭示出的，是歷史性的辯解在安撫他的良知方面所擁有的力量。他認為，考慮到是「天意」將他置於「這種境地」上的，因此他也別無他法。[16]在他看來，一個由歷史決定的現實，制約了他履行作為貴格會成員承諾的願望。因此，他的思考邏輯反映的是正在出現的啟蒙運動中的歷史理解，它是一種道德思想的系統；加爾頓作為貴格會成員的責任迫使他透露出那些正在廣泛傳播的著作中的文化概念。的確如此，那些越來越廣泛傳播的著作很可能在將近一個世紀的時間裡，一直支持了貴格會對於這門家族的生意靜默接受，直到這個時間點才發生了變化。所以我就開始構思寫一本關於這件事的書。

我當時就發現，我的大部分作品都是關於被歷史遺忘的人。我撰寫的第一本著作是《阿拉伯的間諜：世界大戰和英國在中東的祕密帝國的文化基礎》（*Spies in Arabia: The Great War and the Cultural Foundations of Britain's Covert Empire in the Middle East*），這本書出版於二〇〇八年，是關於一群在中東活動的學者／間諜，他們用歷史思考，並通過歷史思考。我還寫過關於二十世紀的南亞詩人應對一九四七年英屬印度分治的另類歷史觀，以及他們對英國社會歷史形成的影響，同時還參與了一項經常性的努力以闡明歷史學家在當今公共辯論中的角色和作用。[17]從我最早接觸這門學科開始，我便不自覺地設法和一種在某種程度上塑造我的、我試圖理解的感覺進行著搏鬥——這種感覺是和殖民歷史深深地聯繫在一起的。它是一種特定的歷史觀念、良知觀念、能動性的觀念，它們和我們習慣上對於先前被殖民的世界的理解，以及帝國主義的利弊權衡表交織在了一起。透過我在過去二十多年裡作為一個歷史學家的工作，我終於能夠在這本書中闡明這種不適了。

在我以前的書中，我偶然發現了兩個關鍵時刻，在這兩個時刻裡，關於歷史的新觀念塑造了英國人對其作為帝國建設者角色的理解。本書第一章和第四章的材料是從新的、更廣泛的有利位置處理這些事件，以追蹤不斷發展的歷史觀念如何影響了大英帝國的發展。隨著時間的推移，那些在我以前的作品中靜悄悄的共有成見已經變得很清楚了，它們在這本書中得到了提煉，成為了我一直以來都想表達出來的東西的綜合。長期以來，我一直認為「良知」是我作為一個歷史學家工作的核心，是我理解帝國暴力的所有努力。但直到最近我才發現，在我所研究的不同的關鍵時刻，歷史思維塑造了倫理決策的共同方式。

在後面的故事中，我的地理覆蓋面並不是均衡的；我對特定思想家的討論也不是均衡的。這絕不是對歷史學科、大英帝國或歷史學科在大英帝國中的作用的詳盡描述。在這本書中所敘述的事件並不是唯一的或最重要的醜聞，也不是帝國良知不安的唯一時刻；對良知的管控一直在帝國事業的這裡或是那裡出現，而這一事業正是建立在持久性的鎮壓和反抗的基礎上的。而且，這些故事的確代表了大英帝國歷史中的關鍵時刻——擴張、鞏固、壓制、重塑和去殖民化。這些事件代表了那些折磨人心的時刻，在這些時候，對良知的管控變得非常困難，這些醜聞瞬間將大英帝國的黑暗現實暴露在公眾的審視之下，現實迫使人們要對良知進行明確的清算。這些事件在文化上、情感上、時間上、地理上和主題上都各不相同，卻被自由主義帝國的主線聯繫在了一起。它們一起讓我們探索「自由主義帝國」這種和良善的歷史意圖糾纏不休的言論，是如何持續扼殺對現代帝國主義所具有的破壞性認識的。將這些不同的事件串聯成一個單一的良知和歷史的故事，就可以從中獲得關於現代歷史想像力是如何塑造帝國發展的新真理。

在最嚴重的反人類罪行中，爭論那些和動機有關的問題是如何以及是否起了作用的討論通常會把右派（例如納粹的罪行）與左派（例如蘇聯的罪行）對立起來。[18]事實上，右派和左派的罪行在本質上都是專制主義和帝國主義的，它們都植根於以歷史思維為基礎的共同倫理觀。我們知道，在現代時期，有人以民族主義和帝國主義的名義犯下罪行。但民族主義和帝國主義之所以有如此大的說服力，是因為它們是一種深具影響力的倫理思想模式的對象，這種倫理思想模式就是歷史決定論。

可以肯定的是，在證明反對帝國主義的理由上，歷史學家的角色是至關重要的，尤其是在二十世紀之交之後（但不僅僅是在這個時候）。但即使如此，他們也沒有完全摒棄該學科舊有的敘述和類別。歷史在二十世紀去殖民主義的大熔爐中被重塑了，但是，這門學科還沒有認識到它作為一隻時間的怪獸所扮演的角色。這種重塑也遭到了抨擊，比方說不久前在史丹佛大學的胡佛研究所（Hoover Institution）舉行了一場關於「應用歷史」（Applied History）的懷舊會議。這場會議就向我們展示了驅動帝國形成的、對歷史想像的持續性文化依戀。[19]當然，我們希望今天的政策制定者和政治人物能夠更多地進行歷史性的思考，能夠銘記過去，但是，這種重新參與需要首先了解政策制定者們在過去利用歷史思維的破壞性方式，以及了解他們後來與歷史學科疏遠的重要意義和局限性。[20]

因為那種歷史感受（historical sensibility）仍然完好無損，而且正是這種歷史感受推動了帝國主義。因此，帝國時代雖然看似已經結束了，但我們一直無法延續一種圍繞在道德案例上反對帝國主義的共識。讓人們理解歷史思考是怎樣和帝國主義狼狽為奸的，這件事有助於讓人們走出這條沒有共識的死胡同。透過揭開歷史感受是如何影響帝國歷史的實際發展，我們也許可以驅散圍繞在反對帝國主義的道德案例周圍隨處可見的模稜兩可、含混不清的東西，並且摸索出一種新的歷史思考模式，讓這種模式不再那麼容易讓我們在帝國的罪行面前視而不見、裝聾作啞。

我們應該如何記憶大英帝國？這件事是很重要的。它決定了我們如何評估後殖民國家在「走出」其殖民歷史方面的看似「失敗」，它也決定了我們如何理解英國在當前英國脫歐危機中重塑英國世界地位的努力，以及我們今天要如何看待帝國性質的行動。[21] 撥開帝國主義身上所籠罩的道德迷霧的風險在前殖民地世界裡是尤其巨大的，儘管那些地方有反殖民鬥爭的歷史，但反對帝國主義的道德理由遇到了一種頑固的矛盾心理。獨立後的印度政府從未真正質疑過它所賴以建立的殖民工程的道德和思想基礎。這在它的發展主義承諾和帝國對邊境地區的征服中，以及在它為殖民者歷史錯誤要求補償的溫順態度中都表現得很明顯。當然，這種矛盾心理正是這個國家的「後殖民」性質的標誌，是殖民主義似乎無法治癒的宿命。在印度人對國家在獨立七十年後尷尬地未能「迎頭趕上」的哀嘆中，潛藏著印度對英國人對其獨立潛力的正確評估的恐懼。

透過一系列關於帝國的故事，我們將了解來自歷史感受的良知是如何在現代歷史的發展中發揮重要作用的。[22]那一段歷史的主要驅動力——帝國主義、工業資本主義、民族主義——都是被進步的觀念（notions of progress）證明為合理的，因此那些勢力很容易被合理化，認為崇高的目標可以為卑鄙的手段開綠燈。即使是那些接受這種效益主義計算結果的人，也要依靠新的智性資源和文化資源來管控他們內心的良知。不斷發展的歷史學科正是這裡的關鍵。我並不是把良知和本著良知做事看作是人類的本質，因此我也不會說良知是永恆的，我是要探究良知在歷史上的偶然性。對弱小的聲音，對良知的關注，不僅取決於良知，也取決於時下的大環境。在權力不平等的情況下，在遺留下來的帝國專制作風中，愛本身（love itself）已經導致了倫理上的扭曲（ethical travesties）。

第一章　以進步爲名發動的戰爭

歷史在注視著你。

——喬治・華盛頓寫給亞歷山大・漢彌爾頓的信，《漢彌爾頓》（二〇一五），林－曼努埃・米蘭達（Lin-Manuel Miranda）編劇

讓我們把「道德倫理」理解為指導一個人行為的品格原則、正確和錯誤的概念，包括一個人對於做出行動的能力（即我們所說的「自由意志」）的感知。良知是一個認知過程，是基於該價值體系對一個行為或情況的理性和情感反應。科學可以告訴我們很多關於良知的遺傳和文化基礎的資訊，但良知也需要歷史解釋。我們在這裡討論的正是這種文化商數（cultural quotient）。在現代之前，在人們引入歷史性的道德責任體系（historical systems of ethical accountability）之前，我們有機會接觸到許多其他類型的道德責任體系，這些體系今天仍然存在。它們大多數是宗教性的，而大多數宗教傳統認為，它們所蘊含的價值體系是全人類所固有的，也就是說，它們不具有

文化或歷史的特殊性。許多宗教的道德責任體系採取了敘述的形式，就像歷史一樣。人類擁有與生俱來的敘述條件。我們講故事是為了使存在有意義，在我們講述的故事中，有那些包括我們自己作為世間的行動者，解釋我們自己的生活如何展開、為什麼以這種方式展開，以及告訴我們是什麼在造成變化的內容。

舉例來說，行為受天體影響的理論（比方說占星術）就告訴我們：天體的位置和運動決定了我們的天性和未來。在這種理論中，人類的能動性受到了嚴格的限制；我們是天體遊戲中的一枚棋子。一個信奉占星術的人，會借助著他的星座、生辰八字尋求解釋。相較於一個不信這一套的人，他們會做出不同的行為，他們對自己的能動性有著不同的感受。這裡有幾種可能性存在：信奉占星術的人可能會更加被動，等待著星體按照預測中的內容來塑造他的命運；或者，這個人也許會利用星象圖作為指南，指導他如何更好地在他的工作生活中、在人世間，和宇宙能量一同創造自己的命運；亦或者，如果他把那些天體圖表落在了抽屜裡並忘記了上面的內容，當他獨立地行使他的能動性而遭遇了失敗時，他可能才會亡羊補牢地拿出那張圖表，然後安慰自己沒有失敗，他只不過是不在運勢上。他會意識到他身處在一個敘事中，他的行動不能超出他出生時星體位置的框架；天體圖表塑造了他想像中他的行動要完成的劇本。它既塑造了他的能動性，又為他的行動及其結果提供了事後的合理化。

在星體之外，對許多人來說，神正在塑造變化發生的方式和原因，以及生活的展開方式。神力的干預——上蒼的行為——是最終的力量，在神的力量面前，人類的能動性輕如鴻毛，它被淹滅了。神力有巨大的能量來清除良知，是聲稱「那不是我該負責」的最清晰的依據。另一方面，對輪迴的信仰可能會塑造我們的行為，挑戰我們去想像事情會如何輪到我們的頭上：如果我們今天對某人的行為沒有同情心，我們是否會在下輩子付出因果報應？我的命運是否與他人的命運密不可分？[1]其他的一些宗教傳統則是承諾人們會在另一個世界裡——在天堂或地獄裡——承擔道德責任。原罪的力量以及自由意志和救贖的恩典的能力占據了主要基督教哲學家們的良知，其中最引人注目的是聖奧古斯丁。在亞伯拉罕系宗教傳統（猶太教、基督教、伊斯蘭教）的許多教派的末世論世界觀（eschatological worldview，譯註：認為世界的演進有一個最後的終點）中，最後的清算，即末日審判，將會發生在時代的盡頭，也就是在歷史的最後一天到來。那些告訴我們這一切內容的證詞是和歷史相關的，它們出現在人類事件的編年史裡，在這其中，神是一個積極的參與者。

在印度教思想中，對人類能動性的指導來自人類歷史時代的一幕神話序章。我們目前的時代，即卡利宇迦（Kali Yuga，譯註：又譯爭鬥時，印度教中四個宇迦循環中的最後一個宇迦），與歷史學科的時間尺度大致吻合，是四個宇迦（或時代）週期的一部分。這是一個黑暗和毀滅的時代，人類的壽命相對較短，隨後將是薩提亞宇迦（Satya Yuga，圓滿時）的回歸，這是一個真理和完美的時代，這個循環將繼續往復下去。這個宇迦始於西元前四世紀，在被稱為《摩訶婆羅多》（*Mahabharata*）的週期循環神話史詩中所敘述的戰爭結束後。這個關於前世的故事中包括了戰士阿周那（warrior Arjuna）和黑天（奎師那，Lord Krishna）以御戰車者的身分在戰場上的對話。這段對話被記錄在《薄伽梵歌》（*Gita*）中，這是一本關於良善地行使能動性的指南。戰爭要求阿周那殺死自己的家人，這個想法讓他感到不安，他無法忍受要為他所愛的人們的死亡負責的想法。黑天則說服他，無論如何，他必須履行自己作為戰士的職責，與敵人作戰。他必須出於責任而行動，不要考慮後果。這是一條赦免良知問責的道路，是對惡報的逃脫，它作為一種文化遺產從上一個宇迦傳到了我們的宇迦中，從神話進入到道德倫理中，進入到了凡人的歷史時代，無數人在為何時行動、如何行動作抉擇時都借助了這種文化遺產。

伴隨著這種宗教、神話和占星術對能動性的理解，我們繼承了這樣一種觀點，即世間的歷史敘述可以指導我們行使我們的能動性。這種觀點出現在十八世紀，源於啟蒙運動對基於理性的普遍倫理評價體系的探索，這種評價體系可能存在於有組織的宗教信仰和發出本著良心做事的訊號的內心衝動之外——它是一種更在乎今世的倫理（如果我們不稱其為世俗倫理〔secular ethics，非宗教倫理〕的話）。[2]歷史成為了啟蒙運動倫理觀的認識論的核心，或稱其為「倫理哲學」，它是哲學的一個分支，側重於將正確和錯誤行為的概念系統化。保守黨政治人物和文學家博林布魯克勛爵（Lord Bolingbroke）在他的《關於歷史研究和使用的信》（*Letters on the Study and Use of History*，寫於一七三五年，發表於一七五二年）中，解釋了歷史作為倫理哲學的用途：「它們是概括性的原則，以及生活和行為的規則，它們總是而且必須是真實的，因為它們符合事物不變的本質。像研究哲學一樣研究歷史的人，很快就會區分和蒐集這些原則和規則，並通過這樣做，很快就會在最可靠的基礎上，根據這些原則和規則在所有時代的試驗，以及普遍經驗對它們的確認，形成一個普遍的道德和政治體系。」[3]蘇格蘭道德哲學家亞當・斯密（Adam Smith）的工作演變提供了一個有用的例子，它說明了十八世紀對於作為道德判斷體系的歷史的重視。他在一七五九年出版的《道德情操論》中第一次嘗試了給道德情感加以解釋，這本著作幾乎完全沒有歷史性。亞當・斯密主要是通過訴諸關於內心之眼的視覺隱喻來表達道德判斷的經驗，即看到人的內心。然而，在亞當・斯密花了三十年時間修訂該書的過程中，文本開始變得具有深刻的歷史意義。到了一七九〇年時，它的內容開始有了對外部事件的觀察。歷史學家艾瑪・羅斯柴爾德（Emma Rothschild）解釋說：「它主張在做道德判斷時的時間順序，即個人從判斷他人開始，然後判斷自己。」亞當・斯密從歷史中堆積了越來越多的「圖景」，展示了道德判斷的經驗，明確地指出了歷史在道德反思中的用途，即我們通過想像力與過去的生活聯繫來吸收道德價值觀。羅斯柴爾德寫道，對亞當・斯密來說，道德情感是「歷史觀察和歷史想像的實驗」。個人在一時一地上觀察自己的社會，可能只會產生出一種狹義的道德，而不是普遍道德；歷史可以通過提供偉大人物的生活說明來防止這種風險。[4]

亞當・斯密將歷史作為道德反思的一種模式，這是他所處的哲學世界的產物。他最親密的夥伴，比如他的蘇格蘭同鄉大衛．休謨（David Hume）也在創作歷史作品。德國哲學家伊曼紐爾．康德很可能也是熟悉亞當．斯密的著作的。[5]在一七八四年，他也在他的〈具有多元文化觀點的普世歷史構想〉（Idea for a Universal History with a Cosmopolitan Point of View）中描述了歷史作為一種道德行動指南所具有的潛力。他明確地希望這種歷史哲學能夠幫助歷史達到他提出的理論的普遍（普世性）目的。這種想法將會預先引導歷史沿著它所描述的路線展開。康德在嘗試展開他的哲學史研究時所公開提出的動機之一就是，它可以「引導君主及其代理人的雄心壯志」，為世界公民的目標做出貢獻，因為「這是他們名留青史的唯一途徑」。簡而言之，統治者可以更好地服務於歷史，著眼於歷史對他們的評判。[6]像亞當．斯密一樣，他預計，他們接觸到關於早期的政府為達此目的的貢獻的歷史記載，將豐富他們關於歷史對他們本身潛在判斷的意識。而他對這個「構想」的敘述將有助於它的實現。這個故事是否成真，人類是否實現了其多元文化性的目的，也許並不重要；康德提供這個故事的部分目的是為了促使現在的道德行動，他引導政治人物採取行動，彷彿歷史在注視著他們（正如與他同時代的喬治．華盛頓在本章的開頭處提醒亞歷山大．漢彌爾頓的那樣）。現在的道德情感取決於在內心自省、在過去觀察他人，並對自己未來的觀察有所感知。正如一位學者所總結的那樣：「哲學性的歷史的功能就像天主教堂裡的聖徒生活一樣。」[7]這是歷史作為道德責任體系的新力量。在此之前，「歷史」的含義是一個故事或是一段敘事，比如對一場戰鬥或旅程的描述。認為歷史「是一個等量地包括過去和未來的連續主體，所以我們可以談論這種歷史、這樣的歷史」的想法是在十八世紀下半葉才出現的。[8]就像道德思想的宗教體系一樣，歷史在這個新的化身中也有它的形象：正如康德對君主的關注所表明的，歷史是一個道德體系，這個道德體系的神聖客體是國家。在十八世紀，「國家」（nation）的含義已經「從自然的事實變成了政治意志的產物」[9]——這可以由華盛頓這樣有歷史意識的人創造出來。休謨是六卷本《英格蘭史》（*History of England*, 1754-1762）的作者，他在一七七〇年時曾向他的出版商坦言：「我相信這是歷史的時代，這是歷史的國家。」[10]想像中的國家共同體擁有一個可在世俗時間內敘述的非宗教過去。[11]歷史是如何在這個時刻獲得這種力量的呢？對這種歷史的歷史的全面描述超出了本書的範圍。以下的簡述是具有伸縮性的（telescopic），但對於理解十八世紀時，歷史作為一種道德思想體系，它是如何與其他繼承的道德責任模式相互適應是必要的。

就像大多數啟蒙時期思想家一樣認為自己是在延續古典時代的探究和啟蒙工作，歷史學家將自己的思想脈絡追溯到古希臘作家修昔底德和希羅多德那裡。後者是西元前五世紀的希臘－波斯戰爭的歷史學家。他認為，神和人的作用是相互關聯的，他的歷史著作中充滿了寓言和民族學資料。[12]在這層意義上，非宗教性的歷史學科是從古代詩歌神話的漩渦中出現的，就像《摩訶婆羅多》和《奧德賽》一樣，這樣的文本不容易被歸類為寫實作品或是虛構作品，它們是神學文本或人文藝術作品。修昔底德在同一個世紀中接踵而至，但是他在描述斯巴達和雅典之間的伯羅奔尼撒戰爭時，這位雅典將軍明確提出了要摒棄神話和神的作用。他被認為是現代歷史思想之父，認為歷史是一系列的原因和結果，可以在不援引神力或超自然力量的干預的情況下加以解釋，以揭示人類事務的永恆真理。

修昔底德將斯巴達和雅典之間的較量視為一部普世性的歷史——是野蠻和文明之間的較量在希臘世界中上演。他在字裡行間中問道：「正義在這個世界上是否擁有力量？」雅典所秉持的是毫不掩飾的帝國主義。雅典人的假設是，並沒有神的力量通過獎善懲惡來執行公平正義；人在行使能動性的方面不擔負道德責任，只有自我利益才能指導行動。而反觀斯巴達，它似乎是無私的，它承擔了將希臘城市從雅典的暴政中解放出來的事業。事實上，修昔底德說斯巴達人的戰鬥是出於對雅典日益強大的恐懼。他們也為了追求這種自我利益而違反了神聖誓言；他們虛偽地在國內維持著自己隱藏起來的奴隸帝國。在斯巴達和雅典之間，還不清楚哪個國家的行為更不人道。斯巴達對其事業的道德性充滿信心，認為所有的對手都是不公不義的，並迅速對他們進行譴責。雅典人沒有這種正義的假設，而是認為所有的人都是出於追求自身利益的需要，因此不在道德上譴責那些反對他們的人。但是，這種非道德的姿態對他們的作用遠不如在比賽中道德承諾對斯巴達人的作用大；事實證明，人性太不合理了。修昔底德的敘述隨後戛然而止，停在二十六年戰爭的第二十年，當時雅典人的實力已經大為減弱，但仍有希望。[13] 然而，最終，斯巴達取得了勝利。雅典人以未能促進他們利益的方式，向傲慢、憤怒、復仇和猜疑投降。在他們確信他們憑藉自己的優勢應該獲得帝國的成功時，他們也隱約相信了正義。因此，他們並不像他們自己想像的那樣無道德或現實。

矛盾的是，這個永恆的真理只有在時間的流逝下才得以顯現。在這個看似世俗的、專注於道德判斷問題的敘述中，具有美德的法官不是神，而是時間。在大多數道德責任體系中，道德上的選擇在當下本身就很明顯，即使正義——無論是懲罰還是獎勵——可能是在後世中才會到來。但修昔底德給了我們這樣一個概念：「歷史」或時間本身將會證明那些在當下可能並不明顯的美德行為。從表面上看，雅典人或斯巴達人的道德取向是否優越表現得並不明顯；只有隨著時間的推移和斯巴達人的最終勝利，才會發現斯巴達人的觀點才是正確的。因此，在這個文本中，歷史本身就成了一個道德責任體系；圍繞競賽而展開的歷史敘事的結束是一種世俗的審判日，揭示了相關各方的道德價值。最後證明的是，雅典是錯的。時間最終表明了這一點。善良和勝利之間可能沒有必然的關係，但善良的勝利滿足了許多道德責任體系所共有的某種敘述需要。

隨之而來的是不同的歷史概念。斯多葛派接受了一種更類似於印度教概念的週期循環的歷史觀。基督教神學帶來了神學家，他們試圖將世界上邪惡的存在與上帝的存在加以協調。在這種情況下，像聖奧古斯丁（Saint Augustine）這樣的哲學家發現，歷史最終是向前進的（ultimately progressive），它會走向末世結束——末日和審判日，這種觀點很有說服力。在另一方面，中世紀編年史在西歐是一種相當實用的歷史記錄工作。他們沒有強加給他們任何教義結構；他們沒有在時間的流逝中尋找意義。有些人認為歐洲的中世紀是一個「十字軍戰爭」的時代，是基督徒對穆斯林入侵基督教土地的回應，但這種觀念是後來在現代時期的發明。[14]還有一種說法認為，將新大陸上的伊比利半島探險家描繪成延續的十字軍戰士，他們繼續著從「摩爾人」（北非穆斯林）手中奪回伊比利半島的鬥爭。事實上，在一四五三年基督教的君士坦丁堡陷落後，他們拚命地尋找新的商業出路（利用了穆斯林統治西班牙時培育出的航海技術優勢），因為君士坦丁堡的陷落將西方基督教世界從舊的貿易路線中剔除出去了。

正是宗教改革發起了一種回顧性探索，探究過去發生的事件究竟具有什麼意義。新教神學與歷史學家尋找並發現了上帝在歷史中的手。[15]宗教改革的決裂助長了他們處於一個劃時代轉折點的觀念。馬丁・路德所持有的觀點認為，教會在時間的推移中已經偏離了它的聖經基礎，這是一種在聖經時間內對於歷史的爭論。將這種決裂視為天意，也有助於為其辯護。十六世紀的新教編年史家們並沒有將這種預言性的歷史觀只應用於教會，而是也應用於基督教世界在時間和空間上所不能及的事件。像墨蘭頓（Philip Melanchthon）這樣的神學家通過在新版編年史中附加前言，為中世紀的編年史提供了回顧性的意義，他們在前言中肯定歷史顯示了上帝如何獎賞和懲罰地上的王國。週期性和末世論——在一個有意義的結構中尋找轉折點並走向最後的時刻——成為了一種新教中特有的激情。天主教思想家們並不接受關於衰落和恢復的戲劇性歷史敘事，而是接受真教會（true Church）的持續發展。然而，西元十六世紀關於探險家–傳教士–征服者的描述確實為現代社會留下了偉人歷史的早期模板。

十七世紀英格蘭動盪的宗教－政治鬥爭和千禧年主義新教（末世論新教，millenarian Protestant）的觀點給彼此推波助瀾，千禧年主義新教徒期待上帝的力量即將在世間顯現出來。[16] 對於清教徒（Puritans）來說，宗教改革進行得還不夠，這促使了一六四〇年代爆發的革命和內戰。這些思想鼓勵著人們接受對政治安排的改變。正如歷史學家大衛・科莫（David Como）的作品所顯示的那樣，那些為「大眾的自由」（我們認為它們是世俗民主的本質）著書立說的英國思想家，他們在寫這些東西的同時，也對他們的時代表達了世界末日般的概念。他們夢想新政治和社會安排的能力是建立在他們的宗教信仰的基礎上的，他們相信基督的國度即將到來，人類的治理可能會按照上帝意志的完美而得到完善。

這種早期現代的宗教－歷史思想的發酵給啟蒙時期的歷史觀念留下了深刻的印記。週期性的歷史觀念並沒有完全消失，但歷史開始被理解成是線性的、不可逆轉的，尤其是向前進步的。由於穆斯林對古典時期歷史作品的保存，從而在文藝復興時期得以恢復的作品被挪用到了這種新的理解中。修昔底德和希羅多德的作品被認為是一門學科的基礎文本，而這門學科現在就是要講述國家的故事，特別是講述其政治決策者的生活。這些敘事給國家領導人授予了正當性，也給國家對主權的主張提供了正當性，這種敘事遠遠超出了早期追溯個別君主的家譜和神性血統以充實其統治主張的敘事。[17] 在英國，國家工程的正當化與帝國工程的正當化是相輔相成的，它從將不列顛群島的「四個民族」（蘇格蘭人、威爾斯人、愛爾蘭人和英格蘭人）納入了一個新的不列顛「國家」的開始。儘管修昔底德和希羅多德都把他們的作品作為野蠻和文明之間的較量來敘述，但在希羅多德的敘述中，波斯所代表的東方是野蠻，希臘代表的西方是文明，這種地理分配將成為英國的歷史決定論的基礎；它肇始並依賴於東方和西方的二分法。事實上，正如我們將在本書中看到的那樣，歐洲哲學家關於道德行為的觀念在很大程度上是由東方主義者（Orientalists）在國外遇到的對於能動性的其他理解所塑造出來的。

因此，即使十八世紀的歷史學家採納了修昔底德關於歷史是人類行動的舞臺的觀點，他們也沒有完全放棄神的角色。[18]在一七一〇年，德國哲學家戈特弗里德・萊布尼茲（Gottfried Leibniz）將對歷史偶然性的信念與他對「上帝仍然行使天意的關懷」的信念相融合。[19]因此，這些偶然的事件既是偶然的，又是被選定的。上帝並沒有造成事件，而是在隨機發生的變化中進行選擇。正如學者凱瑟琳・加拉格爾（Catherine Gallagher）所解釋的那樣，這種對天意歷史（providential history）之思考轉向，為想像上帝選擇其他偶然事件的效果創造了空間。可能有其他「可能的世界」存在。因此，歷史的意外照亮了神的計畫過程。神的意識中包括了無數未實現的意外情況。通過推測（人類的推測能力必然不如神的能力）其他可能的世界，我們對神在我們世界的手有了更清晰的認識。[20]

萊布尼茲對歷史的省思是一部名為《神義論》（*Theodicy*）的作品的一部分，「Theodicy」

這個詞是他創造出來的一個術語，它指的是人們為理解一個良善、慈悲的神為什麼會允許世界存在邪惡而做出的努力。在本書中，我們試圖理解為什麼好人會做壞事，但萊布尼茲和奧古斯丁及其他哲學家一樣，問的是：「為什麼一個好的上帝會容忍壞事？」他的神學理論建立在這樣一個概念上：我們的世界可能是不完美的，但這個世界至少被神保證為是所有可能的世界中最好的。根據他的觀點，我們無法獲得更好的世界。神也許是全能的、全知的，但他的人類被造物是有限的；他們會有錯誤的行為。世界上的邪惡是這種形而上的不完美的必然結果，邪惡的存在是為了讓人類可以尋求救贖和感知真善。簡而言之，現代歷史思想的方法是作為一種努力的一部分而出現的，這種努力是為了讓世界具有道德意義，而這個世界仍然被理解為是受神力所左右的。但它被神力左右的方式與古代世界不同：古代的神直接作用於世界；現代基督教的宇宙將上帝歸於一個超自然的領域，與一個受其自身規律支配的「自然」領域不同，兩者不是糾纏在一起的。[21]

然而，這些規律也是神所規定的——起初是如此。在他一七八四年的文章中，康德把歷史理論化成了一種決定性的事物，註定要以和平的共和制國家聯邦作為終點。他說，他的哲學是「千禧年主義的」（chiliastic），「但不是烏托邦的」，因為（正如我們所看到的）它依靠自己來幫助末日前的太平盛世到來。[22]天意在人類歷史本身中展開，而不僅僅是在神聖的歷史中展開（對奧古斯丁來說就是這樣）。[23]對康德而言，自然法則必須指導人類的進化，這正是因為人類有缺陷的本質——或說人性是「彎曲的木材」（crooked timber）。沒有一個哲學家能在指導人類「大戲碼」的惡意和愚蠢背後找到有意識的個人目的；他必須得出結論，有一些「自然目的」驅動著「人類的這種愚蠢的進程」。因此，對意義的需求產生於基督教對人的墮落本質的信仰，但是，正如哲學家呂迪格・比特納（Rüdiger Bittner）所解釋的那樣：「康德並沒有在哲學的包裝下重新兜售基督教的思想。他建立了一種哲學，以緩和基督教誘發出的憂慮」。[24]他對個人的理性持悲觀態度，但對理性在人類的長期進步中的功效持樂觀態度。[25]如一位學者所說的，對康德來說，「理性不可能在任何個人的一生中得到充分的發展，而只能在整個物種中逐漸發展」。[26]人類的完美可能是歷史的終點，而不是超自然的終點；從長遠來看，個體的人或許無法，但就整個物種而言，是可能達到完美的。[27]他們行使自由意志——能動性，但是卻不知不覺地「彷彿遵循著某種指導性的線索」推動著歷史終點的進展，「即使他們知道的話，也不會把它當回事。」[28]這條普遍理性的指導線是「自然——或者，更確切地說，是……天意使然。」人的非社會性或邪惡的傾向在社會中產生對立，驅使每個人在社會中取得地位；人的「自私自利」助長了他的創造力。[29]因此，惡會辯證地產生出善。人類歷史必須滿足某種內在的敘述結構；它不可能沒有意義。康德解釋說，如果缺乏這種救贖目的的信仰，那麼人類歷史中的許多東西就會對「創造的宏偉力量和智慧」構成「不斷的責難」，以至於我們會厭惡地離開它，只希望在另一個世界中獲得意義。如哲學家曼弗雷德・庫恩（Manfred Kuehn）寫道的，康德的歷史哲學在這個意義上是一種「理性希望的表達」。最後的審判本應揭示正確與錯誤，但康德要求我們不要在另一個世界尋找意義，而是要依靠歷史來揭示這一真理。因此，現代人將宗教掃入到宗教領域的努力為一種世俗道德創造了空間，這種世俗道德批判性地建立在歷史想像的基礎上。

在英格蘭的伯明罕，持異議的神職人員和啟蒙主義哲學家約瑟夫．普利斯特里（Joseph Priestley）也持有同樣的觀點。早在一七八八年，他的《歷史講座》（*Lectures on History*）就再現了博林布魯克勛爵對歷史在形成道德體系中的作用的描述。普利斯特里確信，對歷史的正確研究總是能維護美德，證明惡習的愚蠢：「天意是如此的一致，以至於說，如果這一切能得到公平和完整的體現的話，我們則可以相信，沒有任何東西能夠公允地下一個結論說惡習是應該存在的。」因此，歷史「必須具有利於美德的效果。」普利斯特里的作品也是有神義論的性質的：他確定地指出，通過想像其他可能的世界，我們會認識到神在塑造世界時的決定是正確的。如果世界上似乎是有邪惡的，那麼這樣的歷史想像會表明，「所有的邪惡都將通往，並且終止於一個更大的善。」[30]就像是凱瑟琳．加拉格爾所說的那樣，普利斯特里把歷史看作是一個「大規模的漸進式改進機制，而這個機制會利用最終被它克服了的各種弊端。」[31]他的歷史理論是介於萊布尼茲的神力控制的偶然性理論，和十九世紀德國哲學家黑格爾的世俗辯證歷史哲學之間的一個中途站。對他來說，神的仁慈在人類長期發展的一般規則中是顯而易見的，而這種仁慈不是在人類生活的日常細節中表現出來的。因此，他的結論是，對歷史的研究將迫使我們積極地看待所有的事件，這本身就會培養我們的美德：「我們越是研究歷史……我們就越會為自己的處境和聯繫感到滿意、就越是對宇宙的睿智和仁慈的創造者充滿感激，而且就越是希望，通過我們的行為和我們判斷的方法來促進我們所認為的神所追求的目標，然而我們並不總是能夠判斷這些操作方法，因此，我們不應該試圖模仿這些方法。」他呼籲讀者踐行普通的美德，推遲對看似邪惡的事件的判斷：「讓平實的道德義務成為我們的生活準則。我們可以看到並體驗到它們令人心生愉悅的效果。但是，當我們看到神通過起初容易引起我們狹隘憂慮的手段（它們似乎是向著一個相反的趨勢）來實現同樣美好和榮耀的目的時，讓我們默許神的行為吧。」他不認為這是道德上的雙重標準，而只是道德判斷的時間化，認識到只有歷史能揭示的道德指數。因為偉大的進步事件往往是「與人的意圖相反（而人的作用是作為歷史的工具），並通過旨在產生相反效果的手段來實現的。」這就是黑格爾所說的「理性的狡猾」的早期版本，在這裡被稱為上帝的狡猾。因此，普利斯特里明確地建議歷史學家要注意「每一個改善的例子，對每一次改善所帶來的更好狀況加以注意，這些好事是在歷史中呈現在他面前的那些事件帶來的，（歷史學家要）把這些事件歸結為神想讓事情變好的意圖；如果他不能在所有其他表象中看到同樣的仁慈傾向，就讓他對這些表象保持懸念。」[32]

十八世紀的思想家們受到了自身利益的驅動，把帶來了奢侈生活和詐欺的貿易活動合理化為國家進步的「必要之惡」。[33]但到了十八世紀中葉時，戰爭——對不列顛民族（British nation）的形成的作用是如此重要——成為了啟蒙思想家們的道德試驗場，他們堅信理性和情感（而不是暴力）點亮了進步的道路。當然了，在很多時候和在很多地方，戰爭都被理解為是道德價值的實驗場。在中世紀的歐洲編年史中，戰爭被理解為善與惡的較量。其結果會顯示出哪一方是公正的、有道德的、是受到神的喜悅的。[34]這種想法在現代時期仍有影響。英國人把一七八三年他們在美洲殖民地被打敗的事件解釋為不受天意眷顧，這證明了他們的德行是虧折的。類似的道德語彙繼續構成了對世界大戰、越南等冷戰衝突以及今天的反恐戰爭的討論。然而，在《薄伽梵歌》的戰爭語境裡，我們並不清楚衝突中的某一特定「一方」是因德行高尚而註定要獲勝的。相反的，戰爭是行使能動性的道德試驗場。戰場作為個人戰士的道德試驗場——這是神話歷史的記載，也是任何道德混亂情況的寓言。同樣的，儘管伯羅奔尼撒戰爭中的各方都競相要求得到諸神的青睞，但修昔底德明確否認了任何一方具有明顯的或天然的道德優勢，也不承認在道德方面的實際優勢。他寫道，「更高的標準」是和平時期的一種奢侈。戰爭滋養了野蠻的本能：人們「以錯誤的方式做事」，在行動之後才思考。[35]然而，在啟蒙時代，問題是不同的——不是戰爭是否會揭示戰鬥雙方的相對公正性，也不是士兵在戰爭中是否會有道德行為，而是戰爭本身的道德地位。它是可以或甚至應該被抵制的東西嗎？在英國，這是一個具有緊迫實際意義的問題，作為一個政治體的英國在整個十八世紀裡幾乎一直處於戰爭的狀態。在一方面，自由主義道德哲學家亞當·斯密規定了和平是進步的條件，但許多思想家認為戰爭是實現和平與進步的歷史必然，是某種自然法則的作用，善意的人類可能只是徒勞地試圖螳臂當車。事實上，正如我們將看到的那樣，即使是連亞當·斯密的作品也放縱了這種想法。普利斯特里發現，看似永恆的「戰爭狀態」對神的恩惠的看法構成了挑戰。他提供了一個令人放心的反事實，即那些死於戰爭的人可能無論如何都會死於疾病；至少，「如果後人在任何方面因戰爭而變得更好，那麼在戰爭中失去的生命就是死得其所了。」階級勢利提供了進一步的慰藉。考慮到組成「我們的軍隊」的那類人，普里斯特利相信：「他們不可能以其他方式為他們的國家做出如此大的貢獻。」他的判斷源於這樣一個假設：「他們的國家」——這個民族——是歷史進步的明顯目的。從這個角度看，戰爭遠不是一個令人遺憾的罪惡和無謂痛苦的根源，而是一個強大的歷史變革機制。最重要的是，它是科學發現的主要動力。戰爭的「有益警報……喚起了人們的積極性，並使他們的生活更加豐富多彩……它喚起了人們的行動，激發了他們的智慧。」他們製造的東西在戰爭結束後也能得到和平應用。如果沒有這種動力，人類將陷入「如此嚴重的獸性」狀態，從而危及物種的生存。戰爭所釋放的技術進步動力和它所促進的智性愉悅文化，最終會達到這樣一個水平，使戰爭不再是繼續進步的必要條件。他們將到達一個平等與和平的基督教太平盛世。因此，看似災難性的事件可以有效地帶來「最快樂和最理想的狀態。」[36]普利斯特里這種關於戰爭的論點與康德的保證是相呼應的，也就是說，雖然戰爭會立即帶來破壞性的影響，但是它最終對歷史是有益的；競爭性的驅力會產生出文化的進步。

約瑟夫·普利斯特里關於歷史的觀點也許受到了他對這一時期伯明罕及其周邊地區由戰

爭驅動的工業變革的觀察的影響。[37]他的姊姊嫁給了著名的大炮承包商約翰・威爾金森（John Wilkinson），而他的好朋友和支持者正是薩繆爾・加爾頓，他是英國最為重要的軍火製造業的經營者。普利斯特里曾是加爾頓在著名的宗教異見者學校沃靈頓學院（Warrington Academy）的老師。普利斯特里寫於一七八八年的作品的依據正是是他在一七六〇年代時在沃靈頓學院授課的內容，當時加爾頓是他的學生。他和加爾頓都是伯明罕著名的啟蒙思想家俱樂部——月光社（Lunar Society）的成員。加爾頓給普利斯特里提供了資助，並在一七九一年他倡導異教徒平等權利在伯明罕引發大規模騷亂時為他提供了庇護。在一七九六年時，加爾頓在他的貴格會成員面前為自己的生意做出辯護時（人們認為他非基督教性質的戰爭生意違反了他們的宗教信仰）引用了與普利斯特里類似的論點。他的辯護向我們展示了十八世紀的人們是如何將他們那個時代由戰爭驅動的經濟現實視為不可改變的，視為歷史上不可避免的方式，從而剝奪了他們作為個人行使其能動性的能力。

在印刷和分發他的書面辯護詞的時候，加爾頓表現出了他自己的強烈能動性意識，但是當事情來到中止槍枝買賣的時候，他的能動性意識便蒸發了。他抗議說，他無能為力，他無力糾正這種情況。在他的家族從事槍枝生意近一個世紀之後，在一七九五年時，加爾頓在面對這種嚴厲斥責所表現出的驚訝，表明他的良心直到那時才真正地得到了淨化。就像他可能影響了普利斯特里的思想一樣，普里斯特利的思想也可能同樣影響了他，和他在天意安排的歷史進程中被束縛的感覺。他認為，每個人，包括他的貴格會教友，都不可避免地參與了戰爭，他借助「天意」之手來說明他們所處的特定歷史時刻。他對他的法官們感嘆道：「你們的實踐原則，與天意給我們安排的所處情況是不相配的。」[38]對他來說，這個「情況」是一個軍事－工業社會在戰爭的刺激下取得了飛躍性的進步。甚至他的客戶也是同謀：桑普森・勞埃德（Sampson Lloyd）是他的朋友之一，是一個長期為他的槍械製造廠提供鐵料的家族的後代。從加爾頓所處的位置來看，在他周圍展開的工業轉型是一個由戰爭驅動的現象，不是任何一個工業資本家所能改變的。這並不是說他沒有想像出國家將資金用於和平「發展」的另一個世界；對他和許多十八世紀的人來說，歷史進步取決於戰爭。戰爭可能是違背信仰的，但這是他們那個時代無可爭議的歷史現實。一代人之前，加爾頓的親戚、貴格會銀行家約瑟夫・弗萊姆（Joseph Freame）曾以缺乏迴旋餘地為由，解釋他對戰爭驅動的利潤的容忍。他說道：「無法治癒的東西，一定是會持久存在的東西。」[39]加爾頓的論點賦予了這句旨在洗刷良知拷問的格言一個新興歷史學科的哲學權威。依靠天賜的歷史概念作為道德指導，加爾頓和新經濟的其他參與者可以違反純宗教性的和平相處的道德承諾；它使人們能夠從繼承的「道德經濟」概念中抽象出一個「經濟關係的獨特空間……」[40]——在這個空間裡，他們可以對可交換的「商品」進行不受道德束縛的交易。通過對歷史的思考，加爾頓可以將他的經濟行為從他作為貴格會成員的承諾中抽象出來。儘管辯論有宗教上的利害關係，但他並沒有援引精神約束或神的意願來解釋他的行為。他把這些行為解釋為他在（天意引導的）人類時間中所處的位置的結果，而不是他在神的世界中的位置：他是在一個天意引導的戰爭時代裡的某一企業的繼承人。一個世紀後，德國社會理論家馬克斯・韋伯將資本主義的歷史寄托在新教的「召喚」（calling）概念上，該概念將世俗事務作為宗教責任，使現代企業家問心無愧。但加爾頓問心無愧的來源是歷史性的，而不是宗教性的（然而他對歷史本身的感覺是天意決定的）。

考慮到加爾頓十分熟悉約瑟夫・普利斯特里的思想的事實，那麼，普利斯特里的思想應該大大增強了他對自己的信心。至少沒有人可以說，只有一個如此明顯地投資於戰爭經濟的人才會提出這樣的論點：它具有獨立的智性上的正當性和文化上的立足點。除了加爾頓之外，許多貴格會成員也都接受戰爭是一種「必要之惡」，銀行家薩繆爾・豪爾（Samuel Hoare）就是持有此論的一位。[41]貴格會成員也對英國的國家命運進行了投資，而戰爭是十八世紀英國的核心和決定性事實。在哲學家和貴格會成員的世界裡，許多人對戰爭的經濟作用充滿信心。[42]「必要之惡」的想法被證明是非常容易接受的，因為它是一個有歷史依據的概念，可以為其他倫理思想體系中明顯有所抵觸的活動進行辯護。

在一個直到一八三〇年代還缺乏正式法律地位和管理機構的繁華小鎮上，加爾頓是有影響力的社會菁英之一，他是在自願的基礎上負責當地的管理的，除了對他們自己負責以外，他們不對任何人負責；事實上的管理權威在於分成了三六九等的社會階層中。雖然他的作為已經違反了貴格會原則，但這種免罰特權似乎已經延伸到了他在貴格會內部的聲譽上。他堅持自己不對任何人負責，只對自己的私人良知負責，而他所從事的慈善事業則進一步證明了他的本質是善良的（對他自己和其他人都是如此）。在這個時代，紳士般的資本家們援引金融業極其深奧、外人難以窺測的特性來洗白自己，讓自己和那些使普通人的財富化為烏有的危機撇開瓜葛，[43]這位工業資本家同樣指出了存在有他所無法控制的更強大的力量，使他無法避免地參與到了戰爭中，而無論他的原則是否贊同戰爭。事實上，他也在一八〇四年成為銀行家，因為他的槍枝財富在拿破崙戰爭期間急劇增加了。他的兒子薩繆爾・特提斯・加爾頓（Samuel Tertius Galton）從一八〇四年到一八一五年間一直是銀行家和軍火承包商，在戰爭結束後，隨著國家需求的崩潰，他的軍火業務也隨之結束了。當時的特提斯・加爾頓已經離開了貴格會，於一八〇七年與啟蒙運動哲學家、醫生和廢奴主義者伊拉斯謨斯・達爾文（Erasmus Darwin）的女兒維奧萊塔・達爾文（Violetta Darwin）結婚了。我們將在本書的第三章裡聽到關於他們的兒子，人種改良論者弗朗西斯・加爾頓（Francis Galton）的故事。

加爾頓的論點對證明在十八世紀末的伯明罕要過一種與戰爭無關的生活的困難性有著很大幫助。但他的論點也是不可靠的。事實上，他是否如他所想的那樣無力改變現狀呢？當然了，在一個相互依存的經濟行為者和經濟網絡的世界裡，個人責任是很難討價還價的，但他在國家槍枝承包商中的特殊重要性表明，如果他在戰爭中決定優先考慮他作為貴格會成員的承諾，放棄武器製造的話，他可能會對國家的戰爭能力產生重大影響。這將帶來巨大的個人風險——儘管他可能得到貴格會教友的支持。他的有限的能動性認知來自於他對自己作為工業資本家的歷史命運的理解。就加爾頓和其他承包商對戰爭的消極容忍所依據的文化信念而言，這種歷史想像力有力地塑造了歷史本身的展開。一種歷史經濟思想模式的出現（它甚至可以安撫一個貴格會製造軍火者的良知），這對於英國成為一個工業和全球超級大國來說是至關重要的。對法戰爭於一八一五年結束，英國掌握了地中海、印度洋和太平洋。世界上百分之二十六的人口都處在英國的統治之下。

我們認為歷史學科在本質上是一門人間的、非宗教的、唯物的、經驗主義的學科。我們假定，我們用來解釋世界為什麼是這樣的各種因素、人類行為、動態力量都是跟今世有關的，而且是可以客觀辨認的。然而，這門學科是從對意義的探索中產生的，它採用了宗教的末世論結構（eschatological structure，認為歷史有一個最終的終結點和判決）。它的建立是為了賦予道德上有問題的事件以目的和意義，並在歷史的敘事性結局中加以揭示。正如人類學家塔拉勒·阿薩德（Talal Asad）所解釋的，世俗的東西「既不是與在它之前的宗教性的東西相連續……也不是簡單地與宗教性決裂」，而是「與『宗教性的東西』重疊。」[44]基本上是為了道德化的目的，啟蒙運動的歷史思想接受了一種特殊的時間概念，即認為時間是一種不可抗拒地向前發展的東西，這是採用了猶太－基督教傳統中採用一種末世論結構和千禧年主義的觀點。因此，它便糾結在了有各式各樣定義的「進步」概念上。關於普世時間的穩定、不可逆轉地向前發展的假設，是讓歷史能夠行使修昔底德發現的道德判斷力的原因。正是這種時間的線性發展的觀念，讓「進步領先」

成為了現代性的最強大衝動。歷史將會揭示出什麼是已經過時的，是被天意視為「落後」的。正如小說家和人類學家阿米塔夫．戈什（Amitav Ghosh）所說的那樣，過時成為了「在現代性中等同於毀滅和地獄一樣的東西。」它是最有力的詛咒，並「一代代地傳遞下去⋯⋯從黑格爾到馬克思，再到歐巴馬」，被罵成是「落後」就相當於是「站在歷史的錯誤一方」的詛咒。[45]

啟蒙運動對於戰爭的進步性質的信仰有助於使帝國征服和工業資本主義的暴力正常化。亞當．斯密對經濟繁榮的和平主義願景有其本身的歷史遺留影響，但是即使是他的歷史願景也允許「必要之惡」，其方式就是推進像是普利斯特里這樣的親戰爭論點。因此，在他一七七六年出版的著作《國富論》這本「惡名昭彰的歷史作品」裡，他提出槍炮武器的發明雖然「乍看之下十分凶殘，」因為它讓「富裕和文明的國家比貧窮和野蠻的國家更有優勢」，但它也有利於「文明的持久性和⋯⋯擴展。」[46]他對槍枝採取了萊布尼茲式的觀點——在表面上看起來邪惡的東西的存在是有意義的，隨著時間的推移，其實際的良善目的就會揭示出來。普利斯特里在他的論點中也呼應了這一觀點，他認為槍枝使戰爭不那麼血腥，而更為迅速地取得決定性的勝利，槍枝的作用是文明化。[47]在為自己辯護的時候，加爾頓的話也與此如出一轍。

我們將會回到亞當．斯密以及十八世紀歷史思想形成時的更廣闊背景中去。但是我想要在這裡先停頓一下，確認一下這些關於戰爭和工業主義在歷史上的地位和思想遺產。像是加爾頓一樣，我們接受工業主義是一種不可動搖的集體遺產，無論它在人類歷史的長期敘述中是多麼的特殊。

我們也需要欣然承認，它對戰爭（如今被稱為是「國防」）相關活動的不幸但必要的恩惠。[48]但是我們已經不再像加爾頓那樣看待戰爭了，他將戰爭看作是歷史的偶然事實，這種偶然限制了他在特定時刻的選擇。在一個看似永無休止的全球反恐戰爭的時代，戰爭和其他形式的集體暴力幾乎成為了歷史之外的事情，是一個具有自身週期性邏輯的長期背景，就像是天氣一樣，是超出世間人為的掌控的。例如「安全」這樣的技術性委婉的說法掩蓋了中東、阿富汗和其他地方衝突的政治和歷史特徵，讓這些衝突繼續貌似是不可避免的，從而沒人應該為此負責；在這些地方對人類生命的持續性破壞貌似與可怕的暴風雨一樣平常，破壞是不可避免的。

如今，這一類比本身已經開始四分五裂、漏洞百出了，因為我們開始知道，我們生活中的氣候——包括可怕的暴風雨在內——也不是像我們之前所假設的那樣自然。工業革命使大規模的暴力成為了可能，同時也開始改變了氣候。在一個自然災難不再「自然」的時代，在我們現在稱為「人類世」（Anthropocene）的時代，當人類活動成為了氣候和環境的主要影響力時，一個新的類比可能會樹立起來，這要求我們呼籲有人要對暴風雨和戰爭的發生負責。自從工業資本主義誕生以來，我們可能已經發現了，自己比過去被教導去想像的樣子更有實際操作的空間。

到了十九世紀末時，快速發展的歷史感知給經濟轉型貼上了「革命」的標籤，壓制了對於這場變革中的失敗者所懷有的愧疚感，並主張、斷言了一種進步敘述（narrative of progress）。二十世紀的勞工運動使煤礦工人成為幫助喚醒這種良知的標誌。今天，在世界各地，煤炭工人的形象遭到了操弄，從而壓制人們對氣候變化的良知。事實上，氣候和煤炭工人都是受害者，苦於工業革命所開啟的對環境資源與人類勞動之壓榨與剝削。

在加爾頓給自己的辯護中，他訴諸於歷史的論據是基於他那個時代特有的自我概念（notions of selfhood）。他為自己辯護，而不是屈服於教會的突然反對，這是因為他對自己的行為進行私人道德評估的能力有信心。他的觀點是，軍火合約是如此的普遍，每個人只能對自己的良心負責。貴格會將不得不放棄對所有人的約束，無視或者只是尊重「私人判斷的權利和義務」。[49]將個人動機置於公共審查之下的做法使他們感到懷疑。他認為，消除個人生活和公共生活之間的區別，只會使他的行為淪為單純的表象。當然，他可能承認作為原材料供應商和成品武器製造商之間的共謀程度是不同的。但他的觀點是，如果原則有受到威脅之虞，那麼程度就並不重要。只有個人的良知才是重要的——對罪行的主觀而非客觀的評估，這是在當下唯一的可能，未來會怎樣則沒人知道。加爾頓認為，自己是一個受特定歷史時刻制約的貴格會成員和工業資本家，他不是對教會的指令負責，而是對他個人的良心負責。

私人的、內向的良知與機構支持的「良知」概念不同，甚至是相抵觸的，這種概念是宗教改革和英國異見派（包括貴格會）傳統的組成部分。[50]莎士比亞的《哈姆雷特》寫於十六、十七世紀之交，戲劇化地展現了高度個人化的良知所能帶來的孤獨折磨。到了十八世紀末，教會已經不再頒布戒律，「道德神聖」被理解為在自我內心中活動，對個人良知的吹捧是對私人道德判斷的廣泛文化關注的一部分。[51]啟蒙哲學家對道德情感的探索是這種文化的縮影，也滋養了這種文化。

一部分是通過與古典思想的接觸，啟蒙運動促使了「道德」一詞從宗教信仰的世界遷移到了政治領域，它被認為是個人道德的試驗場，一個「由良知引導的內心旅程」。[52]哲學家查爾斯·泰勒（Charles Taylor）解釋說，西方宗教信仰的背景條件發生了變化，產生出了一個「內在框架」，將人類繁榮的目的與任何超自然的秩序截然分開了。這種內在框架的「自我」和心靈之外的力量「有了緩衝」，其特點是致力於理性和線性時間。[53]小說成為展示個人自我發現之旅的典範體裁，用阿米塔夫·戈什的話說，這是一種「給良知的事業做出繪圖規劃」的形式。它和其他「人文主義敘事」對於培養現代人對個人的同情心是至關重要的。[54]維多利亞時代的傳記寫作（一種歷史體裁），尤其完善了書寫自我的藝術，彷彿自我是而且可以是一致的一樣。[55]歷史學家查理·柯爾曼（Charly Coleman）寫道，通過這樣的形式，啟蒙運動努力「將自我重塑為一種總體化驅動力（totalizing force）的作用對象，這種力量要麼是位於神祕的神性中，要麼位於一種純粹的內在的、唯物主義的自然概念中。」[56]哲學家們並沒有免除神的角色，而是有效地關閉了宗教和世俗領域之間的通道，將一個人與另一個人聯繫起來。他們重視人類的能動性在神造的世界中的角色，但人類本身卻「以一種和神保持極端距離的方式……讓自己成為了一種新的異己。」歷史作品有助於形成這種對人類的新理解。在新的「公共道德家」（public moralists）之間（正如一位學者這樣稱呼他們），歷史學家為數眾多，這些知識分子承擔著提醒同時代人集體道德價值觀的重任。[57]

簡而言之，歷史作為道德行動指南的出現，取決於並助長了新的自我身分的概念。亞當・斯密的《道德情操論》的演變也使我們能夠實時地追蹤這種變化。在一七五九－一七六一年的版本中，亞當・斯密將良知描述為「用別人的眼光」來審視自己的情感的能力；這取決於幾乎從字面上將自我分為審判和被審判的自我。一個自我克制另一個自我。相對於早期以神為主導的新教對良知的理解，這種分裂的自我是現代的。但最終於一七九〇年問世的版本內容則更進了一步。在這個版本裡，良知不是一個獨特的內部角色，而是一個更具隱喻性的影子。它是一個已經超越了內部分裂的自我，它已經被文明化了。這種十八世紀晚期的高度個人化的自我概念，擁有心理深度和內在性，取代了對身分的更多流動性和集體性的理解。[58]這種觀點認為，發展出公正地審視自己行為的能力是需要時間的；擁有這種能力本身就是擁有了現代自我身分的證明。而歷史著作是灌輸這種能力的關鍵，正如博林布魯克勛爵、亞當・斯密、普利斯特里和其他哲學家所敦促的那樣。內心的聲音的想法可能是古老的，但對自我身分的新理解明確涉及到了個性和個人主義，它將內心聲音的概念嵌入一個新的框架中。

這種文明化自我（civilized self）對於亞當・斯密的政治經濟思想來說是至關重要的。正如一位學者所診斷的那樣，自由主義「在良知上構成罪惡」（constitutively guilty in conscience），因此控管情緒（governing sentiment）就是一道藥方。[59]亞當・斯密認為，受到內心調節的情緒是一種約束，約束著對市場的過度行為，以及約束我們對糾正市場所產生之錯誤的義務感。《道德情操論》允許對「我們從不會看到的苦難」的景象加以拒絕，甚至堅持這種拒絕的需要，在《國富論》（一七七六）出版之前就先反駁了良心的拒絕的概念。這一概念在《國富論》中是對看不見的手造成的結果的一種拒絕。[60]十八世紀末正在形成的全球資本主義關係取決於對狹隘道德觀念的培養。亞當·斯密為資本的代理人制定了一種規範良好的同情心，並且在其他的地方設定了界線，並為其主體規定了在面對自己的痛苦時的堅忍寡淡。他要求對情感進行內部調節，在適當的範圍內分配激情——這就是文明的自我。從某種意義上說，加爾頓關於每個人都不可避免地捲入到由戰爭驅動的工業主義的論點，是試圖戳穿一種更寬泛的純真無邪的幻覺，這種幻覺是自由主義狹隘的道德觀所造成的。但是，正如馬克思所說的，「要求他們放棄對自身狀況的幻想，就是要求他們放棄一種需要幻想的狀況。」[61]馬克思在這裡指的幻想是宗教，但這一觀點也很適用於被這個時代所接受的關於進步的合理性敘述。甚至加爾頓也從來沒有建議要放棄他們的狀況。

意圖是十八世紀良知的仲裁者，隨著現代自我的崛起，它變得更加重要。沒有意圖，就不可能有道德上的責任。在本世紀中葉，歷史學家兼哲學家大衛·休謨解釋說，如果行為「不是來自於行為人的性格和傾向中的某個因素，那麼這些行為即使是好的，也不會給他帶來榮譽；即使是壞的，也不會給他帶來恥辱。」[62]刑事判決反映了這種區別。在激動或憤怒的時刻犯下的「過失殺人」與有預謀的惡意「蓄意謀殺」被區分開來，前者是更可以被寬恕的。但到了本世紀末，一時憤怒的辯解失去了作用。[63]暫時的憤怒意味著自我的一種裂痕，而到了本世紀末時，英國人的自我應該是更受控和可控的，應該更一致和內在連續，不那麼容易出現暫時的斷裂——這是英國中產階級男子漢形象的縮影。

人們對內心一致性的期望越來越高，對貫徹既定意圖的期望越來越高，這助長了遵守承諾的文化，使本世紀最後二十五年被稱為「契約時代」。法律從制度上支持這種文化，規定承諾人一般要對他們的承諾所產生的任何期望負責。因此，十八世紀末的人們培養了一種更強的道德和法律責任感，一種對良心負責的意識。這一點在激進思想家托馬斯．潘恩（Thomas Paine）於一七七六年公開抨擊他父親的貴格會時表現得十分清晰，因為該教派的成員在不擇手段地追求財富的過程中懷有「假惺惺的疑慮」。[64]我們也可以看到，該教派在一七七九年重新傳播一七三二年的一份紀錄，呼籲教友們「準確地履行承諾」。[65]正如我們將看到的那樣，對帝國責任的期望是這種文化的一部分。與法國的緊張關係加劇了這種履行承諾的壓力。一七九二年，英國內政部的間諜調查了伯明罕槍械製造商的忠誠度。[66]除了特定的革命環境之外，即使是法國的恐怖統治（潘恩在期間入獄）也部分地體現了一種更廣泛的根除虛偽和欺騙的文化。在一七九五年，英格蘭通過了反對煽動的兩項法案，將遵守承諾的文化作為武器來對付不列顛激進人士。

也是在這一年，貴格會成員要求加爾頓對他的承諾負責，而他的辯護詞主要是依賴於對不良意圖的否認，他提出的抗議強調自己只不過是一臺巨大的、不可避免的工業機器上的一個齒輪。如果說對一時憤怒的辯解已經失去了可信度的話，十八世紀末的違背諾言者也可以在歷史中尋求庇護，因為歷史的領域被認為是由一股就算是英雄人物也無法控制的力量所驅動，而這正是加爾頓所採取的策略。如果「意圖」是良知的仲裁者的話，那麼歷史性的論證（天意制約著一個人的行動）對於證明沒有不良意圖來說便是至關重要的了。意圖行為的反面是意外，而完美的意外，最終的不在場證明，就是歷史的意外，在這個時代，歷史的發展被理解為是天意的設計，即使是最有雄心壯志的個人也必須認命，並成為歷史車輪中的一枚齒輪。

正如我們將在本書中看到的那樣，這種新的高度個人化的自我意識在理論上比在實踐中更容易存在。但只要它的確能以某種虛幻的方式存在，那麼它就會被製造出來。美國獨立戰爭是一場迫使英國人質疑其所有認同類別的內戰，是一個重要的轉折點，它將舊的、不穩定的、可塑性強的自我身分概念轉變為更固定的身分認同概念。[67]小說和其他文學形式，包括歷史，也起到了幫助作用。但是，促使人們越來越相信歷史是一種道德指南的技術也開始大行其道。在十八世紀，一項技術如果能使人在情感上更加節制——自我克制，那麼這項技術就是在「推行文明」（civilizing）。因此，叉子促進了餐桌上的自我控制。同樣的，槍枝則允許陌生人之間從遠處進行非面對面的暴力威脅。[68]在不受盛怒和激情控制的情形下做事，這些技術促成了十八世紀晚期的男子漢理想——一種受約束的自我掌握著受約束的財物的理想。在英格蘭和全世界都存在著土地公有的悠久歷史，私有財產則是一種反常的現象。[69]將人們從土地上趕到從事工業勞動的城鎮，或者趕到國外殖民地定居的「圈地」過程都依賴於槍枝。[70]一幅布里斯托的槍枝製造商的廣告可以幫助說明槍枝是如何被理解為一種創造現代自我的物品。在該廣告中，一個普通的「土著人」放下了他的弓箭，拿起了火槍，使他能夠與擁有地產的英國人站在一起。他身後有艘輪船象徵著文明的傳播，而這是一種基於地產的文明，這一點體現在土著旁邊那個擁有獵犬、莊園和獵槍的英國人身上。武裝起來的土著人不是一個可怕的人——儘管他的形象將會在下個世紀成為可怕的形象。相反的，他的姿態暗示著解放，成了一個能夠自立的人，現在他手裡有了一把槍。這種所謂的「文明」功能——槍枝推動了歷史進步的想法——往往壓倒了對槍枝的暴力作用的認識，以及壓倒了給英國的潛在敵人提供武裝的疑慮。[71]

為什麼槍枝會以這種方式暗示自我控制力呢？關鍵在於，人們在根本上認為槍枝的暴力是非故意的——槍枝是非個人的、高度不可預測的機械過程的結果，它根本無法像用劍、棍棒或徒手打鬥等有目的、有情感動機的暴力行為那樣，對實施者的良心造成衝擊。十八世紀槍枝的機械性和不可預測性使它成為受控的、無裂痕的自我的一種輔助。亞當・斯密呼應休謨的上述話語解釋道：「射鳥的人和射人的人，他們都在做同樣的外部運動：他們都扣動了槍的扳機。動作的結果，實際上，是從任何行為中都可以造成的，所以開槍的動作甚至比身體的外部運動更無關於讚美或譴責。因為它們不是取決於能動性，而是取決於運氣，所以它們不能成為任何情感的適當基礎，而這些情感中的角色和行為都是主體。他可以負責的唯一後果……是那些以別的什麼方式或動機做出的後果。」[72]槍是一種解放良心的機器——使扣動扳機的人免於「受讚美或受指責」。使用槍的後果不是判斷使用者道德品質的理由；判斷一個人的標準只能是他的行為的預期後果。十八世紀的槍枝的不可預測性使它能夠對違反地產法規的行為起到嚴厲的威懾作用，而不會對使用者的良心造成負擔。從理論上講，在十八世紀的英國，這種機械的、冷靜的暴力很容易實施，而不需要付出良心上的代價，這使得揮舞槍枝能夠有效地抑制侵犯地產的行為。它支持並被「血腥法典」（Bloody Code）的法律恐怖所支持，該法典就是用死刑的威脅來保證財產安全的。[73]

在十八、十九世紀之交時，效益主義（utilitarian）思想家傑瑞米・邊沁（Jeremy Bentham）夢想建立一個圓形監獄（panopticon），使監獄裡的犯人的紀律得到完美內化。看守人可以監視他們，而他們中的任何一個人在任何時候都不知道他們中有誰在被監視，這迫使所有人都表現得好像他們無時無刻都在被監視，從而按照自己的意願來約束自己。這就是十八世紀自由主義的自我形象，財產所有者手中的槍枝促進了這種形象的產生。英國的民族性格建立在持槍的財產所有者所象徵和執行的情感克制做法之上。槍是製造現代良知的一個重要配件，它以歷史為指導：一個意識到被監視的自我，知道歷史的眼睛在看著它。紳士風度體現在槍枝所隱含的權威和克制中。只有這樣一個受控的自我才能充分抑制情感衝動，以滿足實時展開的歷史劇本的需要。正確地對待歷史需要紀律。

槍枝在現代時期的後期獲得了新的含義和用途。槍枝的大規模生產有助於使它們成為了無處不在的商品，能夠在任何敘事中迫使人們改變歷史，例如一九一四年弗朗茨・斐迪南大公被刺殺所「引發」的劃時代轉變。因此，槍枝在殖民地的存在成為了英國人越來越關注的話題。殺戮的機械化壓倒了受控自我的產出，完全麻醉了人類的感覺。二十世紀的哲學家華特・班雅明（Walter Benjamin）解釋說，為了在現代社會中生存，為了保護人類心理不受永久的衝擊，我們學會了自我隔離，欺騙自己的感官反應。[74]加爾頓對於製造一個本身能夠更文明地行使良知的物品並不感到內疚，其偶爾的暴力不是出於對暴力的渴望，而是恰恰正相反。

確定無疑的是，對槍枝的態度更持批判的觀點是在一七九〇年代出現的，因此當時圍繞在加爾頓身上的爭議也是如此。特別是廢除奴隸貿易的運動將槍枝籠罩在黑暗色彩中，廢奴運動讓公眾了解到了槍枝在貿易和種植園暴力中的邪惡作用。隨著一七九三年開始的長期對法戰爭中槍枝曝光率的提高，人們了解到槍枝也開始被用於與保護財產無關的新型殺人事件中了，這也促使人們開始了對槍枝的文明化作用的重新思考。[75]在十八世紀末，奴隸貿易、槍枝和其他許多東西都有新的醜聞浮現出來。如果說，新的自我身分觀念在背後支撐著把歷史看作一種道德習語（ethical idiom）的轉向，那麼，一七八三年英國在北美殖民地的失敗則迫使人們對英國海外行動的道德性進行集體反思，從而鞏固了歷史思維在帝國主義事業中的道德價值。這是「契約時代」更廣泛的政治背景。

直至十八世紀中葉，公眾對帝國的高度自豪感和對戰爭的有利本質的信心有助於平息對海外剝削或侵略行為的暗示。對於追求財富的行為展現出過度謹小慎微的態度被認為是「對公共利益的不成熟嘲弄」。[76]帝國除了獲取財富之外，幾乎沒有任何其他的藉口，幾乎不需要文明使命的辯解，也為像羅伯特・克萊武（Robert Clive）這樣魯莽的財富獵人提供了大量的機會，他加入了東印度公司，這家特許公司自從十七世紀就在印度洋地區進行貿易壟斷活動，並通過一七五七年的普拉西之戰（Battle of Plassey）使公司在孟加拉獲得了第一個主要的立足點。[77]這些公司是英國與世界進行貿易往來的主要工具。重商主義的政治經濟思想假定了一個零和世界，一個國家的獲益就代表另一個國家的損失。征服戰爭有利於英國的公共利益的想法十分普遍，在這個過程中被征服的人的命運不是他們要承擔的道德負擔。以系統或「市場」失靈為由，控制這些股份公司的金融菁英們只要不互相傷害，就可以不受懲罰地騙取公眾的數百萬美元（儘管英國人從道德失敗的角度來理解破產——它是個人的金融失敗）。[78]

七年戰爭（Seven Years'War, 1756-1763）之後，英國人開始抨擊這種「老舊的腐敗」制度，認為它允許社會權貴利用與政府機關的關係來謀取私利。在十八世紀中葉時，文學界對商人和資本家的負面描述一直是一致的。[79]對包括克萊武在內的東印度公司公務員的腐敗和瀆職的指控，為這一問題增添了更多的佐料。在一七七二至一七七三年，當東印度公司的魯莽行為威脅到了自身和國家的財政時，政府便出手金援東印度公司，以換取更大的監管權。無論是在英國還是在美國殖民地，對專制主義的嗤之以鼻開始為公共生活的道德評判開闢了新的舞臺，為一七八三年後對帝國的醜聞進行清算奠定了基礎。

托馬斯・潘恩（Thomas Paine）對英國在印度的活動的憤怒助長了他對英國對待美國殖民地的怒火。一七七六年出版的《常識》（*Common Sense*）是他在美國殖民地起義時編寫的一本煽動性小冊子，他在其中主張：「成千上萬的人已經被英國的野蠻行徑毀掉了。」[80]這句話暗指的是印度人的遭遇，他在前一年關於克萊武自殺的文章中表明了這一點。克萊武回到英國後便晉升了男爵爵位，他在國外的劣跡和這種倉促臆測一樣，都引起了人們的不滿。潘恩主張，克萊武的死是對他的貪婪和權力慾望在印度造成的謀殺、強姦和饑荒的懲罰[81]（許多人，包括薩繆爾・約翰遜〔Samuel Johnson〕在內，都認為良心的腐壞是他所作所為的驅力[82]）。在一七七五年十月，鑑於「在東印度的可怕的殘酷行為……」和對「非洲無助的海岸」的蹂躪，隨著英國和殖民地衝突的加劇，潘恩仍然希望「萬能的上帝」能夠讓英國的力量被削弱。[83]在一七七八年時，隨著戰爭的進行，他再次提出，英國「在東印度的殘酷行為將永遠，永遠不會被忘記」，他說，印度的茶葉在美洲引發戰爭的方式是有想像力的：「它懲罰了摧毀者。這條因果鏈以一種犯罪和受罰的神祕統一性所延續著，一直延續未斷……」[84]這是對歷史的一種因果報應的看法。

亞當・斯密的《國富論》也力圖戳穿對寡頭政治漠不關心的態度，對當時橫行南亞的東印度公司進行了最尖銳的攻擊，認為殖民主義給英國公眾帶來的損失比好處更大。然而，儘管亞當・

斯密的歷史觀誇耀了個人的經濟能動性，但在承認超出他們控制的力量之作用方面，它給個人角色的分量安排得很輕。即使對於東印度公司，他也認為是「政府的體制」制約著公司的能動性：「那些批評他們的人們若是自己身在那種情形下也不會表現得更好」，他感同身受地評論道。同樣的，他也不認為英國政府在與美國殖民地的衝突中會退縮，因為歷史上沒有這樣的劇本。「不管治理一個省分有多麼麻煩，也沒有一個國家會自願放棄對任何一個省的統治權。」做出退讓的犧牲只會「傷害國家的自尊心」，「違背國家管理部門的私人利益。」[85]他做出了預計，只有戰爭才能解決衝突。

在這種將戰爭作為一種歷史力量的寬容中，他的歷史觀預示著康德和普利斯特里在一七八〇年代的歷史觀，他們同樣認為隱藏的法則確保了人類狹隘的自利活動的最終生產效果。如果說歐洲人發現美洲並通過好望角進入印度，從而在「東印度和西印度」造成了「可怕的不幸」的話，那這也是「意外」造成的。[86]這些發現是在歐洲人「碰巧」擁有如此強大的武力優勢的情況下進行的，「以至於他們能夠不受懲罰地犯下各種不公正行為。」他寫道，彷彿擁有武力這一歷史性的意外使歐洲人不必因為被賦予了（were enabled）武力而負責；他在此使用的是被動時態，這一點是十分值得注意的。最重要的是，他預見到了一切都會及時被糾正。歐洲人會越來越弱，或者印度群島的人民會越來越強，整個世界「可能會達到勇氣和武力的平衡，而這種平衡將通過激發出相互之間的恐懼而實現，單靠這一點就可以壓制住那些國家遭受的不公待遇，使彼此的權利產生某種尊重。」然而，達到這一點的唯一途徑是通過持續的商業；進步將來自於和歐洲的接觸。因此，他把殖民主義的互動（他知道這種互動正在破壞世界的大部分地區）看作是通往幸福結局的一個步驟。即使到了最後，「相互恐懼」這種看似不快樂的狀況也會確保集體幸福。與槍枝一樣，亞當．斯密相信更強大的力量能確保即使是看似「有害」的東西也能導致一個進步的結局。亞當．斯密和他身邊的圈子建立起了一種有力的對帝國主義的批判，但在一種歷史性的視角下，不公正行為的發生是可以容忍的，即使這麼做不是為了贖罪平反，也會是為了未來有所改善。亞當．斯密和他身邊的圈子並沒有在原則上反對帝國主義。

總的來說，亞當．斯密一派的思想，以其有限的道德視野，對制度約束的欣賞，以及對進步的信仰，並沒有拿出一種能帶來革命性變化的藥方。浪漫主義者、社會主義者和福音派仍會堅持個人負有責任，即使在下個世紀的複雜過程中也是如此。但他們總是不得不與日益普遍的對亞當．斯密「看不見的手」的說法相抗衡，這種「看不見的手」抑制了對必要的激進個人行為的認可。在自由主義的觀點中，制度總是在最佳的平衡狀態上的，它會根據他們的功績進行獎勵和懲罰，與神恩的分配相吻合。市場，隨著時間的推移，就是個人道德的裁判。

亞當．斯密還可以在愛德華．吉朋（Edward Gibbon）的作品中找到令人欣慰的歷史觀。愛德華．吉朋可能是這一時期最傑出的歷史學家，亞當．斯密則對他深感欽佩。吉朋史詩般的六卷本《羅馬帝國衰亡史》也在一七七六年起陸續出版問世（最後幾卷是出版於一七八九年）。[87]當美國殖民地和法國正在發生革命的時候，吉朋當然會對一個古老帝國的衰亡的描述有所疑慮。但是，儘管書的標題可能表明作者試圖恢復一種歷史的週期性興衰觀點，但它實際上是試圖通過對過去的描述來為當下提供一種道德教化。吉朋希望，羅馬可能滅亡的世界已經安全地成為過去，因為理性時代已經最終顛覆了教會的窒息力量。儘管他確信人類的愚蠢，但他和許多啟蒙思想家一樣，同樣確信歷史現在可能是一個進步的故事——尤其是在歷史視角的幫助之下。因為羅馬歷史的紀錄對頹廢的危險和帝國邊緣的海外接觸所帶來的腐敗發出了警告。英國人把這部作品看作是在他們自己的帝國故事中避免這種陷阱的指南。大英帝國可能會在羅馬失敗的地方取得成功。

但英國人在一七八三年失敗了，對北美殖民地的喪失無可挽回地打擊了這種自信，促使人們對國家和帝國進行緊急的道德質疑。對舊式腐敗的攻擊越來越響亮，其中也包括對無良的東印度公司的攻擊。尤其是那些「nabobs」（在印度的英國長官，這個詞是印度語言中 *nawab* 一詞的英語訛傳，本意是「王公」）帶著他們搶來的財富回到英國所產生的刺激效應，這些暴發戶沾染著粗鄙髒汙的財富進入到了一個以世襲的財富為榮譽的貴族階層中。[88]北美殖民地的戰爭結束一年後，《印度法案》（India Act）再次做出了努力，以求將東印度公司置於政府更大的控制之下。在一七八一年在約克鎮圍城戰役（Siege of Yorktown）中投降的康沃利斯勛爵（Lord Cornwallis）在一七八六年被授予了孟加拉總督的職位。當康沃利斯的前任沃倫・黑斯廷斯（Warren Hastings）回到英國後，他因腐敗指控成為了被彈劾審判的對象，這場審判從一七八八年持續到了一七九五年。黑斯廷斯審判是反思帝國主義作為的新時刻的一部分，它是公眾調查的合法領域，是讓焦慮的帝國良知可以開窗透氣的嘗試。它呼應了公眾對軍火承包商的強烈抗議，他們被視作不顧國家的恥辱失敗而獲取利潤的戰爭販子。議會議員和自由主義政治理論家埃德蒙·伯克（Edmund Burke）領導了起訴工作（愛德華·吉朋也在現場）。在一七八八年二月為期四天的開庭演說中，黑斯廷斯爭辯說：「這些紳士們已經形成了一個地理性的道德計畫（plan of Geographical morality），根據這個計畫，人的職責……不是由他們與宇宙的主管者的關係決定的，也不是由他們與人的關係決定的，而是受到氣候、經度……的支配的……，就好比你跨過了那一道赤道線時，所有的道德都會消失……，它彷彿是一種洗禮，就像海員們所做的那樣，通過這種洗禮，他們解除了在歐洲學到的一切，開始了新秩序和新事物的系統。」[89]伯克呼籲黑斯廷斯要對英國的道德規範負責，事實上，是要對規範的普遍適用性負責。埃德蒙·伯克堅持認為「道德的法則在任何地方都是一樣的」。對他來說，國外的「洗禮」改變了對良知的責任，這是危險的，它會使英國人的良知認為一個人身處國外的時候，可以考慮做出一個人在國內會放棄甚至厭惡的行動。（他並沒有考慮到世俗道德的危險）。

伯克曾在美國獨立戰爭中支持北美殖民地的抗爭，就像我們已經在托馬斯·潘恩那裡看到的一樣，他也對英國在印度的活動感到厭惡。在一七八八年，他們對英國在世界範圍內的道德狀況的擔憂是一致的。然而，一七八九年的法國大革命暴露了他們對歷史如何影響道德的看法之間的鴻溝。伯克對這場革命感到厭惡，並撰寫了《對法國革命的反思》（*Reflections on the Revolution in France*, 1790），對革命的原則性變化進行了嚴厲的批評。就像印度的情況一樣，他敦促在既存的機構和傳統之內進行漸進式改革。在這一點上，他所支持的歷史感與普利斯特里等思想家所主張的不同，這種歷史感不能以讓未來的道德所平反為由，作為現在不道德行為的開脫，他堅持行為要對當下的價值負責，而不管該價值在當前是多麼的「有偏見」。良知將藉此對歷史負責：不是問它能為未來做什麼，而是問它如何尊重過去。伯克可以支持美國革命，因為「宗教的精神」限制了「自由的精神」，但他沒有發現也正是這樣一種關於有秩序之現實的清醒意識在推動著法國的革命。[90]「自由精神」（spirit of liberty）本身並不是一種道德價值；對它的評斷取決於時間，並植基於它與治理、文明、文化、禮貌、秩序的兼容性。他建議說：「我們應該暫停我們的判斷，直到最初的泡沫稍稍消退，讓酒的成色能被看清楚。」[91]

托馬斯·潘恩是被伯克這一論點激怒的啟蒙思想家之一，並迅速寫了一份反駁書《人的權利》（*Rights of Man*, 1791）。[92]他的觀點是，過去不需要約束未來；每一代人都有能力創造自己的歷史。他們不應該受遺產的約束，而且他們有能動性來創造屬於他們自己的歷史。對他來說，自由的精神確實具有道德價值（這種觀念為他自己在倫敦、巴黎，和各處殖民地的激進主義場面中的冒險穿梭提供了依據）。這是一種革命歷史觀。

事實上，「革命」（revolution）一詞就是在這個時期被革命化（revolutionized）的。從詞源上看，它指的是週期性的東西，是回到一個圓的起點，例如，許多早期的現代主義者認為，革命是指引人類歷史演變的天文運動。然而，在早期現代用法中，「革命」一詞並不總是意味著回到原來的狀態，而是指命運的普遍變遷，指人類事務的自然狀態的無序和不穩定，指已經發生但不是有意創造出的變化。因此，一六八九年的政治變革被命名為「光榮革命」，是為了在修辭上指出，一個偉大的轉變已經發生了，它是天意，並且已經結束了。[93]歷史學家凱斯・貝克（Keith Baker）寫道，在一七八九年之前，「是有革命，但是沒有革命者的。」啟蒙思想家們認為，人類在理想情況下，是按照理性的原則創造社會秩序，並被其所形塑，這些思想家更賦予了「革命」這個詞新的含義。如果將社會理解為人類活動的產物、理解為歷史的產物，就需要一種不同的世俗邏輯，而不是由正在發生的變遷和流動所表示出來的邏輯。因此，「革命」意味著一種無限期改造社會的變革機制——它被理解為進步（儘管批評者會認為它是社會崩潰）。「革命」一詞變成了「引致一個新世界誕生的集體政治行為」的名字，與其稱其為一種現實，它更是一種行為。[94]它符合啟蒙運動的歷史思想，即時間本身正朝著一個特定的、線性的方向發展——那些意識到這一點的人必須像革命者華盛頓和漢彌爾頓那樣，知道歷史在注視著他們，從而採取行動。在這種新的「革命」意義上，一種激進的人類能動性的意識在起作用，它認為人可以重新創造社會。我這裡說的「人」指的是「男人」；儘管婦女顯然是這一時期歷史的平等參與者，但關於誰應該與歷史一起思考，誰可能出於歷史的緊迫感而採取行動的想法，對現代性別觀念來說至關重要。普利斯特里在他的講座中的教學對象是「有能力形成美德的年輕男人」。[95]創造歷史事關陽剛及其「他者」，也就是陰柔。

革命能動性的英雄主義觀念日益盛行，這也是對帝國主義的關注採取了針對特定個人來加以審判的形式的原因之一。這種審判的基礎認為，東印度公司在印度的事業中的所有問題都可能是某一個人的結果。而對此贖罪也可以是針對個人的。在埃德蒙・伯克去世前不久，他曾對一位負責撰寫著作指責東印度公司歷史的助手說：「就以我為拯救國家免受恥辱和罪責而做出的努力成為我的紀念碑文吧。」[96]可以說，一種積極的偉人命運感也是驅使雄心勃勃的人去印度尋找戰利品和榮譽的初衷。克萊武將自己塑造成一個從（我們現在所稱的）地理大發現時代（探索時代）的敘事中崛起的英雄類型，這一類人的例子是埃爾南・科爾特斯（Hernán Cortés），這位美洲征服者從海外攫取了財富。[97]認為歷史是偉人所創造的想法，塑造了許多這類人物的行動；英國人對印度的征服就是建立在那些人的這種想法上的，他們以自己對英雄人物在歷史形成中所扮演角色的理解來主動創造歷史。沃倫・黑斯廷斯在印度的對頭菲利普・弗朗西斯（Philip Francis）所做出的行動就是出於他感覺自己是「被派來拯救和治理」「這個光榮的帝國」。[98]面對於來自他的無盡煩擾，黑斯廷斯非常有意識地試圖採用了一種不同的道德觀，它是從《薄伽梵歌》中借來的，即自己的行為和結果之間的脫離（但沒有動搖他認定英國以劍的權利來統治印度）。[99]這種偏頗的信念，就是黑斯廷斯為什麼成為了帝國的替罪羊的原因之一。與此相反的，英雄命運的觀念卻在蓬勃發展——最直接的就是在阿瑟・韋爾斯利（Arthur Wellesley）的身上體現出來，這位後來的克萊武式人物在成為拿破崙在歐洲的勁敵之前，以威靈頓公爵的名義征服了印度的大片領土。

雖然埃德蒙・伯克和托馬斯・潘恩都對英國在印度的活動持批評態度，但他們對過去的不同看法（認為既存的大環境是不可超越的；另一人認為它是可以忽略的）將以不同的方式為自由主義帝國的擴張服務。潘恩的想法，給了秉持自由主義的帝國主義者一個合理的藉口去英勇地改造世界上其他地方，以服務於歷史的進步（並作為對十八世紀帝國的罪孽的贖罪）。但是，在作為天意或是神祕的自然法則的不知情工具來改造世界的時候，若他們的行為不可避免地造成了破壞，則可以轉而變得低調。他們在人類無法控制（但終會保證進步）的歷史力量面前申辯，說自己是無能為力的。[100]

最終，針對沃倫・黑斯廷斯的審判在一七九五年以黑斯廷斯的無罪釋放而告終，這場審判的結果確保了在面對伯克更高道德言辭的呼籲時，從道德上評估帝國主義的歷史模式占據了優勢。無罪釋放使審判在文化上發揮了「帝國使命的淨化和再生」的儀式感。[101]歷史學家托馬斯・梅考夫（Thomas Metcalf）寫道：「如果順著伯克的言論可以到達一個合乎邏輯的結論，那麼審判就不會僅僅以彈劾黑斯廷斯而結束，而是會以推翻東印度公司在印度的統治而結束」。「這一點無論是伯克、沃倫・黑斯廷斯還是英國公眾……都不準備加以考慮。」[102]事實上，在審判進行的同時，一七八四年的《印度法案》將公司置於了政府更嚴格的監督之下，同時賦予了新任總督康沃利斯（Cornwallis）遠超沃倫・黑斯廷斯的權力。正如我們將會在第二章中看到的那樣，這次審判成了一個壯觀的贖罪劇場，也是一個為帝國的海外活動蒐集新理由的機會。這場審判通過宣洩對沃倫・黑斯廷斯特定不當行為的擔憂，改變了帝國主義工程的邪惡本質並使之成為了一種進步的象徵。事實上，黑斯廷斯之所以倒臺，部分原因是他的印度情結惹惱了與他並肩作戰的議員（由弗朗西斯所領導）。伯克曾抱怨說，大英帝國的印度只促進了少數貪婪者的利益；進一步說，就是這場審判保證了國家利益。[103]把沃倫・黑斯廷斯當成了代罪羔羊，使英國人相信帝國本身並沒有做錯。圍繞黑斯廷斯的個人醜聞轉移了人們對「帝國醜聞」本身的關注。[104]此外，審判確立了一種理論，即負責統治印度的英國人不會逍遙法外，他們要承擔道德責任——如果時間顯示出了他們的真正罪行的話。因此，審判起到了掩蓋帝國的罪行的作用，並提供了未來獲得無罪證明的保證。此後，就如同我們將會看到的那樣，帝國歷史學家每隔一段時期就會重溫這一關鍵的時刻，以鞏固帝國的道德基礎。

進一步的歷史免罪（historical absolution）是以廢奴運動的形式出現的，同樣是由一七八三年丟失了北美殖民地後的國家靈魂反思所推動的。許多人把奴隸貿易看作是道德不利因素，認為它導致天意在戰爭中放棄了英國，並允許美國人奪取自由火炬手的地位。廢奴運動提供了一種把北美殖民地叛亂者詆毀為偽善者的手段（而美國廢奴主義者也試圖破壞英國人的清白姿態）。[105]

在英國，廢奴運動最初是由貴格會的成員領導的（這種高姿態提高了貴格會內部的道德一致性的賭注，促成了對加爾頓的關注）。法國大革命促使英國人進一步做出了一種歷史性的努力，通過廢除奴隸貿易，重新獲得作為自由的真正捍衛者的道德制高點——儘管奴隸制是一種繼承而來的遺產。當然了，懷疑論者看到的是更多憤世嫉俗、自私自利的動機在起作用。敵對勢力將英國的「人道主義」視為馬基維利式國家權術的遮掩；像威廉・科貝特（William Cobbett）這樣的激進分子將其視為一種戰略策略，以轉移人們對國內受剝削工人的困境的注意力。但廢奴運動在一八〇七年獲得了成功，英國人認為這不是世俗原因的結果，而是「神的旨意」的結果。[106]

在貴格會的廢奴主義中起主導作用的大多數人都在某種程度上受到了啟蒙思想傳統的影響。廢奴主義者希望拯救英國的靈魂，但也致力於培養某種道德上的自我認同。許多人渴望通過在黑人中傳播福音來拯救他們的靈魂。但許多人更希望培養出有道德的英國人的自我。儘管他們對奴隸制的恐懼是真實的，但福音派人士希望廢除奴隸制的運動可以為英國人提供正確生活的教訓。這是一場更廣泛的反對「名義上的基督教」的運動的一部分，他們同時在幾條戰線上作戰，希望使宗教在公共生活中占據更突出的地位。這也是遵守承諾文化的一部分。貴格會廢奴主義者同樣希望重振他們的教派，因為他們似乎已經淪為了「忠誠地固守毫無生氣的陳舊習俗」的地步。[107]新興的歷史感帶有這種對名義上的基督教做出回應的印記。事實上，普利斯特里是廢奴運動的領導者。簡而言之，這場運動不僅是為了解放奴隸，也是為了塑造對自己的歷史能動性具有特定意識的現代自我。正如歷史學家克里斯・布朗（Chris Brown）所寫的那樣：「在原則上譴責奴隸制，在實踐中譴責殖民機構，在一七八〇年代時已經成為一個開明的、有人性的基督徒的標誌。」[108]對非洲人的同情體現了道德上的美德；廢奴主義證明了一個人的道德價值。對帝國道德的積極關注便使人擁有了「道德資本」。此後，英國人利用這種資本來維持其自相矛盾的努力，成為自由的帝國主義代理人。

可以肯定的是，許多人站在實際的立場上反對廢奴運動，他們的論點讓人想起了加爾頓在經濟現實面前的無奈，即買賣雙方之間「錯綜複雜的相互依賴關係」給變革帶來了不可逾越的障礙。[109]正如歷史學家戴維・布萊恩・戴維斯（David Brion Davis）所說的，「我們的經濟行為某種程度而言，在世界上都是與大多數的罪行和壓迫有關聯的。知道這件事足以減弱任何串通共謀的感受。」[110]但許多願意將戰爭作為一種必要之惡來給予容忍的人並沒有如此寬容地看待奴隸制。普利斯特里認為這是英國人必須採取行動消除的一種罪惡。對於在這種情況下的集體共謀的認知產生了一種集體的道德責任感。有人說奴隸制是「人類選擇」的結果，這種看法使廢除奴隸制的人堅信，那些推動了奴隸制的人有道德上的責任來改變它。[111]解放奴隸計畫也顯示出了替代方案的可能性。[112]一七九一年發起的對蔗糖的抵制運動，是出於認識到個人的市場決定會產生的遙遠影響，使英國人認識到他們對奴隸制的責任，並使他們有了實現變革的動力。[113]加爾頓關於製造武器的論點則與此相反，他認為，當共犯如此普遍時，個人的節制是徒勞的。他支持他的女兒們參與對糖的抵制，但他自己對於廢奴的態度卻很矛盾。[114]對普利斯特里來說，區別是很明顯的：戰爭帶來的集體利益——對進步和創新的推動——為戰爭的繼續提供了理由，但廉價糖卻不能為奴隸制提供理由，他也認為存在於奴隸制中的暴力「尤其令人震驚」。奴隸制侵犯了人類「自由和自我指揮」的能力。[115]現代戰爭（借助槍械的威力）加強了自我的指揮作用，從而促進了文明，但奴隸制卻起了相反的作用。在這兩種情況下，他對能動性的看法表面上看雖然是對立的，但在優先生產某種變文明了的自我（civilized self）的方面卻是一致的，這種自我可能以歷史作為道德基礎。兩者都是基於對英國在世界中的天命作用的信念。對市場是如何傳播了共謀的認識可以削弱或增強一個人的責任感和採取補救措施的能力。區別在於有關的罪惡是否會在未來結出更甜美的果實。換句話說，區別在於歷史會如何評價它。

奴隸制在一八〇七年之後仍然是全球生產體系的核心，這也許是由於廢奴主義者沒有理解它與他們那個時代的「戰爭資本主義」的關係。[116]他們的確攻擊了戰爭行為——以及戰爭所造成的征服，他們也許開啟了真正的革命性變革。但這從來就不是他們的遠大理想。他們試圖除去英國民族文化中的一個汙點，而不是完全轉變它。這場運動產生於對英國歷史的天命觀，認為英國在全球競爭舞臺上的進步得到了神的眷顧，而這種眷顧的突然喪失是失去了神的恩寵的標誌。這是天意對於歷史判決的表達，它要求採取一種救贖性的歷史創造行動。通過救贖的行動，如廢奴，國家可能重新獲得天意的青睞。

某件事之所以是一件「醜事」，是因為它冒犯了集體的良知與違反了集體持有的道德承諾。在本世紀末，對醜事的全神貫注是對英國的行為的良知已經敗壞了的標誌，尤其是在國外的所作所為。結束奴隸制的運動發起了一系列的改革運動，將一系列弱勢和被剝削的群體（婦女、動物、工廠工人）比作奴隸。這種人道主義情緒的激增——事實上是改革主義本身——取決於對人類及時重塑其世界的能力的強烈意識：一種強烈的人類能動性的意識。這些不同的改革主義事業對專制主義和專橫的司法有著共同的關注；它們依賴於對英國人正在創造歷史的想法的集體投入，也就是英國人認為他們正在引導世界進入一個自由的時代。十八世紀末的破壞性事件——美國革命、法國革命和海地革命——都主張它們已經與過去徹底決裂，這種情形鞏固了這種歷史意識，形成了一種過去和現在之間的鮮明對比感。在英國，與工業主義相關的快速發展變化加強了一種在新方向上永久演變的感覺，後來也獲得了「革命」這樣一個辭彙。在這個真正的歷史巨變時期，關於歷史的想法提供了一個額外的道德指南針，用以判斷人類活動。戰爭、帝國、奴隸制——所有這些都要接受道德審查，而前兩者贏得了通行證，因為它們有助於把歷史推進到一個由文明人所構成的世界。

值得注意的是，這個革命的時代（Age of Revolutions）正在見證民主國家從啟蒙運動的源泉中誕生，這有助於普及關於歷史的偉人觀念。[117]在人類平等的觀念流傳的同時，天才的觀念也在流傳，尤其是那些有價值、有才華的人。我們將在第二章聽到更多關於浪漫派（Romantics）的內容。在這裡，我只想回顧一下，這些啟蒙理性主義的批評者對天才的概念投入很深，而這些概念也得益於啟蒙思想——努力尋找一個終極意義和美德的來源，與天意干預世界的更微妙的概念相容。天才被理解為激發了最具變革性的歷史角色。印刷文化的爆炸性增長，在一個戲劇性的政治變革時期的運作和推動下，催生了一種名人文化。這些人物是對導致一個國家誕生的歷史進程的理解的一部分。如果喬治・華盛頓在做事時是著眼於歷史性的判斷的話，那麼他的同時代人就視他為比喻上的國家原祖（the metaphorical progenitor of his nation），就如同歷史學家大衛・貝爾（David Bell）寫道的，這個人「實際上是通過他英勇的努力使國家誕生」，創造了以前不存在的東西。[118]關於這些人物的書籍，通過以這種方式解釋歷史，在革命的背景下（打破過去的世襲連續性）賦予他們的領導地位正當性，這種正當性是必須被製造出來的。當然，許多人警告說，魅力型領導會帶來專制主義的風險。拿破崙受到了華盛頓的啟發，並反過來激勵了未來具有英雄氣質的人。拿破崙概括了不信神地追求權力的危險，也就是以靈魂為代價獲得世界的風險，這就如同是加爾頓對他的孩子們所說的那樣。[119]有靈魂的英雄主義的理想也許是托馬斯・克拉克森（Thomas Clarkson），他是反對奴隸制的主要運動者，作為該運動的第一位歷史學家，他在一個世紀的時間裡鞏固了一種認為少數的英雄人物是實現天意的故事的看法。他在一八〇八年出版的《廢除奴隸貿易的興起、進展和成就的歷史》（*History of the Rise, Progress and Accomplishment of the Abolition of the Slave-Trade*）中明確地呼喚了他想要證明自己天才的動機的力量。根據歷史學家克里斯・布朗（Chris Brown）的說法，正是這種「浪漫的自我意識」使克拉克森有別於早期的奴隸制批評者；他對於反對奴隸制的主張會如何反映在自己身上的認識、他對自己天賜才能和偉人的歷史作用的認識，都對廢奴運動的起飛至關重要。[120]貴格會提供了這場運動的基礎肌理，但克拉克森和他的同事威廉・威爾伯福斯（William Wilberforce）的崇高的抱負使它獲得了成為有效運動所需的宏大效果。克拉克森在一八〇八年對個人力量的描述，以及他對英國反奴隸制「傳統」的發明，在他的時代建立並推進了對歷史的天意和英雄式的理解。[121]

適應對歷史能動性的不同理解的各種歷史理論在十八世紀後大量湧現，其中就包含了帝國主義和民族主義兩種現代力量的展開。在我們在本書的其餘部分觀察這些理論的形成和影響之前，我想先思考一下關於歷史能動性的觀念是如何塑造歷史和良知觀念，與塑造我們如何行動與對自身行動的感覺。這樣的想法，就像占星術一樣，塑造了我們關於我們被投入在一個什麼樣的「劇本」——什麼樣的敘述之中的假設。

例如，在十八世紀，血統是歷史理解的一個基本組織載體。事實上，加爾頓在為他的消極不妥協辯護時，首先引用了世系，大肆宣揚他的祖先在近一個世紀裡一直從事同樣的事業，而沒有引起貴格會的任何批評。他的生意是一種遺產，不可能輕易轉用於其他目的。簡而言之，他的結論是：「我從事這項生意並不是選擇的問題。」對生意的歷史淵源和他在家族歷史中的地位的認識限制了他對這門生意的責任感。他對自己成為一名槍械製造者幾乎沒有任何個人的感覺。通過家族歷史來構建一個關於自己行為的解釋性敘述，可以從根本上塑造一個人的良知。如果我是什麼、做什麼都由我的血統與我繼承來的東西來決定，那麼我就沒有責任了。誰能把遺產甩掉呢？在十九世紀，血統決定性格和行為的觀念將與種族理論等殖民社會類別（例如種姓制度）的更嚴格和政治化的理解融合在一起。[122]這樣的觀念經過內化以後，將會把大量的罪惡合理化，甚至是給罪惡賦予了正當性。我這樣做是因為我來自這樣那樣的種姓：我對貸款收取敲詐性的利息，是因為作為放債人，我必須這樣做；我在商隊道路上殺人是因為我屬於暴徒的種姓。在英屬印度，這種「犯罪部落」的各種想法，即基於犯罪行為的整個群體的社會身分，不僅塑造了英國人和其他印度人看待他們的方式，也塑造了他們自己的行動。

從十九世紀開始，馬克思主義的歷史感受（其結構也是末世論的、有發展盡頭的）也會塑造一個人的歷史責任感和道德責任感。一個熟悉馬克思主義關於無產階級在歷史上的註定角色概念的工人，與一個不了解這種理論的工人，他們的行為會有所不同嗎？[123]一個好的（馬克思主義）唯物主義者會說，他們的行為會是一樣的，因為他們的行為是由在生產方式中的位置決定的，無論他們是否意識到這一點。但卡爾．馬克思自己也認識到在塑造歷史行動者的行為時，對歷史的認識所具有的文化力量。他認識到對人類能動性的客觀歷史限制：「人創造自己的歷史，但他們不是隨心所欲地創造歷史；他們不是在自己選擇的情況下創造歷史，而是在已經存在的、從過去給予和傳播的情況下創造歷史的。」[124]但除了「所處的大環境」之外，能動性還取決於對歷史本身的認識：「所有死去的幾代人的傳統都像噩夢一樣壓在活人的腦子裡。正當他們似乎忙於對自己和別的事物進行革命，創造以前不存在的東西時，恰恰是在這種革命的危機時代，他們焦慮地召喚過去的精神為他們服務，從他們那裡借用名字、戰鬥口號和服裝，以便在世界歷史上以歷史悠久的偽裝和借用的語言呈現這一新的場景。」「過去的精神」喚起了如同邪教異端一般的文化和記憶、歷史塑造新歷史的力量。這就是為什麼重大的現代歷史性的「顛覆」會發生在紀念更早的戲劇性歷史事件的年分中。過去的故事激發了人們在後來的時刻行使能動性。英國一六八九年光榮革命的「精神」激發了一七八九年爆發的法國革命；英國人在一七五七年首次於孟加拉建立正式統治的普拉西戰役的幽靈困擾著整整一百年後的一八五七年的印度大起義（Indian Rebellion of 1857）。歷次的法國革命（一八三〇、一八四八、一八七一）又都被一七八九年的記憶所困擾。一九一七年的俄國革命者們也一致參考了一七八九年的劇本。知識分子根據他們自己的歷史「受選」（choseness）的意識來讓工人們「改信」（converting）社會主義的敘事，而這些工人則是根據自己對能動性的理解的激進改變而做出行動的。[125]

啟蒙運動哲學思想的特點是對普遍主義（universalism）的投資，它確保了這種模仿——認為一個地方的革命具有普遍性的歷史意義，這場革命推動了人類進程的單一、普遍的敘述，這一進程正如伏爾泰所說的，是「宇宙機器上的輪子」。[126]這些歷史性的虔誠跪拜是新出現的事情。那些參與了光榮革命的人們，他們生活在「革命」這個詞尚未被理解為一種集體政治行為、歷史實踐或歷史目標的時候，他們並沒有向過去的劇本舉手示意以獲得權威。這種現代歷史的想像力給他的制定者賦予了一種感覺，讓他們覺得在地方性的危機中，人們實際上是在「執行一個普遍的歷史使命」。貝克總結說，革命變成了一種「將要被重演、重新想像、重新書寫，加以闡述和即興發揮的一套動作和角色。」[127]

一些歷史思想模式比其他模式更能容納即興創作。占星術可能是決定性的，它限制了我們對人類能動性的感受，使我們不得不接受宿命論。馬克思主義的歷史想像力是以它自己的方式展現決定性的，它假定了一套普遍的階段性過渡：從西方的封建社會、資本主義社會和社會主義社會，其他國家則是有一些東方專制主義的額外選擇。

馬克思作為一名歷史哲學家，他的最終意圖就是要建立一種歷史理論，這種理論本身會產生歷史變革，就像一七八四年的康德一樣。他深受黑格爾主張的影響，黑格爾複雜的神義論將歷史想像成是辯證的（dialectical）。繼康德之後，黑格爾將歷史視為最後的審判，用一句從浪漫主義詩人和歷史學家弗里德里希．席勒（Friedrich Schiller）那裡借來的臺詞來表達這個概念：「世界的歷史就是審判日」（Die Weltgeschichte ist das Weltgericht）。對黑格爾來說，歷史學家可能只希望在歷史發生後對其進行解釋。正如康德所說，人類事務之所以看起來如此的「愚蠢」，是因為理性的缺失：英雄可能推動歷史前進，但不是以一種看起來明顯合理的方式。歷史的終極理性（ulterior rationality of history）辯證地取決於非理性因素的存在，這種非理性因素是一種驅動偉人自我關注的（self regarding）、強烈消耗的激情。因此，意圖並不是歷史的指南，因此，沒有人可以對歷史的狡猾展開來負起責任，歷史必然地類似於一個「屠宰流水線」（slaughter-bench）。[128]哲學的理解不可避免地到來得太遲，它到達現場的時間太晚，因此就無法給世界應該是什麼提供指導：「智慧女神的貓頭鷹只在黃昏到來的時候才會展翅飛翔。」[129]馬克思向這種把難以捕捉的詮釋（fugitive interpretation）作為哲學目標的觀點提出了挑戰，在一八四五年時，馬克思堅稱「哲學家只是解釋了世界……；然而，關鍵是要改變它。」[130]在現在看來是「世俗」的現代性基礎上，人類作為「歷史的自覺的創造者」出現在曆法時間中，使他們以一種新方式對歷史負責。[131]馬克思將物質環境提升到了黑格爾歷史觀的精神之上，但在賦予物質因素以歷史力量的同時，馬克思並沒有擺脫建構黑格爾歷史觀的天命終結。歷史仍然不可避免地要走向解放的終點。馬克思的特定劇本卻無法涵蓋俄國的革命，因為俄國還沒有經歷資產階級統治下的工業化的必要階段。因此，列寧為此編出了一個新劇本，提出了「先鋒隊」的概念，即使是不發達的無產階級也能領導革命。[132]這位布爾什維克因此從瑞士乘火車來到了俄國，讓自己成為一九一七年展開的革命的領袖。現代性的大部分歷史都是由這種努力形成的，以頒布這種和其他的歷史理論和神話。英國人也試圖創造出一個新的羅馬（儘管本書沒有空間來充分探討這個劇本）。[133]歷史本身，就像神話、神靈和星星一樣，塑造了近代歷史的展開。歷史想像力對於現代時期的現代性來說變得至關重要。在這個意義上，歷史感受（historical sensibility）就像是神的意圖一樣，給歷史學家帶來了相同的兩難局面。幾十年前，有一群學者開始進行了一種被稱為「屬下研究」（Subaltern Studies）的研究方法，他們決心從普通人的角度而不是從英國或印度菁英階層人士的角度來書寫印度歷史——這是「自下而上書寫歷史」運動的一部分。迪佩希．查克拉巴提指出了神的意圖給這一努力帶來的挑戰，他提到了拉納吉特．古哈（Ranajit Guha）在他早期的關於歷史書寫的控訴書中的核心事件，將古哈的控訴書稱為「鎮壓暴動的散文」（the prose of counter-insurgency）。古哈的文章關注的是十九世紀中期的一場反對英國統治的桑塔爾叛亂（Santal rebel），桑塔爾把他的反叛的能動性不是歸於自己，而是歸於撒庫爾神（god Thakur）。查克拉巴提認為，與其簡單地將桑塔爾歷史化，不如將他「視為一個為當下照亮了一種生活可能性的人物。」[134]我們能否將這種神的意圖寫進我們的歷史敘事中——作為一種承認迪佩希．查克拉巴提所說的「構成我們現在的多元存在方式」的方式呢？或者，我們必須允許桑塔爾叛亂的屬下聲音（subaltern voice）在後人的俯視下顫抖，因為「我們」畢竟知道他對神的意圖的援引只是一種錯覺，即便是在事實上他的行動深深地被塔庫爾指引的信念而深深影響，但那也「真的是」由他的階級意識所促成的。歷史，作為一門世俗學科，可能無法完全公正地描述桑塔爾叛亂者所敘述的歷史。但我們至少可以利用他提出的困境，開始了解特定的歷史想像——在這種情況下，歷史就涉及到了另一個世界的演員是如何塑造人類的行動的。

使現代歷史活動之所以是「現代」的一個重要部分是，現代的歷史行動者有意識地尋求被他們理解為「歷史性」的變化。無論我們如何看待桑塔爾人對神的指引的召喚，我們都必須承認他的現代性，因為他的叛亂旨在結束英國的統治，用其他東西來取代它。現代早期（Early modern）叛亂者的暴動是為了恢複習慣上的權利，在家長式的社會關係被更純粹的商業關係所掩蓋時恢復社區的「道德經濟」。[135]他們的目的不是推動歷史前進或創造新事物，而是阻止或扭轉變化。十八世紀的人群同樣抗議變化（工業革命帶來的變化），但他們卻也要求變化：政治變化，使其有能力解決其痛苦。（可以肯定的是，對「暴民」的政治操縱仍然存在，例如，一七八〇年倫敦的反天主教戈登騷動〔Gordon Riots〕就很明顯，這也許不是因為偏執，而是對政府和教會等級制度的懷疑。地方性的政治競賽也利用了民眾對富人的怨恨，在一七九一年伯明罕的普利斯特里暴動中助長了對宗教異見者的攻擊。[136]）到了十九世紀初，群眾開始意識到自己是做工的階級，他們試圖塑造自己的歷史命運，反對更強大的社會團體的虛妄。[137]這種對其歷史角色的意識應該從那時起就塑造了這個階級的行為方式。很難說是歷史理論先出現，還是歷史活動的模式先出現。在某種層面上，馬克思也是在目睹了英國工人階級意識到自己的時候，才形成了他的歷史理論。

馬克思主義者的歷史決定論也影響了對經濟的理解，把「經濟」領域想像成一個包括財富的生產和分配的經濟關係的獨特空間。它把這個空間設想為是帶有歷史性的，隨著階級衝突的辯證法而動態發展的。這種對「經濟」的歷史化理解建立在早期自由主義政治經濟概念的基礎上，這些概念也是沿著時間的矢量提出的，儘管假定了「進步」的世俗趨勢——這種「進步」在今天被稱為「發展」。當我談論現代歷史感受時，我也在談論這種內在的歷史決定論的現代經濟想像力。

在馬克思主義理論中，歷史從根本上說是唯物主義的——各種事件在一個有最後終點的結構中預言性地展開，但它是由物質因素決定的：衝突存在於與生產方式有著不同聯繫的階級之間。但事實上，人們在這些物質結構中的行動是由他們對歷史（過去的神話和腳本）的想像性聯繫構成的。簡而言之，即使是這種最唯物主義的歷史感受也包含著超越物質（形而上學）的過程。如果我們的行動是由我們對自己處於一個正在展開的敘事中（一個熟悉的革命劇本或是一個被長期研究的生辰八字或星位圖）的位置的感知所決定的話，我們就又回到了查克拉巴提所提出的那種關於引出其他世界的歷史演員的能動性的問題。可以肯定的是，許多人加入到激進運動中的原因都是出於一種受到欺侮的感受（一種本質上的情感體驗），而不是為了實現任何宏偉的歷史目的。約翰・史坦貝克（John Steinbeck）把人們的這種意象凝結成了一幅「憤怒的葡萄已經讓葡萄藤變得沉甸下墜，亟待著被農人收割」的景象。[138]更概括而言，人們就是會做出人們所做的事情，因為那是之前就已經發生過的事情，那是他們生活的地方和時間的存在方式。但是，那些有意識地用唯物主義、馬克思主義的敘事方式來描述自己的歷史行為者——「我參加這場革命運動是因為我意識到自己作為無產階級成員的角色」又是怎麼回事？我們是否必須以唯物主義的方式講述他們的故事，而沒有任何星座、天體、神靈等等的作用？同樣的道理，如果我們的歷史人物在占星術或神祕主義的敘述中展現他們的行為，如果他們是通過神靈的干預來解釋自己的行為，我們是否能把他們納入到唯物主義的敘述中呢？我們是否要在智性上俯視著讀者，在帳幕後對讀者們輕聲地說，這些行為者都是錯誤意識的受害者？如果我們相信他們話語中的那種自我意識的無產階級（self-conscious proletarians）說法的話（他們的行為是出於他們對自己在馬克思主義歷史劇本中扮演的角色的認識），那麼我們是不是也有義務要相信歷史上的行為者所引用的包含了神祕的、來自其他世界的或其他維度的力量的劇本呢？

關鍵是，當我們的歷史感受告訴我們如何以及何時可以行使能動性、我們在何時具有採取行動的責任、我們在何時有權保持被動時，它這樣做與占星術或宗教對道德行動的指導可能會告訴我們如何做，兩者間是沒有很大的區別的。歷史理論伴隨著亞當．斯密所說的「道德情感的理論」——是行使同情心和良知的指南。對亞當．斯密來說，我們已經看到，管控良好的情感，包括將我們的同情心限制在直接的、當地的和可見的對象上的自我保護能力，對於進步是至關重要的；對於資本主義的不安影響的普遍知識將會危及這種進步。效益主義的結果論者（consequentialist）所持的道德觀（最大限度地實現快樂的目的）是這種情況的一個粗略的後續。社會達爾文主義者（social Darwinist）的歷史觀為以進化／進步的名義消滅一個特定種族的行為掃除了疑慮和障礙。一個勞動者意識到他作為一名無產階級成員的註定的歷史角色，意識到了他的歷史性義務，在他以革命的名義實施暴力時，他可以無視自己的良知。歷史思維就像在桑塔爾耳邊低語的神靈；它是哈姆雷特中的幽靈，既能誘導，又能為道德上可疑的行動予以開脫。

正如普里莫．萊維（Primo Levi）向我們展示的那樣，道德在極端情況下是尤其具有適應性的。在奧斯威辛集中營裡，保護生命和人身安全的努力使善、惡、正義和不正義的概念變得模糊不清。萊維認為，我們在面對壓倒性的悲傷和痛苦時，是通過避免痛苦的整體性來應對的，這種整體性將是我們無法承受的。悲傷和痛苦不是「整體地出現在我們的意識中」，而是「根據一個明確的視角，較微小的隱藏在較大的後面。」由於我們「對不快樂狀態的複雜性質的認識永遠是不充分的，」他寫道，「（構成痛苦的）主要原因的單一名稱被說成是其所有痛苦的原因，然而這些原因是綜合性的，而且是按緊迫性的順序排列的。如果造成壓力的最直接的原因結束了，你會痛苦地看到，還有另一個原因擺在後面；實際上，還有一整套的其他原因。」[139] 對萊維來說，這是「人的本質」，是「天意」。他所談論的是生存。但這種能力被歷史思維的號召所工具化了，歷史思維要求人們在面對施加在他人身上的痛苦時要控管好自己的情緒。如果我們能感受到世界上的所有痛苦，生活肯定是無法忍受的。但歷史想像力將「生命」理解為以進步的名義有意識地行使能動性的能力。十八世紀釋放出來的歷史想像力具有巨大的力量，可以影響良知的控管，提供了許可給那些根據其他的道德責任體系有可能會被反對的行為類型。

同時，當歷史行為者「失敗地沒能」履行其理論上的功能時，歷史學家自己也提供了一種赦免。我們把未能履行其註定的無產階級角色的勞動者解釋為錯誤意識的受害者，他被一個有魅力的領袖、民族、或是男子氣概之類的神話所愚弄了。被一個系統所欺騙，他不能為自己未能正確對待自己和自己階級的利益負責任。「意識」（Consciousness）把我們帶入了一個超越物質（形上學）的領域，關於存在（being），它再次要求我們把我們的存在視為其他現實的一部分；它要求我們把我們的存在想像成一個故事中的一部分，無論它物質的還是虛幻的。與康德對歷史的理解相呼應，十九世紀初的現代軍事史之父卡爾·馮·克勞塞維茨（Carl von Clausewitz）認識到，理解事件的原因需要超越歷史行為者本身的視角。歷史學家的作用強調的是創造性。歷史的真相只有在批判性分析的幫助下才會出現，這使它部分地成為歷史學家的發明：「批判性分析不僅是對實際採用的手段的評價，而且是對所有可能的手段的評價——這些手段首先必須被制定，也就是被發明出來。」[140]歷史學家具有某種類似於神的能力，可以感知其他可能的世界。

簡而言之，歷史學科，儘管它聲稱是唯物主義的，但也應該擁有超驗（transcendental）的力量。康德暗示了這一點。黑格爾曾明確指出：歷史學科的重點是發現經驗紀錄背後的基本理性原則。歷史具有雙重性質，是一個分裂的自我：既是社會科學的又是人文的，既是唯物主義的又是形上學的。作為一種敘事形式，它堅持以經驗為基礎，但又故意從經驗中編織出想像的真理（當它無力地展開時，就會蛻變成神話）。[141]在解釋為什麼變化會發生時，歷史學家會引用模仿占星術排列和其他看似宿命論的思維模式的隱喻——X、Y、Z因素創造出了一場「完美風暴」，「各種因素的組合」導致了眼前的變化。我們談論「臨界點」、「背景」和「持續性」，這是環境和能動性的鍊金術式的組合。歷史的任務和目的是從那些看起來（而且是）混亂和偶然的事件背後發現一個有意義的敘事結構（也就是一條理論原則）；這種說故事的手法是種巫術，具有創造性和想像力，無論表現得多麼地經驗主義——就像占星術本身一樣。占星術會優先考慮對於天體運動進行密切關注，而歷史則強調經濟和社會「各種因素」。事實是，我們沒有一種歷史能動性的理論來解釋人們以他們自己的歷史能動性理論所形成的方式行事，無論其方式是唯物主義的、占星學的、神話的，還是其他的。是占星術的力量本身還是對這種力量的信仰塑造了歷史，這很重要嗎（如果是前者的話，歷史學家就沒有什麼可做的了）？對於那些相信星星決定我們命運的人來說，歷史學家的世俗論述是否有說服力？甚至是否是有用的呢？

畢竟，歷史本身就是一種神話化的形式。偉人的歷史尤其是這樣，而且不只偉人歷史是這樣。這種歷史創造出了一個神話人物，是體現了諸神英雄品格的凡人。有時候，他們的血統會被拿來作為對這種英雄主義的解釋——正如他們所採取的英雄行動可能是由這種對家族史的感知所激發出來的一樣；我們不妨想一想溫斯頓·邱吉爾和他作為一名馬爾堡公爵的直系後裔所具有的意識。我們對標誌性的偉大人物——亞歷山大大帝的文化記憶，不知不覺地融入到了希臘諸神的萬神殿中。浪漫主義的「天才」概念感染了啟蒙運動衍生的歷史學科，使其有了將偉人神話化的嗜好。尤其是和音樂有關的家譜世系的早期歷史，它超越了世俗的領域，將天才與它最初的源頭阿波羅聯繫了起來。[142]神話塑造了並滲入到歷史中的情況不僅僅是在南亞發生，這與歷史書寫本身的神話化效果完全不同。這種神話化假定偉人要對一種比生命更偉大的道德負責，這種道德超出了普通人的能力和範圍。我們對邱吉爾的道德標準與普通人不同；而且他自己也是如此，因為他對自己的血統有清醒的認識（他本身就是一個歷史學家）。他在一九〇二年對一位美國採訪者說：「我很幸運地來自一個在英國享有名望的家族，而……姓名對我們來說非常重要。」[143]這種家族歷史感塑造了他的良心控管，因為他在英國「最輝煌的時刻」帶領英國取得了英雄般的成就，而且還主持了孟加拉的饑荒和對德國的轟炸。國王的神授權利（divine right）是明確要求一個男人（偶爾也有女人）遵守不同於凡人的道德標準的最明顯例子。在這種君主制的概念中，國王不是一個凡人，因為他的權力來自於神。就像現代時期的歷史是關於脫離君權神授的統治概念，走向「人生而平等」這種更平等主義的概念一樣，現代歷史寫作本身有時也延續了對國王、征服者和其他英雄的崇拜，以及對包括偉大的工程師和發明家在內的崇拜。

關於思索歷史觀念如何塑造歷史的展開，也許用一種類比的方式會有幫助，你可以把歷史觀念看作一種基礎設施，觀察這種基礎設施是如何塑造歷史展開的。如果說槍炮武器在十八世紀調解了良知，那麼自由主義的十九世紀城市基礎設施，比如路燈照明、下水管道、柏油路等等——則是以新的方式規範了行為。[144]煤氣照明的城市街道所帶來的相互監督被認為可以提高道德水平。人類的行為是偶然的，也是有時空背景的；我們所做的事情以及對做這些事情的感覺是由我們可用的工具和所處的體制所決定的。我們對這些限制的認識已經（而且能夠）在調解良知方面走了很長的一段路。最明顯的是，通過機槍、飛機或無人機進行的遠距離殺戮，降低了個人對殺戮行為的情感投入門檻，使之成為人類大眾認為的可想像和可執行的事情。

技術透過文化來形塑我們的能動性。我們對城市燈光的理解讓我們能夠改變我們的能動性：我們知道它們會照亮我們的行為，那些行為會讓我們的文明性和道德受到檢視，所以，我們要講文明、守道德。與之相類似的，AR15步槍的軍事象徵意義使其年輕的主人更有勇氣通過非個人的致命暴力來發揮其男性的力量。文化調解了「事物」塑造人類能動性的作用方式；這個說法就是下面這句話的另一個表述方式：信念（beliefs）調解了人類能動性的行使——它調解了我們所講述的關於「事物」的故事，也調解了我們對槍是什麼、城市燈光是什麼的理解。

那麼天上的行星與恆星呢？作為我們環境中的物體和環境的一部分，它們是否也擁有影響我們歷史演變的文化力量呢？如果文化和信念是事物如何塑造人類能動性的最終仲裁者，那麼，對某些人來說，行星的作用可能與城市的燈光沒有多大區別。兩者的影響至少部分取決於我們對它們讓我們做什麼或不做什麼所持有的信念。甚至在事物的領域之外，信念也塑造了我們對能動性的感知（sense of agency）：一個馬克思主義者對階級結構的信念、一個自由主義者認為是進步的證明，以及一個種族主義者認為自己和其他種族的真實情況。簡而言之，我們作為歷史行動者的能動性感知是高度主觀的，因此是易變的、偶然的、變化的，甚至是隨意任性的。儘管我們願意認為歷史思維提供了一個隨時間變化的世俗敘事，但它以新的方式蠱惑我們的世界。浪漫主義者堅持這樣做。詩人英雄拜倫勛爵肯定地說：「如果人們有耳朵，萬物皆有音樂；萬物不過是地球的回聲。」征服、奴役和工業化的嚴酷現實伴隨著在它們造成的非人化中，對於想像的解藥的追尋（這些殘酷現實實際上是被征服、奴役和工業化驅動的）：菸草、鴉片、咖啡、可可、糖和茶的成癮性魔力。除了精靈、天使、神和變形的生物在文化上與我們同在，將我們與早期的時代聯繫在一起之外，現代還產生了新的奇美拉（chimera，譯註：古希臘神話中的一種可怕的長著獅頭、羊身、龍尾的怪獸）——例如國家、進步和種族這樣的神話概念。對神聖和神奇的渴望在啟蒙運動期間並沒有消失；即使哲學家們對終極意義來源的探索遠離了神和宗教，但它也將其他對象神化了：如大自然、國家／民族等等。[145]歷史是這種重新改造的一部分，它使我們能夠與死者一起生活，並且生活在死者之中。[146]正如阿米塔夫．戈什所指出的，這種神話比其他類型的神話更難否定，「因為它偽裝成了一種對世界的真實描述；是事實，不是幻想。」[147]啟蒙思想家將歷史學家理解為一個創造性的中介，為人類照亮天意，在這個意義上，歷史學家本身就是一個傳遞神意的天使。歷史學家本身就是一個偉人，是繆斯的解釋者。康德肯定地說，正如「大自然」產生了像牛頓和克卜勒這樣的偉大科學家，為人類辨識科學規律一樣，它也會產生一個能夠發現和敘述指導人類進步的自然規律的人。有了這種對歷史學家的偉大觀點，康德預見了馬克思對歷史學家創造歷史能力的希望。他解釋說：「當占卜者本人造成了並策劃了他預先所宣稱的事件時」歷史進步便可能繼續。[148]

在接下來的章節中，我們將見到的許多帝國的主要設計師都聲稱自己具有歷史學家的專家地位，並利用歷史遠見來為自己的行動辯護，這種情形並不是巧合。由於我的目標是理解並幫助解決圍繞帝國主義的持續性道德矛盾，這些情形就是我的大部分（儘管不是全部）關注重點。我希望這將是重新思考歷史思想如何塑造現代歷史的一個開端，未來的學者可能會更仔細地研究工人、叛亂者或殖民主體在自覺地行使其歷史能動性時如何借用歷史理論。可以肯定的是，歷史學科——它對進步、偉人和裁決等方面的承諾——在災難性的二十世紀之後經歷了許多轉變。我們將會討論到這件事。今天，當我們試圖理解現代的良知控管時，我們用已轉變了的歷史語彙中的道德視角來做判斷。我們在今日同意奴隸制是不道德的，所以我們努力理解過去的人如何為其辯護——他們的辯護讓他們顯得很奇異。我們覺得過去發生的事情是在另一個國家。在今日，我們認識到了大屠殺的恐怖，並試圖努力弄清楚當時的德國人和其他人如何犯下這樣的恐怖。我們確信前人本應知道得更多。同時，正是在我們為納粹主義的行徑給予解釋的過程中，我們也明確了解我們自己時代的道德底線在哪裡。在拯救歷史上的失敗者時，我們也在尋求拯救我們自己。

儘管人類歷史在時間（Time，譯註：作者在這裡用了大寫T，指自太初以來的時間）的尺度上是微不足道的，但人類的意識卻感覺是永恆的，在它所生活的時間中努力包含著像時間和宇宙一樣巨大的概念，容納著不可估量的，由神話、古老和日常現實的種種瑣碎經驗細節組成的可以反覆塗抹和使用的遺產。沙赫拉扎德（Shahrazad）——這位《天方夜譚》中的偉大說書人，她為了避開死亡，講述了沒有訊息、沒有結局的故事。歷史學家講述過去的故事則是帶有訊息的，從而能消除對普遍罪惡的認知的煩惱，消除對人類自我固有缺陷（良知的反覆失敗）有所認知的煩惱。在這樣做的時候，他們參與了一種政治行為，創造了新的歷史本身；關於這一點，我在本書結尾處會有更多的討論。

第二章　進步是一種懺悔

我要去英屬印度了，但我不是去當總督的。要去當總督的人是你。

——威廉・本廷克勛爵（Lord William Bentinck）對歷史學家詹姆斯・彌爾（James Mill）說

一八一五年拿破崙戰爭結束後，士兵復員、戰後工業不景氣和居高不下的糧價開始在英國人中引發激進運動。英國政府採取了解除人民武裝的措施。最終，它建立起了一個正式的治安機構，有產者手中的槍也消失了，路上劫盜的人也消失了。不列顛島對槍枝的控制仍然很嚴格，但在整個大英帝國範圍內，射速越來越快、精準度越來越高的槍枝使新的大規模暴力得以發生。國外的軍火銷售也繼續定期考驗那些致力於有原則的統治的人們。在一九八二年英國流行的政治諷刺節目《是，首相》（*Yes Minister*）中，常務祕書和部長討論了向恐怖分子出售武器的問題。這名官僚體系中的祕書對此感到問心無愧，因為他已經把道德因素從他的公共職責中完全封鎖起來了。他解釋說：「政府並不是關乎道德。（它是關乎）穩定性。要讓事情流暢地運行。」然而，這位部長則對此感到不安：「如果政府的最終目的不是為了為善，」他問道，「那麼政府是為什麼而存在呢？」這名官僚體系中的祕書回答說：「部長，政府不是關於善和惡的。政府只關於秩序或混亂。」[1]

從革命時代開始，英國的政治理論家們就被這個問題困擾著。正是這個問題，政府到底是為了什麼而存在？在本章所述的十九世紀上半葉，他們選擇的答案是「為善」而存在。托馬斯・潘恩認為，政府是道德存在的保證，是「已丟失的純真的名片」。「因為，」他解釋說，「如果良知的衝動是清晰的……人類就不需要其他的立法者了。」[2]我們有政府，是因為美德不足以保證我們的善良。後來的自由主義政治哲學家們提出了一個更加務實的觀點。像傑瑞米・邊沁和詹姆斯・彌爾（James Mill）這樣的效益主義者主張，政府的目標是最大多數人的最大幸福。約翰・史都華・彌爾說，政府的目的是保證自由，這本身就是一種道德價值。而歷史是自由進步的紀錄。在十九世紀下半葉，正如我們將在第三章中討論的那樣，這個問題的答案轉向了「秩序」。但是，就內部治理而言，為善、維持秩序和以進步為導向的單一歷史想像都是能夠調和起來的。事實上，隨著秩序本身在十九世紀末開始擁有道德品質，這種為善和秩序的兩分法變得過於模式化了。

在這個世紀的上半葉，在對沃倫．黑斯廷斯的審判中，帝國骯髒的起源被醜化了，這一負擔為帝國的歷史理解注入了救贖性的道德目的：帝國必須彌補其在克萊武、黑斯廷斯、腐敗和奴隸制時代的無恥開端。這是那些負責塑造帝國的人所持有的主導性歷史敘事。歷史學家斯特凡．科里尼（Stefan Collini）抓住了這一轉變：「與固有的不完美和諧共處的某種世俗容忍也許已經喪失了，一種更急切的關於個人努力和社會和諧的概念當然會變得更加突出。」這就是維多利亞時代（一八三七－一九〇一）典型的「道貌岸然」的形成。浪漫主義者使帝國新的道德利害關係更明確，把行使個人能動性的救贖潛力提到了更高的位置。他們的英雄主義思想助長了維多利亞時代的自助觀念，在塞繆爾．斯邁爾斯（Samuel Smiles）出版於一八五九年的《自助》（*Self-Help*）等作品中得到推廣，其對自我主張的認可作為衡量「品格」的標準，在一個普遍存在階級貴賤眼光的社會中是有力量的。[3]但是遙遠異國作為一種理想的想像環境浮現出來，在這裡，維多利亞時代的道德品德可以（勇敢地）受到測試和證明。

可以肯定的是，許多浪漫主義者對「進步是不折不扣的好事」這一概念持懷疑態度，特別是如果它取決於對軍事－工業生活方式的順從接受。當加爾頓從歷史中提出他的論點時，浪漫主義思想家們大聲質疑他們周圍正在發生的變化是否像親工業主義者和啟蒙哲學家聲稱的那樣令人嚮往。這並不是說他們完全不承認歷史變革，他們中的許多人是廢奴主義者，並曾是美國反叛事業的狂熱支持者。儘管有些人後來收斂了他們的革命情緒，並在法國大革命的陰影下團結起來，但他們對似乎伴隨著「進步」的人類和文化損失仍然很敏感。他們特別抵制假定的自然和文化的分離，批評「政治經濟學」非人化的知識世界和工業主義的非人化影響。他們譴責奴隸貿易和他們國家的武力野心，即使在對沃倫·黑斯廷斯的審判的宣洩之後也是如此。

塞繆爾·柯勒律治（Samuel Coleridge）在他的世界末日詩《離別之年頌》（*Ode on the Departing Year*）中，對一七九六年（這一年也是加爾頓受到審問的那一年）的流逝過程進行了反思，對歷史的發展方向表示了哀嘆：「時間的狂野豎琴」彈奏「黑暗交織的和弦」。那句「血腥的島嶼將永遠地皺著眉頭？」有一個腳註，哀悼了「可憎的奴隸貿易的無數受害者……印度斯坦的荒蕪平原……」「大地的四面八方都在為這個國家不可容忍的不義行為而呻吟嘶吼！」最終，詩中主角選擇了退出，歸隱於農耕生活中：

吾之魂魄，歸兮去兮！
……
拋下那邪惡之事。
每日祈禱，每日辛勞，
在那貧瘠卻無罪的土地上耕耘。
哀哉吾國，噫吁傷悲！如今，不朽丹心，放歸原處。

漫長的安息日，滿足本我；
洗滌那黯淡肉體的激情，再現上帝的形象，六翼天使的姊妹。[4]

對於一個被法國大革命的發展軌跡以及對自己的國家感到幻滅的詩人來說，退隱也許是擺脫這「深深內疚」的負擔的唯一途徑。兩年後，他創作描寫良知腐壞的民謠《古舟子詠》（The Rime of the Ancient Mariner）問世了：一個水手射殺了把他的船帶出冰塞（ice jam，編註：融化的浮冰過多導致河流堵塞的現象）的信天翁，憤怒的精靈們出現，追著船進入到了一片未知水域，其他的船員們強迫水手把死去的信天翁戴在脖子上。最後其他船員們都死了，只有水手在他們的屍體堆中繼續活著，體驗了生命的缺失，直到他在在黑暗中看見了許多水蛇。他的反應是愛的流露，因為他短暫地瞥見了創造的統一性和美。死去的信天翁從他的脖子上掉下來。為了完成他的懺悔，他在大地上四處徘徊，向所有遇到的人敘述：

他求最好的，他愛最好的，
無論是大還是小；
因為親愛的上帝愛我們，
祂創造並愛所有人。[5]

水手對生命和生命的社群犯下了罪。雖然他找到了贖罪的機會，但他是精靈和海洋的獵物，幾乎沒有英雄式救贖的空間。

考慮到當時的英國人將超自然現象的信仰歸於前現代的迷信，在這個故事中的出現的超自然因素是異乎尋常的。儘管柯勒律治公開說這一作品是虛構的，但他仍故意要恢復那些超自然事物的信念。他後來解釋說，他努力為他的奇幻故事注入足夠的「人類興趣和真實感」，使讀者可以「在當下心甘情願地暫停自己的懷疑之心，這構成了詩歌的信仰。」[6]這種想像力豐富的文學作品對於鞏固現代的觀念至關重要，因為現代是一個失去激情的時代，在這個時代裡，神話、魔法和神聖的東西都被剝離了，只剩下在書本上的例外了。[7]有一個真實的世界，也有一個想像的世界——這就是現代世俗主義思想的核心的二元性。在神話被驅離出真實世界的同時，它因其所謂的揭示超驗意義和真理的能力而獲得了巨大的文化力量。因此，許多浪漫主義詩人採納了神話性語彙和策略來獲得超驗的知識：夢想和鴉片補充了普通的感知（這兩樣東西可以通過英國不斷擴大的帝國影響力獲得）。對於現代讀者來說，暫時接受幻想就像是接種疫苗一樣：為了娛樂而故意注入幻想，加強他們對幻想力量的免疫力。超自然現象以這種方式被偷運到了理性時代，並將感染歷史寫作中看似非虛構的領域，以及後來的從歷史思維中對於救贖的求索。

在一七九八年，也就是《古舟子詠》問世的那一年，另一位月光社的成員，廢奴主義者和工業家約書亞・威治伍德（Josiah Wedgwood）向柯勒律治提供了一筆年金，柯勒律治用這筆錢與他的詩人同伴威廉・華茲華斯（William Wordsworth）一起走訪了德國。在那裡，歌德（Johann Wolfgang von Goethe）正在斷斷續續地創作關於現代性所帶來的良知危機的戲劇，這一上下齣的劇本《浮士德》（一八〇八年，一八三二），劇中的情節講述了追求無限知識的愚蠢行為，這一追求在劇中被表現為浮士德與魔鬼打下的契約。[8]在最後一幕中，年老、強大的浮士德以經典的啟蒙（和殖民主義）方式參與了對他周圍世界的改造。他利用堤壩和水庫疏導了海水，並在與海爭地所得到的土地上建造了一座城堡。但是，屬於一對老農夫婦的小屋和一座小教堂擋住了他的開發。魔鬼梅菲斯特很樂意殺死這對老夫婦。浮士德因此而產生的罪惡感和他不斷努力的救贖精神最終使他在天堂獲得了一席之地。與魔鬼的約定損害了他的靈魂，但並非不可挽回、無藥可救。

當柯勒律治為委託翻譯《浮士德》的工作而努力的時候，另一位浪漫主義詩人珀西・雪萊（Percy Shelley）也翻譯了《浮士德》的部分內容。[9]但甚至在這之前，他年輕的妻子瑪麗・雪萊的《科學怪人》（又譯「弗蘭肯斯坦」，*Frankenstein*, 1818）以極地探險為故事背景，明確地引用了《古舟子詠》，也表現了堅定追求知識對靈魂造成的不可估量的代價，以及想像力擁有的撫慰力量。想像力「像真理一樣令人過目不忘和有趣。」[10]小說《科學怪人》的副標題「現代的普羅米修斯」指的是希臘神話中的泰坦，他從泥土中創造了人類，通過從眾神那裡偷取火種來促進文明發展，向人類施以仁慈。為此，眾神對普羅米修斯施以了永恆的折磨。雪萊希望她的小說能夠傳達出對知識的虛榮和妄想的追求，以及人類對造物主的嘲弄會招致的必然結果。正如她在後來的版本的導言中所解釋的那樣，她知道「小說中的主角的成功會讓藝術家感到恐懼；他將從他可憎的作品中匆匆離開，感到驚恐萬分。」恐懼將會縈繞在藝術家的心頭。[11]歌德深受莎士比亞的《哈姆雷特》的影響，這齣戲劇可以說是宣布了現代道德和天意的兩難選擇。《浮士德》和《科學怪人》的劇中人在追求知識的過程中也對基督教的原罪概念做出了呼應。他們捕捉到了進步敘事中構成的罪惡感、自知無知（knowing ignorance），以及對進步所造成的痛苦的寬宏大量。[12]考慮到讓世界變得更好的工程是在一個沒有歷史理由的虛構領域中提出的，這些浪漫主義作家揭示了進步所帶來的道德損傷。

在《科學怪人》中，怪物（弗蘭肯斯坦）和他的創造者是同一事物的一體兩面——這一理解在長期以來「科學怪人」（Frankenstein）這個詞彙既是指怪物、又代表怪物的創造者的說法上表現得很明顯。此外，怪物對其創造者的報復是一種讓自己的存在變得完整的慾望受挫的結果。自己的影子或替身是浪漫主義文學中的一個常見特例。但也許沒有哪個浪漫主義詩人比威廉・布萊克對本質的雙重性（duality of nature）更為敏感了。與那些被理性力量說服的人所提出的表裡如一、文明化了的自我相比，威廉・布萊克經歷並感受到了一種更加激動人心的自我形式，一個即使在努力追求美德的過程中也意識到自己的兩面性的罪惡感的自我。在倫敦，他寫下了自己的歷史神話，講述了他那個時代在國外發生的革命，將反叛的精神塑造成代表想像力的半獸人。[13]但在與理性的限制力的末日般較量中，半獸人退化為無政府狀態——這是另一個普羅米修斯的形象。威廉・布萊克將虛偽理解為凡人生活的一個無法根除的特徵。他提到了潘恩和其他啟蒙哲學家在追求「天堂和自由」的過程中拒絕處理「善與惡」的觀點，他給出的解釋是「全人類都被告訴說偽君子總是和誠實的人一樣多，他們在道德事務上總是占優；如果沒有道德美德，人類就無法在這個世界上獲得自由，而且，如果不奴役那一半的人類，你就不可能擁有道德的美德，他們憎恨你所謂的道德美德。」[14]一旦我們接受了自我和神性的雙重性質，我們就不需要神義論了。半獸人是人體內神性能量的一部分，但人的內部生命是循環的，或許是辯證的；它是分裂的、雙重的，而不是單一的、連貫的。上帝本身具有雙重本質，既能行善也能行惡。威廉・布萊克在孩提時曾看到過異象，他顛覆了單一的、自我意識的主體概念。科勒律治熟悉鴉片引起的幻覺，他認為威廉・布萊克是個「天才」。值得注意的是，布萊克還在一八〇八年和一八二四年分別為那些英國文化的扛鼎之作：約翰・彌爾頓（John Milton）的《失樂園》（一六六七）和約翰・班揚（John Bunyan）的《天路歷程》（一六七八，一部關於基督徒尋求解脫罪惡的小說）繪製了插圖。

一些浪漫主義者對這種內心競爭的敏感，產生了一種特別英國式的內疚的英雄式能動性（a particularly British mode of guilty heroic agency），並作為歷史救贖敘述的一部分。柯勒律治、華茲華斯、羅伯特・騷塞（Robert Southey）和其他浪漫主義者紛紛退出了他們在一七九〇年代裡接受的激進事業，到十九世紀初的時候，他們已經成為了政治保守派，但並非所有人都對他們的國家以進步的名義繼續把靈魂當作代價的行為視而不見。拜倫嘲笑了羅伯特・騷塞之類的人，用《唐璜》（*Don Juan*, 1819-1824）一劇來諷刺羅伯特・騷塞，將自己變成了一個反帝英雄主義的標誌人物。[15]加爾頓和與他類似的人們懇求要抱守實用主義，他們無法設想英雄式的意志；像柯勒律治這樣的保守浪漫主義者則是最多只能考慮到退隱；但另一支浪漫主義傳統開始堅持英雄式的能力，特別堅持救贖和能動性的力量，但通常是以悲劇收場（而且是在憂鬱的退縮和放逐的背景之下）。拜倫在經歷了醜聞離婚、亂倫傳聞和不斷增加的債務後，於一八一六年離開英國，進入流亡狀態。那年夏天，他成了雪萊夫婦在瑞士的鄰居，他開玩笑地建議他們通過寫鬼故事來打發那段反常的潮濕天氣，正是在那段時間裡，瑪麗・雪萊寫下了她的經典作品。後來，在義大利，拜倫參與了將希臘從鄂圖曼帝國統治下解放出來的鬥爭，並在一八二四年死於戰鬥之中。雖然他的死亡可能是由敗血症引起的，但他在希臘和英國都被譽為英雄。他用自己的行動努力踐行著他在浪漫主義詩歌作品中發明的英雄類型的生活：一個理想化的、充滿激情的、有良知的、經常被流放和自我毀滅的英雄，他避開了傳統和特權，悲劇性地死去。[16]

拜倫的作品，例如一八一六年的《科林斯之圍》（*Siege of Corinth*），以及他的行為，無論是好還是壞，都體現了浪漫主義對權力意志和個人塑造歷史的力量的強調。[17]這是一種對人類能動性的想像、對英雄主義的渴望，一些浪漫主義者實際上也試圖這樣做。事實上，他對歐洲革命性的自由主義和民族主義運動的發展產生了巨大的影響，首先是在德國、義大利和波蘭（後來也影響了殖民地的民族主義運動）。[18]對拜倫來說，英國的帝國罪孽並沒有因為廢除奴隸貿易而停止。他在希臘做出努力是為了彌補英國教唆土耳其人統治希臘，和英國在該地區追求自己的帝國主義目標的罪行。在拿破崙戰爭期間，額爾金勛爵（Lord Elgin）從希臘拿走了帕德嫩神廟的大理石；馬爾他成為了英國的殖民地（柯勒律治曾在那裡的英國新政府中短暫任職）。拜倫的姿態，他以解放被奴役的人民的名義對英雄式能動性的渴望，將諷刺地注入在大英帝國的進一步擴張中，因為受拜倫啟發的冒險家們會冒險出擊，試圖將人民從東方專制主義的詛咒中解放出來。儘管自由主義有漸進主義的精神（ethos of gradualism），但它依賴這種有遠見的、開明的菁英們所採取的革命行動的概念。儘管浪漫主義通過《浮士德》和《科學怪人》的故事對人類僭越取得創造能力的危險性提出了警告，但浪漫主義者聲稱自己有特殊的能力來藝術地控制這種危險，他們聲稱自己是天才，這往往會增強人們必須敢於創造自己的歷史的觀念。即使這種努力不可避免地是悲劇性的亦在所不惜。

在希臘之前，拜倫曾將新成立的美國看成是浪漫主義理想和讓他逃離「帝國和殖民地的循環死結」的避難所。[19]的確，在某種意義上，他刷新了托馬斯．潘恩首先在美國殖民地，然後在法國為其他民族擺脫奴役所做的努力。潘恩已經意識到了，在每個案例中，民族性的歷史敘事都很重要，但在跨國行動中，他自己也體驗了一個越來越大的英國人的歷史性特權。他解釋說：「全世界就是我的國家。」[20]事實證明，他是一系列跨國革命者中的第一人，他們在任何有專制主義的地方戰鬥。托馬斯・克拉克森（Thomas Clarkson）和其他廢奴主義者也試圖英勇地將國外人民從奴役中解放出來。但正是拜倫體現出了英國人在海外的模式。他作為一種帝國行動的模式，證明了英國在海外的真正目的。這是另一個浪漫主義的歷史劇本，它為後來的帝國能動性的行使提供了資訊和指導，為文明使命的敘述注入了不可抗拒的悲憫和同情。無私地解放受奴役的人的想法成為了帝國的幌子。[21]

南美洲是鞏固「英國的力量是歷史進步的載體」這一觀點的重要墊腳石。當拜倫在希臘與鄂圖曼帝國的軍隊周旋時，拿破崙戰爭中的海軍英雄科克倫勛爵（Lord Cochrane）也投入到了從西班牙和葡萄牙人手中解放南美洲的努力中。他在一八一四年因股票欺詐而被定罪（他堅持認為自己是無辜的）而被恥辱地從海軍中開除了。他也去海外尋找救贖，他離開了英國，領導智利反叛海軍和西班牙人對抗，也在祕魯的獨立鬥爭中也發揮了關鍵作用。在幫助巴西從葡萄牙人手中獲得自由後，他因獎金糾紛而憤然離去。此時拜倫已經去世了；科克倫便去了希臘參加鬥爭。回到英國後不久，他獲得了赦免，恢復了海軍裡的職務。

科克倫和拜倫在性情上截然不同。拜倫將自己的財富投入到希臘的鬥爭中，而科克倫的視角則是唯利是圖。他對智利和祕魯沒有提供「更實質性的回報」而感到痛苦，兩國只是對他表示了熱情感謝。[22]儘管如此，兩人都行使了他們所理解的、浪漫的英國貴族特權——與潘恩的全球激進主義有些不同。科克倫向智利的西班牙總督解釋說：「英國貴族是一個自由人，因此有權利接納任何努力來重建人性權利受了傷害的國家。」[23]這些「拜倫式」的姿態為未來的海外冒險家提供了一個劇本，雖然他們的行動進一步推動了帝國的擴張，但他們也仍然可以將其解釋為解放。雖然智利的「解放」鞏固了那裡的殖民定居者的地位，但英國權力的擴張被理解為自由本身的擴張。科克倫的解放英雄主義並沒有延伸到智利原住民身上，他曾譴責智利原住民是一個壓迫的存在，蔑視他們在「印第安戰爭中」的「偷偷摸摸的懦弱行為」。科克倫確實對祕魯共和國迅速陷入了「專制」統治感到遺憾，因為發覺利馬居民的「假裝的解放者」是「實際上的征服者」而感到遺憾。[24]但他和後來的許多英國人並沒有舉起鏡子，照照自己假裝的解放。

浪漫主義在海外解放中尋求救贖的精神將從那時起滲透到自由帝國主義的歷史中。希臘是拜倫犧牲的地方，也是科克倫後來冒險的地方，這一點具有深遠的意義。十八世紀的哲學家們很容易地將西方的遺產追溯至印度的文明身上，但當拜倫為希臘的解放而死去時，英國的東方學者正在不害臊地修改著對文化親密關係的承認。在拿破崙戰爭期間，蘇格蘭人、威爾斯人、英格蘭人和愛爾蘭人被塑造成了「英國人」，這使得英國的國家認同更強烈地建立在種族和海外帝國的共同計畫之上。[25]如果說拜倫是悲劇英雄，是有罪的帝國良知的代言人，那麼還有一個毫不覺得要道歉的威靈頓公爵（Duke of Wellington），一個徹頭徹尾的英國軍旅英雄，他在那些年中作為印度的征服者建立了自己的功業。我們將會在後文中看到，傳教士在一八一三年獲得了進入印度的機會，並以新的負面形象描繪印度的宗教。這些變化，以及十年後希臘的解放，正好與重新塑造

「東方」關係的努力相吻合，這一努力的建構十分廣泛，並主張了更多經過選擇的遺產。隨著希臘人現在擺脫了被說成是「東方專制主義」的土耳其統治，歐洲人確立了他們對狹義的希臘（而不是埃及、波斯或阿拉伯）遺產的主張。在希羅多德關於波斯和希臘之間衝突的歷史中，野蠻和文明之間的較量在一個被二分為「落後的東方」對抗「進步的西方」的世界中獲得了更深的共鳴，成為現代歷史決定論的關鍵。

如同《科學怪人》和珀西・雪萊的詩歌等，很多的浪漫主義作品都立足於這種種族和文化差異的概念，並也固化了這種概念。[26]例如研究印度法律和文獻學的威廉・瓊斯爵士（Sir William Jones），這一類學者們的工作助長了「東方」的觀點，將所謂的「東方」視為一個從歐洲的不安中獲得解脫的想像的境域，這種方式深深影響了浪漫主義文化。歌德《浮士德》的序幕是按照迦梨陀娑（Kalidasa）的《沙恭達羅》（*Sakuntala*）創作出來的，這個故事出自《摩訶婆羅多》，這是一個關於沉浸在自然中與象徵着自然的女人，與她的戰士國王情人／丈夫的關係的故事。[27]這一部西元四世紀或是五世紀的梵語戲劇通過威廉・瓊斯在一七八九年的翻譯進入到歐洲觀眾的視野中（一部德語的新譯在一七九一年問世）。[28]諷刺的是，雖然他試圖為英國的帝國主義行為做出償還，但是拜倫的詩和他的生活促進了一種對「東方」的東方主義詮釋，認為它是一種情色感官的、亙古不變的事物，它們以解放東方專制主義的愚昧臣民為名義，邀請了英國進行權力擴張。矛盾的是，在亞洲、美洲和南太平洋地區的更多的海外接觸助長了這些日漸固化的差異觀。

啟蒙運動中對知識加以分類的努力延伸到了這種由接觸所產生的新的製圖學、植物學和人種學（民族誌學）的知識中。在黑格爾死後出版的《歷史哲學》（*Philosophy of History*, 1867）總結了「世界的歷史是從東方走到西方，因為歐洲絕對是歷史的終點」的觀點。[29]值得注意的是，他在寫這本書所依據的講座內容時，對《薄伽梵歌》進行了批評，回擊了浪漫主義對它的迷戀。[30]歐洲的歷史能動性的概念是通過東方主義與其他有關能動性的思想相接觸後形成的。

在西元十九世紀初，歐洲人將東西方的差異歸結為文化、氣候、環境和種族的差異。歷史學家描繪了社會沿著不連續的文明階段逐步發展的過程。我們的「現代」概念從一開始就充滿了種族和文化差異的想法。十九世紀的自由觀念依賴於對亞洲和非洲的「東方主義」觀點，在這種觀點中，「東方」是一種專制主義的自然環境，而西方則是自由的。[31]西方是動態的（dynamic）、是進步的地方（place of progress）、是歷史的，而東方則是被動的、亙古不變的、對歷史無感的。

廢奴運動出自於一種道德義務感，即解放國外被壓迫的人類，把歷史帶給那些不能自己創造歷史的人。當然，廢除奴隸制是一件好事情，但它的好處被過度放大了，使英國在海外的所有活動都染上了一層美好的玫瑰色。在進行這種寬泛的道德判斷時，啟蒙思想也浸染著種族和文化差異的概念。它包含了一種種族發展階梯的準科學觀點，北歐的白人處於頂端，是最具有理性和進步能力的。在某些地區，僅僅解放人民是不夠的；那些地方的解放還需要對那些人進行改造。英國給希臘人和義大利人提供的幫助帶有居高臨下的俯視態度，但「其他」被奴役的民族則是激起了英國人的另一種居高臨下的心態，他們相信英國的家長式權力擴張是自由的關鍵。那些在後來成立了原住民保護協會（Aborigines Protection Society）的廢奴主義者們中，他們認為帝國是保護原住民的一種手段，而原住民在本質上是低下的。該團體的主張，無論其用意如何，往往助長了導致了對原住民更多的控制、邊緣化和剝削的過程，包括那些從與前幾代英國人的滅絕遭遇中恢復過來的人。對種族差異的假設永久地削弱了英國人將其他民族置於與他們相同的、普遍的歷史演變道路上的主張。

自由帝國主義（Liberal imperialism）是建立在這樣一種觀念前提上的，它認為世界各地處於蒙昧中的民族是缺少良知和美德的，他們需要一個家長式的帝國政府，這樣一個政府可以立即彌補英國征服的原罪。它依賴的是一種歷史敘事，即英國的統治將作為一種懺悔，使那些地方和思想獲得文明化，這樣做將產生內部一致的高度個人化的良知和自我身分，這是啟蒙前景的前提。捆綁在「蒙昧」概念中的種族主義和文化主義偏見，假定他人的自我身分和良知是有缺陷的，這種偏見是歷史學科的殖民套餐中的一部分。在來自於商人的壓力，加上亞當・斯密等思想家的觀點的共同作用下，一八一三年的憲章法案成功通過，結束了東印度公司對印度貿易的壟斷（儘管該公司保留了對茶葉和對中國貿易的壟斷權）。該法案還允許了傳教士前往印度傳教。威廉・威爾伯福斯（William Wilberforce）和查爾斯・格蘭特（Charles Grant）等福音派廢奴主義者認為這是英國道德救贖的下一個待辦事項——是彌補早期帝國罪惡的機會。查爾斯・格蘭特是東印度公司的一名員工和政客，他在一七九七年就傳教士的准入問題提出：「我們應該向人民提供大量補償，以彌補我們在他們中間建立起權力時引發的罪惡。」他認為，他行使帝國能動性是出於對可恥的過去進行補償的歷史需要；就像對待奴隸制一樣，歷史的進步被想像成了一種救贖行為的敘述。同時，他知道贖罪是不可能的，因為他認為，「我們現在不可能放棄他們（印度人）而不感到內疚，儘管我們在管理他們的過程中也可能承擔巨大的內疚。」[32]英國人的良知應該要為印度人的「道德改良」做出犧牲。

但正如我們所看到的，對印度的看法正在發生變化。在黑斯廷斯審判的道德贖罪之後，與殖民主義有關的醜聞的汙點從英國人轉移到了殖民主義的「他者」身上。環境決定論鼓勵人們把英國腐敗的責任轉嫁到印度身上，那些「nabobs」（在印度的英國長官們）的道德淪喪就是東方的致命汙點的例證。福音派和自由派的改革者帶頭努力解決印度的道德問題，例如「娑提」（sati，殉夫自焚）的習俗。這種「文明化」的努力總是適得其反，扼殺了本土的改革運動，同時在歐洲使印度的形象更加異國奇異化（exoticizing）。[33]醜的不再是帝國，而是印度本身了，不是英國在印度的腐敗，而是腐敗的印度文化和習俗，為英國人的存在提供了正當理由，並有了人性和道德的光芒。[34]黑斯廷斯的繼任總督康沃利斯勛爵宣稱：「印度斯坦的每一個人……都是腐敗的。」[35]隨著十九世紀英國思想家和傳教士對印度的異國奇異化觀念的傳播，埃德蒙・伯克可怕的「地理性的道德」（Geographical morality）變得更加牢固，它從歷史思維所授權的世俗道德中汲取了力量。

在拿破崙戰爭期間，詹姆斯・彌爾開始寫他的《英屬印度史》（*History of British India*），該書於一八一七年出版，柯勒律治也是在這一年為想像力的重要性進行了辯護。詹姆斯・彌爾從未踏足印度次大陸，但他的著作卻是關於東印度公司在那裡崛起的第一部嚴肅的歷史紀錄。[36] 他是一位政治激進分子，是邊沁的效益主義哲學的信徒。對他來說，改革是一個系統性的問題。印度的歷史是需要通過理論原則來克服的——最終目的是將印度作為英國自身的效益主義改革的試驗場。[37] 與加爾頓或伯克不同，他認為沒有必要對世界現狀逆來順受，他對於人類可以通過理性來塑造世界的能力抱有極大的信心。正如他的兒子（編註：即約翰・史都華・彌爾）所解釋的那樣，他對那些容忍慈愛的神和充滿邪惡的世界之間的「公開矛盾」的人沒有什麼耐心，他更喜歡摩尼教關於善與惡競爭控制的世界的觀點。[38]

在亞當・斯密之後，詹姆斯・彌爾以典型的自由主義風格批評了包括羅伯特・克萊武在內的東印度公司和參與其最初征服的人。對於黑斯廷斯的審判，他完全贊同伯克的觀點。但詹姆斯・彌爾對印度人和印度文化則抱持著最大限度的蔑視，將其描述為落後、無知、野蠻、奸詐、道德淪喪等等。通過這樣做，他努力地將自己的作品與威廉・瓊斯之類的早期東方學者對印度歷史和文明的正面評價區分開來。他的作品將是一部「批判性的歷史」，換句話說，是「做出判決的歷史」。他不像早期的學者那樣被一些文化先進成就的痕跡所欺騙，而是像一個法官那樣，對現有的證據加以篩選，將印度與過去和現在處於不同社會進步階段的社會進行比較，以準確衡量印度在「文明標尺」上的位置。他沒有去過印度，但這並不重要：「在印度凡是值得看或值得聽的東西，都可以用文字表達出來。」對於一個能接觸到所有這些書面材料的人來說，「在英國的書房裡待上一年，可能比在印度待上一輩子所得到的東西更多。」[39]為了戳穿早期東方學家所傳播的神話，詹姆斯・彌爾將印度歸入「粗魯」或「野蠻」社會之列。

但這一評價本身並不是目的；詹姆斯・彌爾的意思是要指導大英帝國對印度的統治方針設計。印度並不是長期處於野蠻狀態的。他提出了一條單向的歷史道路：任何沒有進步的文明都會停滯在文化野蠻的狀態上，所有的文明都是在這種狀態下開始的，這種沒有進步的狀況通常是專制的結果。今天遇到印度人就像遇到迦勒底人和巴比倫人、古波斯人和古埃及人一樣。但這樣的社會還可以通過良好的政府來改變。因此，英國的到來將印度從野蠻中解放出來。[40]他對早期東方學家所肯定的任何關於印度歷史特殊性的概念提出了挑戰，他假定印度人和其他民族一樣都有一條普遍的歷史道路。這本書的前提是認為「每一個社會，只要它選擇了，或者被指明了如何去做，就都可以取得進步，但它得遵循更先進的社會在它之前所走過的同樣道路，並獲得同樣的特徵，這些特徵在任何地方都能將野蠻和文明區分開來。」[41]因此，英國在該地區的文明化任務都是有益的。詹姆斯・彌爾的歷史觀允許英國以進步的名義對印度進行干預，但也是英國道德救贖的一個機會。關於詹姆斯・彌爾，政治理論家卡魯納・曼特納（Karuna Mantena）寫道，他的歷史觀是面向未來的，它的這種觀點試圖讓英國人扮演一種改革者的角色，並消弭英國人最初時在這個地區犯下的腐敗和罪惡，「在特定意義上使帝國的基礎變得合乎道德。」這一觀點含蓄地否定了將征服和武力作為帝國權力的正當性來源。英國對印度的改革將是英國的救贖，是對過去罪行的補償，同時履行了對印度和自身的道德責任。[42]查爾斯・格蘭特希望傳教士能夠獲准進入印度，這一渴望與英國人在印度存在的這種更廣泛的歷史前景是琴瑟和鳴的。通往現代性的單一途徑和形式的概念源於啟蒙運動，並影響了十九世紀英國在印度的統治，這種概念在今天仍在以「發展」的名義伴隨著我們。當時，詹姆斯・彌爾的歷史成為在印度的英國官員中最有影響力的一本書，最終成為了英國在印度的公務員候選人和東印度公司在海利伯里（Haileybury）的學院的教科書。[43]該書的成功使他獲得了該公司位於倫敦的東印度大樓總部裡的職位，在總部裡，他的職位不斷上升，並在一八三〇年成為了印度通信審查員部門的負責人。在國內進行治理改革的同時，詹姆斯・彌爾的工作同時推動了英屬印度的新統治方法，其基礎是自由主義的普遍觀念——所有種族，儘管他們各不相同，但最終都可以在文明上成為英國人。他可能主張了採取盡量放任的辦法——也就是「輕稅和良好的法律」，但個人財產權的建立和新編纂的法律會給印度社會帶來激烈的革命。[44]此外，在當地，「改良」和「改革」等理念的影響力，要小於在一個仍然四分五裂和脆弱的地區掌握權力的直接目的的影響力。[45]

出於對腐敗汙點的恐懼，對「在印度的英國官員那種習氣」的恐懼，促使英國殖民地努力保持著種族隔離。這意味著與印度女性的通婚急劇減少，而這在更自由的十八世紀是很常見的現象，同時也意味著執政官僚機構的去印度化，除了最低級別的行政管理外職位以外，印度人被排除在這個壓迫性的榨稅政權裡的所有其他職位之外。高額薪資和強調品格的精神培訓都是為了讓英國官員免受其環境的腐蝕影響——確保良知的行使。一位學者在總結詹姆斯·彌爾對印度和歷史所持有的理解所產生的影響時說：「致力於推動西方化和賦予『男子漢』精神的自由帝國主義，（成為了）將印度人從負責自治的職位上趕走的工具，並將他們貶低到了低等民族的地位。」[46]

在更早的時候，英國人曾試圖把他們的存在掩蓋為蒙兀兒貴族統治的延續，但隨著自由主義的影響越來越大，他們的目標也變得更加公開化了。保護印度女性不受無力的印度男人的傷害尤其成為了帝國的一個有效目的；這一時期的許多改革立法都帶有性別色彩，其結果往往適得其反，例如殉夫自焚的案例就是這樣。[47]游牧人口遭到了強行定居安置。犯罪部落立法試圖馴化因遺傳而被認為生而有罪的原住民群體。複雜的社區財產所有權形式按照英國的方式被簡化了。英語在一八三七年被採納為印度的官方語言，西方教育的傳播成為了一個優先事項。印度人開始學習英語，而不再是波斯語，將其作為一種自我獲得優勢的手段。自由派議員、歷史學家托馬斯·麥考萊（Thomas Macaulay）在其一八三五年的《印度教育紀要》（*Minute on Indian Education*）

中稱，「一個好的歐洲圖書館的一個書架……抵得上整個印度和阿拉伯半島的本土文獻。」[48]英國統治的目標是「形成一個……在血統和膚色上是印度人，但在品味、觀點、道德和智力上是英國人的階層。」這個觀念在於，只要有足夠的訓練，任何一個人——無論什麼種族——都有能力實現這種英國文化至上假設的轉變。托馬斯．麥考萊是修昔底德的忠實崇拜者，他希望大英帝國可以讓羅馬帝國黯然失色；它不需要興衰，而是可以擁抱一個不斷進步的目標，而不受地理限制。[49]這是對歷史的完美的「輝格黨式」（whiggish）理解，這種觀點是以與自由主義思想最相關的輝格黨命名的，它假定歷史遵循一條不可避免的進步和改良之路，並根據現在的情況來判斷過去。麥考萊領導了根據詹姆斯．彌爾的建議所成立的委員會，為整個英屬印度制定了一套成文法。[50]麥考萊和他的其他法律專員於一八三七年完成了《刑法典》（Code of Penal Law），但在英屬印度帝國，虛偽與現實之間的鴻溝是如此之大，以至於幾十年來它一直未被閱讀和執行。[51]

詹姆斯．彌爾和麥考萊都是蘇格蘭人，他們把「英國化」（Anglicization）作為殖民統治的歷史目標，因而接受了英格蘭宗主的作風，這並非巧合。自由主義者普遍認為人性是普遍（普世）性的，如果受到法律、教育和自由市場運作的制約，人性是能夠完全改變的。他們對改革的方法和緊迫性進行了辯論，但對他們所有人來說，改革的目標是將個人從宗教、政治和其他類型的專制主義的束縛中解放出來，使他們能夠成為理性、表裡如一、自主的自我。如果說「天意」對加爾頓那一代人來說是對英國海外統治的解釋和藉口，那麼像麥考萊這樣的十九世紀自由主義者則把英國的統治看作是天意本身——它給墮落的文明帶來了進步的祝福。自由主義建立在基督教的普遍主義之上。托馬斯．麥考萊是札克瑞．麥考萊（Zachary Macaulay）的兒子，後者是一個福音派基督徒，在牙買加管理了一個糖業種植園後成為了一個忠實的廢奴主義者。札克瑞．麥考萊對帝國救贖的追求為他贏得了獅子山（Sierra Leone）總督的職位，獅子山是一個獲得解放的奴隸們生活的英國殖民地。福音主義給了他道德上的確定性，使他能夠對壘那些為延續奴隸貿易而投資的人。對他來說，基督教是英國在世界上註定要扮演的帝國角色的根源，但對他的兒子來說，英國的統治權與其說是上帝賦予的，不如說是建立在文明能力和統治方式之上的。英國的統治能力本身就證明了它的統治權。這裡有一種新的道德確定性，它不再以基督教信仰和救贖為基礎，而是以帝國力量本身的自信為基礎。事實上，托馬斯．麥考萊根本不願意考慮奴隸制問題，儘管或者說正是因為他父親一生都在致力於消除奴隸制。他是一八三三年帝國廢除奴隸制的政府中的一員；他甚至可以從對奴隸主的巨額賠償方案中估量出奴隸制對英國的影響有多大，但他刻意迴避和遺忘了這個話題。英國在去除奴隸制方面已經仁至義盡地完成了自己的責任。[52]而且，這段歷史不需要讓他對英國作為一個註定要統治其他國家的文明的道德優越性感到不安。而且，他認為自己在確保英國完成其命定角色一事上可以發揮關鍵作用，這似乎有一部分是由於他意識到要從他父親留下的地方接過自由的接力棒而形成的。

托馬斯．麥考萊沒有糾纏於他的國家的罪惡，而是決心慶祝它的進步。在印度時，他決定寫一部偉大的英國歷史史詩。他編寫的《英格蘭史》（*History of England*）從十九世紀中葉開始大量銷售，就像吉朋之前對他的羅馬歷史著作所傾注的心血一樣，《英格蘭史》也是一項里程碑般的工程，占據了麥考萊多年時間。[53]麥考萊關於印度早期冒險家黑斯廷斯和克萊武的文章也同樣具有浪漫主義色彩，他在精神和邏輯上進行了一些扭曲，將克萊武對孟加拉的貪婪征服描繪成了為正義事業而做出的努力。克萊武重組孟加拉政府後發生的致命饑荒是高稅收和東印度公司對大米等重要商品的壟斷與乾旱共同造成的結果，但麥考萊卻把它完全歸結為自然災害。在吹噓不可動搖的「英國人的誠實」的同時，他自相矛盾地解釋說，與「缺乏……榮譽感」的「當地人」打交道，自然迫使克萊武和黑斯廷斯採取欺騙的行為。[54]事實證明，麥考萊持續不斷地給克萊武擦脂抹粉；大多數此後的英國歷史學家都繼續粉飾了他的惡行。像埃德蒙・伯克之類的人們曾經持有的那種為帝國主義征服而感到尷尬的感受已經煙消雲散了。[55]麥考萊將歷史作為帝國的赦免機制；歷史為克萊武這樣的人平反了。

這使得在面對伯克時，麥考萊處在了一種尷尬的境地上，對於伯克，麥考萊嘲諷地說道：「發生在孟加拉的壓迫……與在倫敦街頭的壓迫是一樣的。」[56]這對麥考萊而言並不是標誌著無遠弗屆的同情心，而是一種過度同情，是以犧牲理性為代價的不划算情感控管。歷史學家凱瑟琳・霍爾（Catherine Hall）總結：「在麥考萊的判斷中，伯克的想像力太豐富，感性也太發達了。」麥考萊對伯克的評價是「這是一個大善人……感性支配著他的全部能力，他被這種感性帶入了過分的地步」使他成為了「感性的奴隸」。以這種方式寫歷史，是對事實和浪漫的提煉，使麥考萊能夠掩蓋自由主義帝國的矛盾，或者繞開自由主義帝國的矛盾來著述書寫。在那本廣受歡迎的《英格蘭史》中，麥考萊的寫作目的是以康德或亞當．斯密的歷史觀精神進行說教：「一個不以遙遠先祖的崇高成就為榮的民族，將永遠不會取得任何值得後世驕傲地銘記的成就。」[57]麥考萊希望為國家歷史灌輸自豪感，特別是為他的同胞們在自己的時代創造歷史的方式提供參考。他給大英帝國提供了一張許可證，或是一份免責證明。加爾頓是利用家族傳承來為自己的能動性提供藉口，但麥考萊則召喚祖先——一個國家而不是有血肉的個體——來增強英國人的能動性意識。他把十七世紀的歷史包裝成了一個進步的故事、一個權利的穩步擴展的世紀，以及囊括在普世文明中的世紀。這部《英格蘭史》在一八四八年歐洲革命的陰影下問世，它關於變革的輝格黨式描述向英國人保證，革命是不必要的；個人的進步會隨著自由主義帝國的擴張而出現。這種歷史寫作旨在培養自由主義的主體——守法的公民，他們摒棄革命衝動，耐心地讓故事按照它必須的方式展開，朝著一個假定的進步和道德方向發展。[58]就像它許可帝國的存在一樣，它通過誘導普通人靜默來做到這一點，也就是說，個人在面對國家的敘事慣性和偉人的英雄主義時，應該認識到過度激進的能動性是無謂的。正如霍爾所說，他所傳達的訊息是：「這個新興的富裕菁英階層有責任為『人民』採取行動，而不是讓『人民』為自己採取行動，在國內和帝國中領導和指導他們。」[59]麥考萊嘲笑埃德蒙．伯克的不自由情緒（illiberal emotion），但也贊同他對革命情緒的鄙視；現有制度的逐步演變是進步的正確途徑，而理想的目的是有限代議制政府。

在麥考萊的觀念中，歷史能動性是一種男子漢品質（manly quality），正如歷史寫作本身一樣。[60]他對偉人的信心來自於他對另一位蘇格蘭人的歷史想像，他就是保守思想家托馬斯·卡萊爾（Thomas Carlyle）。在他一八三七年的關於法國大革命的著述中，卡萊爾強調了個人行動者在創造歷史方面的力量，但也承認了神意或歷史的自然法則對他們控制自己命運的能力構成了限制。[61]然而，卡萊爾因為他在一八四一年對英雄主義的頌揚而聞名，他的著作《論英雄、英雄崇拜和歷史中的英雄》（*On Heroes, Hero-Worship, and the Heroic in History*）論述了先知穆罕默德、克倫威爾、莎士比亞和拿破崙等偉人。在這裡，托馬斯·卡萊爾肯定地說：「世界歷史，即人類在這個世界上所完成的歷史，根本就是在世上奮鬥過的偉人的歷史。」或者，更簡潔地說：「世界史……（就是）偉人的傳記。」社會不是以線性方式發展的，而是先繁榮，後衰弱，直到出現一個偉人般的救世主。他在關於穆罕默德的章節中解釋說：「偉人總是像天上的閃電一樣；其他的人像乾柴一般等待著偉人出現，然後他們也會燃起火焰。」這種浪漫主義觀點賦予了英雄主義以神聖恩典的色彩；英雄是「照亮……的光，是神賜予的自然光照。」有鑑於「學富五車的英雄」在現代的巨大力量，卡萊爾認識到自己的歷史寫作的歷史潛力。「他所教導的東西，整個世界都會去做與創造。」書籍創造了奇蹟，勸說人們以某種方式行事。而歷史是正確性的裁判。「讓時間來評判事件；如果能通過時間的考驗，這就是一件正確的事。」[62]據推測，歷史學家是被賦予了解釋這一真理的能力的「偉人」。卡萊爾就是這樣做的，他在一八四九年發表了〈關於黑人問題的偶談〉（Occasional Discourse on the Negro Question）一文，認為從西印度群島廢除奴隸制後的情況來看，一八三三年的廢除奴隸制是個錯誤。[63]這一做法沒有看到奴隸制歷史會投射出的長期陰影，沒有認識到它繼續限制了西印度群島積極變革的可能性（通過立法補償前奴隸主而不是奴隸），而是想像簡單地改變一個事實——奴隸制的合法性，可能在一夜之間改變整個社會。他對歷史和歷史學家的力量的誇張感覺使他忽視了歷史本身的重要性。這篇文章在托馬斯·卡萊爾和他的許多自由主義朋友之間造成了裂痕，這其中就包括約翰·史都華·彌爾，他是這一時期自由主義的主要理論家，是歷史學家和東印度公司官僚詹姆斯·彌爾的兒子。約翰·彌爾也在受雇於東印度公司時提出了自己的政治經濟學思想，他認為東印度公司「意外地發現了一套治理印度的制度安排，且比用我們的智慧所能設計的更好。」[64]從擔任他父親的助手開始，他一路晉升到審查員的職位，一直到一八五八年印度發生大規模叛亂後公司解散為止。他對自己的歷史使命感也許是由他對天才的信仰所決定的，這與托馬斯·卡萊爾的信仰是一致的。他們都認為，傑出的個人可以對普通人產生巨大的影響與指明前進的方向。[65]他把自己定位為英國道德的監護人，而英國又是國際道德的監護人。他是進步哲學家，責任是讓他同時代的人們承擔道德責任，提醒他們有責任和能力來行使他們的能動性。這就是「特質」；其反面是冷漠和被動。[66]

年輕的約翰·彌爾與他父親一樣，父子倆都堅信世間只有一種文明：英國文明。對於無法滿足代議制政府必要條件的社會，其居民即是顯然缺乏「特質」，因此，這些社會就有必要服從外國的專制政府：「專制主義是與野蠻人打交道時，正當合法的政府模式，專制的目的是改善他們的生活，並且通過實現這一目的來證明手段的正當。」[67]這個改善他們生活的目的（無論將在何時實現）會證明公認的專制手段是合理的。自由並不適合所有時代的所有人，它尤其需要一個環境，在那環境中，人們已經成為（或者說已經變得）「能夠通過自由和平等的討論而進步」了。自由是為那些已經進化出某種良知的人準備的——那是一種文明的良知，例如，可以容忍以結果來證明手段是合理的論述，並基本同意為了更好的未來，人在當前應做出妥協。野蠻人的定義是他不能為共同的目的妥協，簡而言之，他是一個沒有自由良知的生物。一個野蠻人「不能忍受為了任何目的而犧牲他的個人意志的滿足」，約翰・彌爾寫道，「他的社會性甚至不能暫時戰勝他的自私情感，他的衝動也不能屈服於他的計算。」[68]印度當地各國相互協作以抵抗英國征服卻失敗，就是證明：證明了英國人的征服是歷史所必要，是為了印度的進步而必須進行的。相應的，紀律是文明的基本屬性，讓紀律成為一種下意識的習慣需要長時間的訓練和實踐——這可能需要好幾百年時間。「託管」（trusteeship）的概念是這種自由主義帝國觀的關鍵——英國應該負責任地、家長式地統治印度，而不是像以前那樣，出於利潤和冒險進行統治。撇開英國從印度獲得巨大利潤的現實不談，[69]「自由帝國主義」即使在表面上也是自相矛盾的：是一個普遍（普世）主義的、受規則約束的、自由的治理形式的想法，但它同時又是不平等的、專制的和剝削的。

事實證明，對於要撫平這一永久矛盾，從而使「自由帝國主義」生存下去，歷史學家之手至關重要。像麥考萊和詹姆斯．彌爾這樣的歷史學家既敘述了過去，也創造了現在——在英國和印度都是如此。約翰．彌爾關於野蠻和文明的觀念，在一八三六年的一篇關於他對英國政治和文化狀況的擔憂的文章中得到了明確表述。對印度的詆毀，在言辭上和實際上，都對英國的進步至關重要。

可以肯定的是，麥考萊和彌爾父子並不能代表這一時期英國歷史學界的全部情況。還有許多英國歷史學家在忙於其他嚴肅的歷史問題，包括古代的和地方的，與大英帝國沒有什麼明顯的聯繫，他們沉浸在與歐洲大陸同行的對話中，詩人柯勒律治和華茲華斯就是這樣。也有一些歷史想像力允許反帝國異議。英國的實證主義者們（Positivists）是法國哲學家奧古斯特．孔德（Auguste Comte）的有力追隨者，他對現代歷史的理解使他發明了一種以「自然情感心理學」為基礎的「人文宗教」。[70]它的精神面貌是歷史性的（有卡萊爾英雄崇拜的影子），要求通過集體的紀念活動來效仿和敬畏過去的精神英雄，並配有日曆來推進這種紀念活動。儘管有這種對過去的關注，但是它對人類本質上統一的超越性信念，使得帝國干預的想法對孔德和他的追隨者來說是一種可恥行為，即使是以促進歷史的名義來做也仍然可恥。（然而，孔德確實承認英國和法國在按照這些原則重塑世界的方面的主導作用。）當時也存在有其他類型的異議：我們已經看到了浪漫主義者，特別是埃德蒙．伯克對帝國的批評觀點。這些不同意見仍然具有影響力；它們為二十世紀的歷史重塑奠定了重要基礎，我們在此後將會看到。但是，浪漫主義、社會主義、實證主義和其他批判性思想流派的主要目標，是最強大的哲學傳統——自由主義。可以說，自由主義即使在今天仍然是勝利的意識形態。它強大到足以用道義上的救援來感染那些帝國的懷疑論者，並且能拉攏到那些與帝國無關的歷史工作。當像麥考萊這樣的人物駐紮在印度，遇到丹麥和德國的古羅馬歷史學家巴特霍爾德·尼布爾（Bartholdt Niebuhr）的作品時，這讓他對英國將復興羅馬帝國的計畫充滿了信心。[71]亞當·斯密在維多利亞時代的繼承人，是政治經濟自由主義者約翰·布萊特（John Bright）和理查德·科布登（Richard Cobden），儘管他們以成本為由不容忍殖民主義，但他們原則上既不反對大英帝國，也不主張與現有的殖民地財產割裂。[72]

這樣的一部分原因是由於自由主義歷史思想獲得了制度權威。彌爾父子和麥考萊的作品是我關注的焦點，不僅僅是因為它們很受歡迎，很有影響力，還因為它們是由同時擔任著權勢巨大的行政職務的歷史學家所撰寫的。[73]在一八二七年，威廉·本廷克勛爵（Lord William Bentinck）離開倫敦，走馬上任印度新任總督之職，他向詹姆斯·彌爾保證說：「我要去英屬印度了，但是我不是要去當總督的。會當總督的人是你。」[74]烏代·梅赫塔（Uday Mehta）恰當地描述了這種「權勢向哲學提出的冒名頂替的提議。」這種歷史思維和權力的巧合和相互加強是我們所研究的重點。這些思想家在彼此的對話中塑造自身：詹姆斯·彌爾回應威廉·瓊斯；麥考萊把詹姆斯·彌爾放在自己的位置上；約翰·彌爾為詹姆斯·菲茨傑姆斯·斯蒂芬（James Fitzjames Stephen）

提供目標（見第三章）。隨著時間的推移，從這種對話中就能捕捉到英國人不斷感受到的撫慰良知的需求，以及他們在新時代以新方式撫慰良知、為帝國辯護的努力。它將幫助我們理解：儘管越來越多的證據表明自由主義是荒唐的，但為什麼我們今天所處的世界仍然被自由主義的確定性所束縛，為什麼它仍然是「在想像如何改造這個世界的時候，我們內心生出的主導框架。」[75]

十九世紀的小說對道德品質非常著迷，而殖民地經常被視為腐敗的源頭或背景。除了戲劇舞臺，西印度群島的道德淪喪和墮落世界也出現在夏綠蒂・勃朗特（Charlotte Brontë）一八四七年的浪漫小說《簡愛》（*Jane Eyre*）中，它問世的時間比卡萊爾的作品早了兩年。印度是夏綠蒂作品的另一個殖民背景舞臺，作為一塊致命的土地，印度給基督徒提供了殉道的機會。這是一部關於良知的小說——簡為避免罪惡而奮鬥，羅切斯特為救贖自己而奮鬥。大團圓的結局是由羅切斯特發瘋的黑白混血妻子柏莎・梅森（Bertha Mason）的死帶來的，她在桑菲爾德莊園被燒毀時跳樓自殺，這一場景讓人想起英國人在印度焚燒寡婦的場景。（《弗蘭肯斯坦》的結尾也是如此，悔恨的怪物承諾「登上我的葬身之所……在痛苦中歡呼……並在折磨人的火焰中歡呼。」[76]）羅切斯特在這次事件中失明和致殘——這是他的贖罪。他和簡結婚，從此在英國鄉村過著幸福的生活。[77]這個浪漫主義故事將英國人描繪成一個本質上有良知的民族；汙點來自於對那些在帝國邊緣遇到的人的純真信任。在向南太平洋地區擴張的過程中，這種諂媚的自畫像有助於維持英國在道德和文化上的優勢，包括從一八四五年到一八七二年的毛利戰爭、首次征服阿富汗的災難性嘗試、一八四〇年代摧毀了愛爾蘭的馬鈴薯饑荒以及在印度的艱難擴張。重要的是，英國對印度的征服並不是技術或戰術優勢的結果，而是有效調動資源的結果，特別是在公司收入跟不上軍事需求時，它依靠了自己在全球貨幣市場上借款的能力。[78] 甚至在更早的時候，英國在次大陸的擴張就依賴於對本土軍事能力的壓制和拉攏。[79] 英國的征服也不是完全的；抵抗一直在繼續。

但是在這一切中，「大英治世」（Pax Britannica）的神話有助於清理帝國的良知。同樣的，人道主義對帝國事務的持續參與也是如此。正如兩位學者所總結的那樣，「奴隸主的殘酷行為、……專制的總督扭曲司法、流氓官員在帝國邊緣非必要的暴力行為，這類指控充斥在來自殖民地的信件中……也充斥在報紙的頭條上。」[80] 在一八一九年的「彼得盧屠殺」（Peterloo Massacre）中，騎兵衝進了數萬名要求政治改革的英國抗議群群中，造成十五人死亡，數百人受傷，人們對這一事件記憶猶新，認為這是政府最後一次對手無寸鐵、和平的英國群眾使用如此不受控的暴力。[81] 但從十八世紀到一八五七年印度的大規模叛亂，暴力事件在殖民地經常發生。[82] 英國官員在反思這個即將結束的世紀時，採用了一種令人費解的邏輯，即在英國人帶來的「絕對和平」時期頻繁爆發的暴力事件表明，如果英國人離開的話，將會發生什麼後果。[83]

在這幾十年中，最暴力的事件之一是發生於一八三九年至一八四二年的第一次英國－阿富汗戰爭，這次戰爭產生了關於歷史論述的關鍵鬥爭。這場戰爭的目的是遏制俄羅斯在印度西北部邊境的野心，但英國的戰略從一開始就存在爭議。並非所有的人都相信俄羅斯具有威脅；也並非所有的人都同意英國用前埃米爾（emir，編註：阿拉伯國家的貴族頭銜，接近總督、國王或軍事統帥的意思）沙舒賈（Shah Shuja）來取代阿富汗埃米爾杜斯特・穆罕默德（Dost Mohammad）的做法。在最初的成功之後，英國人於一八四二年初在阿富汗人手下遭遇了令人震驚和屈辱的失敗。然而在那一年的秋天，一支英國復仇軍（British Army of Retribution）被派回喀布爾執行懲罰性的報復任務。在製造了可怕的暴力，包括立即摧毀全部村莊之後，他們徹底離開了阿富汗。

關鍵人物從一開始就對官方對衝突起源的說法提出了質疑。但這次失敗和血腥的報復將這場辯論的賭注提高到了史詩般的程度，引發了一場持續了二十年，關於歷史論述的政治競賽。入侵是以典型的帝國安全為理由的。但是，一支「復仇軍」是一個不同的野獸。它並不適合自由主義的帝國敘事，而為適應它而進行的鬥爭使這種敘事的重要性不可逆轉地顯現出來。這場血腥的、災難性的戰爭，刺破了因廢奴運動和麥考萊式自由理想主義的成功而獲得的帝國的自信追求。這顯然是愚蠢的。到一八四二年時，許多公眾對英國無端發動戰爭感到憤慨，並將失敗視為上帝對他們的懲罰。與阿富汗戰爭爆發時間相去不遠的中國清朝鴉片戰爭在道義上也有問題，這就更為事態火上澆油了。[84]關於阿富汗戰爭的新敘述強調了阿富汗敵人的強大和可怕，將阿富汗人的抵抗說成是背叛，從而美化了英國最初的勝利和血腥報復的悲劇英雄主義。[85]這種浪漫的故事可以借鑑托馬斯・卡萊爾在大敗前一年提出的英雄主義願景。

最後，在這些對戰爭的對比性認識中，歷史的方法本身也處於危險之中。約翰・威廉・

凱伊爵士（Sir John William Kaye）在一八五一年的《阿富汗戰爭史》（*History of the War in Afghanistan*）中指責政府在向公眾介紹戰爭的理由時蓄意偽造文書，使用的就是臭名昭著的一八三九年「亂改的藍皮書」（Garbled Blue Books）。[86]凱伊是一位具有印度經驗的軍人，他將這場戰爭描繪成邪惡和不必要的，是視野狹隘和理解力低下的結果。他之所以可以挑戰官方的說法，是因為他可以接觸到公眾無法獲得的資料，這些資料是他從亞歷山大・伯恩斯上尉（Captain Alexander Burnes）的家人那裡得到的，後者從一開始就對所採取的政策提出異議，並在戰爭中被殺。正如歷史學家凱特琳・倫德伯格（Caitlyn Lundberg）所指出的，凱伊把自己表現為一個沒有黨派聯盟的人、一個客觀的真相追求者。在發現了官方文件的不可靠之後，他為真相受到的損害以及「清醒的歷史」被「華麗的浪漫」所取代感到遺憾。[87]客觀的歷史取決於更廣泛的資料來源和開放的視野。他在其著作廣告上強調書中內容基於未發表的書信和現場人員的日記。[88]這就是作為一種揭露行為的歷史書寫。一家加爾各答的雜誌讚揚了該書對未公開資料的使用，感嘆其他的印度歷史著作「只展示了公共事件的官方說詞」，因為它們是「主要根據政府的報紙」編寫的。歷史學家只向讀者展示了「戰士和政治家……穿著盛裝登場」，將他們「真正的想法和觀點……掩蓋在語言文字之下。」[89]在這裡，這門學科開始獲得了另一種身分——作為一種利用非官方來源以確定帝國的真實、隱匿事實的方法，一種讓背信棄義的英國承擔責任的工具。我們將在本書後半部分再討論歷史學科的這一平行事業。現在，重點是，在激起對歷史目的這種另類的、反叛的理解時，凱伊暴露了歷史學科一直以來在帝國中的共謀。歷史為官僚服務，官僚呈現歷史。

然而，就目前而言，即使是凱伊所持有的修正主義野心，也仍在為帝國服務。他的目的是揭示一場邪惡的戰爭如何按照康德的方式，根據一些自然與道德法則的運作，進而產生出更多的邪惡。對凱伊來說，邪惡蘊含在蓄意掩蓋一八三九年那項註定失敗的政策中。從那以後，故意的欺騙好像就不再是一個考量要素了。[90]但凱伊的指責使傷口又持續暴露了十年，直到最後政府在一八五九年出版了一份修訂過的藍皮書。但是又過了五十年後，所有關於道德失敗的概念都已經煙消雲散了。在一九〇八年時，一位歷史學家稱這是「無能」造成的「遺憾」。最重要的是，他宣稱這項註定失敗的政策的作者奧克蘭勛爵（Lord Auckland）「是持有良好的意圖的——我們知道他們的命運。」[91]這位歷史學家弗雷德里克．吉朋（Frederick Gibbon）在這裡喚起了自由主義經典的開脫性抗議說詞，立即認定了良好意圖是壞結局的保證。這樣的觀點似乎預計了災難性的後果，而無論其意圖如何。因此，災難並不是誰的錯。英國歷史學家是如何從一八五一年時凱伊的道德憤慨，發展到了一九〇八年的縱容觀點的呢？第三章將闡明這一演變中的一些情況。但是，這種演變的種子在一八五一年時就已經存在了。對凱伊來說，主要的醜聞是在阿富汗人面前的失敗，而不是復仇軍的行徑。失敗的醜聞可能在一九〇八年洗刷掉了，但是對任何復仇醜聞的洗刷則是沒有必要的。爭論的焦點始終是戰爭的起源，而不是在戰敗後決定進行報復。

對這種復仇的需求是顯而易見的。它是為了暴力而施行暴力，毫不掩飾地實施暴力。它不符合自由主義帝國的神話，但也不需要去符合。阿富汗在帝國的版圖之外。因此，這種暴力並沒有違反對帝國臣民的任何託管意識。相反，這種報復性的暴力是為了英國忠誠的印度臣民而採取的；它是拯救印度的自由主義工程的一部分。這是一種示範性的行為，以防止他們其他類似的違紀行為，並樹立英國的軍事力量，確保它在次大陸主張的家長式權威。英國人認為這種示範性的、壯觀的、恐嚇性的暴力適合那些已經習慣於專制統治的印度人，同時也是對因英國戰敗的消息而感到委屈和恐懼的英國公眾的一種補償。[92]在這個意義上，以提醒並確保印度安全的名義進行的復仇，實際上是將暴力扭曲為一種以印度進步為名義的道德犧牲。英國人以自己的靈魂為抵押，來維護為印度帶來進步的神聖計畫。我們再次遇到了自由主義固有的罪惡感，它以歷史進步的名義明知故犯。如果說戰敗是上帝的報應，那麼「復仇軍」則是英國的大膽主張，認為美德的最終評判者將會是歷史，而不是上帝。這種復仇的觀點，以及更普遍的聖經意義上的懲罰，也是維多利亞時期福音派「道德宇宙」的核心，儘管它與改良的文化是矛盾的。[93]

儘管這種暴力試圖將叛亂的想法從所有印度人的頭腦中驅逐出去，但考慮到殖民統治的現實情況，它遠遠沒有起到作用。相反，就在關於阿富汗失敗的辯論持續進行時，一八五七年印度爆發了一場大規模的起義，這也許是迄今為止對大英帝國理念的最大挑戰。起義的原因是印度人對英國擴張的後果長期醞釀的挫折感和不滿：殘酷的稅收制度、強制定居、對商人社群的驅離、工匠群體的毀滅、強制種植靛藍（indigo）和其他商品、徵用土地和占有土地所有權等等的行徑。儘管自由主義的敘述者對英國在印度的行動強加了一種明確的秩序和目的感，但持續發生的叛亂意味著英國人經常出於不安全和焦慮而採取行動——用一位歷史學家的話說：「是非理性的激情而不是精心策劃的計畫」——從而造成了混亂。[94]在東印度公司的印度士兵（sepoys）發動起義後，不同的抵抗力量大規模地匯聚在了一起，他們的共同目標是結束殖民統治。[95]起義軍襲擊了監獄、工廠、警察局、火車站、英國官員住宅、電報線、法院——所有東印度公司權力的象徵。他們破壞了官方紀錄，也破壞了放債人的帳本。攻擊的目標包括商人、銀行家和富人。

我們在本書中的目的是要尋找指導英國人進行帝國主義活動的道德框架。但是，若是要在最後恢復出一個具有歷史意義的道德責任體系的話，我們必須先停下來，探討一下指導印度人反抗的英國進步敘事框架。這一場印度士兵起義讓習慣把印度人看成是懶惰、無能、娘娘腔的英國人大驚失色——在他們的思維模式中，男子氣概決定了權力。他們推斷，印度女性慫恿男人變得有男子氣概，並發起了叛亂，從此來解釋為什麼原本忠誠的步兵會叛變，[96]並且還自鳴得意地得出一個結論：帝國主義成功地促進了了婦女的進步，讓她們掌控了沒有男子氣概的男人們。但最常見的情況是，英國人將印度起義者令人震驚的行為斥為宗教狂熱，認為這是一種超越理性的、邪惡的信仰，證明印度人沒有能力認識到進步的本質。自啟蒙運動以來，埃德蒙·伯克和其他人對革命的過度熱衷提出了警告，甚至把導致法國恐怖統治時期（French Terror）的「理性的狂熱」

說成是伊斯蘭教。[97]

可以肯定的是，宗教動機在叛亂中占有重要地位並受到了詛咒，這種宗教動機是一種捍衛穆斯林或印度教信仰的概念。吉哈德（Jihadis，伊斯蘭聖戰）的參與者也是其中的一部分。一些士兵因為害怕為異教徒服役會下地獄，從而在服役中三心二意。占星術的預測指導了一些戰鬥發生的時間。但叛亂的意義遠不止於宗教性的動機。王朝忠誠和愛國忠誠也很重要，所有這些不同的忠誠，都與農民和工人遭受到的不公正，以及對種族主義式日常羞辱的憤怒交織在了一起。一些志願參加反抗運動的人們只是為了尋找機會在叛軍中就業和服務。那些遠道而來的志願反抗者並不是一到現場就開始了戰鬥；他們覺得有必要向蒙兀兒國王正式介紹自己，獲得他的批准，並在官方名冊上登記。這是一場人民的叛亂，但人民希望得到官方的認可和等級位階。[98]這樣的情形可能證明了愛國主義的忠誠，也可能證明了獲得官方雇傭認可的吸引力。正如最近一位編纂印度當地起義的語言史料的編輯所總結：「我們需要更多地了解人們自願抗英的動機和機制。」

不過，即使從我們現有的知識中，我們也可以得出關於在一些印度人心中發揮作用的道德責任體系的結論。英國人假定印度人缺乏歷史感知（sense of history），的確，印度社會本身是持久不變的——這就是其「落後」的根源。但實際上，複雜的歷史想像力和宗教觀念一樣，也在煽動印度起義方面發揮了作用。起義者對普拉西戰役百年紀念日的認知就是一個很好的證據。末日的概念——時間終結處的神聖審判——與這一事件一百週年的歷史清算意識融合在了一起。此外，起義的正式領導人是當時已經八十二歲的蒙兀兒皇帝巴哈杜爾・沙阿・札法爾（Bahadur Shah Zafar），他自己也被一種處於歷史終結之時的感覺所推動；東印度公司在讓他成為其養老津貼的獲益人時就明確表示，他將是最後一位住在德里紅堡中的蒙兀兒統治者。他經常提到蒙兀兒血統即將結束，而他在一八五七年所發揮的領導地位有一部分是他試圖為子孫後代做出努力。[99]

莫勒維・穆罕默德・巴卡爾（Maulvi Mohammed Baqar）與札法爾的宮廷關係密切，他是《德里烏爾都彙編》（*Delhi Urdu Akhbar*）的編輯，這一出版物是起義期間的重要宣傳工具，主要宣揚的是捍衛宗教的語言——關於神的意志和認可。因此，在起義爆發的一個月後，穆罕默德・巴卡爾向他的讀者解釋說，英國人正在遭受「神的憤怒」，印度人民應該要「意志堅定地反抗，因為他們知道英國人不再有力量對抗我們的國家和人民了。既然神從他們手中奪走了他們的政府，我們都應該同心協力，毫不猶豫地與他們戰鬥。」[100]起義者的動機在這裡是宗教性的。不過，神的報應的故事還是依賴於歷史感。強大的統治者可能被推翻的證據在於，除了神之外，「沒有什麼是永恆的。」穆斯林和印度教徒都可以看到「在印度斯坦的土地上，曾有過多少宏偉的王朝和王國……它們都遭到了滅頂之災……沒有什麼能抵擋神的決定。」巴卡爾提到了康薩（Kans）和奎師那、持斧羅摩（Raja Parsuram）、阿巴斯王朝的哈里發，古里王朝（Ghurids）對加茲尼王朝（Ghaznavids）的征服，以及古里王朝反過來又被卡爾吉王朝（Khaljis）打敗、卡札爾王朝在伊朗取代薩法維王朝的故事。他呼籲他的聽眾效仿「史書」和「古印度歷史中的英雄——阿瓊（Arjun）和畢姆（Bhim）的成就，或是像伊朗歷史上的魯斯坦（Rustam）和薩姆（Saam）的功績那樣；像在伊斯蘭歷史上的帖木兒（Saheh Qiran Amir Timur）的勝利，以及成吉思汗和旭烈兀汗的勇敢士兵或納迪爾沙（Nadir Shah）的軍隊的記憶。」除了通過這些對地區歷史的援引來塑造一個想像中的社區外，遠在正式的民族主義時代之前，穆罕默德・巴卡爾便將印度教神話、《往世書》（編註：一種涵蓋宇宙創造、帝王世系與宗教活動的古印度文獻總稱）裡的故事、《古蘭經》中的寓言、中世紀突厥人的歷史串聯成一個「無縫的整體」，力圖使讀者相信「政治統治的短暫和易逝本質」，就如同《德里烏爾都彙編》的譯者馬赫穆德・法魯克伊（Mahmood Farooqui）寫的那樣。[101]

穆罕默德・巴卡爾將來自神話和歷史的故事串聯在一起，這在某種程度上是個例外；法魯克伊推測，這是穆罕默德・巴卡爾在德里學院（Delhi College）接觸到歷史學科的結果。麥考萊的妹夫查爾斯・特維利安（Charles Trevelyan）是在一八二〇年代將十八世紀的德里馬德拉沙（宗教學院）改組為包括英語課程在內的學院的推動者。他也認為：「只有純正的英國文學（才能）抵禦由宗教感情支持的習慣和偏見這不可逾越的障礙。」[102]然而，該學院仍然是促進烏爾都語文學和政治文化繁榮（被稱為「德里文藝復興」）的一個重要場域，其中包括與歐洲翻譯作品的接觸。[103]在一八五〇年代，學院中有一些知名人士改信了基督教，這使學院在一八五七年五月成為了起義軍攻擊的目標，但德里學院在政治文化中扮演的複雜角色可以從學院在起義失敗後仍被關閉了三十年之久的事實中略見一斑。關於穆罕默德・巴卡爾的歷史感的來源，法魯克伊可能是正確的，但大多數起義者的宣言，儘管較少訴諸歷史，卻經常引用英國人背信棄義的歷史，這表明本土社會對於歷史不公的理解肯定也在發揮作用。對信仰的呼喚使得對其他類型歷史的援引變得多餘，因為宗教性的呼喚也是具有歷史意識的。穆罕默德・巴卡爾對於歷史的呼喚甚至也是一種宗教性的努力，他使用以宗教為基礎的觀點來思考任何現實中的流變本質。在這一點上，與歐洲人把歷史作為理解神意的手段的想法有著相似之處。

畢竟，希羅多德和修昔底德事實上並不完全是西方的祖傳遺產。希羅多德本人出生於今土耳其西南海岸的哈利卡那索斯（Halicarnassus），是波斯人的臣民，死於義大利南部的一個希臘人殖民地。此外，波斯帝國的皇后也是一半克里特和一半哈利卡納索斯血統。「古希臘」的概念要遠遠超出希臘本土的範圍。古典世界也並不是「歐洲的」；它是一個地中海世界（Mediterranean world），這片地方交錯在被後來的歐洲人僵化地稱為「東方」和「西方」之間的地方。巴勒斯坦和埃及就像是義大利一樣，都是地中海世界的一部分。希臘古典文本曾傳播到中世紀時的伊斯蘭世界，並在眾所周知的所謂「東方」產生了同樣的影響。足跡遍布各地的十四世紀北非穆斯林歷史學家伊本・赫勒敦（Ibn Khaldun）所活動的地區，可能被視作同一個地中海世界的後代版本。也就是說，聯繫文本（例如希羅多德的著作）的歷史想像力火花往許多方向迸發然後著陸，更不用說還有其他的完全地方性的歷史思想基礎。[104]蒙兀兒王朝的歷史學家詳細地描述了英國人在十八世紀裡的入侵。[105]而這種破壞又促使他們發明了一種新的流派來道德化（moralizing）歷史，即《易卜拉之書》（*Ibrat-Nama*）。[106]德里學院的學者們熟悉這種東－西共同歷史的歷史書寫。在一八四〇年代，德里學院著名的科學課教師拉姆錢德拉大師（Master Ramchandra）熱衷於將歐洲作品翻譯成烏爾都語，並為此辯護。他援引之前穆斯林對希臘語作品的翻譯使穆斯林社會和歐洲都從中受益的歷史（拉姆錢德拉是一八五二年改宗基督教的教員之一）。[107]簡言之，即使是德里學院傳播的歷史感也不完全是西方的舶來品。

就像麥考萊一樣，穆罕默德．巴卡爾利用了歷史，加強讀者們當下的英雄式能動性的感受。為此，他強調了人們與上一代的直接聯繫。就像他所引用的歷史人物的英勇無畏仍然留在人們的口中一樣，印度反叛者也可能「被載入史冊……人們將永遠記述你們如何、並以怎樣的勇氣和膽量，打破了這個強大王國的意志和傲慢，以及打擊了他們宛如埃及法老般的驕傲。」他們是「歷代先王的後代」，神已經將他們帶到了一個關頭，「這些中堅力量的後代應該展示他們血統的榮耀，並渴望獲得他們祖先所展示過的同樣地位和成就。」他提醒讀者，英國人無信寡義，他們通過「欺詐」獲得所擁有的一切；他們經常違反合約，然後再「聲稱是翻譯出錯。」[108]神「已經釋出了隱密的援助，來協助印度人打敗這個百年王國……大英帝國蔑視神的子民，把你的兄弟和骨肉稱為『黑人』，從而侮辱和羞辱他們。」許多「世俗」問題被歸入宗教冒犯和不容忍的範疇，包括不公正的法律、針對印度人的日常種族主義政策、英語地位的上升、被侵害感、印度財富的流失等等。[109]穆罕默德・巴卡爾詳細記述了印度人被排除在政府高層職位之外，以及英國人「嚴密控制和吝嗇」地使用在印度獲得的收入。英國人將這些收入送回英國，因此「他們的錢對我們的印度斯坦沒有任何好處，我們也沒有從他們的儲蓄和利潤中得到任何好處。」[110]在譴責基督教改宗、改變宗教習俗和引進英語的同時，他還闡述了英國侵占印度人的祖先財產，使「成千上萬的人……沒有食物或水。」

起義軍必須「將神視為你們的援助者」，並將國王的批准視為「類似於神的批准」。神的批准是有效的（對英國人來說也是如此）。與歐洲人對歷史的呼籲不同，這裡允許有幽玄之力的存在。穆罕默德・巴卡爾回顧了白德爾戰役（battle of Badar），在這場戰役中，天使幫助了穆斯林戰勝強敵。穆罕默德・巴卡爾安撫了讀者，他提醒人們，即使英國人一時成功，人們也不應該絕望。要為他們報仇的神是不會讓英國人得逞的。[111]起義當然滿足了一種宗教性的敘事，但這種敘事是藉歷史得到證明的，它旨在解釋歷史上受到壓迫的時刻。與自由主義和浪漫主義的歷史思想一樣，穆罕默德・巴卡爾把神話和人類歷史結合而成的這一杯調酒，最終成為了一劑良藥，給那些必須克服道德疑慮的人的良心，以便他們能採取對未來有利的行動，在回顧了過去的英雄鬥爭之後，他立即問道：「那麼，在神的幫助下，對付並殺死另一個人，有什麼可猶豫的呢？」

穆罕默德・巴卡爾的歷史感知也包含了某些方面的自由主義歷史觀。在譴責英國人背信棄義和剝削的同時，他也為印度人蔑視工商業和戰鬥能力下降而感到惋惜。他將印度與包括歐洲在內的其他國家進行比較，沉浸在印度的落後和需要「迎頭趕上」的願景之中。這種進步的願景既是宗教的，也是世俗的。對巴卡爾來說，兩者都是神力的體現；印度不可能在一個方面取得進步，而在另一個方面卻落伍。[112]在這一點上，他的觀點又與英國的歷史思維相近，這種思維認為「天意」決定國家在世間上的地位，並且是神展現恩典的一種手段。他看待英國人於一八五七年在印度遭遇失敗的方式，和英國人自己在解釋一七八三年的北美殖民地失敗的方式是相同的。就其地理特性而言，對於「印度斯坦」，穆罕默德．巴卡爾的思想是既是關於反殖民的宗教防衛，也是關於土地和人民的，這是一種典型的愛國主義。

巴卡爾經常對德里居民缺乏宗教熱情表示失望，儘管官方在向士兵發布的公告中訴諸了宗教情感，但是德里的警察局紀錄中完全沒有提到和宗教相關的反抗。[113]這尤其有助於證實，宗教既是談論各種事物和生活方式的習慣說法，也能為叛亂提供實際的、教義上的動機。宗教上的攻擊與經濟苦難和隨之而來的生活方式改變是分不開的。在英國人的統治下，巴卡爾寫道：「民眾遭受了更大的苦難、悲痛以及世俗和宗教上的損失和剝奪，他們被剝奪了食物和水。」[114]他看出，英國人的計畫是照這樣汙染每個人的信仰，以便在社會上疏遠他們，迫使他們向英國人尋求庇護。「他們將不被允許吃東西、坐下，或是與他們的……社區交融或通婚，」並將「失去他們的孩子、妻子、朋友和陌生人，在整個印度斯坦，除了英國人，不應該有任何人呼喚他們的名字。」因此，他們的命運將與英國人聯繫在一起，他們將不得不用自己的生命和財富來捍衛英國的權力。[115]簡而言之，叛亂者的行動是為了防止隨著英國人的崛起而即將出現的一種社會原子化現象。用來稱呼上級的「saheb」一詞，幾乎只與英國統治階級有關。它還意味著某種「存在的方式」，法魯克伊指出。當反叛者試圖消滅英國的統治，他們便起身反對這種「存在的方式」，也許這正是英國人所聲稱的目標——示範和創造個人化的自由自我身分（individualized liberal selfhood）模式。穆罕默德．巴卡爾特別指出，英國統治下的「恐懼和壓迫」，「使你的飲食、睡眠和坐姿都發生變化。」它帶來了某種生理的克制、感染個人舉止風格，以特定的自我約束概念為準則，就像「文化」的整體一樣。巴卡爾認為起義是在捍衛一種不同的，也許更複雜的存在方式。法魯克伊在他的著作中總結說：「在巴哈杜爾．沙阿．札法爾的必要領導下，精神進步、物質進步、反殖民主義和社群博愛結合在一起，這一切集合成一個整體，這一點在一八五七年印度自由化之後將會變得完全難以實現。」[116]

除了參與德里文藝復興外，巴卡爾與烏爾都語詩人圈子的親密關係，也使他有機會接觸到這個另一種自我身分的文學表達。宮廷詩人札烏克（Zauq）是他的摯友。他在一期報紙上詳述了英國人的種種壓迫，最後他用一句波斯語詩文確認了他的反抗姿態：「牧羊人的假面被……揭露了，用舍拉子的薩迪（Saadi Shirazi）的話說，『當看到我的命運時，我變成了一隻狼。』」[117]詩歌在這個時期也是一種政治慣用語。蒙兀兒皇帝札法爾本人就是一位重要的詩人。烏爾都語詩歌是蒙兀兒宮廷文化的一部分。這種文化是由十八世紀以來，不斷擴大的英國存在所緊密塑造出來。它是在殖民主義的世界性問題以及殖民主義產生的文化和身分危機的背景下演變的。例如，在一八三五年，未來的詩人達赫・迪赫勒維（Daagh Dehlvi）的父親因下令暗殺威廉・弗雷澤爵士而被絞死，弗雷澤爵士是地位日益衰落的札法爾皇帝所在的德里地區的英國專員。達赫的繼父是札法爾的兒子法赫魯（Fakhru）王子。當法赫魯在一八五六年去世後，達赫離開了德里，在蘭普爾（Rampur）和海德拉巴（Hyderabad）加入了政府服務。這些地方都是「侯國」——英國人透過那些在名義上獨立的地方統治者間接地統治印度次大陸，以使英國人的存在顯得更加謹慎，一八五七年的印度大起義之後尤其如此。蒙兀兒政權的變遷塑造了達赫、札法爾等著名詩人和其他宮廷詩人的作品。他們是一八五七年起義的核心人物，這和作為傀儡的角色完全不同。德里詩人法吉勒・哈克・海爾阿巴迪（Fazl-e-Haq Khairabadi）是一位重要的領導人，他後來被囚禁在安達曼群島並在那裡去世。札法爾的另一個兒子黑祖爾・蘇丹（Khizr Sultan）是當時最著名的詩人米爾札・嘎里布（Mirza Ghalib）的弟子，他也在大起義中發揮了主導作用，贏得了米爾札・嘎里布的讚譽。

當蒙兀兒的國運已經明顯不濟，圍繞著亡國感，詩人們培育出了一個風潮。但他們也表達了另一種自我（selfhood），這一自我擁抱不完整性和不連貫性，在性質上是辯爭性的（agonistic）。（我在此指的不是查爾斯・泰勒〔Charles Tayler〕所反對的「多孔的」〔porous〕前現代自我，而是和思想之外的力量有所「緩衝」的現代自我。）在上述舍拉子的薩迪的詩句中，詩中人承認他變成了一隻狼，但在對這一事實的敘述中，我們明白他也仍然是他自己。在啟蒙時期的哲學家們發展出解釋邪惡為什麼存在的各種神義論（theodicies）中，有一種思想模式在許多南亞哲學傳統中都很常見，且善惡的矛盾在這種思想模式中是可以預期的：邪惡與善良，光明與黑暗會並存，愛我們的神也是我們的折磨者——祂折磨世人，但也慰藉世人。我們在麥考萊時代之前的歐洲浪漫主義流派中就已經看到過這種衝突了——而且這並不是巧合，因為接觸這種詩歌傳統，塑造了英國人對國家道德道路最敏感的反思。威廉·布萊克關於分裂的自我身分的闡述，當然要歸功於東方人理解印度和中東的自我身分和存在概念的方式。歌德也是如此，他出於對波斯詩人哈菲茲的欽佩，於一八一九年編撰了自己的《西方－東方迪萬詩集》（*West-ostlicher Divan*）。用文學評論家愛德華·賽義德的話來說，他在閱讀哈菲茲時有一種「在兩個世界之間搖擺的感覺，一個是他自己的世界，另一個是與歐洲威瑪（Weimar，編註：德國地名，十八世紀時此地為薩克森－威瑪－艾森納赫公國，歌德曾在該國擔任官職）相隔千里甚至萬里的穆斯林信徒的世界。」[118]

分裂的自我概念在印度次大陸的文化中是有著深厚的根基的，它是宗教上匯合的、神祕的「分離」（birha）概念的一部分，是對與神靈結合的無盡渴望，通常通過詩歌和流行史詩（qissas）中的世俗之愛的寓言來講述。整個印度北部都在閱讀的烏爾都語詩歌的主題就是這種分裂，與威廉·布萊克同時代的米爾·塔齊·米爾（Mir Taqi Mir）的韻體詩句就很好地體現了這一概念：「（他）以這樣一種方式出現在我面前，讓我迷醉（失去了自我）／（他）讓我甚至與自己分離了。」（Dikhaai diye yun ki bekhud kiya / humein aap se bhi juda kar chale.）下面這句是十九世紀德里詩人穆敏（Momin）的詩句：「你就這樣與我在一起／如同沒有他人存在。」（Tum mere paas hote ho goya / jab koi doosra nahin hota.）[119] 在真正的神祕結合中，自我就變成了無我。「分離」（birha）的概念融合了世俗和非世俗的關注；烏爾都語詩人通過這種蘇菲派（Sufi）傳統的脈絡參與了政治事務。

這種形式的自我身分並沒有消失，它還帶來了自己的解放潛力，我們將在後文中看到。但在這裡所回顧的特定的歷史危機中，它是失敗一方所接受的自我身分版本。歷史學家費薩爾．德夫吉（Faisal Devji）將印度大起義描述為拒絕英國人強加的現代化統一性，以捍衛「一個有差異的帝國……在這個帝國中，統治者們之間的差異是不可避免的……在這種情況下，統治者和臣民之間以及這些臣民之間的差異是非常值得期待的，因為它們以對他人的義務的形式使道德成為可能。」他們捍衛的是通過與異族共存而形成的道德契約。[120]

在我們研究英國人對印度起義的反應之前，我們必須最後停下來考慮一下烏爾都語中的這個詞——「ghadar」，這個詞也留在了反殖民主義起義的詞典中。大多數烏爾都語詞典將ghadar定義為「叛變、暴動」。因此，ghadaar 就是一個「反叛者」。這個解釋對於發動叛亂的叛軍的（英國）描述，是能說得通的（十九世紀的英國字典當然會給這個詞賦予這種負面色彩）。[121]但是，ghadar也有一個很簡單的意思，就是「混亂、無序」——也許更類似於一七九〇年代以前的人們對於「revolution」一詞的理解，認為它是一個變動時期，因此是混亂的。而這樣的「無序」或秩序的破壞可能是描述「叛變」的一種非規範（nonnormative）的方式，簡單地說，就是一個戲劇性變化的時期。法魯克伊給這個詞下了不同的定義：「爆發、混亂、反叛、暴亂和騷動、無序、動盪」。他在作品中不厭其煩地強調了這一複雜事件建設性的一面——叛亂者在叛亂時期組建的運作良好的政府機構，這些機構既要創造新的東西，又要重建舊的結構。這在很多方面都是一個激進的時期，導致了「恐慌和懷疑的瘴氣」降臨在德里的頭上。在謠言的迷霧中，在那些使人們憶起神話時代，關於神聖歷史清算的討論中，掠奪和對各種權威的顛覆，每一個普通人——從乞丐到妓女到商人再到士兵——都對自己的日常行為產生懷疑，並用一種新的方式將其政治化了。王公們重新發現了自己的權力；貧民們也主張自己的權力；價格出現了問題；英國老爺們穿著印度人的衣服倉皇而逃；叛變的士兵們演奏著英國樂隊的歌曲；印度人任命自己擔任收稅人和將軍。[122]這種混亂，這種帝國的暫時不作為，當歷史尚未對叛亂者做出裁決，尚未書寫他們是英國正義事業的叛徒，還是印度人正義事業的先鋒時，它本身就是一個不連貫的自我身分的時代，是矛盾的時代，其內部張力是歷史變革的動力，完全在歷史學科正式傳授給我們的作為倫理指南的能動性理論之外。我們將在後文中重新審視這一概念。

同時，儘管英國人對事件的轉變感到震驚，但在自由主義的帝國歷史敘事的預測之外，許多人最初確實在自我懷疑，認識到印度人的叛亂是政府犯下了錯誤的證據。卡爾·馬克思當時就在倫敦。「當印度兵起義爆發時，」他後來回憶說，「在印度施行改革的呼聲響徹了英國社會的各個階層。」「關於酷刑的報導將民眾的想像力激發出來了。政府對本土宗教的干涉被印度將軍和有地位的平民大聲譴責、達爾豪西勛爵（Lord Dalhousie）的貪婪吞併政策僅僅是唐寧街的工具、在波斯和中國發動的海盜性質戰爭在亞洲人心中積怨已久……所有這些累積的不滿都在印度改革的呼聲中迸發出來，要求改革（東印度）公司在印度的管理、改革政府的印度政策。」[123]簡而言之，在最初時，英國人的確有過自我懷疑；英國人的良知被刺痛了。但這種同情的觀點很快就被取代了，因為關於印度人暴行的種族主義描述也流傳了開來，包括編造出的兒童被刺穿的故事。群眾每天通過電報閱讀的新聞報導，講述了英國指揮官是如何保衛婦女和兒童的英雄事跡和審判。印度人的動機不再被視為有政治性，而被當作是純粹的犯罪。在以前，對於印度人的描述是懶惰和無能，而現在，印度人則被惡意中傷為貪婪的野獸。由於公眾要求無情地鎮壓叛亂和重新實施英國統治，改革呼籲被擱置一旁了。麥考萊發現自己被嗜血的情緒所左右，這是一種他從未感受過的報復性仇恨。他對這種「復仇的渴望」「只有一半慚愧」，他承認，「如果我有權力，我現在可以非常殘忍。」[124]在私下裡，他甚至把自己的半慚愧心理都合理化了：「這有錯嗎？因為對人類苦難的巨大感受力所產生的嚴厲，比起對人類苦難的漠不關心所產生的寬鬆，前者難道不是更好的一件事嗎？」[125]他為自己在道德上可疑的復仇行為辯護，當然，這種復仇行為是由對苦難的歪曲描述所形塑的，歪曲的描述是對他的同情心的肯定——但他沒有注意到這是他先前譴責伯克的敏感的諷刺，也沒有質疑為什麼「嚴厲」和「寬鬆」是唯一可能的反應。這就是一個歷史學家的反應，這種反應不是由他對自己的能動性的歷史想像所支配的，而是由他的直接情感所支配的。英國人想要流血，這不需要歷史理論來證明。印度的起義被英國人以駭人的暴力粉碎了，英國人的施暴並沒有道德顧慮。英國人花了整整一年的時間才重新建立起他們的統治。有整座整座的城市遭到了摧毀。叛亂者被絞死、槍殺，或者被大炮炸死，死難者的人數成千上萬。有數百個村莊被燒毀了。[126]

為了報復而報復的想法並不新鮮。如果說印度人借鑑了《摩訶婆羅多》的話，那麼英國人也是根據基督教的復仇倫理來回應的——一種「帶有加爾文主義色彩的虔誠心」，它是從十八世紀的衛理公會演變而來的，其嚴酷的能力在改良的福音書中得到了升華，但卻保留了精神和社會責任，尤其體現在負責的軍事領導人，如亨利・哈維洛克爵士（Sir Henry Havelock）強烈的福音主義精神上。[127]這種精神將懲罰提升為比粗暴的復仇更高尚的東西：正義的審判會先發制人地完成歷史的工作。羅馬的劇本也提供了復仇性破壞的例子，包括羅馬人在西元七十年猶太人叛亂後洗劫耶路撒冷，以及更早的洗劫迦太基。然而，他們還借鑑了大英帝國的歷史神話，特別是對「復仇軍」的記憶，這支軍隊在十五年前面對失敗時，曾著手挽回國家的榮譽和威望。這種復仇行動在一八五七年的重新部署中得到了新的驗證。英國人從英國－阿富汗戰爭的歷史模板中汲取了營養，對新的帝國失敗做出實際而富有想像力的反應。事實上，關於阿富汗的爭議仍在上演，在一八五七年時的許多在任的官員，包括勒克瑙的英雄救星哈維洛克在內，都曾在阿富汗服役過。[128]又一次，這一危機事關整個帝國的安危，這一想法成為了一種通過恐怖行為來重建控制力的論點——要通過集體懲罰、壯觀的暴力，以滿足英國讀者、印度公眾和其他殖民地公眾的需要。對歷史利害關係的認識緩解了道德上的疑慮。懲罰的暴力不是隨意的，而是故意的、戲劇性的，以便殺一儆百。

關於種族主義歷史理論如何為這些帝國危機辯護和得到這些危機的辯護，我將會在本書的第三章有更多的論述。在這裡，我想談談另一個歷史清算的場域，在這一個場域中，良知的確被鎮壓叛亂的殘酷所刺痛了。這個歷史清算的場域就是馬克思和恩格斯在事件發展過程中提供的分析。他們所撰寫的一系列文章都是站在一個甚至要顛覆世界－歷史演化觀念的角度。這種出發點正是他們所接受和宣揚的。大起義在認識論上所構成的挑戰的標誌就是這種頑固的不調和，這將使它成為下一世紀解讀和重塑歷史倫理觀的關鍵場域。

社會主義運動是建立在一系列宗教和世俗思想基礎上的，它十九世紀初開始快速發展，在整個歐洲產生了影響。在一八四八年，當革命席捲歐洲大陸時，馬克思和恩格斯發表了一份宣言，呼籲進行歷史變革，同時對歷史本身提出了新的看法，這比麥考萊的《歷史》首次問世還要早幾個月。恩格斯已經根據他在曼徹斯特的經歷發表了一份研究報告：《英國工人階級的狀況》（一八四五）記錄了標誌著「人類世」（Anthropocene）開始的煙霧、黑暗、骯髒和隨處可見的咳嗽的人。[129]馬克思和恩格斯的《共產黨宣言》，充滿了令人回味的浪漫主義面紗和幽靈的形象，以天真的悲劇英雄主義模式描繪了資產階級對利潤的無情追求。資產階級社會讓人想起了「一個再也無法控制自己的咒語所召喚出的陰間力量的巫師」——就如同浮士德或者弗蘭肯斯坦（科學怪人）一樣。[130]通過其持續不斷的愚蠢，從這不可離的朽木中，每一個創造性的努力都不可避免地召喚毀滅，通過不斷增加的危機進行辯證的演變。在這種唯物主義理論中，商品生產和社會的階級組織推動了歷史。歷史是由連續的剝削性生產形式和對它們的反抗組成的，資本主義是無產階級革命之前的最後一個階段，而無產階級革命將創造所有人的自由和平等。

恩格斯對英國工業工人階級的觀察為這種關於歷史將不可避免地在未來展開和發展的設想提供了依據。他和馬克思還借用了詹姆斯・彌爾、麥考萊，以及黑格爾等歐陸思想家的觀點。馬克思和恩格斯於一八五〇年移居英國，在帝國的大都市裡，這些帝國外來者的歷史思想開始影響歷史的發展。他們也把歷史看作是一個以線性方向展開的普遍過程，它最終是進步的和解放的。但是在歷史中也存在著關鍵的差異。在自由主義的敘述中，個人或國家之間的衝突可能會有效地推動進步，而進步可能會導致損失——那些過時的東西和生活方式的喪失——但進步並不取決於這些東西。可以想像的是，它可以逐漸地、不可阻擋地自我建立。特別是維多利亞時代的輝格歷史學家，他們相信連續性，這種觀點相信，當前應該包含著一個可識別的過去；他們努力設想出了一種沒有不可修補裂痕的變化和革命。[131]然而，馬克思主義的敘述認為，變化必然是破壞性的和辯證的，它取決於衝突，特別是階級衝突，並由其驅動。它的科學幌子與維多利亞時代的品味產生了共鳴，但它也在其「創造性破壞」的激動人心的概念以及對資產階級的悲慘的英雄式描述中吸取了浪漫主義的概念。馬克思和恩格斯也知道，所謂的大英治世實際上是依靠行使武力來創造一個有利於英國資產階級和菁英的全球經濟，他們利用強權來打開市場並保持市場的開放。[132]

但是，敘事中常見的東方主義假設的忠實，限制了這些信號差異革命的智性潛力（the revolutionary intellectual potencial of these signal difference），這種東方主義的假設在現代歐洲歷史決定論中十分常見。儘管它受到德國「普遍歷史」（universal history）的哲學傳統的影響，使它擁有了一個團結的「全世界工人」的願景，但它也以黑格爾的方式假定，歷史是跨越空間和時間的，印度和其他殖民地是歐洲的過去，而歐洲則是未來的燈塔。為了實現無產階級烏托邦，每個地區都必須首先經歷專制主義，並從資產階級革命的嚴酷考驗中走出來；為了打造國際（international），每個地區都必須首先化身為國族（民族，國家，nation）。東方缺乏上演歷史的活力是馬克思主義思想的組成部分。「亞洲生產方式」的概念建立在「東方專制主義」的舊觀念上，它提出了一種由地理環境決定的經濟組織，在這種組織中，君主是唯一的所有者，社會則以自治的村莊形式組織。歐洲的統治權在這些地方可以起到催化作用，它既是破壞性的，也是生產性的。馬克思在一八五三年寫道：「英國必須在印度完成雙重使命：一個是破壞性的，另一個是建設性的——它要消滅亞洲社會，並在亞洲奠定西方社會的物質基礎。」可以肯定的是，這不會是一幅漂亮的畫面：「（英國資產階級）在實現進步的過程中，有沒有把個人和人民拖入血泊和汙垢，拖入苦難和墮落？」在工業無產階級取代英國統治階級之前，印度人不會從這個過程中得到好處，「或者直到印度人自己變得足夠強大，徹底擺脫英國的枷鎖。」[133]但是，這種對印度歷史能動性的短暫想像在以進步的名義致力於容忍壓迫和「根本的偽善」的觀點中就會消失殆盡。英國，無論其罪行如何，「都是歷史的無意識工具。」[134]這並不容易接受（英國工業在印度的「破壞性影響」是「令人困惑的」），但是，馬克思仍然建議耐心等待，因為「政治經濟的內在有機規律」如今「正在每個文明化了的城市裡發揮作用。」他最終只能為歷史設想一條道路：「資產階級歷史時期必須創造新世界的物質基礎，」它將「以像地質革命造就出了地球表面的同樣方式」發生。

四年後爆發的印度起義給了馬克思一個機會來檢驗這些關於歷史不可避免的、科學上可預測的發展的自信假設。在英國，他和恩格斯為《紐約每日論壇報》報導了這場衝突，這些文章被其他一系列出版物轉載。他們的報導主要基於官方報告，帶有常見的東方主義主題和定型觀念：氣候造成的障礙、懦弱的「孟加拉人」等等，但值得注意的是，懦弱被歸結為氣候和幾個世紀的壓迫，而不是種族或文化。[135]

但事實證明，他們能夠跳出帝國自由主義歷史的框框來思考。無論印度和印度人多麼落後，在馬克思和恩格斯看來，英國人的意圖並不像英國人假裝的那樣單純。對他們來說，英國人正在破壞而不是催化印度民族性的形成，而這種民族性對該地區參與全球無產階級解放鬥爭至關重要。英國人非但沒有幫助形成這個國家，反而通過「羅馬式的分而治之」（Divide et impera）征服了這個國家，將「不同的種族、部落、種姓、信仰和主權對立起來」，從而作為英國至上主義的基礎。然而，現在不同的群體已經聯合起來了，他們一起反抗他們的征服者。[136]馬克思試圖揭露大英帝國的騙局，表明「印度的英國統治者絕不是他們想讓世界相信的那樣，假扮英國是印度人民溫和、無瑕疵的恩人。」[137]這是一個基於歷史的挑戰，是對自由主義思想家所兜售的進步的虛假敘述的挑戰。馬克思指出了在徵稅中使用酷刑等做法，努力地揭開「英國在印度統治的真實歷史。」

這種戳穿神話的意願使他能夠對反叛者的暴力本身做出新的道德倫理評估，他通過提出「一個民族是否有理由試圖驅逐那些如此虐待其臣民的外國征服者」的問題來為其辯護。他認為，「如果英國人可以冷血地做這些事情的話，」「那麼叛亂的印度人在反抗和衝突的怒火中犯了據稱針對他們的罪行和殘忍行為，這難道令人驚訝嗎？」印度人的暴力與英國人的暴力如出一轍。「無論印度叛軍的行為多麼臭名昭著，它都只是英國在印度的行為的集中反映。」[138]他把叛軍的故事從自由主義的歷史紀錄中撕了下來，在這種自由主義歷史的紀錄中，印度人被寫得幼稚、不理智和落後，馬克思則把他們貼到了另一種敘述中，把他們與法國的革命者相提並論，從而改變了他們的道德定位。這種比較，這種對不同歷史腳本的援引，挑戰了把印度人的行動加以異化的表述（exoticized representations），將印度人放入了「正常的」歐洲歷史敘述中。（可以肯定的是，鑑於人們對法國大革命的負面觀點，這一比喻在英國產生的恢復力一定是很有限的。）馬克思的揭發並沒有停留在譴責英國的暴行上。他還通過列舉英國從印度帝國獲得物質利益的多種方式，駁斥了大英帝國的經濟仁慈說法。[139]

到了年底的時候，英國公眾正在慶祝英軍對德里的攻占。但是，這些歷史評論家們卻堅持置身英國正在興起的英雄式成功敘述之外。恩格斯寫道：「我們不會加入這嘈雜的大合唱……人們現在對攻占德里的部隊的英勇行為讚不絕口。」他還對英國人「自我讚美」的能力給予了諷刺。[140]再一次的，這是對英國人習慣性歷史敘述方式的反對，承認一種特定的歷史觀已經成為了在世界上以一種在道德上可疑的方式做事的共謀。在報導伴隨著英國人重新鞏固其統治而同時發生的劫掠和怒火時，恩格斯自己的判斷毫不含糊：「在歐洲或是美國，沒有任何一支軍隊像英國人一樣殘暴。」[141]實證主義者理查·康格瑞夫（Richard Congreve）專門以道德的角度呼籲英國人撤出印度，他認為印度人的叛亂是正當的，英國人的勝利是「強勢對權利的壓制。」[142]英國的少數觀察家因此也看到了莫勒維·穆罕默德·巴卡爾所看到的東西。在戰爭結束時，馬克思提醒讀者，叛軍是為了對英國的外交背叛行為做出報復才發動叛亂的——英國人則是系統性地違背了與印度統治者的條約並沒收了土地。[143]他對歷史的判決深信不疑，斷言英國人即使在印度取得勝利，也會得到道德上的報應，因為「這些對印度當地人的背叛和野蠻的行為方式……」「不僅是在印度，而且在英國也會被平反。」對馬克思來說，印度事件與歐洲歷史的發展密切相關，並揭示了歐洲歷史的發展，是單一敘事的一部分。也許他在這裡是為了對持續中的第一次英國－阿富汗戰爭爭議有所表示，或者是為工人階級的激進主義有所表示，這種激進主義也在努力使英國自由主義承擔責任。

馬克思在這一刻背叛了自己的歷史觀念，這要歸功於歐內斯特・瓊斯（Ernest Jones），這位浪漫主義詩人與小說家在一八四六年加入了工人階級的憲章主義運動（Chartist movement），不久後，歐內斯特・瓊斯與馬克思和恩格斯成為了朋友，並在一八四八年成為了憲章派的領導人。憲章主義與英國－阿富汗戰爭同時開始，最初的議題是在自由主義的歷史敘事中爭論男子選舉權的普及問題。它的方法是憲政的，但其精神是浪漫的，裡面融入了拜倫和珀西・雪萊的作品。紳士般的激進主義者瓊斯以愛國主義烈士詩人的拜倫為榜樣自居。[144]然而，該運動在一八四八這一革命之年的第三次請願失敗了，這促使瓊斯在運動的衰落期裡將其引向了社會主義觀念。該運動已經有了國際性的同情心——例如，對一八四六年遭受饑荒打擊的愛爾蘭的同情。但在一八五〇年代，印度成為了靈感的來源。在一八四八年至一八五〇年，瓊斯在獄中創作的作品包括預言史詩〈印度斯坦的叛亂〉（The Revolt of Hindostan），它描繪了一種循環性的史觀。[145]一八五三年，他撰寫了一系列關於印度統治不善的尖銳文章。隨著一八五七年的叛亂吸引了他的想像力，更多的文章也隨之而來。可以肯定的是，他的興趣在一定程度上是工具性的，因為他在叛亂中看到了刺激國內軍事活動的可能性。[146]但是，這本書因其願意想像歷史從東方走向西方而引人注目——證明了浪漫主義的哲學叛變潛力。也許在消極意義上，他是對的。隨著印度叛軍在一八五八年被撲滅，憲章主義運動也被撲滅了。

在同一時刻裡，麥考萊和馬克思對現代性提出了不同的理解。麥考萊對工業主義及其在歷史上所帶來的影響完全不感興趣。相反的，他專注於由地主和商業利益以及像他一樣的知識分子驅動的輝格黨的英國願景。[147]他認為一八四八年的革命能量是一種危險，儘管他受一八五七年印度大起義的影響更深。對於誰創造了歷史以及誰能正確地創造歷史，這些都是不同的看法。在一種情況下，印度叛亂者是非理性的、犯罪的行為者，就像一八四八年的革命者一樣；在另一種情況下，印度的叛亂者又是可以理解和預期的，也像一八四八年的革命者一樣。馬克思主義則是在理論上無法想像印度在沒有歐洲帝國主義輔助的情況下進步，但這並不妨礙馬克思本人對印度叛軍反叛英國統治感同身受，他對其道德正確性的確信，與它在歷史的進步（progress of history）方面是否「正確」完全不同。這位歷史決定論的忠誠信徒實際上允許自己當下的判決壓過歷史判決——畢竟，印度人輸了。這也許揭示了馬克思自己作為歷史決定論者和浪漫主義者的分裂主體性；如果不從哲學上看，而是在秉性上看，他不能不站在叛亂的一邊。雖然這場叛亂失敗了，而且本身也揭示出了它的重要潛力，但這場叛亂徹頭徹尾地顛覆了這位歷史決定論者的能力，暴露出了印度叛亂所具有的關鍵潛力，它儘管失敗了，卻刺破了歷史的邏輯，使歷史本身出現了裂縫；因此，它將激勵未來對帝國和作為其藉口的歷史決定論的顛覆，並提供一個基本的歷史場域，讓歷史學家試圖在二十世紀挽回歷史思維，正如我們將在第六章看到的那樣。

叛亂結束後的變化是多方面的。東印度公司統治的時代結束了，英國王室統治開始了。鎮壓叛亂的費用（大約為五千萬英鎊）加入到了印度對英國的債務中。正如馬克思所看到的，首相帕默斯頓勛爵（Lord Palmerston）把早期的改革呼聲變成了「他的獨家利潤」。[148]政府和東印度公司都已經崩潰了，帕默斯頓勛爵決定：「公司要在獻祭中被殺死，政府要變得無所不能。」公司的權力「簡單地轉移到了當時的獨裁者手中，他假裝代表王室反對議會，又代表議會反對王室，從而將一個又一個的特權攬到他一個人身上。」就像讓黑斯廷斯成為十八世紀帝國罪人的醜聞一樣，現在公司本身成了帝國的替罪羊。問題從來就不是帝國本身，只是壞的帝國主義者。

其他官方和非官方的歷史評估得出了與馬克思和恩格斯截然不同的結論，這證明了人們越來越意識到，控制歷史敘事是控制歷史本身發展的一種手段。作為東印度公司的一名官員，約翰·史都華·彌爾在叛亂後承擔了一項令人羨慕的任務：撰寫公司的官方辯護詞，為延長公司的特許狀進行論證，雖然此舉多少有些徒勞。約翰·彌爾對公司的成就感到自豪，對公司的無私仁愛充滿信心，這加強了他對叛亂者的看法，認為他們是陰謀和狂熱的傻瓜。一年後，在評論匈牙利民族主義反對哈布斯堡帝國的鬥爭時，他同情地寫道，檢驗一個民族是否適合人民體制（popular institutions）的標準是：「他們，或他們中足夠多的人在爭奪中獲勝，願意為他們的解放而付出勞力和承擔危險。」[149]然而，他卻不是這樣看待印度反叛者的，也許他從他們的失敗中推測出了歷史對他們是否合適的判斷。在叛亂後不久的文章中，他承認英國人民具有「努力進取的性格」，但他不僅沒有看到這種過度自信的危險，反而宣稱這一點是「人類獲得普遍改善的最佳希望的基礎。」[150]然而，十年後，他將會譴責英國鎮壓叛亂的野蠻行為，我們將會看到；到那個時候，歷史已經充分揭示了帝國的野蠻模式，他不能再推遲判決了。

第一次英國－阿富汗戰爭的著名歷史學家約翰・威廉・凱伊接替了約翰・彌爾，成為一八五八年從東印度公司手中接手新印度辦公室（India Office）祕密和政治部（Secret and Political Department）的祕書。在短時間內，他也開始動手編纂一部龐大的一八五七年叛亂史，這幾乎是他早期作品的續集，他再次宣稱自己有獨特的能力，可以根據自己接觸到的非官方資料來講述真相。如果說先前的作品是對居心不良的政治愚行的揭露，那麼新的作品（第一卷出現在一八六四年）則是對處於危機中的民族良知的開脫。英國的「錯誤……是……追求美好的努力，」他如此確認道。「正是在過度追求人性和文明的過程中，」他們「被出賣了，變成了……如此嚴重地侵害國家的過度行為。」事實上，印度叛亂「是我們偉大的國民性格在我們國家的史書中所記載到的最生動的信號。」這場叛亂是英國人努力創造歷史的過度狂熱的結果，是對歷史能動性的實現，但是這場叛亂也是一次成功的舒緩，它清償了關於人類擁有創造歷史的力量的推測：「英國人猛烈的自信造成了這種大火燃燒的狀況；同樣的猛烈的自信也讓英國有能力在上帝賜福的幫助下，把這場大火踏平了。這是高貴的自尊，在實踐和忍受中同樣偉大。」英國人就是歷史的創造者，偶爾這是很悲劇性的，但最終，歷史會為英國人平反。凱伊的「主導理論」是「因為我們太過英國化了，所以出現了巨大危機；但正是因為我們是英國人，所以危機出現的時候，它沒有完全將我們淹沒。」事件是由「少數幾個重要人物」製造出來的。凱伊這種毫不諱言的偉人歷史呼應了卡萊爾的觀念，將印度解讀為偉人能動性和美德的證明地：「如果說最好的歷史是最接近於一綑傳記的歷史的話，那麼當提及印度歷史的時候，這句話就尤其顯得正確了；因為沒有任何其他地方能像我們偉大的大英印度帝國那樣，讓個別英國人的性格在他們生活的國家的歷史留下更重要的印記；沒有任何其他的地方能有如此多的獨立行動的機會；沒有任何地方能夠發展出如此多的邪惡或善良的能力。」[151]

可以肯定的是，文本本身有時會偏離這些序言的內容。凱伊承認英國在孟加拉的「恐怖統治」和對土地的「大規模沒收」共同構成了一場「巨大的滅絕性戰爭。」[152]他甚至譴責了維持帝國主義的「一堆關於人類和文明的陳腔濫調。」[153]但該文本的主要目的仍然是開脫。它甚至把最糟糕的報復性暴力也說成是最終的憐憫，因為它了解到「及時和……有力的打擊就是仁慈的打擊」，也就是應儘可能快速地壓制衝突和流血事件。[154]英國－阿富汗戰爭敘事的英雄結構為「兵變」（古怪地紀念這場叛亂的說法）的歷史提供了一個模板：國家的榮耀和救贖圍繞著一場暫時失敗的審判而展開。[155]

在帝國的自由主義迷思中做著交易的歷史學家們，往往兼任文官和軍職，比如凱伊和他的前任們就是這樣。帝國面對臣民的叛亂和內部對帝國所依賴的暴力、背叛和徵用行為的質疑保持堅韌是至關重要的。其他叛亂的歷史，也暴露了對英國人在印度的存在和壓制叛亂的愛恨交加觀點，這種狀態與一八四二年和黑斯廷斯審判時表達的懷疑是相呼應的。[156]我們將在後面的章節中研究這些壓力和異議表達方式的演變。在這個時刻，它們的重要性在於開脫功能，這允許帝國繼續加以投入，而非破壞帝國工程。長期以來，有罪的良知是追求帝國主義事業的組成部分。十七世紀上半葉的帝國擴張，也許既要歸功於對包括奴隸貿易在內的帝國初期罪孽的開脫，也要歸功於對帝國本身的信仰。甚至在拜倫為英國的錯誤進行懺悔時，也助長了英國勢力的擴張。能夠給一八五八年之後大英帝國發展提供解釋的，不是英國人良心上的裂痕，而是通過歷史敘述來掩蓋這些裂痕，歷史敘述持續地承諾未來的救贖。並非所有的人都是明確的強硬分子，但像凱伊這樣的敘事所提供的道德縫合，足以讓那些強硬分子得以蓬勃發展。這些強硬分子在自由主義的道德泥潭中得以茁壯成長。

將英國人對叛軍的勝利歸功於軍事實力的神話，加強了維多利亞時代自律的自我身分（disciplined selfhood）觀念。塞繆爾．斯邁爾斯（Samuel Smiles）在一八五九年的「自助」（self-help）指南中，有整整一章的篇幅是關於印度兵變的，他將這個時間作為自律性格的範例。[157]但在印度次大陸，分裂的自我身分（divided selfhood）的修辭提供了安慰。米爾札．嘎里布和札法爾對於德里被毀滅做出了心碎的反應，對正在消失的世界和存在方式發出了憂鬱的哀嘆。他們的詩歌表達，作為被征服的宮廷文化的一部分，受到了英國人的審查，這限制了他們在意識形態上的反叛能力。在一次戲劇性的懲罰中，威廉·霍德森少校（Major William Hodson）在城門附近當著眾人的面射殺了札法爾的兒子和孫子，這座城門從此被稱作「Khooni Darwaza」或「血腥之門」。他們的屍體被陳列在警察局裡，札法爾家族的大多數其他成員不是被殺、被監禁就是被流放。札法爾被流放到了緬甸仰光（Rangoon）並於一八六二年在那裡鬱鬱而終。與此同時，在英國報復下倖存下來的反叛者被打散到了世界各地，他們在各地幫助建立了各種知識分子反殖民主義情緒的全球網路，關於他們的歷史，在近年來才開始有了重新梳理的工作。[158]在此僅舉一個例子，一八六五年埃及艾斯尤特（Asyut）附近的叛亂領袖是一位逃到那裡的印度叛亂者的學生。[159]周遊列國的伊斯蘭學者哲瑪魯丁·阿富汗尼（Jamal al-Din al-Afghani）的反殖民主義思想對阿赫邁德·歐拉比上校（Colonel Ahmad Urabi）一八七九年至一八八二年在埃及的叛亂產生了巨大影響，阿赫邁德·歐拉比本人亦曾在印度獲得磨練。

這種後繼的餘波恰好符合了自由主義的帝國敘事。凱瑟琳·霍爾（Catherine Hall）曾經指出，在麥考萊的歷史概念中，被征服者是沒有位置的。進步意味著剷除弱者和那些要被征服的人。當代評論家注意到了他在他的《英格蘭史》中消除疑慮的方式。[160]這部作品的修辭力量在於它驅逐了自由主義帝國的矛盾和難題——也就是本來有可能會阻礙自由主義帝國展開的良心煎熬。對於印度兵變的歷史記載就建立在這個基礎上。這就是自由主義的歷史感在支撐帝國主義的過程中發揮的力量。

第三章 消滅的進步

（英國人）對有效的道德態度從來不感到茫然。

——蕭伯納

在英國人的主流觀點中，一八五七年的叛亂者並沒有對殖民壓迫表達合法的政治不滿。相反，他們證明了印度人仍然沒有獲得參與世界自由政治經濟和它所推動的普遍進步敘事所需的那種良知。他們反常地忘恩負義，不能為了一個仁慈的目的而忍受暫時的不適。問題在於，印度人是否能夠達到那個目的。對許多人來說，答案是否定的。英國人的報復試圖為自由主義帝國辯護，但這場衝突最終極大地改變了人們對自由主義帝國的期望。在本世紀下半葉，永久差異（permanent difference）的新概念注入到了大英帝國在亞洲和非洲的擴張中。

努力去解釋印度叛亂帶來的最初的羞辱立即將英國人捲入了種族性解釋的泥沼中。這種情況以前也發生過。在英國－阿富汗戰爭期間遭遇失敗的時候，英國已經出現了把對手重新評價為戰士種族的態度。[1] 一八四二年後的報導不再把阿富汗人鄙視為娘娘腔，但也沒有把他們當作同等的人來尊重。相反，阿富汗人被說得很凶殘，很不光彩；只有這樣的敵人才能戰勝擁有天意賜福的英國人。[2]（相比之下，一七八三年對美國人的失敗則是引發了英國人對自己受天意眷顧的懷疑。）[3] 在一八五七年，對於對手的可怕性質的遲來憂慮再次幫助證明了過度復仇的合理性。妖魔化印度種族也同樣保證了英國人在實施暴力時能夠無損於良知，能激發英國公眾的支持：邪惡的印度狂熱分子威脅著英國婦女和兒童的種族純潔性，就像先前的阿富汗人那樣。這種對事件的描述不僅體現在報紙報導和歷史敘述中，也體現在小說、詩歌和藝術中。有一位學者提醒我們，就像大多數「種族化的妖怪」一樣，「邪惡的復仇者」的形象是「某種最終不是源自外部而是內心的恐懼的投射、替罪羊和替代品。」[4] 種族的刻板印象確實是投射的，但在這個案例中是被調動起來，使英國人能夠容忍他們正在實施的不可原諒的暴力，並使他們為一種新的帝國使命而努力。種族主義的妖魔化壓制了英國人的懷疑，使他們能夠重新追求帝國。印度人心中的恐懼也被明確地種族化了：凱伊解釋說，其目的是向印度人表明：「努力抵抗白人的力量是沒有希望的。」[5]

在叛亂之後，由於永久的、不可逾越的種族和文化差異的觀念深入人心，自由主義者對達到英國文明的普世能力的假設被削弱了。顯然，如果印度人故意拒絕以受英國人監護的形式追求自己的最佳利益，那麼他們就是完全不同的人類。他們是不理性的，狂熱的，不可教育的，而且可能永遠不會成為英國人。如果英國人真的曾打算施以仁慈的話，他們也是天真地高估了印度人的能力，奢侈地對他們施以仁慈，卻發現他們是把珍珠玉石扔到了豬的面前。負責監督東印度公司的管制委員會（Board of Control）前主席查爾斯・伍德爵士（Sir Charles Wood）曾否認叛亂證明了印度對英國統治的敵意。相反的，他在一八五九年負責指導新的印度辦事處時解釋說，這是「我們在最仁慈的感情下陷入的一個錯誤」的結果。他對意外錯誤的辯解聲明也在凱伊等人的歷史記載中得到了回應──凱伊是同一個辦公機構裡的祕書。查爾斯・伍德關於這個錯誤的性質的結論意味著未來有一個完全不同的政策方向；他們在「引入一個不符合人民的習慣和願望的制度」方面犯了錯誤。那麼，解決辦法就是在現有的體制內工作，不要把印度人當作可能成為英國人的人。[6]這種將叛亂理解為自由改革主義（liberal reformism）在印度失敗的結果，或者說是不適合的結果，立即產生了實際效果。由於王室對印度負有直接責任，它的第一個官方行動就宣布了一項不干預宗教和習俗的政策。在一八五七年的叛亂後，英國人的擴張採取了通過當地統治者進行間接統治的形式，而不是正式吞併，其目的是保持當地社會的完整，避免進一步的暴力騷亂。凡是王室不直接控制的，它都會通過其他手段來控制，更何況英國人的實力也已經得到了不可逆轉的證明。

這是對迄今為止推動擴張和鞏固帝國的意識形態中，一個令人沮喪的，甚至是自私自利的裁決，但它促進了帝國主義新理由的發展，這些理由同樣歸功於歷史的想像力。這並不是說帝國的道德理由不重要了，因為穩定和秩序的實用概念成為了政策辯論的基礎。[7]到目前為止，自由主義的帝國主義依賴於原罪的概念——十八世紀的征服醜聞——可以通過改革主義的帝國主義風格得到開脫。它的道德吸引力在於救贖的承諾。現在，關於永久文化差異的新概念使得實現救贖的承諾不太可能實現，但也不那麼有必要了，因為它們通過說服英國人相信印度文化具有卑劣性，從而消除了罪惡感；因此，十八世紀的入侵就不那麼令人覺得惡臭了。同時，新的永久文化差異感受強調了印度脫離帝國秩序的潛在威脅——這樣一個落後的社會肯定會陷入無政府狀態，給世界帶來災難。帝國的道德吸引力現在在於歷史負擔的概念——英國無私地承擔了為印度（和其他殖民地）提供安全的重任，不是為了懺悔，而是為了給世界提供這一服務。維多利亞時代後期的帝國主義思想家仍然從道德的角度為帝國統治辯護，認為比起放手讓世界陷入大混亂與崩潰，英國的統治相比之下是「兩害相權取其輕」的做法。新加上對穩定性的強調——也就是「本地社會」就是需要帝國存在——在卡魯納・曼特納（Karuna Mantena）看來，就是一種「辯解說辭」，是和先前對帝國「正當性」的考慮相對應的東西。[8]但是考慮到歷史想像在運作過程中的慣性，這樣的辨別也許太過精細了。這種說辭可以提供不在場證明，從而讓一個人擺脫犯罪懷疑：**那不是我，因為我不在那裡**。但在維多利亞後期的帝國中，論點是：**我在那裡，是出於純正善良的原因，謝天謝地，幸虧我在那裡，現在也是，免得有更嚴重的罪行發生**。

法學家和法律史學家亨利・緬因（Henry Maine）的思想和研究工作對於印度叛亂後的文化

主義者（culturalist，持文化論者）對自由主義的普世性的拒絕起到了至關重要的作用，他是另一位揮舞著巨大的制度性帝國權力的歷史學家。從一八六二年到一八六九年，作為印度管理委員會的法律委員，亨利・緬因監督了兩百多個法案的通過。他決心了解一八五七年叛亂的原因——印度人狂熱行為的根源，因為這對指導帝國的未來統治具有重要的實際意義。[9]他在這樣做的時候培養了一種道德權威感，用歷史學家斯特凡・科里尼的精闢說法來說，就是「一種堅定地面對複雜要求的權威，無論那要求是多麼令人不快」。[10]正如同時代的人所指出的那樣，他認為在創造變革方面，存在一種「對作家的不真實影響力」，認為「任其自生自滅」（left to itself）的人性在本質上是不願意追求變革的。[11]不言自明的是，發生叛亂的「原因」不可能是帝國本身；在帝國的進步歷史敘述中是沒有叛亂的餘地的（儘管在馬克思的論述中是有的）。英國統治下的政治、經濟和社會轉型的脅迫性本質不可能是原因；相反的，一定是殖民社會在面對成為文明社會的機會時，受到了文化或種族上的不妥協。英國的失敗只在於對這種不妥協力量的估計錯誤。

秉持著自由主義思想，緬因強調了英國錯誤的「非故意」性質。他抗議說，他於一八六二年來到印度，決心結束自由主義者將那裡的名稱和機構英國化的策略，但遇到的情況讓他別無選擇，只能「遵守實際的安排，無論這種安排是不是建立在對當地語言用法的基本誤解上。我說，**即使我們犯了錯誤，也要堅持下去。這要好過長久下去的干預。**」[12]這說法以實用主義為藉口，事實上是支持連續性的論點。但它給自由主義的實踐和思想的擴張造成了影響，並且遠遠超過了自由主義的有效期限。以印度法律的編纂為例，亨利．緬因的自由主義者前任們敦促編纂印度法律，是出於對開明法典和英國普通法的普世優越性的意識形態信仰。然而，緬因對於編纂的堅持則是出於他認為任何本土替代方案的瓦解都會讓理性地編纂的法典成為一個更好的選擇，較之於繼續隨意地通過立法途徑引入普通法。[13]

亨利．緬因的歷史感知塑造了他極其受限的行動範圍感受。與自由主義者一樣，他從普遍的角度理解歷史，將印度視為歐洲的過去；印度給他提供了一個接觸到早已從歐洲消失了的習俗和社會形式的機會。他開始尋找這些遺跡，並發現村莊－社區是印度社會的主要組織結構，就像其他地方早先的情況一樣，而且印度社會本質上是企業、習俗和非政治性的，由習俗和親屬關係的紐帶來維繫穩定。[14]這與早先的對印度的設想不同，早先的設想認為印度社會被永恆的、政治上失靈的東方專制主義結構所俘虜，它必須被拯救出來，並走上正確的、普遍的進步道路。亨利．緬因提出了一個不同的普遍歷史進程，通過這個進程，每個地方的公社制形式都不可避免地自行演變為現代形式的私有財產。[15]英國已經完成了這個過程，但在印度擁有這一機會之前，英國便不知不覺地進行了干預。

這種干預本身就是一個普遍的、進步的歷史的不可避免的結果。亨利．緬因並不質疑自由主義者的觀念，即「對一個自由的民族所抱持的強烈道德和政治信念」是在印度身上的一個關鍵影響力。但是，他認為，上述的信念與印度「根植於過去殘骸中的原始觀念所構成的茂密、黑暗的叢林」相抗衡。這使英國人陷入了一種歷史困境：他們「必須使他們的手錶同時在兩個經度上保持正確的時間。」他們必須接受「自相矛盾的立場」，這種立場就是「如果他們太慢，就不會有改進！如果他們太快，會有改進。但沒有安全感。」[16]亨利．緬因並沒有放棄改善的想法。他對世界歷史的承諾不允許他放棄；無論是否有英國人的指導，印度都會發展起來。他也沒有放棄英國在印度的存在是道德信念造成的結果的想法。早期的自由主義者以促進自由能力的名義調和了帝國統治的矛盾——擁護埃德蒙．伯克所譴責的「地理性道德」（Geographical morality）。緬因批評了他們的理想主義，但承認它是由歷史決定的。他現在接受了同時改革和保護印度的悖論。這是另一種「地理道德」——即同時保持兩個經度的時間。歷史是以兩種方式展開的——有關於從公社財產和權利演變為私有財產和權利的普世主導敘事，也有英國自由主義者胡亂擺弄這一進程的歷史。前者必須被用來調適後者。英國人現在不能放棄這項事業；他們已經被印度從傳統社會向現代社會的過渡所糾纏了。在他們關於土地收入政策的善意辯論中，自由主義政治經濟學（而不是任何「高壓鎮壓」）使他們誤解了土地使用的習俗，並導致了鄉村制度的危機。[17]他們沒有不道德的行為；沒有必要懺悔。他們只是加速了村莊－社區形式中固有的自然解體過程。[18]但他們確實需要完成這項工作，否則他們就拋棄了一個處於危機中的本土社會，這當然是不道德的。在這種歷史觀中，亨利．緬因遺忘了掠奪的歷史和支配土地收入政策的財政－軍事優先事項，但那並不重要；關鍵是，無論起源如何，他們繼承了某種自相矛盾的情況。像加爾頓一樣，他聲稱自己是一種情況的繼承者，他註定了要把它做到最好。無法治癒的東西則必須忍受。他注意到，在一八五七年之後，儘管一些印度行政官員有了更好的「道德判斷」，但他們卻越來越「沉迷」於重建失落的本土社會，他警告說，由於英國權力的性質，實現這一夢想根本「不可行」：「英國權力正是通過其間接和大部分無意的影響，使其下的思想和社會形式發生蛻變和消亡的；沒有任何的權宜之計可以讓英國能夠逃避按照自己的原則來重建它的責任。在英國自己的原則中，它得不情願地做出破壞。」[19]帝國是一種無助的歷史力量，其深奧的影響是無法抗拒的，因為其所做所為乃是註定。「無意的」和「不情願」這兩個詞表明，當它作為歷史的助手時，它構成了歉意而不是罪惡。帝國國家行政機構的建立本身就改變了「本土社會」的背景環境。印度被卷進了歷史變革的風暴中，走向了個人權利的演變。英國人將保護性地引導它度過這場風暴；卡魯納．曼特納指出，對亨利．緬因而言，帝國既是「本土社會危機的原因，也是治療方法」。[20]亨利．緬因不承認英國在結果中獲取的任何利益，把他們無意中的破壞性影響描繪成了本質上不具政治性的。再一次的，歷史想像力——也就是那些一八五七年後的官員們認為他們自己被困在這一個歷史時刻上，再加上他們確信當下的困難時刻將導致一個進步結局，這些想法又一次緩解了英國官員們焦慮的良知。

英國人是否像亨利．緬因所想的那樣無力實現變革呢？這是一個值得討論的問題。如果那些富於幻想的管理者試圖消除前幾十年造成的一些損害，會發生什麼呢？英國人是否會像一八四二年對喀布爾洩憤後那樣完全離開嗎？他們能像在廢奴運動中那樣克服既得利益嗎？我們可能永遠不會知道這些問題的答案，但這裡的重點是，這些選擇並沒有被那些負責人的歷史想像力所認可。亨利・緬因的合理化解釋也並非簡單地「掩蓋」英國繼續統治印度所涉及的「真正利益」。這些利益非常重要，但它們是由一種歷史想像力促成的，在這種想像力中，對印度的投資，無論是個人還是財政，都是履行對他人的道德義務的一部分。這種想法並沒有改變，但在叛亂後卻以新的方式變得根深柢固了。事實上，鑑於英國的暴力給英國人的良知所帶來的風險，叛亂提高了這種想法根深柢固的程度。

緬因批評早先的自由普遍（普世）主義（liberal universalism）支持者對能動性的行使過於自信，但也為這種熱情做出了開脫，認為這是英國自身受祝福的歷史進步的結果。此外，他仍然致力於探討普世歷史的概念，與從道德上合理化帝國的存在。在這一切中，他也對自由主義帝國進行了投資。自由主義並沒有隨著印度起義的結束而消失。約翰・史都華・彌爾本人在一八五八年之後才發表了他對自由主義的主要理論和辯護的著作，其中包括和自由主義帝國相關的著作：一八五九年的《論自由》（*On Liberty*）和一八六一年《論代議制政府》（*Considerations on Representative Government*）。這些作品的出版可能是一種防禦行動，但它們也有效地延長了支撐自由主義帝國主義思想的影響力。

亨利・緬因的比較歷史工作確實使人們對「現代」和「傳統」社會的二分法的感覺更敏感

了。隨著時間的推移，他、約翰·彌爾和其他人開始把愛爾蘭的農業和社會習俗與印度的農業和社會習俗相提並論。認為愛爾蘭和印度相似的觀點非常流行，尤其是兩地對自由主義改革期望的共同抵抗。兩者似乎都沒有在成為英國人的道路上取得進展，而且在兩者中，農業衝突似乎助長了反叛的能量。來自這些不同環境的證據被用來證明緬因的「原始共產主義論」（thesis of original communism）。[21]這種趨勢助長了對自由主義的懷疑，但卻將殖民社會的危機普遍化為「傳統」（而非「被殖民」）社會的危機。

在牙買加的一場叛亂，加強了人們對能夠實現真正進步的國家，和不能如此的國家，兩者間的二分法的信念。自一八三三年以來，包括托馬斯·卡萊爾在內的許多人一直在評估西印度群島的殖民地，以證明廢除奴隸貿易的歷史智慧——與此同時，印度的契約勞工湧入這裡，從事了艱苦的種植園勞動。在一八六五年，在印度起義的幾年後，牙買加的起義產生了新的帝國良知危機，從根本上分裂了英國人的意見，揭示了英國人對自由主義帝國信仰的斷層。

兩年的乾旱，使那些在牙買加東南海岸的莫蘭特灣（Morant Bay）成為農民的自由奴隸的生存條件變得緊張。他們也對增加的稅收、缺乏政治代表權和受種植者利益支配的法律制度感到痛苦。浸禮會教堂的黑人執事保羅·博格（Paul Bogle）帶領一群農民去見總督，但卻遭到了拒絕。人們對政府的信心下降，對保羅·博格的支持則隨著事態的升級而增加。在一次審判中，一名黑人被判定擅闖了一個廢棄種植園，在那點燃火柴，造成一場大火。保羅·博格和他的支持者展開抗議，隨後便在市集廣場與警察發生了衝突。針對保羅．博格和其他人的逮捕令隨即發出，但警察的執法再次遇到了人們抵抗。最後，博格帶領數百名手持棍棒和砍刀的人，往法院展開抗議遊行。一支志願民兵在抗議者投擲石塊時向著他們開火。抗議者放火燒了法院大樓，首席法官和其他十七位法官被殺。起義的參與者增加到一千五百至兩千人。叛亂者的行為是出於對社會、政治和經濟情況的不滿；農民墾植和土地所有權是牙買加後奴隸制時期自由觀念的核心。[22]歷史的劇本可能也影響了他們在面對這種困難時的感覺，使他們感到自己必須採取行動。種植園主指責參與叛亂的黑白混血兒殖民地議會議員，同時也是總督政策的強烈批評者喬治．威廉．戈登（George William Gordon）促成了一七九一年的海地革命。[23]

當時的總督是愛德華．艾爾（Edward Eyre），他的職業生涯始於澳大利亞，他曾在那當一個牧羊人和開墾者。在紐西蘭擔任過副總督之後，他來到了加勒比海地區，在那裡他看到了印度爆發了叛亂的消息。和世界各地的帝國官員一樣，他十分警惕自己的殖民地是否也會出現類似的叛亂。[24]在保羅．博格的進軍中，他看到了可能使帝國的殖民勢力在全島大潰敗的苗頭，故決心無情地展開鎮壓。後來，他也把海地和「印度兵變」作了比較。[25]他實施了戒嚴令，發動了報復行動，殺死了四百多名黑人農民，還有數百人被鞭打和逮捕，一千多所房屋被燒毀。執行這一切的士兵包括參加了一八五七年（在印度）和一八四二年（在阿富汗）行動的老兵，他們也複製了一八五七年的戰術。[26]愛德華．艾爾下令以叛國罪對喬治．威廉．戈登執行死刑。再一次，為了預防更大範圍的叛亂，恐怖被故意地呈現出來。

愛德華・艾爾陷入了一種胡思亂想的發狂心態；事實上，並不存在發生全面叛亂的風險。但叛亂的政治風險還是很高的，喬治・威廉・戈登曾多次表示願意挑戰愛德華・艾爾的權威和正當性，並且別人曾聽過他公開說過海地的叛亂是榜樣。在法庭上，艾爾稱他為「做惡的人」。[27]種族恐懼從一開始就在媒體對事件的報導中發揮著作用：雖然針對低迷的糖業經濟，還有政府的拒絕介入已經公開辯論了好幾個月，但倫敦的報紙仍將叛軍視為後解放（post-emancipation）時期的跨國黑人陰謀的一部分。[28]

但艾爾的行為激起了英國人的良知，促使公眾發出了強烈的抗議。伯明罕的一份自由派日報這樣評論道：艾爾領導著一個「白色恐怖」的政權，「犯下了讓每個英國人感到羞愧和憤怒的事」。[29]一八六六年元月，一個皇家委員會得到了調查這些事件的命令；該委員會在數月內採訪了數百名證人，並編寫了一份長達一千二百頁篇幅的報告。雖然報告批評了政府的「過度」暴力，但並沒有從原則上譴責戒嚴法的使用，從而有效地給愛德華・艾爾提供了平反。但是，到了七月政府還是解除了艾爾的總督職務。

自由黨人尤其不能容忍艾爾對局勢的嚴厲處理手段。約翰・史都華・彌爾現在是西敏寺的自由黨議員。他沒有對英國在印度的暴力事件發表過評論，但他譴責艾爾放棄了「法治」，專斷地行使權力。他對英國同胞們對牙買加事件缺乏足夠的恐懼感到震驚，對艾爾迅速將危機扼殺在搖籃中表示了讚許。約翰・彌爾代表自由主義傳統發言，認為帝國是為了傳播文明，尤其是法治，而且只有這樣，帝國的存在才是正當的。那是確保整個事業正當性的承諾。他曾將一八五八年的暴力事件視為反常現象，但現在它正成為一種常態。他心中關於帝國對進步所承擔的歷史作用的看法讓他無法容忍對牙買加抗議者實施的暴力，這喚起了其他非英國的歷史劇本。在他看來，艾爾讓人想起了法國恐怖時期的惡人羅伯斯庇爾。[30]英國司法的完整性受到了威脅。他擔心，如果艾爾不被起訴的話，「每個無賴殖民地官員都會無所顧忌」，這也會危及到英國人的自由。[31]只有在這次危機之後，他才會對前十年英國在印度的暴力行為進行批評性評論。約翰・布萊特（John Bright）、查爾斯・達爾文（Charles Darwin）、赫伯特・斯賓塞（Herbert Spencer）、詹姆斯・菲茨傑姆斯・斯蒂芬和其他自由主義者都支持他的立場。約翰・史都華・彌爾擔任了牙買加委員會的領導，該委員會試圖仔細審查暴行並確保以謀殺罪起訴艾爾。

與約翰・彌爾不同，艾爾使用了一個不同的劇本：屈辱的失敗歷史。他堅持認為，在一個只依靠少數軍隊和大量敵對農民的國家裡，只有迅速和果斷的行動才能維護秩序。這是一個明確地支持恐怖統治的論點。只有對立即、嚴厲的報復產生的恐懼才能阻止叛亂的蔓延。約翰・威廉・凱伊在一八五七年為英國施暴的辯護於一八六四年再度浮現出來，他呼應了凱伊的觀點，認為這是人道的，因為叛亂的蔓延會極大地增加痛苦和不幸。在離開牙買加前夕的一次講話中，他承認對「過度行為」感到「遺憾」，但他斬釘截鐵地說，在戒嚴法下，這種過度行為是不可避免的，

「特別是在黑人軍隊」也得到了招募的情況下。他明確地回顧了一八五七年的事情以證明他的行動是正確的，但也說明了將他免職的不公性質。他問道，為什麼當時沒有設立委員會？[32]

英國公眾輿論大多同情愛德華．艾爾的觀點，尤其是那一年七月在海德公園發生了要求獲得選舉權的工人暴動之後，人們對英國本身的無政府狀態和武裝革命的恐懼被激發了出來。托馬斯．卡萊爾長期以來一直都不信任自由黨的方案，該方案以犧牲英國利益為代價來改善前奴隸（former slaves）的生活，並在一八四九年與約翰．彌爾的衝突中表達了他對廢奴結果的失望，他認為黑人以敵意回報信任；叛亂證實了改革既無意義又危險。[33]非白人與歐洲人有著根本性的不同，他們無法得到救贖。他們活該被艾爾粗暴對待，而且艾爾是一個帝國的英雄。桂冠詩人阿爾弗雷德．丁尼生（Alfred Tennyson）也提到了印度的叛亂，以證明需要採取有力、迅速的行動。小說家查爾斯．狄更斯和藝術家兼藝術評論家約翰．羅斯金（John Ruskin）在這一爭端中都站在艾爾的一方。印度叛亂期間針對英國婦女暴行的消息讓狄更斯喋喋不休，幻想著有機會「消滅（東方）種族，因為最近的殘酷行為給他們帶來了汙點。」[34]一位學者認為他後來的小說《雙城記》（一八五九）是在努力驅除這個惡魔，表達了對英國人所造成的「復仇大屠殺的反感」。[35]但無論如何，狄更斯支持了艾爾。為了對抗約翰．彌爾的委員會，卡萊爾成立了自己的委員會，名為：艾爾總督辯護和援助委員會（The Governor Eyre Defence and Aid Committee）。

針對愛德華．艾爾的爭論是長期的、公開的、有分歧的，這件事可能導致了當年自由黨政府的垮臺。新的保守黨政府認為沒有必要進一步介入，因為無論艾爾的判斷有什麼錯誤，他很顯然不是故意犯錯的。在法律上，由於宣布了戒嚴令，他也免於進一步的責任。艾爾曾兩次被指控犯有謀殺罪，但案件從未推進下去。他住在馬基特德雷頓（Market Drayton），這裡是羅伯特・克萊武的出生地，這裡不在中央刑事法院的管轄範圍內，所以第一次起訴在這一罪名上失敗了。大律師詹姆斯・菲茨傑姆斯・斯蒂芬前去了那裡，但無法說服大法官認可他的案件。牙買加委員會要求總檢察長澄清艾爾的犯罪資訊，但遭到了拒絕。當艾爾來到倫敦，想把事情弄清楚，並把自己交給司法機關時，弓形街的警察法庭的法官拒絕逮捕他。下一次的嘗試是通過皇座法庭（Queen's Bench）來起訴艾爾，但是這一努力也失敗了，因為皇座法庭的大陪審團拒絕找到一份真正的起訴書。委員會通過民事法庭進行訴訟，指控艾爾犯有攻擊和非法監禁罪。該案件被冠以「菲利浦對艾爾」（Phillips v. Eyre, 1870）的名義提交到了民事法庭上，然後再次被免於起訴。[36]在一八七二年，政府承擔了艾爾的法律訴訟費；兩年後，他被授予了作為退休總督所得的津貼。

起義攻擊了殖民統治本身，使不關心貧困問題、不顧一切地徵收高額稅率，並且沒有充分地代表民眾的政府的正當性遭到質疑。但是，牙買加委員會只關注濫用戒嚴法的問題。[37]正如他早先對野蠻行為的聲明一樣，約翰・彌爾真正關心的是英國的道路。正如歷史學家莊・康諾利（Jon Connolly）所觀察到的，他的委員會和政府委員會都沒有探討之所以會引發叛亂的貧困和治理問題。他們回顧了貴格會對軍火製造問題的關注，而不是在加爾頓一案中對戰爭的集體共謀一事。與黑斯廷斯案一樣，醜聞是因為有一個糟糕的帝國主義者——愛德華・艾爾，而不是帝國本身。而且再一次的，更多的帝國干預再次成為了赦免早期帝國罪行的手段：英國人沒有在殖民地推行更具代表性的政府，而是實施了更強大、更集中權力的政府，以確保殖民地的法律不能像牙買加的戒嚴法超出了英國戒嚴法的範圍一樣取代英國的法律。這種自我憐惜（self-pitying）的自由主義帝國觀說白了就是「你做了也該死，不做也該死」，但是在長遠來看，如果做了，至少會對那些「其他人（他者）」好一些。

因此，在牙買加，就像在印度一樣，叛亂帶來了更為嚴格的帝國統治。以白人為主的牙買加議會被解散了，恢復了牙買加島作為皇家殖民地的地位。殖民部對該島的事務有了更大的控制力。在解散之前，議會通過了立法，批准了最近使用的戒嚴令，並通過了一項賠償法案，涵蓋了戒嚴令宣布後為鎮壓叛亂所做的所有善意行為。當局現在可以更容易地保護種植園菁英人士不受黑人人口的影響。新總督約翰・彼得・格蘭特爵士（Sir John Peter Grant）曾在孟加拉叛亂後立即走馬上任，他如今接過了在牙買加的副總督職務；人們認為在孟加拉的經驗對他在叛亂後的牙買加很有幫助。在他卸任後，接替他的副總督人選則是另一位有孟加拉經歷的前副總督。[38]

這個故事證明了自由主義者為帝國辯護的延展性，證明了自由主義者的容忍限度，以及他們願意以他們口中的為了他人的美好未來而出讓多少所謂的對自由的愛。與此同時，這段插曲也說明了，對英國殖民地的發展空間的二分法觀點越來越強，在亨利・緬因的歷史社會學中出現的「現代」和「傳統」的區別上，又分出了種族差別。到十九世紀中葉時，在這些危機發生的同時，加拿大、澳大利亞和紐西蘭等白人占多數的殖民地已經走上了「負責任的政府」之路，允許內部自治，英國政府指望這些殖民地上的多數人口來維繫它們和英國之間的紐帶。但在牙買加，白人少數民族從自治的道路上退縮了，他們不確定自己是否有能力在沒有英國直接統治的情況下保持自己的地位。以非白人為主的殖民地，與那些通過對原住民進行種族滅絕而成為白人為主的殖民地，兩者之間的憲法地位的區別變得更加尖銳了。這也是這些殖民地的反殖民運動後來質疑的地方。艾爾之爭後不久，英國工人首次獲得了公民權，理由是他們已經證明了自己的可信度和自尊自愛。[39]英國下層階級現在不再等同於國外的殖民地臣民了；臣民身分顯然是基於種族（和性別）的。種族以一種新的方式成為國家認同的核心。的確如此，對約翰．羅斯金來說，那些指責艾爾的人的最根本的冒犯，在於他們在英國工人的進步之前就對牙買加人的進步顯示出了支持。在一八六五年（牙買加起義）的辯論中，他將自己描述為最深刻意義上的……「保守派」——一個再造者，而不是一個去除者。他支持「**在適當的地點和時間**解放任何種類或數量的黑人」，堅持認為「白人解放不僅應該發生在黑人解放之前，而且根據天理，它必須發生在黑人解放之前。」[40]歷史必須以公正對待種族差異的方式發展。

可以肯定的是，帝國主義事業從一開始就充滿了種族主義。種族主義蘊含在奴隸制度和一八三〇年代出現的取代奴隸制度的契約勞工制度中。它被嵌入到帝國周圍的城市規劃中。我們可以認為，帝國的種族主義是理所當然的，但它和它的作用還是隨著時間的推移而演變。十八世紀關於種族的想法與十九世紀的想法不同，而且有不同的意義。自由主義的普世性要求，使其在理論上不存在種族問題，但正如我們所看到的，它在實踐中並非如此。殖民者被徹底種族化了，即使是那些同情他們反抗的人也是如此。「文明」這個概念本身取決於野蠻的種族主義概念。自由主義的殖民監護指導觀念，以及所謂「法治」的最根本結構，都是建立在種族的基礎上的，阿米塔夫・戈什（Amitav Ghosh）將其批評為自由主義中的「沉默條款」[41]，指出這一點是很有幫助的。對於像約翰・彌爾這樣的自由主義者來說，即使在本世紀中葉的危機過後，他們仍然對監護指導的概念久久難以忘懷，種族是「一個沒有說明的條款，通過它的沉默不語，自由主義的漸進性與帝國的永久性得到了調和。」與此同時，對其他人來說，種族變得更加毫不掩飾地嵌入了實踐和話語中。

但在我們追溯這種公開的種族歷史想像力的演變之前，重要的是要看到十九世紀中期自由主義帝國有時效的道德倫理觀所造成的明顯的道德壓力。我認為，這是威廉・格萊斯頓（William Gladstone）的呼籲的一個重要來源，格萊斯頓可能是這個時代的一個決定性政治家了。他是自由黨的領導人，因其致力於使自己的政治符合誠摯的英國聖公會信仰而聞名和備受信賴，他以一種十字軍式的語言講話，這對福音派和激進派來說都很有吸引力。在選舉權擴大所帶來的大眾政治時代，他的政治風格將他的追隨者團結在了一個崇高道德感的觀念周圍。他之所以吸引人，是因為他似乎擁有道德上的正直，願意為正確的事情挺身而出而不計較狀況如何。英國公眾受到這樣一個人物的吸引是一個顯而易見的現象，這說明人們對更加簡單的是非準則的渴望。

這種現象在殖民地的領域裡也有影響力。在一八六〇年代末，與對阿富汗、印度和牙買加起義的反應模式不同，威廉．格萊斯頓採用了新的道德視角面對愛爾蘭的叛亂；歐內斯特．瓊斯遠非不列顛諸島上唯一一個從一八五七年的印度大起義中尋求靈感的居民。愛爾蘭民族主義者也熱情地歡迎這一視角。[42]雖然叛亂在一八五八年被鎮壓了，但愛爾蘭叛亂者開始組織起了愛爾蘭共和兄弟會（Irish Republican Brotherhood），或稱「菲尼安人」（Fenians）組織，他們在一八六七年發起了將愛爾蘭從英國統治下解放出來的運動。正是在這種背景下，約翰．彌爾私下裡譴責了「在鎮壓印度兵變期間和之後所犯下的滔天罪行和使用的粗暴語言。」[43]在議會中，他也支持對菲尼安囚犯寬大處理，但他不屑地回顧了在印度「不人道和不分青紅皂白的屠殺」，「在全國各地抓人，不經審判就將他們處死，然後以一種幾乎為人類所不齒的方式進行吹噓。」[44]在一八六七年底，愛爾蘭共和黨人試圖在監獄的牆上炸一個洞，從而營救在倫敦克萊肯維爾監獄中被監禁的同伴，但行動失敗了。這一「暴行」引起了恐慌，甚至使英國的激進分子遭到疏遠，激起更多人支持保守黨政府，與同意對菲尼安人組織採行鎮壓措施。但當時在野的自由黨領袖威廉．格萊斯頓卻做出了不同的反應。他把這次爆炸看作是愛爾蘭人的不滿，確信英國有責任解決這種不滿並安撫愛爾蘭人。當他於一八六八年被選為首相時，他立即解散了在愛爾蘭的英國聖公會，通過立法改善了天主教租戶相對於新教徒地主的地位，並決心使愛爾蘭走上本土自治的道路，或取得統治地位。在一八七〇年代時，格萊斯頓是處於半退休狀態的，但他在一八八〇年再度上臺，再次搭上了他道德十字軍的火箭，這一次，他反對英國政府基於現實政治的利益交換而給鄂圖曼帝國支持，鄂圖曼帝國當時正在鎮壓保加利亞基督徒。拜倫的幽靈又在這裡出現了。他還挑戰了保守黨在兩個地方赤裸裸、毫不掩飾的帝國擴張模式，分別是在南非祖魯人那裡的失敗冒險和在阿富汗的第二次失敗戰爭。

然而，事實證明，格萊斯頓無法抵制自由主義帝國的歷史邏輯。這考驗了他的道德操守。他總是有一種務實的傾向。他在一八三〇年代作為保守黨人登上了政治舞臺，他最早的一次議會演講是為西印度奴隸主的權利辯護——這其中也包括他在牙買加和德梅拉拉（Demerara）擁有大量種植園的父親。這一事件揭示了兩種跡象：一是積極產生作用的良知，另一則是同時存在強大能力來管控這份良知，這是一種在不同背景下調整道德良知的能力。在大英帝國於一八三三年廢除了奴隸制以後，對奴隸主的財產損失進行了出手闊綽的補償，包括給前奴隸主權利，來要求前奴隸為其進行六年的綁約勞動。當這一約束性的學徒條款在一八三八年被廢止時，威廉．格萊斯頓還曾起身為這個條款進行辯護，提出了基於歷史的論點：需要履行和尊重過去的合約，並確保有關的財產價值在未來的安全。然而，他有足夠的自我意識，能感覺到這樣的老調重彈踐踏了更多的道德價值。在演講結束後的那天晚上，他在日記中說，希望他對該次辯論成功的祈禱不會成為

「支持為不公正的事情辯護的褻瀆祈禱。」[45]正是這種對道德的真正關注與容忍力，甚至甘願冒著內心受到折磨的風險，使他成為了那個時代標誌性的政治家。畢竟，他的愛爾蘭自治的目標也是為了找到維護與該殖民地聯合的最佳方式。即使他的政府在一八六八年加強了愛爾蘭的自由，但政府仍吞併了巴蘇特蘭（Basutoland），不久後又將西格里誇蘭（Griqualand West）吞併，以「確保我們南非屬地的安全。」[46]

因此，即便是格萊斯頓這樣一個看似有著不顧一切的道德勇氣的人，事實仍證明他是個不折不扣的自由帝國主義者，只要能夠有道德上的激勵、有一種文明的力量，他就願意支持征服行動。在他一八八〇年至一八八五年的執政期間，大英帝國的勢力急劇擴張，在非洲尤其如此。一八七九年埃及對英國和法國的非正式控制的反擊，使英國對在埃及的投資和蘇伊士運河的安全越來越擔心，自一八六九年以來，蘇伊士運河就是帝國的重要通道了。在一八八二年阿赫邁德・歐拉比上校領導的大規模埃及起義中，英軍砲轟了亞歷山大港，並將印度軍隊運到紅海，決定性地擊敗了埃及軍隊，正式控制了埃及。再一次，對於膽敢反抗帝國的行為的治療方法就是更多的帝國主義。一些自由主義者感到憤怒；約翰・布萊特從內閣辭職了（儘管他並沒有提出英國撤軍的要求）。[47]格萊斯頓也沒有假裝運河和債券等物質利益不是他出兵干預埃及的原因；相反，它們正是他試圖保護的「文明」的基礎設施。這就是典型的自由主義者為帝國辯護的理由。這也是引發對非洲的「爭奪」的原因。

斯特凡・科里尼寫道，重要的維多利亞晚期歷史學家們「仍然相信他們的工作主題對國家，特別是對政治的意義，以及它可以為下一代的總督和行政官員提供的教育」保證了帝國主義的持續活力。[48]他們中也許最有影響力的是約翰・羅伯特・西利。像這一時期的許多其他重要的歷史學家一樣，他書中的內容都是以講座內容為基礎的。他以教授身分演講，具有教師和學者的地位；作為知識權威的來源，西利的著作重要性也日益增加。在埃及的事件正在展開時，西利在一八八一年和一八八二年發表了構成其經典著作《英格蘭的擴張》（*The Expansion of England*, 1883）的內容基礎的演講。這本書立即成為了暢銷書，是約瑟夫・張伯倫和羅斯伯里勛爵等知名政治家的最愛，羅斯伯里勛爵作為首相曾經為西利授勛。西利在書中的目標是糾正大多數十八世紀英格蘭歷史作品中對不列顛島的關注，將帝國寫回英格蘭的故事中。他重溫了黑斯廷斯的審判，他意識到了它的淨化作用：「因為不道德的汙點確實像魔術一樣消失了。」不過，他還是努力把它洗得更乾淨。他重複了十八世紀征服者對意外和偶然的惡行和侵略的抗議，但他更進一步認為，英國根本沒有征服過印度。英國的愧疚是沒道理的。因為在十八世紀時，印度是沒有任何國籍意識的，不可能對什麼是「外國」有感覺，尤其是那些所謂的「征服者」其實是東印度公司僱用的印度雇傭兵。隨著蒙兀兒帝國的解體，印度的敵對統治者與歐洲的競爭勢力勾心鬥角，印度正趨於無政府狀態。它是「躺在那裡等著被人撿走」的（維多利亞時代版本的「她自找的」）。所發生的不是什麼「外國征服」，而是「內部革命」。因此，英國沒有什麼需要贖罪的。他承認有錯誤發生，但和亨利・緬因一樣，他也認為沒有辦法挽回這些錯誤：「有些事情雖然最好不要做，（但若做了）也就無法挽回了。」為了印度，他們必須留下來，因為沒有英國人的指導，印度就會迷失。[49]

不同於更早期的自由主義者們，西利把帝國放在了一個不一樣的道德立足點上，這個立足點不是要補償征服的罪，而是要無私地履行職責，要把印度的利益放在英國的利益之前，給印度提供穩定。印度人自己的道德倫理失敗使他們得不到穩定，他們傾向於無政府狀態，而不是一個國族。西利用這樣的方式來挑錯是很可疑的，因為他自己明知道他所說的是「和全歐洲人口加起來一樣多的人」。西利反覆抗議說，離開印度對英國不會有什麼影響——即使考慮到英國在那裡投資了的大量貿易和資金也是這樣。「一個國務卿的職位會消失；議會的工作會減輕。我們的外交政策將從一個巨大的焦慮負擔中解脫出來。除此之外，幾乎不會立即發生什麼別的變化。」但是，對印度來說，英國的離開將被證明是災難性的。在這種境況下，英國人本可以離開印度，但是卻主動選擇了留下，這是一種英雄式的歷史行為。帝國的目的不是要把印度人變成英國人，而是作為一個堡壘，防止印度自然而然地走向無政府混亂狀態，因為它的國族意識還很不健全。儘管和約翰・彌爾得出這一結論的途徑不同，但西利也認為帝國統治是一種兩害相權取其輕的罪惡。他那句備受爭議的名言，即英國「在心不在焉（不知不覺）的情況下征服了半個世界」，使他堅信英國在印度的統治是一種寬宏大量的行為，它完全符合印度的利益，而且不僅沒有使英國受益，反而使英國做出了巨大的犧牲。[50]這句話抓住了、也投放了英國人的自我形象，即一個古怪的、特殊的、但本質上良善的民族。「不知不覺」意味著英國沒有任何形式的意圖。考慮到意圖在維多利亞時代的良知判斷中的核心地位，在對大英帝國進行道德清算時，這句話就是一個最終的免責詞。

西利重新調整了對自由主義帝國的歷史解釋，重寫了它的起源，以一種不用再進一步辯護的方式證明了它的合理性。它立即延長了合理化帝國的自由主義式藉口的壽命，同時也使它成為了多餘的東西，使源自其他來源的帝國熱情得以蓬勃發展。在競選期間，格萊斯頓曾指責保守黨首相班傑明．迪斯雷利（Benjamin Disraeli）缺乏原則。但在保守黨的武力外交中還有其他的「原則」——有其他的歷史想像力在塑造道德——在運作，這確保了保守黨在一八八五年格萊斯頓誤讀了帝國情緒的本質後獲得了勝利。對埃及的控制也包括了對蘇丹的控制，這促使蘇丹發生了叛亂。當權的總督查爾斯．戈登（Charles Gordon）將軍和他的手下無視撤離的命令，被蘇丹軍隊圍困在了喀土穆。格萊斯頓對戈登的困境不慌不忙地做出回應，戈登因此在一八八五年初被殺，使戈登成為了英國公眾心目中大受歡迎的英雄——大英帝國的殉道者。格萊斯頓隨後試圖在一八八六年通過一項關於愛爾蘭本土統治的法案，最終導致了自由黨的災難性分裂。十九世紀的最後一段時間經常被描述為「帝國主義高潮」（High Imperialism）時期，英國人在當時把所有的遮羞布都被拋到了一邊，毫不掩飾的追求和慶祝大英帝國。然而他們是如何從一八五八年和一八六五年時有明顯的有審視良知的需要，變成了十九世紀末的這種輕率的狀態的呢？事實上，它是否像看起來的那樣輕鬆呢？在這一時期裡，關於歷史的新觀念改變了道德責任的模式，改變了良知的需要。從格萊斯頓的受歡迎程度來看，對帝國的自由主義正當性的肯定早已過時、褪色了。在自由主義的吸引力之外，良知依然活躍，但它是與另一種更替、進化的歷史和歷史能動性的責任觀念互動的。

這種新的歷史觀從達爾文革命中汲取了它的生命力。在維多利亞時代，科學成為了越來越重要的知識基礎，儘管在十九世紀最後二十五年的時間裡，科學只是業餘愛好者的領域。科學的權威性的發展與帝國主義事業是交織在一起的。達爾文本人就是一個業餘探險家，他在大英帝國和世界範圍內蒐集動植物標本，並在動物園和植物園裡展出，他是在這樣的環境中脫穎而出的。在一八五八年，當英國對印度叛軍實施基督徒的復仇時，達爾文和阿爾弗雷德·拉塞爾·華萊士（Alfred Russel Wallace）在倫敦林奈學會（Linnean Society）宣布了他們的天擇進化論。該理論認為，只有最適合其環境的物種才能生存。不斷變化的環境中的隨機變化將決定一個物種的進化或滅亡能力。達爾文在第二年發表了《物種起源》（*On the Origin of Species*），他意識到了他所提出的這一理論將引起對基督教信仰的潛在爭議。但他的作品顯然沒有在關於種族的辯論中引起共鳴。在一八六六年的莫蘭特灣爭論中，達爾文本人堅定地站在自由主義者一邊，試圖追究總督艾爾的責任。

在一八七一年《人類的起源》（*The Descent of Man*）出版後，將達爾文的理論應用於社會世界的舞臺已經搭建好了，該書將自然選擇理論擴展到了人類的進化上。達爾文強調進化過程的無目的性，與他的前輩（他的祖父伊拉斯謨・達爾文〔Erasmus Darwin〕和法國自然學家讓・巴蒂斯特・拉馬克〔Jean-Baptiste Lamarck〕）不同。但後來闡述達爾文著作的人們將這本書劫持到了一個進步框架中。牙買加委員會的另一位成員赫伯特・斯賓塞（Herbert Spencer）同時著迷於向著一種更大的複雜性進化，這種複雜性是管理物理世界、生物有機體、宇宙、人類文化等發展的過程，也是一種普遍規律。當時是一個各種知識領域混雜在一起的時代（我們是在後來才將其分為生物學、歷史學、經濟學、心理學、社會學、人類學等不同領域的，正如它們在今天再次變得混合起來一樣）。[51]十八世紀時會讓知識分子買帳的認識論，例如道德哲學和自然史，仍然被「普遍（普世）」法則概念糾纏著——康德和約瑟夫・普利斯特里等思想家以他們各自的方式從物種進化的角度來思考歷史。然而，赫伯特・斯賓塞與社會達爾文主義的思想聯繫最緊密，這種思想認為進化的原則，包括天擇，也適用於歷史時期裡的人類社會、階級和個人，如同適用於地質時期的生物物種一樣。它支持以市場作為實現這種進化的機制，就他的這一信念而言，社會達爾文主義完全符合自由主義政治經濟思想的範疇。但是，社會將通過「適者生存」（這是斯賓塞創造的一個術語）而進步的觀點，不僅助長了個人之間，而且助長了國家和種族之間的競爭觀念。[52]即使自由主義者們不相信所有的人都有平等的潛力和才能（從他們對英雄主義和偉人的信仰中就可以看出這一點），但他們曾是從平等權利的角度考慮問題的。社會達爾文主義現在假定，人類固有的、生物學上的不平等——存在不同的「適應性」程度。赫伯特・斯賓塞本人反對民族間的暴力鬥爭，他認為這種衝突是進步時代裡的返祖現象，鬥爭應該採取非暴力的經濟競爭形式，但是大眾流行觀點中的社會達爾文主義就不那麼具有區別對待的觀念了。[53]

達爾文是廢奴主義者伊拉斯謨・達爾文的孫子。弗朗西斯・加爾頓——軍火製造商、銀行家薩繆爾・特提斯・加爾頓（Samuel Tertius Galton）的兒子，則是達爾文的堂表親。有一部分是出於對自己偉大血統的迷戀（他認為自己天生註定優秀），弗朗西斯・加爾頓將這些進化論思想轉化成了塑造歷史的行動指南。[54]他利用其家族從軍火生意中賺來的財富享受到了悠閒的學術參與，孵化出了「優生學」的想法，認為人類將通過控制性育種的手段（旨在增加理想遺傳特徵的發生率）來實現最佳進化。這個想法後來被納粹黨採納了，通過鼓勵健康人群的繁殖，促進社會健康，防止「不適合的人繁殖」，由此來完善種族發展。優生學為本世紀末歐洲征服非洲的激烈競爭提供了依據，為一八五七年後的種族差異觀和自由主義普世性的局限提供了依據。

進化鬥爭的理念為帝國提供了一套新的倫理理由，與早期的自由主義模式一樣具有歷史意義。一位學者寫道，新的進化論和種族的科學意識形態「在其推動力方面具有廣泛的歷史性。」[55]皇家地理學會的成員，一八八一年出版的未來小說《迄今三百年》（*Three Hundred Years Hence*）的作者威廉・海（William D. Hay）為我們提供了一個「適者生存」的世界將會如何展開，以及必須如何展開的赤裸展望，展示了新的歷史感將會如何推動歷史的展開：

在整個的和平世紀中……人們的思想已經向真理敞開了懷抱，對物種的多樣性有了認識，對大自然的發展規律有了意識……關於事實的嚴謹邏輯宣示了，黑人和中國人是低於白種人的水平的，他們沒有能力向白種人的智力標準前進。在白種人的發展過程中，黑人和黃種人必須永遠處於低等，而且隨著前者不斷提高自己的地位，後兩者似乎也在人性上越來越沉倫，越來越接近於畜生……現已無可爭辯的是，他們所擁有的理性能力與白種人的程度不同，他們的理性能力的發展也不可能超過一個非常低的點。這就是關鍵的差異，這種差異證明了劣等民族是沒有價值的……因此將他們置於人類及友愛關係的範疇之外。[56]

英國的統治現在可以被設想為永久性的，因為全面改革已經不再被認為是可能的。這是歷史思維的一個根本性轉變，它使英國人能夠想像「進步」的形式是由某些特別「合適」的民族進行永久的統治。這種「進步」的願景甚至可以容納消滅一些「不適合」的民族；無論這對敏感的靈魂有多大的傷害，這種消滅必須被容忍，而且是以未來會享受到的利益的名義來進行。轉向種族主義並不意味著放棄對帝國時代的道德責任的歷史理解。歷史上的倫理慣用語正是通過從十九世紀下半葉的種族主義思想中汲取新的力量而保持影響力的。印度（一八五七）、牙買加（一八六五）、愛爾蘭（一八六七）和埃及（一八七九）的起義者們可能沒有成功地擺脫英國的控制，但他們確實迫使了支撐帝國主義長達一個世紀的道德觀的重整。它被更黑暗、更不祥的東西所取代了，而之後的起義者們將會再反過來使人們做進一步的重新考慮。

種族改善（或惡化）的想法也注入了存活下來的自由主義者的漸進式變革觀念裡。他們想像在更長的時間範圍內推行進步。就如同我們曾在亨利・緬因的方法上已經看到的那樣，這產生了實際上的效果，快速、脅迫地改善其他種族的想法在當前註定是困難的。在短期內，帝國官員必須繼續盡職盡責地代行家長職責。進化論給一八五七年後的自由普世主義的退卻披上了科學驗證的外衣。把印度人變成英國人的夢想太過深刻地銘刻在了帝國思想和實踐中，無法做出突然的轉彎或徹底的否定。但是，在帝國作為文明化使命的正當理由之外，還存在一個帝國是防止無政府狀態的大壩的概念。歷史學家托馬斯・梅考夫（Thomas Metcalf）總結了這種情況：「正如保守帝國主義者不能否定『進步』的想法一樣，自由帝國主義者也不可避免地將印度的『差異』概念植入了他們的思考中。」[57]西利將印度從「因血緣和宗教」而與英國聯繫在一起的殖民地區之中排除，加強了帝國的「人種學上的統一」。[58]倫敦《泰晤士報》的一位作家在評論英國人不必要地嚴厲、「傲慢和排擠」地對待印度的「土著」時，他捕捉到了自由主義思想變化的氣息。儘管「揭露自己同胞的缺陷」是一件很尷尬的事，但他發現，儘管「我們討厭奴隸制」，但現在「我們也討厭奴隸。」[59]

詹姆斯・菲茨傑姆斯・斯蒂芬曾為了處決艾爾使出了很大的力氣。他和麥考萊一樣，都是廢奴運動之子：他的父親起草了一八三三年的〈廢除奴隸制法案〉（Slavery Abolition Act），然後擔任殖民地的第二祕書（undersecretary），以監督其實施。在一八六九年，這位真正的自由主義者成為了亨利・緬因在印度的帝國立法委員會的繼任者，他在那裡他監督了大量的新立法工作。在一八五八年後，自由主義觀念的轉變形成了他對英國在印度的統治毫不含糊的態度。從印度回來後，他寫了《自由，平等，博愛》（*Liberty, Equality, Fraternity*）一書，在書中他抨擊了約翰・史都華・彌爾，說他對帝國的自由主義辯解是對自由主義的嘲弄，指出他只不過是無力且不必要地努力掩蓋帝國治理是基於英國強權的這一現實。假惺惺的家長制統治是不必要的。在一八八三年，帝國立法委員會的繼任者考特尼・伊爾伯特（Courtney Ilbert）以老式自由主義的模式提出了一項立法修正案，允許農村地區的印度治安法官審理涉及歐洲人的案件。伊爾伯特遲來的麥考萊主義在政府中引發了一場危機，並就英國在印度的統治的哲學基礎進行了公開的辯論。詹姆斯・菲茨傑姆斯・斯蒂芬成為了反對伊爾伯特法案的最有力的發言人。他在《泰晤士報》上爭辯：「（在印度的大英帝國）代表了一種好戰的文明，沒有任何一種反常事物比這件事更引人注目或更危險了，因為它是由人所運行的，這些握有行政權力的人是政府的首腦，這個政府是立足征服的基礎之上的，它在每一點上都顯示出征服者的種族、思想、他們的制度的優越性……而除了這種優越性之外，沒有任何理由可以給它的存在提供正當理由，也沒有任何其他理由……拒絕維護和支持英國人的統治。」[60]當西利正試圖從歷史紀錄中刪除征服的概念時，史蒂芬則主張坦率而自豪地接受它，而不是對它感到內疚。英國可能是修昔底德的雅典而不是斯巴達。通過不同的途徑，他得出了與西利相同的結論，也就是沒有什麼可以彌補的。他的專制自由主義試圖像麥考萊曾經做過的那樣，把懷疑一掃而空。好的政府不需要是代議制政府。因為英國在印度的統治要想「代表當地的生活或政府的原則」，那就必須也要代表「異教和野蠻」。專制政府需要作為一種暫時的權宜之計而得到容忍。就英國在那裡改良印度人而言，它這樣做並不是為了償還大英帝國以前的罪，而是因為大英帝國有更大的美德和優越性。言論自由等自由的擴大和依靠說服作為道德改善的工具，並不是在歷史上衡量自由傳播的標準；相反的，道德進步是隨著時間的推移強制推行道德和法律的產物。自由並不是好政府的必要條件。斯蒂芬對英國的民主趨勢也表示懷疑，他認為人在內心深處是自私的、不守規矩的；只有在不斷被強迫的情況下，人們才能和平地、道德地生活。[61]他對人性的看法忽略了野蠻人和野蠻人之間的區別。他打破了壞的帝國良知的桎梏，一直堅持著捍衛帝國，把帝國作為一種產生某種有良知的自我的手段。英國的美德——就其美德本身而論——是體現在英國的法律中的，現在法律被賦予了印度；法律是「英國人的福音」，因為它是「不允許有異議和不服從的強制性福音」，所以變得再糟糕不過了。它對印度進行了「道德征服」；它的影響「堪比一種新的宗教。」[62]

這種信仰建立在對法律和帝國的神話般的想法上。事實上，法律是資本的工具，它使偷竊英國百姓和殖民統治印度成為了可能，使英國人對印度勞工、雇員和其他下屬的暴力侵害可以不受懲罰。[63]殖民統治實際上從來就不是關於法治，而是關於處在法治和可以理所當然地對「緊急權力」加以利用的法外開恩之間的緊張關係。[64]在任何的案例中，因為印度次大陸是由數百個名義上獨立的公國與英國直接統治的地區交織在一起的，其中不同的社區受到不同的統治，這是一個法律喧囂和管轄權混亂的空間，這不是法治的勝利。

也許最能證明斯蒂芬正在重新審視和潤色帝國的道德基礎的，是他在一八八五年的作品中對原罪場景——黑斯廷斯事件的重新審視。[65]該事件從贖罪的角度定義了帝國主義的自由主義議程，不承認征服是帝國統治的正當性基礎。斯蒂芬給征服的有罪含義下了無罪裁決，他認為，英國在十八世紀的征服能力才是最重要的。它證明了英國人與生俱來的優越性，這就足以使英國人的統治擁有正當性了。歷史評判的不是相對的美德，而是**適當**（fitness），或者說是力量，現在力量就是正確答案。[66]這種修正顯然是為了拿出一個新的歷史劇本以指導當下的行動。這種不自由的自由主義試圖克服帝國的道德敘事，以便為道德行動提供新的指導：英國人必須以進步的名義，毫無道德顧慮地採取行動，即使這意味著除掉那些被歷史視為過時或軟弱的人。在一八九九年寇松勛爵成為總督後，他決心為加爾各答黑洞事件（Black Hole of Calcutta）的受害者豎立一座紀念碑，這一有爭議的事件涉及一七五六年東印度公司人員被囚禁死亡，克萊武曾聲稱要在一七五七年的普拉西戰役中報仇（反殖民主義活動家在一九四〇年成功遊說拆除了該紀念碑）。[67]一八五七年的歷史也被重新書寫了。痛苦的疑慮和對英國罪惡的認識已經不復存在了。一八八〇年代出版的歷史完全免除了英國人因「無知的人道主義者的歇斯底里呼喊」而產生的任何無情或過度報復的指責。[68]

這些英國人的談話是這一時期歐洲人對英雄行動更廣泛的迷戀的一部分。斯蒂芬在他一八七二年的書中提出了這樣的總結性建議：「在幾乎所有與未來有關的……交易中，我們都必須在黑暗中縱身一躍。」[69]德國哲學家弗里德里希．尼采會完全贊同這一觀點。對尼采來說，現代良知是一種自我破壞（self-sabotage）的形式，抑制了這種大膽的行為。[70]他把握住了歷史的核心作用。他在一八七四年的文章〈論歷史在生活中的使用和濫用〉中解釋說，在當下採取行動需要忘記過去，而不是感到被歷史綁手綁腳。[71]創造歷史需要放開歷史，以避免加爾頓和亨利．緬因的那種無助感。尼采認為，對歷史和知識的過度關注正在扼殺他那個時代的重要行動能力，助長了自滿、憤世嫉俗以及理論信仰與生活現實之間的分離。同年，歷史學家和自由黨政治家約翰．莫利（John Morley），即未來的印度國務祕書和幾位偉人的傳記作者，在〈論妥協〉（On Compromise）一文中也對「歷史方法」的「濫用」表示遺憾，因為人們通過這種方法逃避了對原則的絕對承諾。[72]約翰．莫利後來為他的英雄威廉．格萊斯頓寫了一本令人欽佩的傳記。但尼采則是對拿破崙非常著迷，他的下一部作品便是以卡萊爾的觀點為基礎，設想了一個可以救贖頹廢和失望的時代的超人。很顯然，這樣的人物是超越普通道德界限的人。納粹黨在後來將這一思想與當時的優生學思想結合了起來。

可以肯定的是，對於這種卡萊爾式的歷史觀，也有一些有影響力的懷疑者。格萊斯頓在一八八五年對戈登危機採取的拖沓做法，有一部分原因就是因為受到了他的親密朋友、天主教歷史學家約翰·阿克頓（John Acton，後來的阿克頓勳爵）的影響，他在一八九五年接替西利成為了劍橋大學的現代史教授。在關於教皇是否會犯錯的辯論中，在一八八七年——就在戈登去世兩年後——阿克頓表明了立場，反對任何人凌駕於審判之上的觀念，事實上，鑑於權力的腐敗影響，那些有權力的人應該受到更強烈的審判。「偉人幾乎都是壞人，」他這樣宣布。認為一個職務可以使其持有者變得聖潔的信念會不可避免地導致「目的可以證明手段的正當」的觀點。回顧伊麗莎白女王和威廉三世下令進行的出於政治動機的謀殺，他寫道：「這裡有最尊貴的名字，也有最大的罪行。」他更願意把他們絞死，而不是放過他們，因為這是出於正義的考慮，但更是「為了歷史學。」[73]但在一個流行帝國英雄主義的時代，這只是一種反主流的觀點；格萊斯頓已經倒下了，而保守黨在帝國問題上正全力以赴。此外，阿克頓本人也接受了深深的種族化歷史觀念。他認為，「歷史的唯一創造者，進步的唯一作者」是波斯人、希臘人、羅馬人和條頓人。其他人，如凱爾特人，提供了「歷史的材料，而不是歷史的推動力。」就像斯蒂芬一樣，他認為「屈從並接受一個具有更高能力的民族治理本身並非不幸」；事實上，對「大多數國家」來說，這是「他們政治進步的條件。」[74]

這些關於自由主義帝國的更新了的觀念，在保守主義的擾亂下，形塑了十九世紀末的帝國政策。在一八六六年，在歷史進化的思想全面開花之前，印度的奧里薩（Orissa）發生了饑荒。有一百萬人喪生，而政府卻什麼也沒做。印度國務大臣索爾斯伯利勛爵（Lord Salisbury）譴責了官員們對自由放任的政治經濟概念的「迷戀」。他在私下裡承認：「我從來不覺得自己對這個結果毫無任何責任。」[75]這種懺悔在道德上起了作用。儘管索爾斯伯利承認自己有罪，但他還是在一八七六年另一場大饑荒期間任命了萊頓爵士（Lord Lytton）為印度總督，他完全了解萊頓對自由放任觀念的認同。索爾斯伯利是有良知的，但他覺得自己有責任壓制住自己的良知，遏制同情心的不合理運作，對良知加以控管。在注意到自己對奧里薩的百萬死者的疑慮從而確認自己的人性後，他把自己的良知獻祭給了更大的歷史事業。這是對人道本能盡職的壓制——保持眾所周知的英國式沉著、不動聲色——以順從他認為必須發生影響的經濟力量。他不得不拒絕行使自己的能動性，不得不假裝自己沒有能力採取行動，以便讓那些更大的力量按照它們註定的方式發揮出來，為人類帶來更大的利益。他的做法和加爾頓沒有什麼不同。

饑荒在本世紀最後二十五年的時間裡殺死了一千兩百萬到三千萬印度人。[76]從一八七六年開始的饑荒一直持續到了一八七八年，從非洲到亞洲再到南美的殖民世界都被饑荒所困擾。這場全球規模的災難造成了數百萬人的死亡，它是由乾旱和大英帝國政策的相互作用造成的。大規模的死亡不是因為各地區被排除在現代全球經濟之外，而是因為它們被強行納入了全球經濟，因為以倫敦為中心的全球經濟需要這些地區的勞動力和資源。這種融合使乾旱產生了令人震驚的全球影響。印度耕種者與土地的關係已被徹底改變（正如亨利・緬因所觀察到的），手工業者的能力已經被擊垮，因為農業已被導向了為帝國商業目的服務的單一生產（只生產靛藍、鴉片、棉花）。這場革命不是和平地進行的，也不是市場競爭的「自然」結果，而是戰爭、入侵、脅迫和有利於英國製造業的關稅結構的產物。一八七〇年代時，一個初級的跨國天氣報告網絡建立了起來，這使人們第一次有可能認識到全球範圍內的乾旱情況，但是，就如同歷史學家邁克・戴維斯（Mike Davis）所解釋的那樣，同樣的一體化力量也意味著在世界某一地區出現的經濟衝擊也會有全球範圍的影響。一個新的惡性循環通過國際穀物市場的媒介，將天氣和價格的不安波動聯繫了起來。「利物浦的小麥價格和馬德拉斯的降雨量，兩者成為了人類生存的同一個巨大方程式中的變量。」[77]在這一時刻，英國對印度饑荒的反應，則是對這種歷史的實際發展視而不見。相反的，已經被自由放任觀念束縛的主管官員在社會達爾文主義的歷史觀中找到了袖手旁觀的進一步佐證，根據這種觀點，整個民族的死亡有時是進步的必要條件。政府幾乎沒有什麼可以做或是應該做的。正相反的，他們必須允許自然法則的運行，因為自然法則就是這樣。英國政府在一八八〇年的饑荒委員會報告中抹去了政府對數百萬人死亡所負有的責任，指出了乾旱的自然原因和隨之而來的農作物歉收。[78]輝格黨的歷史觀，搭配著種族主義的傲慢，與實際歷史的血腥發展同步。它認為印度提供原材料和消費英國產品是種族和文化能力的反映，這是比較優勢的體現，而不是英國用戰爭驅動和用奴隸制所支持的工業革命，以及自十八世紀以來蓄意壓制印度工業的結果。[79]從十九世紀末到二十世紀初，大英帝國使饑荒、瘟疫和戰爭蔓延，英國官員用大規模的調動軍隊駐紮來解決這三種危機，其目的是為了同時滿足安全和人性的需求，但事實證明這是致命的和創傷性的，它的有害遺產以二十世紀的集中營的形式體現了出來。[80]集中營的目的是為了防止窮人的流動，他們被認為對一八五七年後在印度的英國官員構成了特別威脅，而且這種威脅總是以犯罪的方式出現。

剷除印度強盜集團的努力為維多利亞時代後期的進化論史觀的影響提供了另一個有用的說明。自由主義者在一八三〇年代以社會改革的名義發起了一場反對「暴徒」禍患的運動。有關的盜竊集團通常是「非常雜亂」的群體——工人、類似吉普賽人的群體（gypsy-like groups, banjaras）、閒散士兵、流民等等——但英國人的描述集中在「迦梨（Kali）崇拜者」的邪惡形象上，以符合「神祕莫測的印度」主題。[81]在叛亂之後，制伏流民群體在政治上變得更加緊迫了，暴徒的幽靈被誇大了。為了與人種差異的新「科學」保持一致，一八七一年的《犯罪部落法》（Criminal Tribes Act）確定了某些群體在遺傳上具有犯罪傾向。關於「法治」和個人責任的自由主義觀念被拋在了一邊，因為犯罪的遺傳傾向意味著沒有必要去證明一個人犯了特定的罪行。只要能證明一個人是一個暴徒團體的成員就可以被定罪。犯罪是一種集體行為，基於種姓關係，被理解為一種遺傳類別。當然，在英國也出現了關於犯罪行為的遺傳傾向的說法——相信有一種天生的「危險階層」——但慣犯的子女並不會被自動定罪。[82]在印度，種族差異被等同於在道德發展上的不同潛力。

進化論主義史觀同樣建議人們在面對新式機槍所帶來的大規模死亡時保持寬容，機槍結束了歐洲人和其他國家之間長期的技術邏輯上的平等，使歐洲人最終有可能征服非洲。[83]羅伯特．勞特利奇（Robert Routledge）在一八七六年的流行科學史中引用了亞當．斯密在一個世紀前為槍枝辯護的語言，向那些擔心機槍的破壞性的人保證，它們有利於「文明的擴展和長久」。它們的複雜性和昂貴——這本身就是歐洲人天才的證明——保證了它們只能由「富裕和聰明的國家」來使用。但是，他在這句話中用「國家」代替了「種族」，這一做法值得注意，他幾乎是逐字逐句地重複了亞當．斯密的語言（沒有引用），認為槍炮給「富裕和文明的社區」，而不是「貧窮和野蠻的種族」帶來了必要的優勢，這些種族如今「在各地受到富裕和有教養的國家的擺布。」[84]在這些言論中，我們看到了自由主義的歷史敘述被更為殘酷的進化論主義歷史敘述取代了。在亞當．斯密的時代，他提到的武器具有非常不同的能力，並且更多地從行為轉變的意義上設想進步；勞特利奇則是拿出亞當．斯密關於槍枝的文明化影響的言論來為種族競賽辯護，將其作為一種的進步手段，這裡的進步使用進化論的術語來下定義。十八世紀時的槍枝性能的不可靠曾經消除了意圖責任，使新的暴力類型成為可能。然而，新式機槍的性能則是強大、可靠的；英國人借助一種新的歷史感，為其蓄意暴力的目的開脫，在這種歷史感中，用暴力消滅某些類別的人類是進化的進步。

正是這個時期形塑了邱吉爾——一位歷史學家、行動之人、主宰二十世紀上半葉的英國政治圖景的政治人物。他時時刻刻意識到自己作為馬爾博羅公爵後裔的歷史命運，和英國基於其公認的實力所擁有的歷史命運。早期在印度西北邊境的軍事冒險之後，他於一八九八年加入了赫伯特．基欽納（Herbert Kitchener）為了戈登之死而在蘇丹發動的復仇行動——就像對一八四二年喀布爾的陷落和一八五七年印度人的叛亂後一樣。在烏姆杜爾曼戰役（Battle of Omdurman，譯註：又譯恩圖曼戰役）中，邱吉爾親眼目睹了機槍威力的最可怕的展示。經過五個小時的戰鬥，有四十名英國人死亡，一萬一千名蘇丹人死亡。我們將在後面的章節中聽到更多關於邱吉爾的故事，但他曾說願意考慮為了人類的進步而消滅大量的人命，這證明了以進化論為基礎的維多利亞後期歷史感的力量。在一九一〇年時，擔任內政大臣的邱吉爾曾提出對十萬名「墮落的」英國人進行強制絕育，並將其他人送入勞改營，以挽救英國「種族」的衰落。[85]他在一九三〇年代就巴勒斯坦問題發表的言論也清楚地表明，進化論的歷史觀念影響了他，使他相信「雅利安人必定會取得勝利」，且絲毫不感到愧疚而隨時願意為了帝國使用暴力。[86]因此，他解釋說：「我不承認……美國的紅印第安人或澳大利亞的黑人受到了巨大的傷害。我不承認，由於一個更強大的種族、一個更高級的種族、一個更有世俗智慧的種族進來並取代了他們的位置，對這些人造成了什麼錯誤。」[87]在一九四三年，由於戰時糧食分配政策造成的饑荒，有三百萬孟加拉人在他的監督下死亡。在解釋他拒絕提供援助的原因時，他援引了「印度人像兔子一樣繁殖」的預設立場。[88]

這種思想的影響從來不是絕對的。社會達爾文主義理論與一八七三年開始的全球經濟衰退所刺激出的新的貧困觀念相互競爭。英國的失業率驟然之間上升，使人們清楚地看到，貧困是系統性原因的結果。一個新的「社會性」概念稀釋了舊的自由主義觀念，即貧窮是個人道德失敗的反映。政府的工作越來越被人們理解為是阻止飢餓的介入。[89]美國人亨利．喬治（Henry George）訪問了印度，他在一八七九年出版的《進步與貧困》（*Progress and Poverty*）等作品對自由主義政治經濟學的智慧提出了質疑，詢問為什麼在經濟和技術進步的情況下貧困依然存在。這部作品深深影響了英國第一個社會主義政黨的創始人海德門（Henry Mayers Hyndman）。海德門用英語普及了馬克思的作品，他對一八八〇年饑荒委員會關於印度的報告提出了批評：「我們把當地政府手中的所有苦難都歸咎於當地的錯誤統治；把我們自己手中的錯誤則被歸咎於『自然』。」[90]像達達拜．瑙羅吉（Dadabhai Naoroji）這樣的印度批評家也想知道為什麼英國人沒有看到他們才是乾旱背後的破壞性原因：「既然錯誤發生在自己家門口，為什麼要責怪可憐的自然呢？」[91]瑙羅吉在愛爾蘭民族主義者的幫助下，成為了自由黨在倫敦的議員。關於他對英國在印度的統治歷史的修正主義觀點，我將會有更多的論述；我在這裡援引他和海德門的觀點，因為他們都試圖揭露英國在印度的社會達爾文主義理論的騙局。

在十九世紀末的時候，激進的記者威廉·迪格比（William Digby）確信，歷史學家會把「數百萬印度人非必要的死亡」視為本世紀「最大的、最臭名昭著的恥辱。」[92]自然學家阿爾弗雷德·羅素·華萊士（Alfred Russel Wallace）認為，大規模的飢餓不是「自然災害」，而是可以避免的。在他於一八九八年編寫的對十九世紀的審視作品《美妙世紀》（*The Wonderful Century*）中，他直言不諱地指出，關於安全、商業和文明傳播的敘述方式「分散了人們對國內飢餓、悲慘和死亡交易的注意力，以及我們許多熱帶或亞熱帶殖民地輕輕遮掩著的奴隸制。」帝國的失敗是顯而易見的：「我們的統治體系所受到的譴責……將會在之後被嚴厲看待，在英國統治印度一個多世紀和英國政府擁有最高權力的近四十年後，瘟疫和饑荒在這裡肆虐，這一點可以清楚地看到。如今，在治理良好的社區裡，既沒有發生瘟疫，也沒有發生饑荒。饑荒……在印度這個有著勤勞人民和肥沃土壤的國家幾乎是長期存在的，這是以統治階級的利益而不是以被統治者的利益為首要和唯一目標進行統治的直接結果。」儘管華萊士對這裡的印度人很慷慨，但他並不認為他們的境況比英國本土的貧困工人更差。他判斷後者的狀況「甚至比偏遠的印度的……饑荒更可恥」，英國的財富和他們離政府中心的距離是相輔相成的。對苦難的比較總是令人反感的，這種對比也是那些對英國的工廠勞工被大力剝削感到無動於衷的人對廢奴主義情緒是好是壞的爭論之所以會消弭下去的原因。如果不涉足這樣的爭論，我們仍然可以把華萊士診斷為一個屈服於自由主義者習慣性的同情心控管的人。有數百萬人死於英國之手，無論離倫敦有多遠，這都是一種違反人性的罪惡。他在遣詞造句上將大規模的死亡與窮人的長期痛苦相提並論，使他沒有認識到帝國主義在海外統治那樣的非正當性（illegitimacy）。再一次，問題成了治理不善，而不是非正當性的統治。阿爾弗雷德・羅素・華萊士的結論是：「兩者（對英國工人的剝削和印度的饑荒）都是同一制度的結果……兩者都是本世紀最可怕的失敗。」這不是「進步，而是倒退。」他預言，未來的歷史學家在回首歷史的時候，會發現維多利亞時代「在道德和社會方面是不合適的」，「我們吹噓的文明在許多方面只是表面的虛飾。」[93]通過這種對道德「適合」（fitness）的評估，華萊士明確地回擊了歷史進步的進化論敘述的正當性。雖然他是自然選擇理論的創始者，但他反對優生學的歷史觀，認為當代社會太過腐敗，無法對相對健康度進行合理的評估。

太多的歷史學家還沒有意識到迪格比和華萊士的預言，也沒有完全認識到維多利亞帝國的嚴峻現實，甚至在激情澎湃的反殖民運動中也沒有完全暴露出來。[94]這說明了歷史學科的一些問題。查爾斯・狄更斯對社會良知的呼籲被證明是更為持久的，甚至沒有受到他的種族主義觀點的影響。儘管人們在十九世紀末真心對英帝國的統治感到道德上的羞恥，儘管帝國的「道歉」被暴露為僅僅是道歉而已，但是對帝國的追求仍在繼續。迪格比和華萊士通過強迫他們的讀者接受將歷史作為判準的觀點來控訴現在。他們詰問說：歷史學家將如何評判我們？但是他們沒有意識到的是，在他們自己的時代，有多少可恥的當下正是由歷史學家所推進的，是由約翰・彌爾、緬因、西利、斯蒂芬等人促成的，他們在不斷地改寫過去，特別是黑斯廷斯審判中，為帝國的當下編寫出新的道德劇本。今天，歷史學家們仍在繼續這樣做（第六章有更多關於這一點的內容）。薩塞克斯大學（University of Sussex）的一位歷史學家最近發文諷刺了這種要當心未來的歷史審判的勸告所隱含的力量，彷彿歷史學家並沒有在塑造當下似的。

今天，像我這樣的歷史學家引用迪格比和華萊士這樣的人，是因為他們提供的證據表明了英國的統治是多麼殘暴——甚至足以冒犯到了那個時候的一些英國人。但是海德門、華萊士等人並不是一群怪物中的幾個好人。正是他們的批評，他們所提供的道德指南針，就像十八世紀的伯克一樣，使帝國的理念能夠在其過分行為受到攻擊時完整地存活下來。沒有什麼是怪物；自由主義者和保守主義者一樣，都相信帝國的正當性。我無意貶低這一時期英國社會主義和反帝國主義思想的豐富內涵，正如我們將看到的，這些思想在下個世紀結出了重要的果實。[95]但是，由於他們沒有對此時的公共道德所依據的歷史感進行挑戰，他們的批判優勢被削弱了。本世紀初最著名的帝國自由主義批評家是霍布森（J. A. Hobson）——他的作品啟發了列寧對作為資本主義最高階段的帝國主義的批判。霍布森反對帝國，但更具體地說，他反對帝國被資本主義寡頭劫持，使其失去了作為「理性的宇宙計畫」的一部分向落後人民提供道德啟發的正當任務，正如他在一八九七年一篇題為「帝國的倫理」（Ethics of Empire）的文章中所說的那樣。[96]道歉和侵略的動力使這項事業得以持續下去。儘管自由主義者提出了批評，但他們並沒有主張印度獲得自由。在廢奴主義傳統的基礎上，十九世紀末的人道主義運動側重於強制性的勞動制度，特別是在比利時剛果等其他歐洲人的殖民地，鞏固帝國的託管制度（trusteeship）的正當性。相比之前，這些運動較少誕生自基督教福音派的倫理，但卻受到了類似的個人責任和利他主義觀念的影響：即使是維多利亞時代的「不信教者」也贊同「真誠的言論修辭」——即忠於自己的道德責任，以證明世俗的自我控制權（sovereignty of the secular self）。[97]對他們來說，醜聞也不是帝國的錯，而是託管目標的流產。他們支持一八八五年印度國民大會黨（The Indian National Congress，國大黨）的成立並不是出於鼓勵反殖民主義情緒的目的，而是為了給印度創造一個排氣口，以防止真正的革命性的殖民地動亂。[98]

他們和加入國大黨的印度菁英們通過呼籲英國人的良知來要求變革，他們的聲音通過世紀之交的南非戰爭集中營的醜聞而在旁人聽來越發地振聾發聵。但英國社會中的大部分人已經知道，真正的美德是推翻前現代良知不成熟的殘餘衝動——例如，這種衝動導致他們愚蠢地背負著對十八世紀征服行為的愧疚。相反的，他們必須遵從更新的歷史感的高階道德，從經濟和生物角度看待進步。像索爾斯伯利勛爵（Lord Salisbury）一樣，他們認識到了這一點，但他們知道最好不要受一時的道德顧慮的影響。歷史的賭注太大了。正如愛爾蘭劇作家蕭伯納在一八九七年的一齣戲中所解釋的那樣，英國人「從來就不缺少一種有效的道德態度。作為自由的偉大支持者……英國征服、吞併了半個世界……而且你不會發現英國人是因為一件事太好或是太壞而不願意動手去做；但你永遠不會發現英國人有錯。他做每一件事都是有原則的……他的口號永遠是責任；他永遠不會忘記，讓自己的責任與自己的利益背道而馳的國家就會輸。」[99]恰當的是，這段話（在本章開頭處的引用）出自拿破崙之口，他是不悔地追求榮耀的縮影。蕭伯納最後指出英國人是自私自利、憤世嫉俗的——他們將原則與他們的利益掛鉤，但他們卻不認為自己是憤世嫉俗的人。英國人會強調，他們是認真的，因此而有了聖潔的「道德態度」。維多利亞時代晚期的英國人並不是對帝國作為毫無歉意，而是相信為了歷史的進步而自願克服去道歉的天真衝動的價值。他們與歷史簽訂了契約，並努力做到，而且沒有擔負著浮士德的那種內疚。

當他們在本世紀末認識到英國的全球霸主地位不穩定時，英國人對歷史賭注的高風險感最終建立了。歷史必須證明，英國人確實是有實力的，而且天生就是優越的，因為隨著德國、美國和日本開始和大英帝國的帝國主義和經濟實力相抗衡，主張擁有這種資格的角色正在不斷增加。英國在這一時期的帝國擴張是一種出於恐慌的努力，以證明在適者生存的競賽中，英國將取得勝利。從國內的狀況來看，英國能勝出的勢頭並不明顯。在一個相互聯繫緊密的世界裡，競爭變得越來越顯而易見。隨著世界變得更加國際化，民族神話變得更為珍貴。達爾文主義的概念形塑了對國家間爭奪大國地位的理解。一九〇四年時，弗朗西斯·加爾頓在倫敦大學學院建立了他的優生學實驗室；在世界各地，生物學家和政治家都在思考優生學思想的影響。正如邱吉爾在一九一〇年擔任內政大臣時所說的那樣，他對英國人種族衰落所持有的焦慮非常嚴重，尤其是在世紀之交時的南非戰爭中，英國新兵的狀況不佳，更激起了這種焦慮。從魯德亞德·吉卜林（Rudyard

Kipling）到寇松勛爵等帝國推動者都懷有懷疑和驚恐萬狀的內心，因為英國統治面臨的挑戰不僅持續存在，而且越來越強大，這種挑戰提供了另外的一種敘事框架，其中的歷史終結不是印度人變成了英國人，而是大英帝國本身的終結。雖然結局仍不確定，但英國官員可以繼續想像自己不對任何權威負有責任，他們只對自己所編寫的帝國力量和秩序的故事負責。殖民地仍然是例外的地方，在那裡他們可以相對不受懲罰地行事。

可以肯定的是，像南非集中營這樣的醜聞已經爆發了，醜聞重新調整了帝國的歉意和無歉意理由之間的平衡。（那些為集中營辯護的人是以古典自由主義的術語為其辯護的——把集中營作為一種保護性的技術，它們是在無意中成為了大規模的致命武器。[100]）但是在一九一九年，雷金納德・戴爾（Reginald Dyer）將軍能夠像一八六五年的艾爾總督那樣採取行動，屠殺了聚集在旁遮普的阿姆利則（Amritsar）花園裡的印度人；一場英國公眾持有兩極反應的類似戲劇又隨之上演了。[101]邱吉爾斷言，這一事件是帝國歷史上「史無前例或是無與之等同」的例外。[102]但事實上，前例有很多，而且邱吉爾本人也參與了一些。許多英國人對這一事件的「冷血認可」讓未來的印度總理尼赫魯（Jawaharlal Nehru）感到「震撼不已」，使他不可逆轉地認識到了「帝國主義是多麼的殘暴和不道德，它是如何侵蝕英國上層社會的靈魂的。」[103]在他一九二七年去世時，雷金納德・戴爾被賦予了民族英雄般的葬禮。進化論歷史觀要求順從強大的生物和經濟力量，而不是順從人。雖然一個偉大的人可能偶爾會為了促進進步而採取行動，如赫伯特・基欽納在烏姆杜爾曼或雷金納德．戴爾在阿姆利則，但它要求人們抑制自己出於同情心而採取行動的本能慾望，這是一種歷史想像力，削弱了英國人對個人歷史能動性的感覺。在印度，在饑荒的面前，一個人有責任不採取行動，比方說，英國官員越來越意識到自己是一臺龐大的行政機器中的齒輪，旨在讓「自然法則」發揮其作用。從一八三〇年代到七〇年代，大英帝國在印度的運作更加官僚化了。[104]它不再是冒險家們進行英雄幻想的遊樂場，而是無休止的文書工作的領域，每天都是瑣碎的工作，在饑荒時期，關於是否採取行動的道德決定被簡化為在日常行政信函上簽字。（在喀土穆不服從命令的戈登引起了英國公眾的想像，部分原因是他們渴望了解現場英雄人物的故事。[105]）即使是一個偉大的人，就像是索爾斯伯利（Lord Salisbury）自以為的那樣，也不可能以這種方式發揮巨大力量。官員們認為，在一個本身被理解為實現歷史命運的行政集團中，他們的個人行動範圍受到限制，就像加爾頓在他的工業集團中看不到要如何採取重大措施一樣。

在西元二十世紀初，深受社會達爾文主義和進化論思想影響的德國社會理論家馬克斯．韋伯憂心忡忡地看待這一發展。高度官僚化的社會組織形式是文化進步的措施，但也是一個「鐵籠子」，有可能使個人失去人性，成為機器上的齒輪。[106]韋伯引用浪漫主義的席勒的話這樣解釋說，他們是現代性（modernity）的「對世界的覺醒、不抱幻想」的一部分。[107]我們已經見識過了十八世紀的帝國建設者和國家建設者對個人能動性的大膽意識，這種意識建立在啟蒙運動和浪漫主義的歷史觀念之上，並為之推波助瀾，認為這是偉人的工作。韋伯將這些人描述為「有使命感的人」或「有魅力的人」。[108]他將他們被賦予的能動性追溯到宗教改革運動上：資本主義的歷史是新教工作倫理的結果，儘管它產生了一個為這種個人主義提供很少空間的社會。在反思十九世紀的歷史時，韋伯將魅力型領導理論化為一種革命性的、高度個人化的政治權威形式，被其追隨者視為植根於類似於神的力量（godlike powers）並且不需要對世俗的道德規範負責。他希望出現這種領導人的可能性也許能夠緩和理性官僚統治的危險，儘管在第一次世界大戰結束時（這場戰爭看起來揭示了個人英雄主義在現代時期裡最為悲劇性和不可逆轉的不可實現的現實）他是極度悲觀的：「考慮到這一強大無比的走向官僚化的趨勢，救贖任何意義上的任何一點『個人的』移動自由的殘留也絕無可能。」[109]他對於現代性的悲觀延伸到了關於歷史進步的可能性的悲觀。

除魅（disenchantment）的代價是文化上的，也是政治和社會上的：「崇高價值」喪失了，藝術消散了。英國的文化評論家也對自由主義工業秩序的承諾感到了幻滅，他們認為在歷史性的經濟和技術進步中，文化出現了衰退。他們對歷史進步假設的抨擊採取了想像時間靜止不動的形式——一種與浪漫主義相呼應的懷舊情緒，但放棄了對殖民地的任何解放性敘述。王室統治下的殖民地被讚美為英國人通過英雄般的歷史性犧牲和努力，創造了一個遠離歷史的避難所。偉大的人把殖民地從那些支配各地歷史的自然法則的控制中解救出來。他們認為，至少在印度，貴族的優雅和傳統的秩序得到了保留。藝術與手工藝運動的創始人威廉・莫里斯（William Morris）和約翰・羅斯金因關注產業工人的狀況而聞名，他們從印度對工匠傳統的頑固依戀和對工業進步的免疫能力中找到了滿足感。其他社會主義者則是對自由主義政治經濟學的失敗感到惋惜，但莫里斯和羅斯金欣賞這種結果。他們贊成的是蔑視進步的道德美德。中世紀精神（Medievalism）大行其道，激發出了「維多利亞哥德式」美學。現代主義對原始的迷戀也是一種初生的文化相對主義的一部分，它給「災難性地擴張和崩潰的現代世界」提供解釋。[110]

事實上，對失去的時代的渴望有一部分是由時間概念的揭示所引發的，進步信仰的基礎就是建立在時間的概念上的。馬克思主義和自由主義歷史時間的末世論是建立在宗教和基督教時間的模板之上的，但是到了十九世紀末，進化論生物學家和地質學家的工作已經把繼承下來的時間概念摧毀了。歷史學家斯蒂芬·克恩（Stephen Kern）指出，從「聖經年代的時間估計」，地球的年齡現在是在數百萬年和無限之間搖擺。[111]在這個無限的時間跨度中，人類的歷史最多只是微不足道的一小段，這引起了人們對存在的意義和宇宙運行的懷疑，並動搖了自由主義的進步敘事所依據的舒適的確定性。同時，電報、鐵路和蒸汽船為資訊、價格和人創造了一種新的時間旅行——有時會產生毀滅性的影響，正如我們在一八七六年的饑荒中看到的那樣。[112]特別是鐵路，據說它「消滅」了時間和空間。時間也隨著時薪制變成了金錢。工廠的擴展用「工時」取代了手工業和農業生活方式的「職業時間」，明確劃分了工作和休閒，在這種情況下，身體的每一分鐘的運動都被編排和調配了，從而達到了機器一般的效率，並伴隨著鐘聲和車間鈴聲的旋律。通過日報和電報等通訊技術傳播同質化的、空虛的時間，這對現代民族主義至關重要，它使人們能夠想像自己是這種更廣泛社區裡的一個參與者。[113]狂熱分子們（Enthusiasts）培養出了一種對烏托邦式的普遍時間的願景（utopian visions of universal time），在這種願景中，人員、貨物和思想是允許無障礙地流動的，從而能實現全世界範圍內的進步。但許多人也對新的統一時間（uniform time）及其影響感到不安。時間越是變得空虛、統一、可量化、可貨幣化，就越可以用世俗的進步步伐來敘述，就像歷史一樣，一年比一年統一，許多英國人就越是渴望非空虛的時間，渴望一種時間充實性（fullness of time）的體驗。這就是不能以線性方式敘述的時間，它不是目的論的，而是像複寫紙一樣的多層重複（palimpsestic），是在每個生活瞬間裡對於過去、現在和未來的伸縮。哲學家們對斯賓塞等歷史思想家採用的時間概念表示懷疑。法國哲學家亨利·柏格森（Henri Bergson）認為，時間的消逝使得它無法被統一的、連續的時間概念所假定的那種測量所取代，而這些概念是歷史思想的支柱。他提出了「*Durée*」的概念，認為時間是一種普遍存在的、不可言說的、無法表述的東西，只能通過直覺和想像力來獲得。人類以這種方式體驗著時間，體驗著它的充實性。

將恢復這種時間體驗的夢想與已經深深內化了的歷史感知結合起來，可能會產生出豐富的想像。在威廉·莫里斯一八九〇年的烏托邦小說《烏有鄉的消息》（*News from Nowhere*）中，他設想了一條通往他的理想社會的歷史道路——一個革命衝突時期，但這個社會的烏托邦性質，恰恰在於它的永恆性。這本書的副標題是「恬靜新紀元」（An Epoch of Rest）。[114]這是一個擺脫了歷史無情攪動的地方，是一種田園牧歌式的鄉村生活，是英國工業化前的浪漫風情。這種願景與代表這個時代的未來社會主義烏托邦類型的大多數典範是不一致的，這種類型的作品都是在想像未來對當前鬥爭的回報。其他作品包括美國人愛德華・貝拉米（Edward Bellamy）一八八八年的《向後看》（*Looking Backward*），書中設想了一個不容爭辯的工業社會主義未來，以及威廉・海的《迄今三百年》，其社會達爾文主義對進步思想的肯定勾勒出了一個完全由白人社會主義者構成的未來烏托邦。威廉・莫里斯的思想啟發了羅伯特・布拉奇福德（Robert Blatchford），他在一八九三年出版了也許是當時最暢銷的社會主義作品《美麗英格蘭》（*Merrie England*），同樣強調了英國鄉村的藝術和文化的價值。正如其標題所示，它提供了一個自在的「小英格蘭」理想，以取代英格蘭作為世界工廠的形象。[115]這是一個未來主義的願景，但布拉奇福德自己對過去的承諾感使他不可能想像出一條通往未來的道路。因此他認為：「我們不應該征服印度；很好。但我們確實征服了它，我們必須治理和保衛它，否則就放棄它。如果我們要放棄它，該給誰，**什麼時候，怎麼給**？」[116]「小英格蘭」的夢想將繼續為帝國歷史的現實提供解藥，正如我們將看到的那樣，對充實時間的體驗的尋求也將會形塑二十世紀的帝國主義歷史。

但在拉上十九世紀的帷幕之前，我還想簡要介紹一下對進步的道德懷疑論是如何影響了印度起義後的政策。儘管西方教育在繼續推行，而且英國女王在一八五八年承諾在印度建立一個平等的政府體系，但是，永久差異性的堅定想法告訴人們，政策必須為不變的社區量身打造。如果不能把印度人變成英國人，那麼通過他們自己的「傳統」體制來統治他們可能是最好的。亨利．緬因關於「傳統的」形式的看法在這裡就很重要了。間接統治成為了新的口號。叛亂表明，印度王公們擁有持久的影響力，因此，未來的擴張將採取通過他們來實行間接統治的形式，而不是直接吞併殖民地印度的「各公國」。[117]從理論上講，這麼做也將使英國人的存在不那麼令人討厭。「維多利亞的哥德風格」讚美了印度王公們看似封建的權力與英國王室的華麗結合。[118]與此同時，進化鬥爭（evolutionary struggle）的理念讓決策者們對這些政策的正確性以及他們繼續制定政策的前提充滿信心。

間接統治被認為是治理其他種族的適當方式，不能指望被殖民者會符合任何的普世文明標準。這種觀念也被出口到了馬來亞、斐濟、撒哈拉以南的非洲和其他地方。在新興的文化相對主義概念的支持下，目標是像經營一家博物館一樣保存新吞併的領土，同時利用其資源促進更廣泛的全球發展。殖民地行政長官弗雷德里克．盧加德（Frederick Lugard）在其一九二二年出版的《英屬熱帶非洲的雙重任務》（*The Dual Mandate in British Tropical Africa*）一書中就是這樣總結間接統治所完成的「雙重任務」的。[119]只要保護作用被理解為對「當地人」的耐心指導，讓他們通過自己的體制取得進步，這種方法就能保留自由主義的大部分精神和吸引力，正如進化史一般。（新工黨領袖拉姆塞．麥克唐納〔Ramsay MacDonald〕深受霍布森的影響，他支持類似的帝國觀。[120]）這不是僅僅從權宜之計的角度來理解，[121]而是繼續把帝國主義說成是對本土社會履行家長式的道德責任，以及對英國人本身的道德責任。因為，他們正在進行一場姍姍來遲但英勇的鬥爭，以保護世界其他地區作為人類未來的遺產。其次，他們同樣英勇地允許進化法則順其自然，容忍大規模的死亡，而這種大規模死亡的現象是在擴張過程中在當地爆發的，這也讓當地處在被保護的地位。這是一種融合了進化論的歷史想像力和擁抱傳統的永恆的道德倫理。

維多利亞後期的保存主義者（preservationist）的目標要求對殖民地習俗有更精確的了解，為此，科學種族主義（scientific racism）的工具和標準被調動了起來。殖民地官員進行了人種學調查，使用人類學的測量技術來識別、分類和管理不同的社區，從生物學角度來理解這種統治方式。這些數據同時被理解為具有歷史資訊性質，因為它可以揭示雅利安文明的進化史（印度是其古代版本，而英國是其頂點）。在印度，人種學研究是以宣稱的科學為基礎的，有關種姓和種族的數據被記錄在人口普查和稅收紀錄，構成了帝國管理的基礎。儘管人類學研究提供了實現帝國新的行政目的的主要方法，而不是先前所青睞的歷史文本方法，但其在道德上的重要性是建立在特殊的、進化論歷史理論上的。在永恆的懸浮狀態中占有一席之地，或者看著它「自然」地被摧毀，都不需要道歉。帝國官員在這方面沒有任何的能動性。

維多利亞時代的歷史敘事的力量是不可低估的。在帝國的故事中，歷史的反面角色（如果有的話）就是歷史學家自己，部分原因是他們對個人力量的偶像崇拜。卡萊爾和他的同類人提供了歷史願景，放縱了那些在行動中尋求超越普通道德界限的偉人的自負。自由主義者們閉上眼睛，把手指塞進耳朵，喃喃自語著所謂的「進步」。社會達爾文主義者和馬克思主義者對在國外的暴力所引起的本能的憐憫心表示了同情，但勸告他們莫忘重大使命，對暴力施以鐵石心腸的容忍。十九世紀是圍繞著這些歷史書寫模式展開的。在十九世紀初時，自由主義的普遍歷史觀縱容了以進步為名的擴張和暴力；在十九世紀末時，種族主義的歷史觀也同樣縱容了以進步為名的擴張和暴力。在這兩種主要的思想模式之間，所設想的進步類型發生了變化，但歷史的目的論形式本身使人們能夠容忍痛苦，認為它只是某種更大的新時代事業的誕生過程中的陣痛。

如果說歷史是一個假面故事，是帝國良知的有力安慰劑的話，那麼其他的表達形式、其他無法完全壓制的道德指南則是給帝國的良知提供了謊言。一種偷偷摸摸的懷疑正在表面之下醞釀著，認為這一切都是腐敗的、帝國的道德案例已經腐爛發臭。正如我們在一八六〇年代威廉·格萊斯頓的有力呼籲中看到的那樣。最有名的揭露是來自約瑟夫·康拉德（Joseph Conrad）一八九九年的長篇小說《黑暗之心》（*The Heart of Darkness*）。儘管是間接的，它仍然揭露了帝國主義事業的道德淪喪，小說將焦點轉移到了比利時的殖民地——比屬剛果。流氓象牙商人庫爾茨先生是個奇才和詩人，是「憐憫心、科學和進步的使者」，具有自由主義-浪漫主義帝國締造者的典型英雄主義雄心壯志。他具有非凡的品質和強大的能動性：「更高的智慧、廣泛的同情心、單一的目標。」但他最終揭開了看似振奮人心的自由主義帝國使命的黑暗面，這種黑暗直接通向了對集體滅絕的行為展現出的進化主義寬容。在他為典型的自由主義的「國際打壓野蠻風俗協會」

撰寫的完美報告的結尾，庫爾茨寫道：「消滅所有的野蠻人！」康拉德認識到，維多利亞時代在進展和種族滅絕之間的合流是令人難以置信的瘋狂。在他的臨終前，對歷史的理性化已經消解，庫爾茨面對另一個更原始的倫理指南的現實，他低聲地說著最後的判斷：「恐怖！恐怖！」[123]小說的敘述者，海員查爾斯．馬洛（Charles Marlowe）被這段經歷弄得精疲力竭，帶著對「文明」世界產生的懷疑回到了歐洲。什麼是野蠻，什麼是文明？與此刻大多數批評帝國主義的英國人一樣，康拉德也沒有設想出一個「完全現實的替代帝國主義的方案。」[124]

浪漫主義者試圖捕捉對權力和知識的渴望所帶來的道德危險——一個科學怪人，但他們卻被科學怪人「嚇破了膽」，發了瘋，然後與怪物合而為一了。科學怪人的悲劇是個人的悲劇——個人傲慢的代價；庫爾茨的悲劇是社會的悲劇（「整個歐洲都為庫爾茨的誕生做出了貢獻」康拉德寫道），讓人對人類的文明能力產生了懷疑。第一次世界大戰以令人震驚的方式放大了這個問題。然而，在戰爭的陰影下，英國人又重新組裝了自由主義帝國的敘事。這一文化壯舉是第四章的主題。但是，重新組合的敘事有一個轉折——由一個超越虛構和現實之間鴻溝的遭遇所預示的。在剛果，康拉德遇到了一位年輕的英裔愛爾蘭公務員羅傑．卡西門特（Roger Casement），他是一八四二年阿富汗戰爭老兵的兒子。卡西門特因為揭露了比利時對剛果人的暴行而名聲大噪（他是受英國政府委託這麼做的，當時的英國政府正從其在南非侵犯人權的爭議中恢復過來）。隨後，他揭露了一家英國公司在祕魯實施的橡膠奴隸制，並被授予了騎士稱號。但騎士身分並沒有使詩人羅傑・卡西門特馴服。他變成了革命者，加入了解放愛爾蘭的努力，也與印度革命者進行了聯絡。在第一次世界大戰期間，他曾在一九一六年命運多舛的復活節起義將德國槍支偷運到愛爾蘭，為此他被剝奪了騎士身分，並以叛國罪被處決。他的故事預示著一種新的祕密、雙重能動性的到來，這些能動性將在帝國面臨新的挑戰時塑造二十世紀的歷史概念和歷史行動。

第四章　進步是一種救贖

那些晚上做夢的人，他們在塵封的心靈深處做夢，在白天醒來時發現那不過是過眼雲煙；但是，那些在白天做夢的人，他們是危險的人，因為他們睜著眼睛做事，讓他們的夢想成為可能。

——T・E・勞倫斯（阿拉伯的勞倫斯）

隨著英國人陷入了一種脆弱無力感，爭奪霸權的大國之間的軍備競賽引起了人們對進步敘事的更多懷疑。他們會不會是在製造一場大規模的破壞性戰爭？在這個時刻，大約在一九〇七年前後，十八世紀貴格會成員桑普森・勞埃德（Sampson Lloyd）的後裔對一七九五年的加爾頓事件進行了讚許的反思。在考慮加爾頓的論點時，這位年輕的勞埃德戴著最近征服非洲的樂觀視角，回憶起了他在童年時曾經與傳教士與探險家大衛・李文斯頓（David Livingstone）的見面經歷，李文斯頓是一個「和平的人」，他肯定了槍枝對一個英國人在非洲的作用。[1]但在這個國際間劍拔弩張的時刻，勞埃德也對那些推動軍備集結的政治家表示遺憾，因為他們讓「基督教國家」之間有了爆發戰爭的威脅。在他看來，這似乎超出了自由主義者對歷史進步的敘述，因為自由主義者只設想與歐洲以外的未開化的「他者」進行暴力爭鬥。但基督教的紐帶在二十世紀民族主義的激烈競爭中已經蒸發不見了。七年後，勞埃德最擔心的事情發生了，用於征服非洲的機槍在歐洲製造了一場血流成河的戰爭——第一次世界大戰。「基督教國家」正在應對一系列的文化挑戰，包括對根本性的對《聖經》年表的懷疑，正如我們所看到的——這也是世紀之交時自由主義危機的一部分（在英國，還表現為女性參政運動、大規模工人罷工和對愛爾蘭自我統治的冒險政策）。從十九世紀末開始，渴望體驗充實時間的英國人轉向了新型的靈性主義（spiritualism）。以威廉·莫里斯的藝術和工藝運動為代表，許多人對資本主義成果在審美上的反感加強了人們對於神祕主義的興趣。這種對神祕主義的迷戀在尋求從資本主義時代中獲得釋放的過程中得到了蓬勃發展。發現看不見的電磁波使無線電報成為了可能，這鼓勵了人們「願意相信」各種不可見的、看似神奇的感應和心電感應現象，這其中也包括精靈和神在現實世界的積極作用。[2] 基督教的正統教義也許已經失去了不少吸引力，但是人們投入到了中世紀世界和文藝復興基督教的神祕主義和其他的靈性主義之中（在菁英階層中尤其如此），以尋找歷史學家艾力克斯·歐文（Alex Owen）所描述的「即刻感受和與不同觀念中的神的合一。」[3] 根據基督教傳統，人們會在審判日的復生後與已故的親人重逢；靈性主義開啟了現在就與他們相遇的可能性，而這正是靈性主義者想要逃離的歷史時期。歷史學家托馬斯・拉奎爾（Thomas Laqueur）解釋說，在這一點上，它「在很大程度上是現代的世俗時間感和遠離傳統宗教感情的世界的產物。」[4]東方主義者們對「東方的」神祕主義傳統的興趣與這種探索相吻合，推動了像神智學（Theosophy）這樣的普遍主義神祕哲學的發明。如果沒有歐洲與「東方」思想的長期基礎，亨利・柏格森的神祕主義思想則是無法想像的，它也是這種思想漩渦的一部分；許多柏格森主義者都對神祕主義感興趣。工廠裡的工人以各種方式抵制時間紀律，贏得了反叛、懶惰、缺乏主動性和動力的聲譽；神祕主義是資產階級對統一時間和它所促成的合理經濟行動的抵抗。對空洞的、世俗的時間正常化的反叛是廣泛的，甚至是普遍的。變化並不是單向的，無論輝格派歷史學家多麼希望它是單向的。

靈性主義者的趨勢引入了關於能動性的新想法，這些想法決定了帝國在二十世紀裡的再發明。靈性主義者的實踐和分裂的自我觀念復興的核心都是一種「媒介」（後者在弗洛伊德理論中也找到了新的科學依據）。這種靈媒通常是女性，她由一種出現在中介位置的存在所構成，是神祕存在的能動性的傳播者。它顛覆性地把這種能動性賦予了女性，否認這種能動性是她們自己。[5]但有特殊才能者的概念也出現了，它是建立在維多利亞時代的英雄主義理想之上的。考慮到這種概念發生的背景，是在第一次世界大戰時英國的擴張中，在古老的神祕主義的所在地——中東地區，這並不是巧合。在中東地區一直存在的神祕能動性的概念極大地影響了英國人在那裡的活動，激發了「專家們」偏執的歷史敘述，他們自己聲稱對該地區有著超自然的了解。這些敘事為帝國在中東的暴力活動提供了藉口——其中大部分是隱蔽的，因為明確的帝國主義行動越來越有可能在國內和國外受到譴責。同時，專業知識概念的重塑以及專家與國家機構的關係，動搖了歷史學家的制度性權威的基礎，為他們在權力走廊中被社會科學家取代打開了大門。

在一九一四年七月，那些興高采烈地迎接開戰消息的年輕人期待著重振騎士精神的榮耀，擺脫沉悶的布爾喬亞生活方式的機會。但僵持不下的塹壕戰很快就改變了人們的期望。許多人從啟蒙運動以來的想法中得到安慰，即看似邪惡的事件是進步的必要條件。這一歷史上最痛苦的事件實際上可能是歷史一直在走向的世界末日，是最終和平到來之前的大災難，是「結束所有戰爭的戰爭。」然而，戰壕裡的人們在一場消耗戰中面臨著令人沮喪的能動性的喪失。對於在浪漫主義詩人的熏陶下長大的中產階級士兵來說，人命無力地被耗損掉的技術噩夢幾乎沒有給個人英雄主義的拜倫式願景留下實現的空間。士兵詩人竭力想表達軍事上的癱瘓麻痺和戰場能動性的死亡所造成的難以言表的痛苦和恐怖。痛苦也產生了諷刺。也許沒有人比萊頓．斯特拉奇（Lytton Strachey）更有資格嘲笑英雄希望的破滅，他是印度官員的後裔，以總督的名字命名，並撰寫了長達四百頁的關於沃倫．黑斯廷斯的傳記專著。在一九一八年時，他的《傑出的維多利亞時代人》（*Eminent Victorians*）一書抨擊了維多利亞時代的英雄主義理想，尤其是在追求所謂的神聖目標時對暴力的虛偽嗜好。[6]

但是，英雄主義的理想通過沙漠中的神祕學能動性的新概念（特別是阿拉伯的勞倫斯的故事）倖存了下來。在中東的士兵也許是獨一無二的，他們發現自己的一些「戰爭即浪漫」（war-as-romance）的期待得到了滿足。在巴勒斯坦戰役中，英國與德國的鄂圖曼帝國盟友作戰，這一戰役被譽為「最後的十字軍戰爭」。[7]此外，在勞倫斯（T. E. Lawrence）的戰役史《智慧七柱》（一九二六）中，勞倫斯自覺地將其作為一個英雄故事來敘述：「我實際扮演的角色是很小的，但由於我有一支流暢的筆……我把自己……當成了一個諷刺的首要角色。」[8]事實上，他的行動是由他的野心所決定的，他想獲得配得上史詩般的歷史敘述的經驗。[9]以傳奇的規模恢復偉人的歷史是他尋求擺脫他那個時代的「鐵籠」的一部分。他的敘述明確地努力去超越其歷史經驗主義，以反歷史的方式關注沙漠環境的力量和他自己公開的史詩般的意圖和創造性的特許。

暴力能動性仍然是第一次世界大戰的一個受到壓制的主題。在士兵們不可言說的經歷中包括親手殺戮的歷史——年輕人要如何面對他們所實施的暴力，以及他們的良知要如何承受這種負擔。[10]大多數的歷史描述都集中在士兵們所受的痛苦和戰爭受害者身上，而不是集中在描述那種共同的殺戮經歷上。然而，勞倫斯公開分享了殺戮的經驗，將阿拉伯沙漠的環境描繪成一個獨特的放蕩的道德世界，在那裡，殺戮和敘述殺戮都有一種不同的意義。勞倫斯是阿拉伯反鄂圖曼起義的顧問，英國在該地區與阿拉伯起義者結盟，以打擊鄂圖曼帝國。他在戰爭史的開頭寫道：「我們的手上總是沾滿了血：我們被允許這樣做。傷痛和殺戮似乎是短暫的痛苦，我們的生活是如此短暫和痛苦。活著的悲哀如此之大，懲罰的悲哀也必須是毫不留情的……當有理由和願望進行懲罰時，我們立即用槍或鞭子把我們的教訓寫在受難者痛苦的肉體上，而且這種情況是無法反駁的。沙漠裡沒有法庭和監獄那種精細完善、緩慢的懲罰。」在文章的後面，他講述了為了維護部下的和平而不得不執行的處決的「負擔」，並以令人痛苦的、坦白的細節描寫了射擊的過程：哈米德站在一個狹窄的山溝裡，勞倫斯「向他的胸部開槍。他（哈米德）倒下了……高聲尖叫著，鮮血噴濺在他的衣服上，他不停地抽搐著，直到幾乎滾到了我所站的地方。我接著又開了一槍，但由於顫抖，我只是打斷了他的手腕。他繼續叫喊著……我向前一傾，最後一次向他的下巴下方的脖子寬處開槍。他抖了一下。」夜晚過去後，人們整理行裝離開。「他們不得不把我抬到馬鞍上。」最後是關於勞倫斯在其部下目睹了土耳其軍隊在塔法斯的屠殺結果時，鼓勵進行報復性殺戮的敘述：「在塔法斯的恐怖產生出的瘋狂中，我們殺了又殺，甚至把倒下的人和牲口的頭都搗碎了；彷彿他們的死亡和流淌的血可以減輕我們的痛苦。」[11]有數百人被機槍射殺。但為了表達這種恐怖和道德崩潰，大衛・連恩（David Lean）在一九六二年的電影《阿拉伯的勞倫斯》中把這一事件描述為對一種肉體貼近的、前現代的暴力形式的回歸——瘋狂的勞倫斯揮舞著滴血的匕首。

這種對沙漠環境的敘述允許勞倫斯描述他的暴力動機的一切。就像那些尋找失落世界的人在印度的鄉村生活中找到了新的吸引力一樣，阿拉伯的沙漠也扮演了這一角色。第一次世界大戰時的英國人比其他任何地區都更浪漫地將中東作為逃離資產階級歐洲的僵化時代的地方，是一個可以同時找到中世紀、神話和神祕過去的地方，在中東的沙漠中可以充分實現永恆的感受。勞倫斯的直白文字，他的罪惡感，以及其他的許多東西，使他與浪漫主義者們血統相通。他的良知在他得知英國人在戰爭中對阿拉伯盟友的背叛的情況下尤為痛苦。在與阿拉伯的漢志省（Hijaz）的統治者謝里夫·胡塞因（Sharif Hussein）的通信中，英國官員向他承諾，支持他建立一個依附於英國之下，從阿拉伯半島一直到大馬士革的阿拉伯王國。然而，正如勞倫斯所知道的那樣，英國還與法國、俄國祕密簽署了「賽克斯－皮科」密約，一同瓜分鄂圖曼帝國的戰利品，而在賽克斯－皮科密約中又同時把大馬士革周邊劃給了法國。在更遠的東部，在鄂圖曼帝國的巴士拉、巴格達和摩蘇爾省（位於今天伊拉克的美索不達米亞）的戰爭行動也同樣背叛了其解放的承諾，英國人隨後在這裡建立起了一個巨大的印度式占領政權。關於英國對戰後中東地區的處置承諾的有效性，已經有大量的研究對此著墨探討過了。[12]我在這裡要說的重點是，勞倫斯意識到了這種雙面交易，並為此感到內疚，因此在戰爭期間，他「不斷地、痛苦地感到羞愧。」[13]他有時會表現出努力地顛覆帝國主義野心的樣貌，以支持阿拉伯人。（值得注意的是，他後來考慮為羅傑·卡西門特寫傳記。）這種分裂的忠誠心，在其他的英國阿拉伯學家身上也得到了呼應，這讓英國殖民部對那些「比阿拉伯人還阿拉伯」的官員感到十分擔憂。[14]這是一種新的、隱蔽的偉人能動性模式在中東地區發展的產物，當時英國人也在尋找現代性的解藥。英國的阿拉伯學家們的專業才能被理解為在仰賴對阿拉伯人心靈的同情模仿——這是一種對神祕媒介的類比，使得他們對於英國政府來說是不可靠的。這些專家似乎對塑造該地區歷史的神祕政治力量了如指掌，儘管他們公開表示同情阿拉伯人，但他們在一戰後英國統治的中東地區建立了一個暴力的空中警察系統。

在《阿拉比亞的間諜》（*Spies in Arabia*）一書中，我把這個故事作為英國對中東的文化表述之一，它促成了空中管控（air control）的發明。但是，更具體地說，這些表現是錨定在特定的歷史概念和歷史能動性的概念中的。正如一八五七年和一八六五年一樣，一種特殊的歷史感使官員們能夠克服對殖民暴力的道德顧慮，但這一次，是一種更陰險的歷史觀，也是為陰暗的帝國行動發放許可證。一戰後的政治氣候已經不同了：西線戰事明顯的野蠻性質削弱了對帝國進步敘事的信心，使人們對歐洲人聲稱的優越文明產生了懷疑。但是，隨著反殖民運動努力地執掌起民族解放的論述，浪漫主義形象和對擁有空軍的政權（aerial regime）的相對保密態度，給帝國進步的說法帶來了新的生命。那些宣稱對中東地區有獨到見解的專家們堅持認為，空中管控是該地區歷史進步的最佳助產士。在這片被困在聖經的、中世紀和神話時代的土地上；在這片受制於邪惡的神祕力量的陰謀的土地上，英國騎士在天空中進行的現代的重造性破壞，是具有獨特意義的一件事。

當英國的阿拉伯學家們尋求從布爾喬亞的英格蘭逃離，被那裡的進步效應所驅離時，他們開始明確有力地表達出他們對一戰前中世紀–聖經式的中東地區的看法。德國的野心和民族主義運動在該地區的發展也激起了他們的興趣，對武器在帝國各地傳播的憂慮也是如此，英國人迄今為止一直容忍軍火的傳播，並從中獲得了豐厚的利潤。在十九世紀末時，當英國人繼續自鳴得意地為自己將印度從無政府狀態中拯救出來而感到得意時，政治無政府主義成為了反殖民主義網路中深具影響力的政治潮流，[15]這引發了人們對殖民地軍火的新關注。隨著一八八一年俄國沙皇亞歷山大二世遭到暗殺，政治恐怖作為一種新策略出現在了全球舞臺上。我們將在後面追溯這個「全球左翼」的一些想法；在這裡，我想重點談談英國為遏制它所做出的努力。[16]軍火商不斷地對新的立法加以調適，新法規試圖阻止軍火向殖民地匯入的潮流，為避免被發現，他們採用了越來越小的批量運輸。這些調整使馬斯喀特（Muscat）成為了位於阿拉伯海上的主要軍火轉運港口。[17]到達印度西北邊境的軍火潮尤其令人擔憂。在一八九七年時，年輕的邱吉爾隨馬拉坎（Malakand）的野戰部隊在邊境上發現了「十九世紀的武器出現在了石器時代的野蠻人手中」這讓他大為失望。[18]阿夫利迪人（Afridis）長期以來被英國人雇來守衛邊境的開伯爾山口，但就在這一年，他們叛亂了。在鎮壓了叛亂之後，英國人獲得了馬斯喀特的授權，在其水域內搜查船隻，以限制槍枝流向邊境。這導致了一八九八年的大規模武器在在波斯灣被扣押（激怒了伯明罕的軍火製造商）。一九〇〇年的〈武器出口法〉（Exportation of Arms Act）增加了進一步的規定。隨著世界大戰的臨近，對武器販運的批評越來越明顯，印度反殖民主義者也轉向了政治恐怖策略。在一九〇八年，波斯灣的殖民地行政長官洛里莫（John Gorden Lorimer）譴責軍火貿易是「與奴隸貿易至少一樣嚴重的公害。」它在阿拉伯促成了「無政府狀態和流血事件」並造成了

「廣泛和不可治癒的混亂」的威脅。[19]它不再像加爾頓時代那樣，僅僅因為與奴隸貿易有關聯而沾上了汙點，而是本身就受到了道德上的反對，威脅到了神聖的大英帝國治世本身。（而且，政府認為有必要將羅傑．卡西門特軍火走私的警報拉得更響，將他和同性戀行為聯繫到了一起。）在一九一二年，馬斯喀特的蘇丹向英國要求規範貿易的壓力屈服了，引發了阿曼部落的反抗。[20]與此同時，當符合他們的利益時，英國殖民當局也參與到這一貿易之中。

在該地區緊張局勢升級的背景下，在鄂圖曼帝國蒐集情報獲得了新的緊迫性。儘管在南非戰爭之後，情報工作普遍變得更加專業化，但英國與鄂圖曼帝國的正式聯盟促使中東地區轉向非正式、非專業間諜：外交官、休假的士兵、記者、商人等等。考古學家也是這一群體的一部分，他們對該地區的考察，是為了在面對德國人爭取鄂圖曼人的競爭時保持影響力而做出的新的努力。[21]英國人在探詢神祕主義的古老起源時，特別要求與扎根於「阿拉伯半島的」傳統保持連續性。神祕主義研究者米德（G. R. S. Mead）將倫敦「興起的靈媒算命潮流」和充斥在希臘時代的亞歷山大城的靈媒相提並論：「埃及和非洲、羅馬和希臘、敘利亞和阿拉伯半島在這裡相遇。」[22]他們追求的是一個新的歷史劇本。如果自由主義的末世論敘事把英國人帶到了一個伴隨著精神和文化空虛的進步死胡同，也許埋藏在聖經模板下的他們可以找到一個新的歷史指南，以實現有目的的存在。關於考古發現的作品也支持了對精神脈絡的追尋：博斯卡文（W. St. Chad Boscawen）一九〇四年的《最初的帝國：聖經中的巴比倫》（*The First of Empires: Babylon of the*

Bible）、一九〇九年坎貝爾－湯姆森（R. Campbell-Thompson）的《閃族人的魔法，其起源和發展》（*Semitic Magic, Its Origins and Development*）、哥特魯德・貝爾（Gertrude Bell）一九一四年的《烏海迪爾的宮殿和清真寺》（*Palace and Mosque at Ukhaidir*）。

正如我在《阿拉比亞的間諜》一書中所描述的那樣，這一文化項目使該地區的情報蒐集方法變得更加複雜。英國特工抱怨說，在這片基本上是神祕、異域的土地上蒐集情報很困難（正如一位特工所說的，這裡「居住著天方夜譚的靈魂」），但他們又對此樂此不疲，期待著有精靈、騙子和《聖經》中的人物相伴。[23]許多人花了很多時間調查聖經傳說中的地點——約拿的路線、巴別塔、伊甸園——而不是蒐集情報。繪製地圖是一項挑戰；在明顯沒有特徵、沒有地平線、千變萬化、海市蜃樓的沙漠中，暈頭轉向和心煩意亂的特工們往往很難簡單地確定他們在哪裡，發現該地區「到處看起來都是一樣的。」[24]

但是，他們所說的「阿拉比亞」，即這種地理和文化想像，似乎確實擁有英國所不具備的優點。這些志願前來的特工中的許多人被吸引到這項工作中，為他們逃避線性歷史的夢想作掩護，他們「直接從這個喧囂和爾虞我詐的現代時代……回到了歷史的書頁中，回到了中世紀的時代。」[25]哥特魯德・貝爾是這批人中唯一的女性，她將一九一一年在中東的旅行紀錄命名為《從穆拉德到穆拉德》（Amurath to Amurath）——這是向莎士比亞對土耳其宮廷連續不變的至高權力的精闢評論致敬。[26]這個時間停滯的地方提供了一個避開「新聞消息」的避難所，一個逃離歷史本身的機會。在那裡他們可以找回「無邊的自由」，[27]與「自由主義」提供的自由不同，這裡提供的原始的、基本的、不屬於人類社會的自由，不受資產階級人類法律的約束，不受「鐵籠子」的約束——在那裡人們只對宇宙力量負責。這一代的旅行者自覺地繼承了浪漫主義，他們把「阿拉比亞」作為現代性的避難所，在那裡保存了西方的精神淵源。拜倫的孫女安・布朗特女爵（Lady Anne Blunt）和她的丈夫威爾弗里德・布朗特爵士（Sir Wilfrid Blunt）是他們中較早的一批人，他的旅行使他比羅傑・卡西門特更早一代成為了反殖民主義的煽動者。[28]作為地理學家認為「仍然未知」的少數地方之一，阿拉比亞是位於地圖之外的地方，是一片尚未被納入到世界時間裡的土地。[29]這對那些渴望實現將阿拉比亞拉入到地圖上的那些胸懷壯志的人來說，這種未知既是一種安慰，也是一種誘惑。特工們將在那裡蒐集情報視為進入一個虛構的世界，而此時，間諜小說的體裁正逐漸形成。[30]他們自覺地追隨他們虛構的同時代人，即魯德亞德・吉卜林於一九〇一年出版的小說《基姆》（*Kim*）中的同名英雄，他既是間諜又是精神門徒，深深地意識到自己是在《聖經》和《奧德賽》的土地上工作，在那裡間諜活動一直是認識自我的史詩競逐的一個組成部分。對這些不同的神話歷史劇本的參考塑造了他們的行動，他們對自己行動力的感覺，以及他們對自己行動的道德判斷，與其他地方的同行非常不同。一位特工解釋說：「穿越了地中海，我們就進入了一個新的間諜領域……一個充滿了東方的……狡猾和詭計……在這裡，間諜不再像在西方那樣面目猙獰地出現。」[31]

他們形成了一種獨特的方法論的態度，大膽地得出結論，在一個事實和視覺數據明顯缺乏的地方，他們不需要遵循科學的戒律，這似乎允許諸其他認識論模式。這一代人認為，阿拉比亞的看似自滿、反智的耐力是「進步」弊病的解藥。記者梅瑞迪斯・湯森（Meredith Townsend）一九〇一年出版的極具影響力的著作《亞洲與歐洲》（*Asia and Europe*）闡明了這一概念。「想像一下，一個喜歡沙子而不喜歡機器模具，喜歡貧窮而不喜歡勞動，喜歡孤獨的思考而不喜歡商場喧囂，不願意賺取足夠的錢來穿衣服，從來沒有像和魔鬼比賽一樣發明過這麼多的東西，並且認為讀報紙是可恥的浪費時間的部族。這難道不可怕嗎？更可怕的是，它能在所有其他種族中生存下來！最可怕的是，在其他的種種不值一提的瑣事中，他們還產生出了《詩篇》和《福音書》、《古蘭經》和《安塔拉傳奇》！」湯森問道，如果「麥加比曼徹斯特的存在更長久」，而且，「當歐洲成為一片廢墟時，阿拉伯人仍居住在沙漠中……像金字塔一樣生活下去，那該怎麼辦？」[32]這裡有一個關於「適者生存」競賽的新觀點，在這個競賽中，歐洲人被發現是完全錯誤的。這些思想家在文化相對主義的新概念基礎上，顛覆了關於文明進步的公認智慧（將西方文明等同於文明本身）。外交官和歷史學家馬克・賽克斯（Mark Sykes，也就是後來大名鼎鼎的「賽克斯－皮科」協定中的前者）嘲笑歐洲「文明社會」是「生活在城鎮和房屋裡，患有傳染性蔓延的疾病，坐著火車穿梭旅行，能夠閱讀和寫作，擁有飲品店，閱讀報紙，被一百種不必要的奢侈品包圍，擁有富人和窮人，貧民窟和宮殿，並確信他們的國家是世界上最開明教養的。」[33]他把所謂的進步的象徵——報紙、鐵路、識字能力等等——作為歐洲文化空虛的證據。拜倫和雪萊曾指望「東方」來逃避個人的悲傷；現在，它為整個社會對信仰的懷念提供了一種安慰。在一九一五年的《土耳其史》中，賽克斯明確指示那些要去阿拉伯的人，「把約翰・史都華・彌爾、歐瑪爾・海亞姆、伯克、羅斯金、卡萊爾……從你的腦海中抹去」，而是要「為哲學而讓《約伯記》爛熟於心，為政治而熟諳《士師記》，為倫理……而學習《一千零一夜》。」[34]他立刻指出了伯克、卡萊爾和彌爾等歷史學家的作品一直在發揮著道德指南針的作用，就像宗教文本一樣，而阿拉伯是一個沒有這種道德指南針的地方。他們必須轉而尋找《聖經》和神話。他們必須從受到壓抑的文化記憶中挖掘出一種更古老的知識形式，從《聖經》的過去中找到他們在阿拉伯的根基。

向外交部提供訊息的中東流浪者並不是去尋找一般認為的東方可以為歐洲人提供的感官放縱，而是為了逃避他們所看到的本國社會的道德墮落——這是堅持遵循由彌爾和卡萊爾等人設定的道德道路的結果。在阿拉比亞的旅行被認為是一次進入過去的旅行，它不僅是在世俗的歷史時間尺度上更遙遠的地方，更是在一個完全不同的尺度中，是在世俗時間之外的地方。賽克斯解釋說，在沙漠中活動本身就允許人們「漫步於過去……窺探於未來。」[35]它挑戰了自十八世紀以來一直是英國與世界互動的支柱的歷史感。科學家們對《聖經》為真實歷史紀錄的概念進行了破壞，因此旅行者們會意識到，在聖經的區域中活動時，他們自己是處在一個神話景觀中，是身處於一個存在於現實的陰影中的時間和空間裡。

這種觀點，加上他們遇到的實證的挑戰，使我們的非正式情報蒐集者們被染上了一種特殊的智性和道德靈活性。在阿拉伯的旅行使人的感官麻木，但也有一個人寫道，它能讓人「在感官之外看到、聽到、感覺到。」[36]這些人願意像前衛的哲學家和藝術家一樣，嘗試新的感知理論和更「不科學」的認識方式。在阿拉伯的沙漠中，實證主義似乎是不可能的，他們把信仰作為一個合理的選擇。[37]作為知識的基礎，信仰可以同時解決他們在蒐集情報方面的困難，並撫慰他們的精神渴求。阿拉比亞，所有神奇的地方，是確信奇蹟的地方。賽克斯寫道：「沙漠是屬於神的，在沙漠中沒有人可以否認祂。」這裡是三個一神教的誕生地，它們都是由感受到了啟示的先知發起的。[38]對這一代英國人來說，阿拉伯是如聖經所述的家園，他們可以回到那裡去尋找「完美的精神內涵」，而阿拉伯人似乎「獨自」擁有了這種精神內涵。[39]這是一種東方主義的刻板印象，但卻是一種新的讚賞。

到處遊蕩的行為本身就解開了過度文明的心結，讓人有機會進入感官之外的神祕的倫理領域。考古學家與間諜大衛・霍加斯（David Hogarth）承認流浪的慾望是「原罪的一種誘惑」，這種衝動在本質上顛覆了學者的客觀。[40]他們可能是為了蒐集知識而來到阿拉伯地區旅行的，但是這樣的旅行一定要變幻為一種重大的追求，從而恢復一種原初的精神理解。亨利・柏格森的時間感和他對直覺洞察力所提出的反實證主義論斷，對這些流浪者來說是非常重要的。[41]在英國觀察家看來，阿拉伯的智慧根植於原始的確定性，是直覺而不是智力：「歐洲人思考，東方人只是回應，」湯森說，「而且……這個想法，無休止地翻來覆去……是他頭腦肌理的一部分。」[42]這是一個地方本身的產物：另一位旅行者也說：「在……沙漠國家裡……最內核的事實……會不知不覺地沉浸到你的心中，直到……它們……交織在你的天性肌理中。」[43]對這一代人來說，回復到原初就是在沒有笛卡爾主義的證明或神義論的情況下，知道人類的存在是否重要，以及是否有神的存在。在沙漠中的旅行恢復了這種「野人」狀態。[44]英國特工們因此優先考慮通過長期浸泡在該地區獲得的直覺知識，因為「只有東方人或那些在東方長期居住並按照東方模式形成其思想的人，才能充分描述東方。」[45]特工們決心「對一個在英國傳統中長大的人來說，要盡可能地融入東方人，（以）吸收他的思想，用他們的眼睛看，用他們的耳朵聽。」[46]這種「入鄉隨俗」的決心重現了一個浪漫主義的套路。在拜倫一八一四年的《海盜》（*The Corsair*）中，歐洲的反英雄角色把自己偽裝成了一個伊斯蘭聖徒；在一八一六年的《科林斯之圍》（*The Siege of Corinth*）中，歐洲的主人公成為了一個為土耳其人而戰的伊斯蘭教改宗者。[47]

到戰爭爆發時，人們的理解是，使阿拉伯問題專家成為專家的是他的能力，像阿拉伯人一樣，超越表面的欺騙，辨別真實與不真實、海市蜃樓、謊言。對阿拉伯的了解是一個天才的問題。一位特工解釋說，書本知識並不重要。「我們『感覺』到了事物的本質。」[48]少數有天賦的人聲稱自己是全知全能的，因此在戰爭爆發時，他們對中東戰役產生了巨大的影響，並對此後的專業知識概念產生了持久的影響。他們冒險到阿拉伯沙漠尋找新的意識體驗，同時也是為了恢復對良知的替代指南。在那裡，進步假定的正確性，無論其代價如何，似乎都值得懷疑。相反，一個符合聖經的、非世俗的道德標準似乎是適用的。在擺脫歷史上的倫理習語時，他們對自己的能動性有了新的理解。他們培養了英雄主義的野心，但在幕後以神祕的方式行事，然後向軍事機構保證，阿拉伯是一個適用不同道德規則的地區。[49]他們不把自己的能動性理解為「偉人」的能動性，而是理解為人作為神的工具來完成宇宙的命定。這不是神讓我這樣做的，而是任何人在這個神聖的地方所做的事情都是像歷史這樣的世俗敘事所無法理解的。正如神祕事物的研究者米德在戰前不久所寫的那樣：「祕密知識的專家和入門者的想法，神聖的男人或女人的理想，神的啟發，或至少是具有超人力量的人類的想法，都在空氣中。」[50]如果人只是制定了神所希望的東西的話，那麼道德責任的問題就沒有意義了。大家都知道，神是以神祕的方式行動的。相似的，「政治官員（Political Officer，譯註：戰時伊拉克的英國情報和行政官員）的做事方式是神祕的，他的態度安靜而難以捉摸，就像阿拉伯人一樣」，一位官員這樣寫道，他解釋說：「沙漠對一些白人的影響，就像對阿拉伯人一樣。」因此，他描述了情報官員傑拉德·利奇曼（Gerard Leachman）了解事情的不可思議的方式：「他能聽到，就彷彿是風告訴他的一樣。」[51]

這種道德觀影響了在該地區進行的戰役的戰術，為英國指揮官在該地區兵不厭詐的獨特意願提供了依據。[52]針對鄂圖曼帝國的兩次戰役都具有很強的機動性，並依賴於不同於西線的創造性戰術，將欺騙、空中力量和非正規戰爭結合在一起，這種方式將深深影響到第二次世界大戰中使用的戰術。最特別的是，英國的阿拉伯學家們保證，《聖經》和十字軍戰爭為這些行動提供了一個歷史劇本。當士兵們參觀聖經遺址時，他們確信「《舊約》的故事是基於事實的。」[53]一位戰地記者寫道，在中東，「你活在《聖經》的故事裡，你不會懷疑……它是否是真的；你知道它是真的。」[54]軍官們參考聖經中的戰鬥來計畫他們自己的戰鬥。在巴勒斯坦，埃德蒙．艾倫比（Edmund Allenby）將軍效仿了約書亞的戰爭。他通過研究《士師記》第七章中基甸的三百人的夜襲，學會了出奇制勝。[55]在熟讀了十字軍戰爭的歷史後，他確信「在不變的東方，歷史將重演……而決定性的戰鬥……將要……在米吉多……打響。」[56]而這種確信確保了它的發生。長期以來，英國人將游擊戰視為落後民族的非法手段，現在卻將其採納為現代英國的一種戰術。勞倫斯解釋說：「漢志戰爭是苦行僧對正規軍的戰爭，而我們是站在苦行僧一邊的。」[57]這又是一次對歷史的回溯解讀，讓過去在現在上演，放棄舊的東西已經是過時的前提了：「我們的教科書並不適用」他這樣呼籲。他們必須想到的不是克勞塞維茨，而是「穆罕默德和十字軍！」[58]這必然會導致對道德價值觀的修訂。勞倫斯把對攻擊火車和橋梁的游擊戰，即「物質上的荒蕪的福音書」的喜好，追溯到「一種道德上的荒蕪。」[59]

他和其他指揮官以一種在法國無法想像的道德許可來對待該地區的戰爭，將其作為模仿阿拉伯人的理由。「放下你們的英國……習俗……回到阿拉伯人的習慣……以其人之道還治其人之身」，勞倫斯這樣建議說。「你們的程序越是非正統、越是阿拉伯」就越好。他們必須以「狡猾應對狡猾」，另一名特工這樣確認說。[60]從阿拉伯人在戰鬥中利用海市蜃樓，在陰影和「地面的褶皺」中尋找掩護，以及利用沙塵暴來製造出其不意的方式中，英國人得到了靈感。英國專家認為，在這些「詭計」中可以找到重要的「經驗」。[61]因此，在一九一七年第三次加薩戰役和一九一八年米吉多戰役的準備工作中，英國人首次嘗試將整個攻勢隱藏在沙漠中——這是戰爭中唯一成功的重大騙局，它啟發了下一次世界大戰中入侵西西里島和諾曼第之前的迷魂陣。

在中東，英國人認為，他們可以毫無顧忌地進行陰謀活動，因為在這個地方似乎需要這樣做。據說，勞倫斯曾對美索不達米亞的一名特工表示了欽佩，當時他被許多間諜圍在身邊，他傳播了「瘋狂的假消息」，並「為達目的不擇手段地」反過來監視那些間諜。[62]在這種情況下，肆無忌憚是一種美德。英國人總是在國外搞陰謀詭計，但在這裡，他們大方地承認了這一點，沒有訴諸委婉的遮掩，也沒有辯駁，也沒有說這是歷史的需要。這並不是說阿拉伯地區在文化上是墮落的，而是說，實際上，英國需要在這裡有道德上的靈活性。因此，英國特工們使想像中的阿拉伯間諜空間成為了現實。這是一種有意識的、有目的的對「地理道德」的採納，並在新的文化相對論世界觀的幫助下使之正常化。一位觀察家注意到利奇曼通過安排一個部落帶走另一個部落的婦女來分化和統治部落的努力，他承認英國在該地區的行動有時「古怪至極」，但利奇曼作為情報人員中的「浪漫主義者」，實際上是一個在進行創作的藝術家。[63]的確，間諜是「所有男人中最狡猾的。」[64]英國人是一個膽小、古怪的民族，他們不知不覺地獲得了一個帝國，這種想法在這裡為他們服務。勞倫斯保證，鑑於沙漠戰術與海戰的相似性，以及「幾乎每個年輕的英國人身上都有古怪的根源」，英國人是適合進行非正規戰爭的。[65]

空中力量對於這場創造性的戰爭至關重要。儘管阿拉伯地區具有多變的地形，但從一開始，阿拉伯專家們就認為在這片他們堅持認為「就像你的手一樣平坦」的土地上，空軍是必不可少的。[66]戰後的一份內閣文件承認，空軍的最大發展和對其獨立作戰能力的證明不是發生在歐洲，而是在中東的「更遙遠的戰場上。」[67]空中控制對欺騙和非正規戰術至關重要；它被用來隱藏行動，觀察敵人的行動，協調非正規部隊，並進行測繪和偵察，甚至被用於在被禁止入內的聖城的空中偵察。它也被用於非正規行動本身，被用於對火車進行破壞。空中攝影和信號是在中東地區發展起來的。與在法國不同，專家們堅持認為，在漢志地區，沒有進行空中觀察就不能展開行動。[68]英國人發明了「空中陷阱」，他們轟炸了經法利亞谷（Wadi Faria）撤退的土耳其軍隊，此行動開啟了大馬士革陷落的序幕。指揮官承認，「我們是屠夫」，但他希望這個「戰爭中的新特徵……可以得到好好的利用。」[69]官方對戰時空中力量的評估將這場「由轟炸造成的災難」作為「正確應用空中力量的一個典型例子。」[70]最值得注意的是，指揮官們讚揚了空中轟炸的「恐怖」在約束部落方面的「政治」用途。[71]由於英國人在中東地區所持的道德限度，這些暴力的使用被認為是可以接受的軍事行為。

現在，這些活動的理由是老式的自由主義歷史敘事，即英國人作為解放者來到該地區，向他們「解放出」的鄂圖曼省阿拉伯人承諾予以獨立。這一承諾對於確保阿拉伯人在戰爭中的合作至關重要，但英國官員也認為該地區對帝國的海陸通道和新的空中通道的安全至關重要。由於他們的老盟友鄂圖曼帝國沒有為他們提供安全保障，而布爾什維克俄國又在為控制權做著新的努力，因此他們決心自己掌握該地區。而且該地區還擁有石油。但是，詹姆斯・菲茨傑姆斯・斯蒂芬等人所闡述的「強權即公理」的時刻已經過去了；安全和資源不再是爭奪殖民統治的正當理由，尤其是考慮到他們所做的外交承諾的時候。除了阿拉伯人，他們還向伍德羅・威爾遜總統和美國公眾保證，這場戰爭不是為了擴張歐洲帝國，而是以推進民族自決和自由的名義進行的。隨著反殖民主義運動在各地的發展，世界對殖民主義吞併的想法變得越來越敵視，並從一九一七年俄國的布爾什維克革命中獲得了啟發。戰爭對歐洲「文明使命」之虛偽的尖刻揭露，使得徹底吞併的理由更加難以成立。英國利用自由主義帝國的歷史腳本將伊拉克吞進了大英帝國，再一次把自由當成了讓自己獲得救贖的藉口。

在戰爭期間，中東的機動性和戰術創新的戰役為國內的英國人提供了鼓舞士氣的敘事，在一些時候，這些消息是唯一的正面的戰爭新聞來源，而西線仍然處於僵持不下的狀態。儘管在歐洲遭受了可怕的損失，但他們對勇敢的能動性和對戰爭的浪漫描述幫助英國公眾繼續投身到戰爭中去。他們肯定了惡最終會帶來善的歷史觀。這些長期受苦的公眾開始迷戀於「開發」這個古老的文明搖籃，以彌補戰爭損失的想法——政府的宣傳則不斷地鼓勵這種期待。通過把中東從土耳其人的破壞中拯救出來，並恢復它作為全球十字路口的古老地位，英國人也將會找到自己的救贖。同時代的人認為，通過「多年的無政府狀態和荒蕪之後，重建一個文明」，而且是建立一個有「神祕和神聖」的起源的文明，他們將為英國士兵的犧牲賦予意義。[72]那些繼續以鬼魂身分與家人互動的人無一例外地都穿著軍服，這本身就是對他們未完成的工作的一種勸告。[73]一位軍官祈禱說：「我們將會修復這片土地……並推動一個新人間的車輪。祈求上帝，是的，一個新的人間！」[74]

正如我們所看到的，改革或提升殖民地人民的想法在十九世紀末就已經有點受到冷落了；人們的關注重點是保護傳統社會。但在美索不達米亞，古老的自由主義精神找到了新的生命力，因為在那裡，改革主義的目標被包裝成了恢復。英國媒體指出，在那裡，技術變革的承擔者將會像巫師一樣把大鳥背上的水手辛巴達變成飛行員；汽車將像「呼呼地噴著粗氣的陸上怪獸」一樣衝過沙漠——它們將導致「奇蹟時代」的快樂回歸，當地人將「理所當然」地接受這一事實。[75]改進將會恢復該地區古代帝國的風格——波斯人、塞琉古人、安息人——歷史學家埃德溫．貝文（Edwyn Bevan）解釋道。正如浪漫主義者聲稱希臘是西方失落的一部分一樣，戰時英國對美索不達米亞的表述也強調其與希臘－基督教文化的聯繫。「當歐洲的基督教世界如今眼看著這些土地的荒蕪，」貝文在一九一八年時寫道，「它是在看著自己失去的部分。」[76]這是英國實現其作為新羅馬的命運的又一次機會。

在戰爭的破壞性影響下，英國人再次用贖罪的說法來支撐他們在中東創造歷史的努力——就像十八世紀末一樣，在戰敗和醜聞之後，贖罪指導了帝國的活動。在一九一七年，美索不達米亞的一名海軍水手預見到，這個「帝國的新負擔」將會再次證明，「我們英國人用生命犯錯，用生命挽回。」[77]一位將軍確信，美索不達米亞的鬥爭「是為了更崇高的原則而進行的……是為了比過去無數血腥衝突更高的人類事業而進行的。」[78]這場戰爭不僅沒有打破對英國註定偉大的信念，反而提高了證明其真理的賭注，加倍決心以驗證英國天賜的角色的方式行事。從其他地方來看，意識形態上已經破產的戰爭，在美索不達米亞可以找到意義，實現了被寄予的千禧年希望。他們將證明帝國不是為了「征服，而是為了……救贖」，賽克斯在一份官方說明中肯定道。[79]美索不達米亞將證明英國人仍然可以推動文明，即使他們已經失去了文明本身。一位熱心的作者欽佩「大英帝國的力量和遠見，它把大英帝國看作是一支由許多國家和文化組成的龐大軍隊，在向兄弟們的理想世界前進的過程中，掃除了過去的各種文明。」[80]這種歷史觀巧妙地將歷史的進化觀納入了進步的敘事中；「兄弟們」的未來意味著種族鬥爭的結束，許多英國人認為種族鬥爭是戰爭的誘因。在這一時刻，英國人重新找回了自由主義的帝國神話，將其作為人類博愛的故事來對抗共產主義帶來的敵對國際主義。

考慮到這一歷史願景，退役士兵們尋求調往中東。詹姆斯．曼（James Mann）在伊拉克成為了一名政治官員，他向母親解釋說：「如果一個人去當公務員，或律師，或文學家，或從政，甚至是參加勞工運動，他能做出什麼建設性的功勞呢？而在這裡，我卻一直在建設。」[81]在這個地區，戰後的英國人可能會覺得自己在歷史上有作用，而不是一個無目的機器上的齒輪。這些人經常受到勞倫斯的啟發，他的故事是阿拉伯地區救贖思想的核心。他是戰爭中出現的唯一的英雄行動人物，他既更新了，又超越了維多利亞時代的英雄歷史能動性的理想，同時也表達了他那一代人對盲目的政治家和愚蠢的將軍的幻滅和受背叛的感覺。[82]勞倫斯所受到讚揚的，是一種特殊的感知力，就像他身體上所取得的壯舉一樣，這些特質被認為是「在阿拉伯沙漠的孤獨中得到了深化和成熟，那裡一直是聖人和先知的誕生地。」[83]他的能力不僅是他自己的，而且來自某種更大的、更神祕的力量。將其與基督的力量的比較頻繁地出現。軍事理論家巴西爾・利德爾・哈特（Basil Liddell Hart）寫道：「年輕人像在談論一個救世主式人物一樣談論他，如果他願意的話，他可以成為引領人類走出困境的光芒……他是自由之靈（Spirit of Freedom）的化身，來到這一個被束縛的世界。」[84]這不是約翰・史都華・彌爾畢生致力的自由，而是更卓越的東西，引用了對歷史「進步」本身更加超然的理解。勞倫斯背負著背信棄義的阿爾比恩（Albion，譯註：英國的古稱）的重擔，為一個因發現自己滿是泥濘的雙腳而心煩意亂的文明提供了解救。當阿拉伯取代希臘成為英國貴族英雄主義的最浪漫的背景時，勞倫斯在他的時代是拜倫式人物的典範。他也曾躍入戰場，將另一個民族從枷鎖中解放出來。《每日新聞》堅持認為，「自從拜倫在邁索隆吉翁（Missolonghi）之後，還沒有哪個英國士兵的性格和境遇是如此的令人驚訝」勞倫斯與拜倫共享了「文學和……冒險的天才。」[85]勞倫斯的朋友羅伯特．格雷夫斯（Robert Graves），西線的士兵詩人，也把他比作是拜倫。[86]勞倫斯撰寫了他的阿拉伯起義史詩《智慧七柱》，其藝術風格讓人想起布萊克的插圖作品：這兩本書的各自兩百本印刷量中都有獨特的手工裝訂和當時著名畫家的插圖。在文化上，中東的救贖形象和來自中東的救贖者被人們寄予了厚望。

英國人對中東的預言式期望為英國人控制該地區提供了依據。在一九二〇年，緊接一九一九年召開的巴黎和會之後，為了實現伍德羅．威爾遜對戰爭目標的設想，國際聯盟作為一個國際治理機構成立了。它規定了一個「委任制度」，將新的「被解放」國家分配到一個更「先進」國家的監護之下。這是自由主義帝國的二點零版本，是「文明使命」的國際化重啟版，其中的「受託人」關係更加明確，國際監督至少在理論上對受託人進行了制約。贖罪的流行劇本確保了英國公眾的認同。英國人現在在世界面前宣稱，戰後對美索不達米亞的控制是對其為國家發展所做犧牲的補償。這場賭博成功了。由前鄂圖曼帝國的摩蘇爾、巴士拉和巴格達等省分組成的伊拉克和巴勒斯坦（很快被分成了外約旦和巴勒斯坦）一起成為了英國的委任統治地。雖然被稱為「委任（託管）統治」，但這些領土仍是由「殖民地」辦公室管理的——謊言是一眼就看得穿的。

巴黎和會的目標是達到和平「安置」，從而能確保戰爭不會繼續發生。作為一個國際治理的工具，國際聯盟本應該要遏制衝突的發生，並證明這場戰爭結束了所有其他的戰爭——結束了歷史本身。但是，巴黎和會解決方案的條款本身卻令人深感不安。伊拉克人知道，委任（託管）制度只不過是另一個名字的殖民主義，並對英國人所接受的休養生息的劇本提出了挑戰，在那一年爆發了起義。發展項目在很大程度上是為了滿足英國軍隊的需要，並被記在伊拉克國家的帳本上，但隨著鎮壓起義成為了殖民國家的優先事項，那些發展項目也被放棄了。與此同時，英國人在印度、埃及、愛爾蘭和其他地方也面臨反殖民主義的抵抗，因為殖民者曾經用戰爭結束後就會推動改革的承諾來換取這些地方臣民在戰時的忠誠。

和上個世紀一樣，英國人認為這些叛亂是惡意的無政府主義，是戰爭結束後從戰場上流出的武器擴散所助長的，他們現在正努力遏制這些叛亂。一個戰時委員會考量了控制海灣地區軍火運輸的單邊行動的成本，並且估算了阿曼的蘇丹若是與英國合作進行軍火封鎖會導致多少權力的削弱。賽克斯提醒委員會注意他們所面臨的危險。無煙彈匣步槍已經擴散到全世界了，它們「足以武裝每一個想要步槍的黑人。」小型、廉價的武器已經徹底改變了他們創造歷史的行動能力。賽克斯預見到了一個世界，在這個世界上，動亂的形式是由持有手槍武裝的反殖民主義個人進行的恐怖主義：「任何一個蠢貨……都可以射殺一個總督。」[87]一戰後，該委員會下定了決心要發起國際間的會談。一九一九年的巴黎武器公約將這一問題定為「高尚的道德問題。」[88]武器貿易的不道德性使叛亂在帝國主義思考中失去了合法性和政治性，反之亦然。該公約禁止向任何拒絕接受其「監護」的國家發放出口許可證，並規定了包括中東在內的禁區。英國、法國、義大利和日本的代表甚至在批准之前就同意了執行這些條款，將其作為「所有文明國家的道德責任。」[89]最終，該公約仍成了一紙空文，因為每個國家都在等待其他國家批准，並留下了足夠的漏洞，使槍枝繼續流向該地區（在一九二五年時，國際社會在日內瓦再次為達成協議而做出了努力，但依舊徒勞無功）。在一九二〇年的叛亂中，對這些武器流散的焦慮加劇了英國的侵略和對於即將崩潰的恐懼。

在美索不達米亞獲得救贖的想法吸引了英國人，但英國人並不是為了保衛它而入伍參戰的；他們希望能夠復員回家並關注國內的重建，而不是在新殖民地上花費資源。中東專家們對神祕巫術所具有的能動性的興趣和確信使他們能夠在這個充滿爭議的時刻進行操作。他們對繁文縟節不耐煩，習慣於獨立行事，甚至隱蔽行事，為他們的直覺洞察力服務，他們的作為往往會在事後獲得官方的批准。在伊拉克叛亂期間，勞倫斯主動在《星期日泰晤士報》上揭露了英國人背叛對阿拉伯人的承諾的行為，一下子就把他的英雄形象燒成了灰燼。「英國人民在美索不達米亞被引入了一個陷阱……被不斷隱瞞的資訊騙入其中……我們的管理（一直）比公眾所知的更加血腥和低效……我們還要允許為一種除了管理者之外，誰也不能受益的殖民管理形式犧牲數百萬英鎊、數千名帝國軍人和數萬阿拉伯人的生命多久？」[90]勞倫斯吹響了哨子，讓人們了解到英國對伊拉克的占領是沒有道德理由的帝國主義。在另一篇文章中，他稱英國的鎮壓叛亂戰術，包括燒毀村莊的行動，是「不道德的。」他可能也是幾天後《泰晤士報》上刊登的一篇文章的幕後推手，該文章明智地推斷：「當我們那些帶來利益的鐵路被切斷，我們的發動機和卡車被扣押，我們的電報線被拆毀時，我們就該放下解放者的架子了。」[91]

然而，當醜聞再次威脅到帝國的時候，勞倫斯證明了他對於在中東包裝出一個新的帝國故事和實踐是至關重要的人。在一九二一年三月，對勞倫斯懷有巨大崇拜心的殖民部長溫斯頓・邱吉爾在開羅召開了一次專家會議。作為歷史學家和帝國建造者，邱吉爾在當時已經嶄露頭角，成為了全球政治舞臺上的關鍵人物。在這次會議上，他和專家們決定在伊拉克建立起一個君主制，以安撫伊拉克叛亂者和違背了給謝里夫・胡塞因做出的承諾的帝國良知。胡塞因的兒子費薩爾親王（Prince Faisal）曾指揮過阿拉伯人反對鄂圖曼帝國的叛亂部隊，並在大馬士革建立了一個持續了幾個月的政府，法國人後來將他趕走，並在敘利亞建立了法國委任統治。（費薩爾的悲慘處境引起了英國人的共鳴。在巴黎和會上，作家、外交官妻子維塔・薩克維爾－韋斯特（Vita Sackville-West）形容費薩爾是一位「浪漫的、幾乎是拜倫式憂鬱的犧牲品。」[92]）於是費薩爾現在得到了在伊拉克的安慰獎，但是他與該地區根本就沒有關係。就像印度的王公國一樣，英國將要通過這一君主制度間接地統治伊拉克。但是，這裡有一處新變化：這個掩蓋的被殖民國家將依靠新命名的英國皇家空軍（RAF），而不是在地面上的靴子來執行英國人的意志。英國皇家空軍將會從空中監視伊拉克，協調地面特工的資訊，轟炸村莊和部落。[93]帝國治理的這場革命，部分原因在於空中管控的相對廉價。但它的出現也是源於一種信念，即空中力量特別適合，甚至是獨一無二地適合這個地區。勞倫斯當時堅持認為，該計畫「不能普遍適用。」[94]對於一個在消耗性戰爭之後尋找行使英雄能動性的途徑的人來說，空軍似乎被寄予了很大希望。勞倫斯經常把人類對空氣的征服比作柯勒律治的《古舟子詠》中星星的到來：「作為被期待的主人。」[95]他也在一九二二年加入了英國皇家空軍（他使用化名從軍，採用了另一個愛爾蘭麻煩製造者，他的朋友蕭伯納的姓氏）。

擁有空中能力的政權是致命的，它沒有完全按照預期的那樣發揮作用。專家們想像，空中視角將使他們能夠克服海市蜃樓、霧、平坦無特徵從而難以偵查的沙漠。但該政權受到了資訊失誤的困擾：飛行員會迷失方向，能見度有問題，對部落和村莊的識別不準確。[96]伊拉克人在水道、山丘和其他所謂的「無特徵」地貌中找到了掩護。

但航空愛好者們利用新的歷史劇本，為英國在該地區的行動進行辯護，以加強對試驗的信心。正如我在《阿拉比亞的間諜》中所描述的那樣，由於認為在該地區蒐集的任何數據都不可靠，所以英國人沒有進行傷亡統計。在一九二〇年代，政府開始強調不僅要蒐集，而且要公開傳播統計資訊，作為戰後以發展為理由合理化殖民主義的一部分——這是自由主義歷史敘事的更新，儘管政治理論家蒂莫西．米切爾（Timothy Mitchell）提醒我們，殖民主義本身造成了大量的流離失所和混亂，準確的統計數據仍然難以釐清。[97]然而，戰後的伊拉克是這種公開統計資訊的做法的一個例外，對英國專家來說，它位於可以用經驗評估的世界的範圍之外。在那裡發生的事情的紀錄——關於空中管制的歷史紀錄——不需要被保留。阿拉比亞（Arabia）不可能成為歷史的主人。這種對空中管制結果的故意無視，讓它更容易在英國官方心目中留下印象。只有在「阿拉比亞」，一個被浪漫化為沒有線性歷史的地方，在那裡沒有什麼是可以精確知道的，事實上，精確知識的目標是一種小家子氣，是對了解更深層次的機會的背叛，這樣的無知才是有意義的，空中管制從而被接受了。在伊拉克的繭中，皇家空軍是安全的，它不用接受批評，它受到了惡名昭彰的不可靠性（fallibility）的保護，人們認為來自「阿拉比亞」的所有和俗世有關的新聞都是不可靠的。

使得記錄工作不切實際的不精準特性立刻讓空中警察有能力完成文明化任務的歷史劇本。飛機在實際上做了什麼並不重要，只要讓它們看起來突然變得無處不在就好了，正如伊拉克政治情報部門負責人阿諾德．威爾遜（Arnold Wilson）所說的，要「傳達一種無聲的警告。」[98]恐懼感是該計畫的公認原則。它實現了傑瑞米．邊沁關於守紀律的圓形監獄的夢想，這個夢想在十八世紀時已經由槍枝實現了一部分。現在，空中管制試圖在一戰後的伊拉克實現這種紀律。一份官方備忘錄解釋說：「從地面上看，村莊裡的每個居民都會覺得飛機上的人實際上在盯著他……建立起一種他們所有行動都處於監視和匯報之下的印象。」[99]如果飛行員不能確定他們看到的是「好戰的」還是「普通的」部落，且都因人就無法被「轟炸和偵查的考察」加以區分。[100]具有諷刺意味的是，這種恐懼感的使用被認為是該政權的仁慈之源。在理論上，空中力量可以不流血地使部落屈服，或者通過破壞房屋、村莊、農作物、燃料和牲畜來干擾他們的日常生活，從而產生預期的結果。

為了與這種自動化的紀律願景保持一致，該政權被納入到了振興自由主義的帝國敘事中。官員們認為，空中管制本身如今將實現發展伊拉克和救贖文明搖籃的夢想。通過展示「現代發明的力量……征服世界上廣闊的空間」，沙漠飛行有助於復活維多利亞時代對技術的進步性、建設性力量的信心。在空中，他們將目睹「仰慕的亞洲燭火和巨大的綻放」，這是《倫敦新聞畫報》（*Illustrated London News*）的富有想像力暗示。[101]飛越伊拉克表明「一個新的時代已經來臨」，在皇家空軍的幫助下，伊拉克人將「最終贏得他們的獨立」，一位熱情的官員肯定地說。[102]暴力只是暫時的分娩之痛——這是歷史所需要的一種儀式。一位空軍指揮官解釋說：「控制的形式越便宜，用於道路和發展的資金就越多，而且很快就不再需要用武裝部隊來做本應由警察和棍棒來做的事情了。」[103]因此，空中管制將實現伊拉克「保護人類免遭饑荒和戰爭」的希望，並補償「在大戰中……做出的犧牲。」[104]但是，除了這些希望之外，在那個時刻，伊拉克的「推動和平」被證明是以伊拉克人喪命為代價的，除了那些因飢餓和焚燒村莊而喪命的人之外，在每一次行動中，造成百人的傷亡並不罕見。親眼見證了實情的駐伊拉克中隊軍官亞瑟·哈里斯（Arthur Harris）在一九二四年的報告中提到：「阿拉伯人和庫德人……現在知道了真正的轟炸意味著什麼，意味著傷亡和損害；他們現在知道，在四十五分鐘內，一個完整的村莊……幾乎可以被消滅，三分之一的居民會被四、五臺機器殺死或傷害，這些機器沒有為他們提供真正的目標，讓他們沒有機會作為戰士獲得榮耀，這些機器讓他們無處遁逃。」[105]無論是攻擊英國的通訊設施，還是拒絕繳納高額的壓榨式的稅金，或者是窩藏反叛者，許多部落和村莊都被炸得屈服了。

對空中管制的自由主義辯護並不足以平息對這種暴力的批評。戰爭部長本人質疑這樣的一種邏輯：「要和平地控制美索不達米亞，需仰賴我們轟炸婦女和兒童的意圖」。[106]但在自由主義辯護失敗的情況下，政權的捍衛者們又求助於十九世紀下半葉對殖民主義暴力的更不情願的辯護。有一些人拿出了約翰・威廉・凱伊和愛德華・艾爾的論點來為「轟炸的偉大仁慈」辯護，因為「持續不斷地干擾……正常生活」的方式迫使敵人更快放棄，從而也降低了他們的傷亡。[107]帝國意識形態把嚴酷和仁慈包裹在一個單一家長式的進步願景中。但是，比起這些對空中管制的世俗辯護，最終使英國人容忍其暴力，甚至連那些自稱深愛該地區的英國人都容忍了的，是這樣一種觀念：即阿拉伯只是另一個世界，它處在歷史想像的時間－空間連續體之外。它是聖經中的暴力和騎士精神競賽的永恆之地，是超越世俗慣例的神祕之地，是常年無目標衝突的地方。在那裡，通常的規範很難占上風，特別是當戰爭證明它們在歐洲本身已經過時了的時候。

在這片永恆的土地上，所有發生的事情都是一個無休止的史詩的一部分，它不斷地重複。人們只是陶醉於故事中的故事，就像沙赫拉札德（《一千零一夜》中講故事的女子）用沒有道德或資訊負擔的故事來向那位國王傾訴那樣。因此，他們在伊拉克創造的歷史不需要為阿拉伯人提供一個明顯直接的道德目的（英國人知道它對進步的承諾就足夠了）。英國皇家空軍的情報官員約翰・格盧布（John Glubb）堅持認為：「沙漠中的生活是一場持續的游擊戰。」你必須出重手，而且出擊迅速；那就是「貝都因戰爭」的方式。[108]對貝都因人來說，戰爭是一種「浪漫的刺激」；它所產生的「悲劇、妻離子散、孤兒寡母」是一種「正常的生活方式」，是「自然的、不可避免的。」他們對戰爭的渴望是使他們感受到「人類種族裡最精華的東西」。[109]他們擁有「深度仇恨、不計後果的流血和掠奪的慾望，而我們不冷不熱的天性似乎再也無法做到這一點，」格盧布解釋說，他們有「值得出現在童話故事中的慷慨行為，而背叛的行為則異常卑劣。」[110]他們「對戲劇性行動的熱愛」超過了「理性的支配」；經過總參謀部的確認，他們甚至克服了「對被殺的天生的厭惡感」。[111]阿諾德・威爾遜也表示，伊拉克人習慣了持續的戰爭，期待著嚴厲的司法，對戰鬥人員和非戰鬥人員之間的情感區分沒有耐心，並認為空中行動是「合法和適當的。」[112]休・川查德（Hugh Trenchard）曾在建立空中管制期間擔任空軍參謀長，他在一九三〇年向議會保證：「這些部落中的很多人都喜歡為了戰鬥而戰鬥……他們不反對被殺。」[113]在這種觀點下，不轟炸他們就是一種對他們的文化冒犯。英國人確信，貝都因人在轟炸中保持著自己的尊嚴，不需要憐憫的屈服。他們擁有「在荷馬的書頁中讓我們激動不已的那種英勇的人性」約翰・格盧布解釋說。[114]而在《荷馬史詩》的倫理中，在判斷一個人的價值和美德時，他所擁有的勇氣和戰鬥技巧是最重要的。一位英國指揮官保證說：「（伊拉克的長老們）……似乎並不反感……婦女和兒童被炸彈意外地炸死」——勞倫斯承認，這種情緒「太東方化了……我們無法很清楚地感受到。」[115]事實上，如果飛機是「空中騎士」的話，它就是在「庸俗化」的現代戰爭中恢復了騎士精神，[116]它們甚至讓英國人恢復了自己的《荷馬史詩》般的美德。空中管制的做法得到了平反，這取決於長期以來流傳的觀念，即阿拉伯是一個不受其他地方人類活動限制的「非此間世界」的地方。它是一個充滿英雄和惡棍的地方，在那裡，就像在書中一樣，特工可以從人類痛苦的可憐現實中逃脫出來，進入一個崇高的領域，在那裡，他們所做出的行動具有宇宙般無邊無際的意義。對阿卜杜勒·阿齊茲·伊本·沙烏地（Abdul Aziz Ibn Saud）的清教徒瓦哈比派前衛部隊的打擊，尤其激起了這種浪漫的願景。哥特魯德·貝爾從她在伊拉克政府的位置上，為「我們有能力反擊」這些兄弟會分子而深感自豪，這些人「以其對中世紀信仰的可怕狂熱呼籲，激起了我最黑暗的仇恨。」[117]

在這個地區，被召喚最多的書是《聖經》，這個地區也被囚禁在《聖經》的時間空間裡，而不是世俗的歷史時間裡，這一點需要特別的倫理道德上的適應。它的道德世界是宗教性的，它超出了普通凡人法律的範圍。在一九三二年，當在日內瓦舉行的世界裁軍會議（World Disarmament Conference）上討論空中管制的不人道時，英國駐伊拉克高級專員解釋說，伊拉克人認為轟炸「是上帝的行為，除了立即服從，別無有效的回應。」[118]勞倫斯同意，它被視為「非個人的命運」——它「不是懲罰，而是神對社會的不幸打擊。」[119]阿拉比亞是一個符合聖經的地方，生活在那裡的人們已經知道這一點，他們期待著定期的災難和神聖事物的拜訪。空中管制部門利用了這裡的人們所認定的宿命論，利用了他們對無可爭議的「神的意志」的信仰。這些人可以忍受隨機的暴力行為，而被世俗的正義和人權概念所呵護的歐洲人則不能。

在阿拉伯適用的道德是神話的、浪漫的東西。它將現實中的阿拉伯地區轉變成了聖經中的、故事書中的土地，使那些認為在其他情況下會反對的人——甚至是被阿拉伯自由概念所迷惑的阿拉伯學家特工們——都能接受對阿拉伯人的轟炸。他們熱愛阿拉伯，因為它是另一個世界，這種特質也使它適合承受轟炸機的恐怖破壞，彷彿那是一個獨特的道德世界。因此，在一九三二年，當伊拉克作為一個名義上的獨立國家加入國際聯盟時，皇家空軍仍然控制著那裡，其邏輯是「『平民人口』這一詞彙在伊拉克的含義與在歐洲的含義非常不同。」[120]社會達爾文主義軍事科學為這一說法提供了進一步的支持：赫伯特・斯賓塞曾解釋說，在「粗魯的社會」中，「所有成年男性都是戰士；因此，軍隊就是被動員起來的全民，而社區就是正在休息中的軍隊。」[121]

在英國，空軍部舉行了有數十萬人參加的空中力量的展示盛會，向英國公眾推銷他們的空中管控願景，認為它既是進步的工具，又是對阿拉比亞永恆的讚美。示威活動將沙漠警務表現為從「野蠻的暴徒」手中把白人拯救出來的驚心動魄場景。[122]巡迴徵兵團和其他類型的宣傳也加強了這種說法。殖民部的中東司也熱衷於提供宣傳材料來推廣這種說法。講座、書籍、文章、展覽、電影和攝影作品都對在伊拉克的空中力量的浪漫主義色彩大加渲染。[123]進步，如果在這樣一個社會裡是有可能的話，那麼也只能是以暴力軍事對抗的形式出現。伊拉克人民是如此的好戰，而且在軍事行動中漫無目的，以至於越來越深地受文化相對主義觀念影響的英國人在那裡是不需要顧忌戰爭的法則（*jus in bello*）的。英國政府對自己在一個著名的浪漫之地的建設能力大加渲染，通過宣傳這種形象來推銷新的戰爭，在那裡，本就已經破產了的人文法則和戰爭法則無論在什麼情況下都是不適用的。

在一個陷在永恆的衝突循環裡的地方，那個地方存在於另一個世界的時間尺度上，英國人認為他們可以行使暴力的帝國主義能動性，而無需顧及任何的道德責任。沒有歷史作為道德指導，唯一的考驗就是情感。在一九五八年伊拉克革命終於結束了英國人空中管制的前一年，空軍元帥約翰・斯萊索爵士（Sir John Slessor）在為英國駐伊拉克政權辯護時，曾經贊同那些有天賦的軍官們「對部落成員是如此的有感情，有時候幾乎要『入鄉隨俗』了。」[124]當已經進入到一九八〇年代時，約翰・格盧布仍然堅持認為：「我們的對沙漠加以控制的基礎不是武力，而是說服和愛。」在一九八九年，一位軍事歷史學家引用了約翰・格盧布的話來為空中管控辯護，因為「沒有一個歐洲人比（他）更接近和同情阿拉伯人。」[125]

但是，這些以情感驅動的道德反思的嘗試是建立在虛假的同情心之上的。從戰前作為一種智識上的認識論（intelligence epistemology）的發明開始，英國人對阿拉伯人的同情並不意味著對共同人性的認可，而是在努力使英國人的自我去適應英國人所認為的一個與英國完全不同的物質和道德世界。戰後的特工們受到了縈繞在他們的前輩們身邊的各種傳說的啟發，他們仍然試圖擺脫過多的文明的束縛，進入一個虛構的、符合聖經的、有魔力的、不可思議的、超越世俗時間的空間。他們也把沙漠旅行看作是一種進入奇幻世界的解脫，是對愛國主義責任的逃亡，是對習俗中的世界、日常的道德判斷世界的退避。[126]皇家空軍通過一個看起來猶如魔術般的無線電設施與「文明」的脆弱聯繫，以及勞倫斯在部隊中的傳聞，都助長了這種神祕感。[127]在聖經中的土地上空飛翔是崇高的，但也「對人的神經有不良影響」，一種「世界末日真的來臨了」的感覺，一位皇家空軍軍官這樣說道。飛行員們知道「那些在沙漠中待得太久的人，會有一種安靜的疲憊感」，這會讓他們發瘋。[128]這不是一個讓人感同身受的地方，而是一個缺少某種形式的支撐，讓人精神崩潰的地方。對阿拉伯人的模仿是為了讓英國人能在這個地外空間（extraterrestrial space）生存下去，但是，他們對於英國人通過從空中拉動命運之弓所造成的轟炸遇難者並沒有產生同情心，那些人是一個不真實世界中的遇難者。伊拉克對他們來說，是一個普遍的道德情感所無法企及的地方。

如果說伊拉克是在歷史的空間之外，它卻仍被理解為對大英帝國的歷史圓滿具有重要的意義。如果說它提供了一個讓文明的搖籃復活的機會，那麼在英國人的想像中，它也是一個關鍵的、沒有邊界的游牧民族地區，通過它，動亂會像傳染病一樣蔓延到整個帝國和世界。對伊拉克的控管關乎所有的利益。英國人曾經想像過特定叛亂背後的陰謀——例如一八六五年的牙買加叛亂。但是，陰謀論思維——基於對中東的神祕力量能動性的信念——成為了英國在中東存在的一個主要理由。用哥特魯德・貝爾的戲劇性說法而言，從地中海到印度邊境的那片土地就是一個「魔鬼的培養皿」。[129]英國人想像著一個泛伊斯蘭的結合，並且由莫斯科控制著從君士坦丁堡到阿富汗的一切，「推行一項專門用來破壞英國在中東和印度的地位的政策」，這種想法讓英國官員把伊拉克看作是一個「直指其要害的楔子」。[130]如果英國人被趕走的話，「只會出現無政府狀態。」[131]在一九二〇年，邱吉爾對倫敦市發表了一場的演講，不祥地聲稱有一個「世界性的陰謀……旨在剝奪我們在世界上的地位，奪走我們的勝利。」英國必須克服這種「邪惡的顛覆性力量」。[132]在一次公開演講中，從本世紀初開始讓「中東」一詞流行開來的歷史學家和外交官瓦倫丁・齊羅爾（Valentine Chirol）描繪了一個甦醒了的東方，其中湧動著「許多舊世界的力量……越來越傾向於……聯合起來對抗西方國家的共同威脅。」[133]那些深信阿拉伯地區存在著隱密現實的官員們認為，在該地區爭取自治的各種運動是一場統一的「東方動亂」的一部分，是破壞大英帝國的惡毒陰謀。[134]

可以肯定的是，帝國各地的反殖民運動之間存在著聯繫（我們將在第五章中看到更多的內容），而且許多運動確實是在祕密的掩護下進行的，但它們並不都是反對英國的一個統一的陰謀的一部分（然而它們都是由英國人的統治所孕育出來的）。英國人對於由英國來統治其他國家所具有的價值的信心太過強烈，以至於他們無法想到會有真摯的、廣泛的政治反抗出現的可能性——就像在印度（一八五七）和牙買加（一八六五）那樣。一個卑鄙陰謀的想法給叛亂提供了解釋，並為英國統治提供了理由，認為英國成為了一個反對無政府混亂的堅固堡壘。但是在這一次，這種反英陰謀的威脅念頭湧現得特別激烈，這是因為蘇聯勢力向中東的險惡滲透破壞了東西方的分野，而這正是自由歷史決定論想像力的基礎。中東的陰謀似乎不僅威脅到了大英帝國，而且威脅到了歷史本身——這種歷史只是在最近才在巴黎和會上得到裁定。專家們擔心，新的、身批自由的斗篷的競爭者會利用游牧民和朝聖者的不斷流動來實現一個巨大的布爾什維克－伊斯蘭陰謀，來反對自由主義帝國。勞倫斯警告說，要提防有「一種類似瓦哈比派穆斯林版本的布爾什維克主義」。[135]在成為有影響力的世界歷史學家之前，年輕的阿諾德・湯恩比（Arnold Toynbee，同名經濟史學家的侄子，為英語世界提供了「工業革命」一詞）作為一名戰時情報分析員，在思考改變遊戲規則的東西方分歧時，萌生了他關於文明衰落的想法。在一九一八年的一份備忘錄中，他指出，距離、種族和歷史將歐洲帝國的歐洲部分和東方部分區分開來，但「兩個偉大的國家，土耳其和俄羅斯……在它們之間占據了歐洲和東方的陸橋，將歐洲人和東方人包容在一個政治機構中，他們之間沒有任何明確的劃分……使歐洲和東方合而為一。」在戰爭中，專制的俄羅斯帝國和鄂圖曼帝國長期以來一直遏制著風雲變幻，它們對變革的力量低頭了，在其不穩定的新化身中成為了「歐洲和東方之間的政治導體」。[136]它們威脅著要顛覆他認為自希羅多德以來西方歷史理解的前提。在一九二三年時，當目睹了希臘和新的土耳其民族國家之間的少數民族人口交換後，湯恩比警告說：「大英帝國和東方世界之間可能會發生災難性的衝突。」[137]

政府竭力與公眾分享其預言性的陰謀論，以此來煽動對空中管制的支持。[138]東方與西方之間、善與惡之間的世界末日之爭的說法指導著英國在中東的行動。文明衝突的概念提高了堅守該地區的風險和籌碼，並使用暴力手段鎮壓叛亂和維持治安的觀點對於那些原本對此持懷疑態度的公眾來說變得更容易接受了。曾在伊拉克服役的軍官托馬斯・萊爾（Thomas Lyell）在為說服公眾而寫的一部作品中承認，英國的伊拉克政策孤立地看可能是一種「放縱的過度」（wantonly extravagant），但將其作為「大英帝國的巨大問題——我們領地的未來的關鍵的一部分來考慮的話，則是非常合理的。」[139]在一九二三年時，《泰晤士報》稱讚了空軍部長塞繆爾・霍爾（Samuel Hoare，他是十八世紀貴格會銀行家的後代，接受戰爭是一種「必要的罪惡」）喚醒了公眾對「危險的現實」的認識，並「在經濟上和人性上」都充分證明了在伊拉克的空中管制制度是合理的。[140]一本法國大革命史的評論家認為，這段歷史與那場危機相似，並呼籲逮捕國內的所有那些受布爾什維克支持的「通曉各種語言的無賴們」，以免他們看到「誠實的英國人被最壞的中國人和最壞的黑鬼謀殺的墮落景象，而這些人是可以用暴力來控制的。」[141]

根本性的東西方區隔的觀念的崩潰，鞏固了對待歷史和行使歷史能動性的一種新的神祕方法。布爾什維克和泛伊斯蘭主義的解放敘事在歷史敘事的基礎上從意識形態方面挑戰了帝國主義。在這個受到各方爭奪得領域，英國人從對中東的神祕迷戀中培養出了一種更加奇幻的對能動性的感受。關於潛在的破壞性陰謀的報告往往不會受到重視，但總還是會有一種揮之不去的危險。在通知威爾遜一個可怕的莫斯科－柏林－愛爾蘭－埃及－波斯－印度的聯合陰謀時，陸軍部安慰地告訴他不必對此有「過分關注」。[142]這樣的報告似乎無法抑制地享受了一種隱藏力量的顫動，這一力量正在攪動著一個重大時刻。貝爾希望她並不是在見證「宇宙的崩潰」，但她發現「如此密切地接觸它，真是太有趣了。」[143]在中東工作的部分吸引力在於有機會讓自己沉浸在非凡的、史詩般的小說和浪漫的場景中，在理論上，如果不是在現實中，也要面對傳說中的間諜所面臨的情況，比如約翰・布坎（John Buchan）小說中的間諜（他的小說《綠色斗篷》於一九一六年問世）。在這裡，小說和現實生活之間存在著某種對等性。約翰・布坎是戰爭期間的情報局局長，是阿拉伯專家和間諜團體的親密夥伴，他以他們為參照，塑造了自己小說中的英雄。他也對勞倫斯傳奇的形成起到了作用。[144]

陰謀論的理論家們在其他隨機事件的背後發現了一個「陰謀」，一套敘事。他尋找一個故事來把它們串聯起來。他是一個幻想家。陰謀論是一種思考方式，預想在一般認為永恆的、不可能改變之處會發生變化；他們不是把能動性歸在中東人身上，而是歸於幕後的俄羅斯或猶太演員身上，有時甚至歸於某種元素的力量或精神，一種廣泛的顛覆性能量。[145]陰謀論的思考方式是一種病徵，它是心理和文化壓力造成的，這些壓力源自於戰爭的動盪和意識形態對帝國的舊有論證敘述構成的挑戰。陰謀論思考方式還表明了英國人對帝國的認識論轉向了神祕主義的方向，因為英國人開始統治了一個他們認為在本質上是不可知的地方。英國官員在尋找一種隱藏的意志，不是屬於人類或上帝的，而是屬於這個地區本身——歸根結底來說，這是一個神聖的地區。（如果真的有一股「真實」的力量的話，那麼該地區團結起來反對他們的「真實」力量就是大英帝國自己；這個共同因素導致了埃及人、愛爾蘭人和印度人認為自己參與了一場單一的鬥爭。）

中東是一種獲得了非正統許可的神祕世界，在這裡可以行使隱密的偉人能動性，由道德上模稜兩可的間諜世界來負責，而不是由大眾政治的「直接」世界負責，在「直接」的世界裡，英國公眾因戰爭服役而獲得了擴大的選舉權，終於擺脫了財產資格的束縛，他們大聲地主張自己有權控制外交政策，確保政治家不會讓他們陷入另一場災難性的戰爭。湯恩比的《歷史研究》（*Study of History*）於一九三四年問世，他認為文明的崛起是因為由創造性的少數群體成功地應對了挑戰，而這個少數群體是菁英領袖組成的。[146]小說家和社會評論家威爾斯（H. G. Wells）對勞倫斯深為欽佩，他制定了一個寫作計畫，特別是一本名為《公開的陰謀》（*The Open Conspiracy*, 1928）的作品，描繪了有遠見的人們將會帶領人類走出危機，進入一個烏托邦式的大同城市。這顯然是一部關於革命能動性的作品，敦促「人類控制生活的命運。」[147]在戰時，間諜和前間諜充斥著不斷擴大的情報和決策機構，他們認為自己就是那個菁英階層。如果歷史決定論的根本上的地理分隔（geographical separation）已經崩潰了的話，那麼歷史的「自然法則」就不能再像它們本應該的那樣運作了。彌合東西方鴻溝的陰謀顛覆了它們的運作，使英國的祕密活動成為完全恰當的回應。英國中東問題專家的天才已經被理解為使他們對隱藏的現實具有特殊的洞察力。這種隱密的現實、隱蔽的世界、間諜的世界，是一個道德上的特殊空間，而阿拉比亞就是隱密現實的典型土地，在其本質上是一個間諜空間（spy-space）。一個正當的目的是不必要的；行動只是需要把「這場比賽」（遊戲）進行下去。在這個意義上，它被譽為是那些對資產階級社會和文化紀律的精神壓迫後果感到厭倦的英國人的真正自由空間。如果說自由主義是建立在「受監管的自我」的概念上的話——它是監視個人的全景監獄或是監視自我的內在眼睛——那麼，隱藏的現實就是一個不受監視的空間，使其他的良知概念和道德責任的系統成為了可能。正如德國哲學家漢娜．鄂蘭（Hannah Arendt）所觀察到的那樣，勞倫斯的故事是「一個真正的代理人……」的故事，「他實際上相信他已經進入了……歷史必然性的洪流，並成為統治世界的祕密力量的職員或代理人。」[148]

遮蔽在祕密的斗篷之下，空中管制制度是這個隱密世界的一部分。就像它試圖通過讓阿拉伯人感到被監視，從而來約束他們一樣，它也避開了英國公眾的視線，這也為它的道德自由提供了許可。正如我們所看到的，許多人對該政權的官方理由感到滿意，但許多人仍然持有懷疑的態度，特別是那些致力於維護大眾民主控制外交政策的權利的人們，他們接受來自跨國反帝國主義聯盟等反殖民主義機構對國際聯盟授權制度的毫不留情的批評。[149]政府的保密工作，包括和專家們的祕密聯盟，就是對這一不妥協態度的答案。空中管制的某些方面無法被掩蓋，也無法作為進步的歷史敘事的一部分進行辯解，它只能被隱藏起來。無論如何，傷亡數字都沒有被統計出來，來自伊拉克的新聞也遭到了審查，飛行員沒有被授予勛章，前往該地區的旅行受到了嚴格的控制。[150]大眾民主越是堅持自己的立場，國家就越是想方設法讓外交政策不受影響，採取隱密的操作方式。英國議員們徒勞地追問「關於這些轟炸發生的地點和原因的具體資訊……（以及）是否有平民被殺害。」[151]

然而，不同意見從未被完全扼殺。《泰晤士報》和《衛報》指責國家對暴力已經麻木了；國家對小規模戰爭的祕密進行證明了它已經和公眾產生了距離，此時的公眾已經驅除了軍國主義的惡魔。[152]小說家兼記者喬治·歐威爾（George Orwell）對謊言的敏銳嗅覺並沒有讓他失望。「毫無防備的村莊被從空中轟炸，居民被趕到鄉下，牛隻遭到機槍掃射，小屋被燃燒彈點燃：這就叫安撫。」[153]如同一八五七年的印度和一八六五年的牙買加一樣，國外的叛亂和壓迫的消息在國內的激進人士中引起了共鳴，重新喚起了對專制主義的擔憂。批評者抱怨說，殖民地的臣民和英國人再一次在腐敗的菁英手中受苦。伊拉克人受制於一種不負責任的專制形式的帝國統治，英國公眾也是如此；他們的意願被忽視了，因為政府履行了有關專家的意願，毫不掩飾地追求其好戰和貪婪的目的，與石油和軍火巨頭合謀。[154]激進分子將議會逃避對其中東政策的監督比喻成人們彷彿仍處在斯圖亞特王朝的時代。[155]他們認為這種醜惡的專制主義最終是來自於腐敗的東方，這種觀念也重新復甦了：圓桌會議警告說，如果皇家空軍將轟炸機用於收稅等日常用途，「我們的統治就會變成東方的，它的末日就會來臨。」[156]這類批評家還對歷史採取了陰謀論式的理解。《泰晤士報》諷刺「無辜的帝國主義者們」一直在討論文明化的任務，卻不知道政府在「幕後」與石油商人把酒言歡，認為英國納稅人「被帝國主義熱情感染」愚弄了，納稅人要為保護政府和石油商人的利益而為長久駐軍買單。[157]正如我們將在第六章看到的，在這種氛圍下，新型的歷史敘事開始在反殖民主義思想家和早期武力外交批評者取得的成果上出現，以此作為對官方欺騙的揭露。

勞倫斯意識到他參與了政府的欺騙行為，這是他內疚的根源，也是他意識到他作為一個歷史行為者的道德模糊性的根源。在二十世紀，承擔這種道德負擔的間諜成為了英國男子漢形象的新典型。如果說小說在十八世紀戲劇化地塑造了自由主義的良知，那麼間諜小說在二十世紀則戲劇化地解除了這種良知，將英國人的堅忍表現為一種與內部斷裂的良知共處的能力——約翰·勒·卡雷（John Le Carré）筆下的喬治·斯邁利（George Smiley）很快被人想起，約翰·布坎的小說中的主人公也是如此。維多利亞晚期將帝國視為一種需要無私承擔的負擔，這種觀點是這種新類型形成的基石。人們越來越意識到，自由主義帝國只是一個幌子，它由善於宣傳的戰後政府冷酷無情地四處兜售，罪責的負擔也隨之而來。喬治·歐威爾在他一九三四年出版的第一部小說《緬甸的日子》中解釋說，當了解到大英帝國的「專制獨裁」之後，「你的祕密反抗的心理就會像一種祕密疾病一樣毒害你，」「你的整個生活就成了一個謊言。」歐威爾在一九二八年時就因為這樣的認識而從緬甸的英屬印度帝國警察職位上辭職了，但這段話指的是他的主人公：以緬甸為基地，放蕩不羈的木材商人約翰·弗洛里（John Flory）。他代表了戰時帝國內部分裂的自我的一個無助版本。弗洛里開始「內向地、祕密地、在書本和不能說出的祕密想法中」生活——這是一種「墮落」的生活方式。他就像科學怪人的怪物一樣，徒勞地渴望有一個同伴來分享他的祕密生活，「像他愛緬甸那樣愛它，像他恨緬甸那樣恨它。」像這個怪物一樣，弗洛里（他有一個難看的胎記）以自殺結束了自己的生命。[158] 間諜英雄為應對戰後的現實提供了一個更有彈性的模式——喬治·歐威爾本人曾在倫敦和巴黎的流浪漢「臥底」生活中尋求救贖，從警察埃里克·布萊爾（Eric Blair）蛻變為作家喬治·歐威爾。因此，勞倫斯的故事對許多作為旅行者前往中東或在那裡的英國政府任職的年輕人來說，是一個重要的歷史劇本，但甚至在他們之外，他複雜的道德曲線圖——英雄、叛徒、救贖者——開啟了新型能動性的可能性。勞倫斯的公眾形象讓人想起了拜倫，但與拜倫不同的是，這並不是一個英雄式的死亡可以彌補集體罪責的案例。相反的，他體現了一種新的英雄，他終生背負著罪惡感，這種負擔使他成為一個難以捉摸，在道德上也很油滑（morally slippery）的人——他是背叛的同謀，他自己也被政府背叛了。勞倫斯發明的特別行動人員的形象表明，政府可能會陰險地利用這樣一個人物來背叛公眾，祕密地追求不受歡迎的帝國主義目標。爭取人民「民主控制」的鬥爭是對人民對國家「代理人們」的歷史能動性的蓋棺論定。在戰後，人們相信國家行為者是無意識的，自由帝國的故事只是掩蓋了馬基維利式（為達目的不擇手段）的利益追求。這種信念推動了人民對「民主控制」的爭取。

持續不斷的武器流入中東地區更擴大了這些猜疑。議會中的激進派成員提出了疑問，質疑英國不誠實地同時資助戰時的謝里夫盟友和他們的對手伊本・沙烏地。在一九二五年，伊本・沙烏地贏得了競逐阿拉伯半島的競賽勝利，這讓英國人開始重新擔心沙烏地人接下來會用英國的武器反對英國。[159]在一九二六年，工黨政治人物休・道爾頓（Hugh Dalton）譴責軍火公司的董事是「資本主義道德的最高和最完整的體現」。[160]在兩次世界大戰之間，對英國公眾來說，軍火商在一心一意追求利潤的過程中，體現了最邪惡的非道德的能動性形式——「死亡商人」的惡行。圍繞著薩繆爾・加爾頓的辯論的回聲出現了，一場廢除私人武器製造的運動占據了中心舞臺。一九三一年，威爾斯（H. G. Wells）進行了一種加爾頓式的反擊，他提醒公眾，軍火貿易是所有人都有責任的集體投資；邪惡的軍火商從戰爭中獲利，但「成千上萬的各階層人士……都是小股東」，而且軍火公司的工人們也是如此，儘管他們沒有任何意願這樣做。[161]然而，他對於發生改變的能力所持有的觀點比加爾頓更樂觀，他想像成千上萬的工人會為了更大的利益而欣然忍受這部分的財富損失。在一九三二年，民主控制聯盟（Union for Democratic Control）——一個為爭取公眾對外交政策的控制權以對抗專家的壟斷而進行鬥爭的組織，發表了一篇關於「祕密國際」的揭露文章，這是一個由軍火公司和政府共同推動的好戰外交政策。兩年後，左派政治家和印度獨立的擁護者芬內・布若克維（Fenner Brockway）在他的《血腥交易》（*The Bloody Traffic*）一書中對武器貿易提出了嚴厲的指控。公眾的一致壓力迫使一個皇家委員會在第二年調查了私人武器製造活動。然而，與加爾頓一樣，該委員會的結論是，沒有行使補救措施的餘地，因為「整個工業活動的領域」都與軍火製造有關聯；將軍火製造國有化意味著將所有的工業國有化。[162]無論如何，由於德國軍隊在此時占領了萊茵蘭（Rhineland），委員會的報告還沒有產生任何影響，就被萊茵蘭的消息埋沒了。同時，空中管制已經擴展到西北前線（North West Frontier），有助於平息人們對武器流向印度的擔憂。

英國公眾並沒有擺脫對指導外交政策的祕密力量的懷疑。當公眾做出努力來控制國家的外交政策時，他們仍然懷疑它是否能夠做到：除了武器製造商的邪惡議程之外，通過「無形的手」——像勞倫斯這樣的英雄特工——國家可能會繼續追求毫不掩飾的帝國主義目的。在一九二九年，社會主義者將勞倫斯的形象徹底燒成了灰燼，當時勞倫斯用化名與皇家空軍在印度邊境進行活動的事情曝光了，這引發了關於帝國主義祕密計畫的傳言，而把他帶回國的拙劣祕密行動露餡，又更鞏固了這種傳言。在一九三〇年，他被懷疑是身在巴格達進行指揮。[163]

但國家本身也不信任這些人物。眾所周知的，即使在戰爭期間，勞倫斯也對官僚主義對其行動能力的限制諱莫如深。邱吉爾為自己在殖民辦公室裡給勞倫斯套上了「轠繩和項圈」而感到自豪，但這位警惕的副國務卿仍然懷疑勞倫斯是否適合進入到「官方機器」裡，因為他習慣於直接與部長們打交道，「而且只是與部長們，如果讓他的手太自由，我認為會有麻煩。」[164]其他官僚對中東專家們在帝國官僚體系中自命不凡的權力和系統性的不服從行為感到不滿。哥特魯德・貝爾曾經「動了些手腳」；格盧布「不可理喻」（在一九二六年戰爭部將他召回時，他叛逃到了伊拉克政府裡任職）。[165]其他曾經被當作預言家的人後來也與政府發生了衝突，包括約翰·菲爾比（H. St. John Philby），他叛逃到了沙烏地阿拉伯效力，並且用對自己有利的方式描述了這種屢屢出現的模式：「大多數在阿拉伯從事冒險的巨人們……都表現出了對自己人犯規的傾向……布朗特爵士（Sir Wilfrid Blunt）……在為阿拉伯人和愛爾蘭人爭取權利的過程中，與英國政府結下了樑子……勞倫斯本人也是一個公開的反叛者……貝爾從來都不受歡迎，在英國官員圈子裡，她被認為是一個討厭鬼，而不是一筆可用的資產，我自己的情況也是如此。」[166]官方和民眾對中東專家們的不信任，是對該地區和英國在該地區行動的日益偏執的一部分。這些人物開闢了一個祕密行動的領域，他們是英雄，但也可能對公眾或私人的良知不負責任。勞倫斯常年被公眾和政府懷疑有可能從事了「一些煽動兵變或叛亂的邪術」。[167]在一九二九年，就在離開空軍參謀部成為倫敦警察局局長之前，休·川查德禁止了勞倫斯出境離開英國，並不得與任何「大人物」接觸，尤其是與反對派政治人物交談。[168]那些被吸引到沙漠中，將其視作真正自由的地方的典型阿拉伯專家們不會停止對帝國官僚機構（「鐵籠子」）的反抗，而帝國官僚機構則一心想要限制阿拉伯的自由和他們在阿拉伯的自由。到一九二二年時，「支持愛爾蘭的英國阿拉伯專家」已經成了典型的一類人了，[169]他們中包括羅傑·卡西門特、勞倫斯、威爾弗里德·布朗特（他在這一年去世）和其他一些人。英國政府不信任勞倫斯式的特工，認為這群人不受章程約束，容易受布爾什維克或阿拉伯人的誘惑，以至於殖民部在長達十年的時間裡拒絕任命英國代表到伊本．沙烏地的政府中工作，因為他們擔心「與阿拉伯……政權的密切聯繫實際上使幾乎所有歐洲官員成為自身政府非常不可靠的代理人。」[170]在一九二三年，英國在伊拉克的總督被改名為「行政督查員」（Administrative Inspectors），監督伊拉克執政官員，以回應伊拉克人對更大自主權的要求，但也是由於英國人擔心他們變得「比當地人更像當地人。」[171]那些學會了「以貝都因人的角度看問題」的人似乎失去了「他們的英國觀……和……英國人的性格。」[172]雖然公眾認為勞倫斯可能是帝國侵略的工具，但許多國家官員質疑他和他的模仿者們對帝國的忠誠度。現在，歷史被理解為一個神祕世界，在這個世界裡，某些英雄人物可能會發揮巨大的作用。它不再是自然法則或進步的領域，而是陰謀和詭計的領域，是文明衝突中的顛覆競賽。

儘管公眾認為政府以憤世嫉俗的做法行事，不顧原則地追求利益，但受陰謀恐懼支配的政府官員仍然確信大英帝國的原則性，甚至將公眾的反擊視為邪惡力量（俄國人的手）的結果。他們認為新聞界對中東政策的批評是叛國的地區專家們的陰謀行為。[173]政府為自己採取檯面下的手段開脫，認為這只是對這種勢力的一種回應。面對伊拉克人的抵抗（它認為其中有陰謀），空軍部認為謹慎地使用空中管制是恰當的：「在這種國家……非個人化的飛機……並不像……士兵那樣令人討厭。」[174]空中管控是一個管控機制，在這個時代和地點，反帝國主義已經使更公開的殖民統治變成了一種政治上的不可能了，但政府官員否認這一政治現實，而是將矛頭指向邪惡的陰謀勢力，為他們轉向檯面下的祕密戰術尋找藉口。

這種看待歷史的觀點確保了即使是去殖民化也可能是擴大帝國統治的一種手段。英國的存在是一種造成了不穩定的挑釁。空中管控，無論多麼謹慎，都會繼續損害伊拉克託管統治政府的正當性，在伊拉克政府有了更大的獨立性之後，空中管控就會變得受限制，迫使人們不斷地重新規劃託管統治的安排。最後，伊拉克在一九三二年被接納為國際聯盟的一個獨立國家，但英國仍然在幕後負責。英國官方有意將授予獨立地位作為一個幌子：「外表比實際上的情況更重要。」[175]不管怎麼說，堅守伊拉克的理由仍然存在：邪惡的陰謀家所煽動的災難性無政府狀態的風險。面對伊拉克人的反對，即使在一九三二年伊拉克以獨立國家的姿態進入國聯之後，情報蒐集、飛機、無線電和坦克仍然掌握在英國手中。英國高級專員擁有干預權，英國官員確保「獨立的」伊拉克政府行為符合英國的優先事項。[176]空軍部在議會為這些延續性做出了辯護，解釋說伊拉克是「一個充滿陰謀的東方國家。」他們在私下裡承認，他們就是這樣，「我們真的沒有防衛手段。」[177]這一引人入勝的破壞性評論是一個官員為帝國辯護的一個獨特例子，他以自私自利的方式使用以歷史為基礎的道德辯論。它的私人性質表明，此人已經採用了勞倫斯式的兩面派生活模式。一個維多利亞時代的人，會以彌爾式的方式高調辭職，或以其他方式宣布異議。但現在不然，這是一個人們會相信在陰暗空間裡說出的話擁有強大力量的時代。

儘管有種種失敗，但空中管制還是宣稱取得了成功。在十年後，以修改過的方式，這種做法被出口到了其他地區。在那時，專家們則會認為：「出於（伊拉克）的某些特殊性質……就認為在伊拉克可以達成的事情在其他地方不可行，這樣的想法是『荒謬的』。」[178]但是，最初可行性的渠道形成是至關重要的，它建立在帝國救贖的歷史敘事和阿拉伯地區不受時間影響性質的基礎上，並有兩者的有力結合。對空中管制的自由主義辯護聲稱它把阿拉伯拉回到了世界上，但對於該項目的暴力的容忍取決於阿拉伯存在於歷史之外的概念。這種合法化的概念給了空中管制一個地方，使其在一戰後英國的良知中變得正常。據推測，一旦空中管制完成了它的工作，阿拉伯地區和阿拉伯人就將不再能夠容忍轟炸；他們也將期望被當作普通人對待。從英國的角度來看，這將是歷史的勝利，但卻是文化的損失。

空中管制將自由主義帝國的神話延伸到了足以說服那些可以被說服的人的程度，而且它足夠便宜和謹慎，足以躲避那些不再買帳的人的檢視。[179]有足夠多的人被說服了，有足夠多的良知被撫慰或選擇了逃避，這讓這個空中管制政權得以在兩次世界大戰之間的年月裡存在。英國在第二次世界大戰中完全重新占領了這個國家。當時，在阿拉比亞進行轟炸的可行性為更廣泛地使用轟炸打開了大門。亞瑟·哈里斯（Arthur Harris）是轟炸機指揮部（Bomber Command）的負責人，在二戰期間，他運用了他轟炸伊拉克和印度邊境的經驗，成為了漢堡和德勒斯登遭到無差別地毯式轟炸的幕後推手，有五十萬人在這些轟炸中喪生。邱吉爾是首相，在亞瑟·哈里斯的影響下，他掃清了對於轟炸德國所感到的良心不安，他篤信有更高的富有想像力的正義存在：「那些給人類帶來這些恐怖的人現在將在他們的家中和身上感受到報應的粉碎性打擊。」[180]他們改編了用來對付反殖民組織的歷史劇本；現在歐洲已經成為了善與惡衝突的現場。邱吉爾從戰爭中脫穎而出，成為了一名英雄，作為一名歷史學家，他知道筆的力量將會讓這一聲譽延續下去——正如同他被人誤會了的那句名言所說的：「歷史會眷顧我，因為我打算寫下它。」[181]然而，他給自己描繪的正人君子形象卻出現了裂痕，這是歷史學科從那時開始就開始發生戲劇性地重塑的結果，我們將在第六章中看到這一點。

與此同時，在阿拉伯的勞倫斯變得家喻戶曉的時候，英國的阿拉伯專家所獲得的神祕知識（occult knowledge）的光環更普遍地影響到了人們對於專業知識的觀念。專家的光環演變成了一種近乎神奇的客觀性，他們的知識所依靠的是天才而不是深入研究。英國在中東的冒險，雖然是根植於人文好奇心的，但卻激發了人們對那些擁有「抽象」的知識的專家們的信心，他們的知識是從背景中抽離出來的，是建立在詹姆斯・彌爾的信心之上的，也就是說，他可以坐在書房裡就了解了印度：是從書房裡的專家到足不出書房的專家。事實上，英國的阿拉伯專家們從未停止過利用他們的人文知識作為技術－科學的基礎來管理和「開發」中東地區。來中東「解決經濟問題」的技術－科學專家們從先在那裡徘徊的迷人間諜們吸收了絕對權威的光環後，就開始如法炮製。[182]正如蒂莫西・米切爾（Timothy Mitchell）告訴我們的那樣，「經濟」的概念首先是在殖民地的層面上實現的，是在帝國崩潰的前夕重新組建帝國權威的努力的一部分。殖民地是歷史學家的統治向經濟學家的統治屈服的地方，就在歷史學科本身被重新塑造成了一個反叛者的領域的時候，我們將在後文中看到這一點。典型的經濟學家約翰．梅納．凱恩斯（John Maynard Keynes）在戰前受雇於印度辦公室時，曾經跟隨彌爾發展他的知識專長，他曾拿出過一份關於印度經濟的研究。這個新領域聲稱要把生活中的物質領域抽出來進行理性和數字研究，把文化、歷史和其他領域留給人文主義的思考，這種觀點在一九三〇至五〇年代形成了它的完整形式。世界被劃分為「現實和抽象、物質和文化。」[183]英國在阿拉伯地區的間諜是這種劃分的助產士。但歷史學家的統治並沒有在一夜之間結束，我們將在關於去殖民化的第五章中看到這一點。

在第一次世界大戰後，英國官員大量利用對歷史的新理解，試圖恢復個人英雄主義的可能性。他們的「斗篷和匕首」意識依賴於東方環境，在那裡，機密和神祕兮兮被想像為被允許的行動模式，而且還是文化上的期望。這種歷史觀使英國人在發明和實施世界上第一個空中管制制度時，基本上是問心無愧的，甚至對一貫的家長式專制也是懷有信心的，這是維多利亞時代的自由帝國故事的延續。

在二戰結束後不久，漢娜．鄂蘭將她那個時代致命的極權主義的起源歸結為歐洲帝國主義：對「白皮膚」力量的信仰、英國行政長官對「他自己天生的統治和支配能力」的信念，以及情報工作對英國男人的吸引力。事實上，這些都是十九世紀中葉到二十世紀中葉帝國主義的主要辯解框架；在本書裡，我們將它們重新與一系列歷史敘事聯繫起來，這些敘事給了它們道德上的支持。漢娜．鄂蘭看到，在大英帝國，「舞臺似乎已經為所有可能的恐怖準備好了」基於種族主義的極權主義統治的所有要素都已經到位了。但極權主義反而在其他地方出現了，而且，漢娜．鄂蘭總結說：「令人高興的事實是，儘管英國帝國主義者的統治落入了某種程度的粗鄙，殘酷行為卻在兩次世界大戰期間扮演著較輕微的角色，並且最低限度的人權總是得到了保障。」[184]當然，兩次世界大戰之間的大英帝國與史達林的俄國或納粹德國不同，但它也很難說是殘酷性降低了。人權並沒有得到保障，特別是空中管制氾濫的野心暴露出了它與極權主義風格的實質性親近。漢娜．鄂蘭給出的通行證證明了英國的宣傳和對兩次大戰之間的帝國現實的保密的雙重成功，因此一九一九年的阿姆利則大屠殺（Amritsar Massacre）似乎成了一個不正常的事件。與空中管制一樣，這一事件被辯解為英勇地挫敗了一個巨大的「陰謀……（它的目的是）摧毀我們的海上力量並將我們趕出亞洲。」[185]與此同時，「英國飛機的可愛形象」具有諷刺意味地「幫助了在兩次大戰之間的『和平王國』假象的深入人心。」[186]

今天的我們就是這個假象的後代。受英國操弄的伊拉克國王在一九五八年的伊拉克革命中被推翻了。但是僅僅兩年後，美國就開始了對這個國家的祕密介入，企圖暗殺這個新生共和國的首腦。經過二戰和冷戰期間的長久合作，美國情報部門和軍隊已經吸收了在這個地區裡進行祕密的帝國主義控制和空中管制的訣竅。[187]對歷史的陰謀觀點深深地根植在冷戰期間偏執狂的氣氛之下，它更助長了密謀使用祕密特工來實現帝國主義歷史。尤其是以勞倫斯為榜樣的行動人員們，他們在二戰期間起到了重要作用，並且一直持續地作為西方國家的行動基本模式，在中東地區尤其如此。勞倫斯一直是關於中東地區的軍事思考中的不可缺少的指南。在英國人曾使用空中管制加以控制的每一個地方，帝國的幽靈過往都縈繞在美國的無人機偵查和戰爭活動中：阿富汗、巴基斯坦、索馬利亞、葉門和伊拉克。祕密性一直是迴避對不人道行為提出的質疑的關鍵。無所不在的恐怖仍然是戰術目標。認為「阿拉伯式思考」可以容忍別人所不能容忍的強力行為的觀念成為了這種暴力的正當藉口。[188]正如一個伊拉克美國軍事政權的高階反暴動顧問官所指出的那樣，在這個地區的人們將無人機看作是「新的殖民」。[189]

第五章　進步的分野

嚴肅的民族主義是和跨民族主義相連的。

——班納迪克・安德森

大英帝國的確是在某種程度上結束了，但它的劇本一再被更新。它的結束是一波三折的，先是在一七七六年（美國獨立）出現了裂縫，然後在今天，當蘇格蘭和北愛爾蘭面對英國脫歐的影響時仍在裂解中。從某種意義上說，現代大英帝國的故事就是從一七七六年的裂痕開始的。對解釋和彌補這一損失的歷史敘事的需要，推動了此後英國的大部分帝國活動。大英帝國不斷地出現裂痕，每一次拚命遏制的叛亂都會促使人們對帝國的歷史必要性進行進一步的省思。大英帝國於一九三二年在伊拉克的正式結束只是一個假象，它是直接的帝國統治向間接甚至隱蔽統治的蛻變。更加可信的結束是一九五八年英國在伊拉克短命統治的革命性結束。

在大體上而言，二戰後去殖民化的現實被稀釋了，對英國人來說事情尤其是這樣，大英國協

（Commonwealth，英聯邦）的概念沖淡了去殖民化的現實。大英國協這個實體是在兩次大戰之間成立的，目的是為英國和「白人自治領」之間不斷變化的關係提供一個框架。隨著加拿大、紐西蘭和澳大利亞主張了它們的自治權，大英國協以另外的方式保留了它們和帝國的聯繫。英國與殖民地和自治領的經濟聯繫仍然很重要，在被人們稱為英鎊區的帝國貿易集團中尤其如此。直到一九七〇年代，英國仍一直站在新興的歐盟身後，保持著自己對帝國的定位。英國的帝國主義一直很靈活，它根據需要給予實質的和名義上的自治權，以便更好地維護帝國的關係。非正式、間接和隱蔽的帝國統治形式是其工具箱裡的一部分工具。在這種背景下，我們沒有什麼理由會認為一九四七年給予印度獨立會實質性地改變印度與英國的關係。事實上，許多人可以合理地將官方的去殖民時刻解讀為既能維持大英帝國的道德外殼，同時又能維持實質關係的又一策略。印度成為了大英國協的一員，被認為是自由主義帝國的頂峰，是帝國發展的另一個轉換信號時刻。這並不令人感到尷尬。戰後的工黨政府對這種說法及其對「殖民發展」概念的合併感到深信不疑——帝國可以生產商品以賺取急需的美元。在一九六〇年，前工黨首相艾德禮稱讚帝國「自願地」向其殖民地交出主權，而執政的總理哈羅德·麥美倫（Harold Macmillan）則將吹過非洲的「變化之風」作為帝國敘事的實現方式。

這種關於與過去的延續性的敘述，無論是真實的還是想像的，都是給去殖民化的理解套上了框架。第二次世界大戰後，英國人並沒有乾脆俐落地讓帝國放開手——無論艾德禮是怎麼聲稱的。他們努力地經過長時間的戰鬥才保住了一些殖民地，例如在肯亞和馬來亞。在其他殖民地，對實質延續性的承諾使其得以更優雅地開展過渡。在印度，儘管英國人曾經使用了大規模武力來努力地粉碎反殖民運動，但反殖民主義運動迫使了英國人離開印度。作為戰爭期間的首相，邱吉爾拒絕接受失去印度這顆支撐著帝國的「寶石」的可能。[1]即使是那些左翼人士也沒有考慮在印度和帝國之間徹底決裂。和芬內．布若克維一樣，喬治．歐威爾也出生在印度，他（從在印度的警察服務中）得出結論，英國在印度的統治是「邪惡的專制」。[2]不過，在一九四一年的一篇文章中，他認為英國必須向印度提供的不是「自由」，而是「夥伴關係」，儘管「我們還必須告訴印度人，如果他們想分離，他們有分離的自由。」但印度人是絕不會這樣做的，歐威爾說，因為他們真正想要的只是承認他們有分離的權力，而不是真正切斷和帝國的聯繫，因為這將意味著「印度遭受的災難會不亞於英國所遭受的災難。」他夢想著社會主義革命能夠為帝國提供一個解決的機會：印度人和英國人將「為印度的發展而並肩努力。」英國人最終將把他們曾經「系統性地」把印度人排除在外的培訓傳授給他們。[3]

印度的反殖民主義挑戰了歐威爾對印度人共同投資於不斷發展的自由主義帝國歷史敘述的自信假設。這就是為什麼它在戰爭期間受到殘酷鎮壓的原因，它至少是在歐威爾身上產生了良心上的影響。歐威爾在一九四二年八月的日記中承認：「英國政府現在在印度的行為方式比軍事上的失敗更讓我覺得不安。」[4]兵變以及需要讓美國軍隊來抵禦日本與反殖民主義威脅，這兩件事共同說明了，英國不可能僅靠武力來控制印度次大陸。在一九三〇年代與印度反殖民主義者的談判中，沒有任何內容表明英國會在戰後出讓真正的獨立；在這十年時間裡，官方讓步的目的是維持實質上的聯繫——這就類似於一九三二年給予伊拉克所謂的獨立地位一樣。與法國人在越南或英國人後來在肯亞相比，英國人在一九四七年相對安靜地離開了印度，這件事只是證明了英國人的信心——他們認為印度作為大英國協領地的官方新地位是對實質性連續性的保證。

由於去殖民化採取了向兩個而不是一個新領地移交權力的形式，使這種信念得到了加強：印度和巴基斯坦。英屬印度的這一道裂痕——所謂的分治，成為了歷史上最大的人類遷移，並伴隨著大規模的恐怖暴力。印巴分治造成了一千五百至一千八百萬人遷移；超過三百萬人失蹤或死亡；數十萬婦女被強姦或綁架。[5]這一事件給我們帶來了令人毛骨悚然的畫面：滿載屍體的火車；被肢解和燒毀的屍體被遺棄在運河、道路和鐵軌上；整個村莊的人遭到處決；婦女被強姦和殘害，或是為了免遭強姦、被強姦的恥辱或改變宗教而自殺或被家人殺害的故事。這種規模空前的暴力，不是發生在一個野蠻社會突然放縱自己無章暴力的案例中。它的暴力是系統性的。它是由前士兵和訓練有素的年輕人組成的準軍事部隊實施的，他們是開著吉普車、帶著機槍的團伙，是在社區的支持下將社區的恥辱、榮譽和保護掌握在自己手中的高效率實體機構。[6]

即將離任的英國統治者在這場暴力事件中的起到的作用或是該負的責任是什麼呢？對許多人來說，這似乎證實了英國人的一種論述，認為無政府狀態在很長時間裡得到了抑制是因為有英國人存在——這就是維多利亞後期對帝國存在的辯護敘述，它曾預言只要英國人一離開，次大陸就會爆發出野蠻暴力。如果是這樣說的話，英國人唯一的罪過就是在長期承擔維持南亞秩序的重任後，放棄了這一無私的負擔——它之前之所以要承擔那樣的重擔只是出於仁慈，是為了回應當地堅持的、甚至是天真的要求。因此，這樣的暴力根本就不應該壓在英國人的良知上。英國關於去殖民化的敘述強調了一九四七年的權力移交儀式是帝國家長式目標的實現，同時又不甘心地將暴力視為這些家長式目標永遠無法實現的證明；很明顯，只有英國人穩定的手才能壓制住當地的無政府主義混亂傾向。

南亞人當然要對他們實施的暴力負責。但這種暴力也是由殖民環境直接、濃烈地塑造出來的。在英國統治之前，雖然不同的宗教社區之間有時會發生衝突，但印巴分治所造成的暴力是一種新事物。次大陸人民的宗教身分已經被帝國經驗改變了。分治暴力的基礎是現代的、殖民主義的差異概念，而不是古老的憎恨。此外，分治本身也是一種變革，為一種新的、分裂的民族自我身分認同奠定了基礎，塑造了南亞人的意識和良知。

信仰不同的宗教、混在一起生活的人口是長期存在的，並在許多時間和地方都能相處。印度次大陸在種族、語言、社會和宗教方面的分裂並不比同一時期類似範圍的歐洲更嚴重。說穆斯林和印度教徒之間存在某種永久的不相容性，這樣的假定是違背歷史證據的。可以肯定的是，歷史上有征服和壓制的時候，但是也有穆斯林征服者開始實現本土化並與印度教統治者共存的時候。

印度教徒和穆斯林的互動有各種各樣的方式，包括產生了新的宗教（錫克教），神祕主義的結合（蘇菲思想），沿海社區的同步信仰和實踐，在某些時間和地點也有極端的仇恨。印度教和伊斯蘭教並不是鐵板一塊、永遠不變的宗教，而是一個自從先知的時代以來就在次大陸共同演變著的信仰體系。它們在本質上並不比新教和天主教、猶太教和基督教、猶太教和伊斯蘭教更不相容。政治環境以及治理的質量和統治正當性決定了宗教團體在什麼時候會和平共處。如果十七世紀的歐洲就有了「分治」的概念的話，鑑於新教徒和天主教徒在當時顯然無法相處，那麼，簡單乾脆地分治他們是否是明智之舉呢？事實是，在大多數時間和地點，即使猶太人、穆斯林、基督徒、印度教徒、佛教徒和其他人之間存在有緊張關係，但他們都沒有暴力地生活在一起。巴勒斯坦的猶太人和穆斯林之間、南亞的穆斯林和印度教徒之間以及愛爾蘭的天主教徒和新教徒之間看似有難以消除的仇恨，但它顯然是一種現代現象，是由殖民主義的歷史形成的。

然而，英國人卻對這一現實不聞不問。從一開始，英國人的敘述就把英國說成是來拯救印度的仁慈力量，使其免於被「外來的」穆斯林征服。從十九世紀下半葉開始，關於種族和文化的社會達爾文主義思想，確保了英國人將其統治下的臣民中爆發的暴力事件解釋為沒有歷史感的非理性人的原始仇恨的證據，而不是帝國資本主義造成的不良治理或創傷性社會動亂的結果。[7] 對他們來說，社區間的暴力是一種傳統的東西。從愛爾蘭到印度，同樣的狂熱輕蔑語言被用在整個殖民語境中。在這種理解下，帝國的目的就是要公正無私地在這些人中強加和平。

實際上，正是英國人的殖民統治激發出了這種衝突，而不是抑制了衝突。印度職業官員約翰・斯特拉奇爵士（Sir John Strachey，萊頓・斯特拉奇〔Lytton Strachey，編註：英國作家與評論家〕的叔叔）在一八八八年撰寫的英屬印度歷史著作讚許了「大英帝國治世的祝福」給印度帶來了「絕對和平」——除了穆斯林和印度教徒「有時會在某一時刻……爆發暴力衝突」之外。在一八九四年的修訂版本將「有時會」改成了「不常發生」。歷史學家馬克・多伊爾（Mark Doyle）正確地提醒了人們要注意到這一微妙但重要的變化。「絕對和平」——除了「不常發生」的「狂熱和不容忍」？在英國人統治下頻繁發生的社區暴力事件，已經預示了如果英國人停止統治會發生什麼。這到底算哪門子的「治世」呢？[8] 這樣的說法根本就說不通。事實上，正如馬克・多伊爾所指出的，帝國在很大程度上造成了這種「並非不常發生的」社區暴力。它的做法是將不同的社區擠壓成脆弱的流動形式（forms of mobility），強迫它們在其他的社區裡定居，並制定政策使以前流動的社區關係僵化，使種姓、部落和宗教身分變得更加死板。我不想把太多的創造性力量歸入在殖民主義當局身上——許多事情都有較長期的發展軌跡，但是，正如我們所看到的，英國殖民主義從一開始就極大地塑造了南亞的宗教身分。英國人把宗教（像其他身分一樣）看作是一種固定的、相互排斥的身分標誌，儘管它往往是流動的、由地方決定的。在持續不斷地讓印度社會失序的過程中，他們努力地在多元社群的身上推行行政「秩序」。東方主義學者使用了新的方式來將宗教法典化；殖民地的法律體系強推那些新的、法典化了的身分認同；地圖、人口普查、稅收系統將他們嵌入了政府的行政中。我們十分有必要用對比的方式來觀察，審視英國人自己的普通法，它安穩地立足於古老的、尊重先例的權威之上，保持著對不同詮釋的適應性，反映了人們習俗的變化和人們對於習俗的理解在與時俱進中的變化。但是英國人的法典編纂讓印度教徒和穆斯林的法律實踐不受變化的影響，因為他們認為這些法律就像是印度本身一樣，是不受時間影響的。[9]英國人徹底改變了印度的社會結構，而種姓差異顯然還沒有僵化到足以阻止英國人這樣做。正相反的，英國行政官員將種姓從易變的社會、政治和文化進程和網路中剝離出來，並隨著民族主義的發展，使其成為給政府工作提供資訊的人口普查和民族學調查的基本組織類別，以一種全新的方式將種姓制度政治化了。正如歷史學家尼古拉斯・德克斯（Nicholas Dirks）所寫的：「我們現在知道的種姓制度不是古印度的殘留物，而是一種特別的殖民主義民間社會形式。」[10]這種政策的目標是行政效率——例如，希望讓徵稅工作變得更容易。

但對叛亂的恐懼也影響了殖民地的社會工程。英國人自從一八五七年起，就下定了決心防止南亞人再次聯合起來反對他們的統治。英國人通過建立在新的種族科學基礎上的社會區分來理論化南亞的政治身分，並將其納入到殖民政權中，甚至是納入到公共基礎設施中。在一九〇五年時，英國人按照宗教信仰劃分了孟加拉省，目的是扼殺加爾各答不斷高漲的反殖民主義情緒。這個計畫是由赫伯特・里斯利（Herbert Risley）策劃的，這位種族學家在一九〇一年的人口普查中把種姓制度（根據對鼻子的測量）編入法典。他的邏輯很簡單：「團結的孟加拉是一股力量；分裂的孟加拉則會被拉向不同方向。」[11]他的目的是「分裂，從而削弱對我們的統治構成反抗的堅實力量。」對這種「分而治之」策略的反抗十分聲勢浩大，爆發成了一場支持國貨運動（Swadeshi movement），其中包括對英國商品和機構的抵制。反殖民主義的祝甘塔（Jugantar）革命者從許多的道德指南中吸取養分，從國際無政府主義到《薄伽梵歌》，最後轉向了政治恐怖主義。[12]英國人被迫於一九一一年時廢除了分割，還在一九〇九年讓印度人在一定程度上參與政府，但在這件事上，他們再度狡猾地將政治身分建立在宗教上，為印度人和穆斯林建立了單獨的選區。在英國，此舉被譽為「拉回了……六千兩百萬人，使他們不再加入煽動性的反對派行列。」[13]一旦選區被宗教框住，隨之而來的政治聯繫和交流形式——從政黨到報紙——也必須被框住，這就使分歧變得更加嚴重，並使宗教身分不可逆轉地政治化了。

除了用行政政策之外，帝國的熔爐還以其他方式鑄造了社區身分。反殖民主義運動從加強社區認同的宗教意識形態中汲取了思想和政治力量，例如瓦哈比主義（Wahhabism），它試圖淨化伊斯蘭教所受到的外部汙染，將穆斯林團結在哈里發國家而不是大英帝國之下。維多利亞女王在一八五八年肯定了不干涉宗教的政策，再加上政治壓制，也鼓勵了反殖民主義活動家用宗教術語來表達他們的抗議。[14]帝國主義政權的非正當性，包括政權對於特定社區抱持的偏見性的猜忌，對其動機的不信任，以及對其法律和秩序力量的疏遠，也造成了整個帝國的社區動亂。此外，社區暴力在向帝國發起反擊的方面的確發揮了作用——但卻是以付出令人痛心的代價換來的。儘管這種暴力不是針對政權，但通過揭露其無所不能的假象，質疑其公正性，揭露其殘暴，並針對其警察發起暴力，這些行為都造成了對國家穩定的破壞。暴力事件本身表明，社區認同是政治動員的強大基礎。[15]

印度教徒和穆斯林之間的緊張關係，也是全球對少數民族人口進行清算的時刻的一部分，當時，正是拜歐洲殖民所賜，同質的民族國家的想法已經成了一種規範。在民族自決的名義下，第一次世界大戰建立了一個由同質民族國家組成的世界秩序的規範，參與一個國際化的秩序（國際聯盟）給全世界的「少數」和「多數」類別帶來了新的張力。這個新的國際秩序監督了世界上部分地區的種族分離，使其在同質民族國家的地位上更受破壞。在對亞美尼亞人進行種族滅絕式的清除後，這種系列做法正式固定了下來。在一九二三年時，國際聯盟以安撫的名義進行了希臘和土耳其的少數民族人口交換。德國人實現一個沒有少數民族的歐洲的願景，也正是從類似的考慮中衍生出來的。雖然一九四七年印巴分治時發生的種族清洗在規模上超過了其他的種族清洗，但這種做法已經成為了二戰後的更廣泛現象的一部分，少數民族人口成為了歐洲和中東地區的難民，他們在民族國家體系中造成了危機，這使得驅逐他們成為了必要。

即使有了這些先例和背景，南亞的宗教社群在一九四六至四七年間相互展開的地獄般的衝突也絕非已成定局。仍有大量證據表明，各群體之間存在著合作和共存。旁遮普省是被分治的兩個省之一，由團結者黨（Unionist Party）的政府領導。無論是持有什麼宗教信仰，人們都曾在二戰時由蘇巴斯・錢德拉・博斯（Subhas Chandra Bose）組建的印度國民軍中與英國人並肩作戰。但是，讓偉人在歷史中發揮過大作用的歷史想像力，和強大的歷史敘事要求，共同延續著對帝國主義與民族主義的理解，在造成印巴分治和分治帶來的暴力時，兩者爆炸性的勾結在了一起。

隨著殖民主義使出了各種力量在印度鞏固了社區身分，英國對中東的控制也開始影響到了英國對印度穆斯林的態度。對穆斯林具有跨越沙漠的心靈感應團結的胡思亂想恐懼感，提高了與印度穆斯林進行互動所攸關的利益。在這種觀點中，如果在和印度穆斯林的互動中發生了什麼「錯誤」的話，將會在整個大英帝國中產生破壞性的反響。這種仇視伊斯蘭的背景對英國願意接受建立一個巴基斯坦國的想法有很大影響。印度國民大會黨的穆斯林成員並不尋求建立一個巴基斯坦國，這擾亂了英國對印度的政治想像，他們隨著獨立的臨近而遭到了排擠。[16]

更重要的是，試圖通過在地圖上畫線來安排民族和政體的做法已經成為帝國的慣例，一九〇五年的孟加拉分治企圖就說明了這一點。對非洲的爭奪始於一八八五年在柏林舉行的一次會議，目的就是為了實現這一目標，處心積慮的歐洲官員們聚集在了一起，為劃分非洲大陸的地圖各抒己見。在一八九三年，杜蘭線（Durand Line）確定了英屬印度和阿富汗（其主權仍受英國影響力的制約）之間的邊界。對於帝國主義者任意畫線的特權，也許最為傳神的形容要算邱吉爾令人起疑的說法了，他曾經吹噓說自己「在一個星期天的下午用筆一劃，就造出了約旦。」

這些早期的劃界的目的並不是為了拿出不同群體之間政治衝突的所謂「解決方案」。這種分治的類型是始於一九二〇至二二年的愛爾蘭，是作為地方自治（Home Rule）的代價（北愛爾蘭仍在英國境內）所確定的，它在後來成為了一九三〇年代對巴勒斯坦採用同樣「解決方案」的模板。[17]到了一九四〇年代，「分治」已經成為了英國的去殖民化工具箱裡的一樣法寶了。同樣的官員把這個想法從一個環境轉移到另一個環境中，尤其是著名的歷史學家雷金納·庫普蘭（Reginald Coupland）。庫普蘭是阿爾弗雷德·齊默恩（Alfred Zimmern）的學生，齊默恩是一位古典主義歷史學家，將希臘城邦制度的歷史解讀為帝國生存的劇本，這一點在他一九一一年的作品《希臘國協／聯邦》（*The Greek Commonwealth*）的標題中就有所體現了。庫普蘭接受了聯邦主義的概念，將其作為大英帝國的一種發展方向，一種在持久的帝國框架之內，容納地域愛國主義的手段。這種想法在十九世紀也找到了肥沃的土壤，這在西利的作品裡表現得尤為明顯。它的生命力也在休·愛德華·埃格頓（Hugh Edward Egerton）的作品中得到了延續，在一九一一年出版的《大英帝國內的聯邦和聯合》（*Federations and Unions within the British Empire*）中，他預見帝國將「有機地（天然自發地）」向聯邦方向發展。大英國協將是這一演變願景的頂點。庫普蘭吸收了這些思想，在第一次世界大戰期間送了邱吉爾齊默恩的書和一本修昔底德的書，希望能對他施加影響。[18]在戰後，庫普蘭認為分治是一項有用的技術，並不是因為它能將彼此間不和的人分開，而是因為它有望實現帝國的聯邦夢想。帝國將會是一個傘狀的結構，包覆著那些碎片，這些碎片都是一個個聯邦智慧的臨時孵化器。一九四六年刊登在《泰晤士報》上一篇關於巴勒斯坦的文章中，雷金納・庫普蘭解釋說，分治是阿拉伯人和猶太人最終在一個「真正和持久」的解決方案中走到一起的唯一途徑。[19]簡明扼要地說，這是一個階段，一個歷史過程，他們必須通過這樣一個過程。正如歷史學家阿瑞・杜布諾夫（Arie Dubnov）所寫的那樣：「庫普蘭將分治作為聯邦主義者的末世論（federalist eschatology）的一種形式來加以論證：時代的盡頭將見證猶太人和阿拉伯人的統一，他們將擺脫各自的部落特質，加入各民族的大英國協。」[20]畢竟，英國本身也經歷了這個過程；他的最後一本書的主題是關於威爾斯和蘇格蘭，其民族主義已經不再考慮「一個威爾斯人或蘇格蘭人的『巴基斯坦』了」。[21]不列顛是一個聯邦單位，也曾幫助了南非和加拿大形成聯邦結構。

庫普蘭不僅對他的歷史願景感到充滿希望，他還對英雄人物憑藉純粹的意志實現這一目標的力量抱有極大的信心。這一點，他也是從他的自由主義前輩那裡繼承來的。作為牛津大學萬靈學院的研究學者和殖民地歷史的貝特教授（Beit Professor）和研究員，庫普蘭是「帝國託管」這一可追溯到廢奴主義時期的傳統的有力倡導者。[22]在一九二三年時，他出版了關於威廉・威爾伯福斯（William Wilberforce）的通俗傳記。在一九三三年（正處在兩次世界大戰之間的委任託管統治制度時期），在英國紀念帝國結束奴隸制的百年慶典活動中，庫普蘭為更新這種帝國的敘述做出了努力。庫普蘭隨後還書寫了關於現代新加坡的創始人斯坦福・萊佛士爵士（Sir Stamford Raffles）和被譽為結束東非奴隸制的東非探險家和管理者約翰・柯克爵士（Sir John Kirk）的傳記作品。他（和湯恩比一樣）是新成立的皇家國際事務研究所（Chatham House，漆咸樓）的專家之一，該研究所為政府提供政策建議——戰後的祕密決策使那些要求民主控制外交政策的人感到非常憤怒。分治成為了大人物試圖在決定數百萬人的命運時行使如神一般權威的又一個例子；事實上，用詩人奧登（W. H. Auden）的說法，那個被任命為巴基斯坦和印度劃定邊境線的西里爾・雷德克利夫（Cyril Radcliffe），在警察嚴密護衛的情況下進行的工作已經超越了「被關在一個孤宅中」的那些閉門造車專家了。[23]

我們要區分英國人為愛爾蘭、巴勒斯坦和印度提出的分治方式，理解此事的關鍵在於關注英國人的意圖。[24]這種分治的目的，是為了解決儘管在下放帝國權力的情形下，一個仍被定義為長期且棘手的衝突。分治為帝國的監督和維繫帝國紐帶提供了進一步的理由。阿瑞・杜布諾夫歸納說：「分治的根源在於現已被人們遺忘了的那種帝國聯邦主義願景，即建立一個第三大英帝國，以及在兩次世界大戰的中間時期人們相信的這個論述：人口轉移是克服民族衝突的務實、自由和法律機制」。[25]

因此，在存在著各種競爭者的環境中（其中包括蘇聯的國際共產主義、泛伊斯蘭主義和其他的各種「泛」運動，以及國聯的自由跨國主義），英國（和其他歐洲）帝國主義者是把帝國作為一種國際型態來予以主張的。許多戰時的英國領導人看到了「從大英帝國到世界性組織的自然演變。」南非將軍揚・斯姆斯（Jan Smuts）將大英帝國視為「國聯的雛形」。[26]這就是在戰爭期間喬治・歐威爾在談論國際合作時也加以確認過的那種帝國願景。在一個由陸地超級大國——美國和蘇聯——主導的世界中，將新獲「自由」的國家納入一個聯邦的想法不僅具有象徵意義，而且也在地緣政治上具有吸引力。

從這個願景來看，分治提供了一個衝突國際化、遏制民族主義和擴大帝國作為監督這些衝突的跨國力量的一種手段。阿瑞・杜布諾夫和勞拉・羅布森（Laura Robson）寫道：「分治……是牢不可破地屬於帝國主義的範疇的；它與其說是民族解放的工具，不如說是一種新穎、複雜的分裂與帝國主義戰術，它是一種試圖拉攏向民族國家傾斜的全球現象的方法。」它最初被認為是「以國際主義為幌子的新型帝國治理方法」的一部分，甚至在一九四五年之後，分治仍舊給帝國提供了延續不斷的後殖民影響力的承諾。[27]英國面對去殖民化的優先考量事項是，無論出現什麼樣的新實體，它都必須留在大英國協之內，以確保帝國秩序的連續性。分治與這一設想是完全一致的；巴基斯坦和印度最初都是大英國協的自治領國家（dominion states of the Commonwealth）。英國喜歡與可靠的地方菁英合作，從而將領土和社會置入在聯邦裡——它曾在一九三〇年代試圖將印度的各個王公國（princely states）與英屬印度置入到一個聯邦裡（沒有成功）。分治是「帝國內部政治重新安排的一種方法」，同時也進一步推進了「自治領化」（dominionization）的自由主義敘事。[28]它源自於一種自由主義的歷史想像，其目的是將世界合理化成為一個由大英國協框定的各國體系。分治是一個可以接受的妥協，領土雖然是零散的，但它確保了它們都仍在大英國協的範圍內。它可以被解釋為是對長期以來證明帝國合理性的歷史敘述的實現，是進步故事與永久差異故事的融合。這一開局告捷——前英國殖民地願意成為大英國協的成員——將是歷史對帝國的裁決，是帝國主義者自黑斯廷斯審判以來一直努力爭取的贖罪時刻：證明帝國是一項利他主義事業。這對英國來說是一個道德賭注很高的嘗試。一九四七年產生了兩個新的國協成員，而不是一個，但這對他們來說並不重要。

簡而言之，正如阿瑞．杜布諾夫和勞拉．羅布森所說的那樣，分治是一種「帝國的生存策略」，有助於撫平帝國的後世：英國試圖在後殖民時代裡建立新形式的非正式權威和友好的客戶國，而不考慮人命代價。這就是為什麼甘地不信任英國會在印度國民大會黨和穆斯林聯盟（主張建立巴基斯坦的政黨）的衝突中間進行調解，而是會傾向於它們之間的直接對抗。[29]杜布諾夫和羅布森試圖讓我們醒悟到那些支持分治的人要解決衝突的實際渴望，但分治後的人們並沒有如此冷靜地了解他們的實際目標。意圖是很重要的。在為分治所造成的死亡和混亂分配道德責任時，分治背後所謂的良好意圖具有很強的開脫性，這會把英國人說成是天真無邪的人，好像只是犯了無心之過。像庫普蘭這樣的人物證明了帝國歷史敘事的最新進化力量，也證明了戰後重新產生的英雄式帝國能動性意識，這種意識使像他這樣的人有勇氣去努力實現它。

但是，印度的分治最終並不是因為庫普蘭對這種敘事的信心而發生的。不管他在理論上對這種做法有多大的熱情，庫普蘭最終得出的結論是，考慮到沒有自然邊界、其他少數民族（如錫克教徒）的存在，以及有關人口和領土的巨大規模，分治對印度來說並不合適。[30]所以，並不能簡單地認為，英國人通過固定的宗教身分對社會進行的殖民化排序直接導致了基於這些身分的土地殖民化分割。分治決議在當時是怎樣在印度通過的呢？英國人在其中負有多少責任呢？他們的確創造了分治的條件，並且推動這個想法流通。但是它最終還出現在了權力移交的談判桌上，因為分治的想法通過在南亞人中間的歷史進化和反歷史進化，已經演變出了自己的生命，而那些歷史進化和反歷史進化都是限定在殖民的邊框之中的。

歐洲關於南亞宗教的東方主義思想也影響了南亞人對其宗教的研究。學術界的慣例使任何人都很難在歐洲東方主義視角之外理解關於伊斯蘭教、印度教和世俗事務的問題。穆罕默德・伊克巴爾（Mohamed Iqbal）是一位被譽為激勵了巴基斯坦運動的詩人和哲學家。他是我們第二章中提到的詩人迪赫拉維（Daagh Dehlavi）以通信保持聯繫的門徒。在一九〇五年時，伊克巴爾跟隨另一位受人愛戴的老師——拉合爾政府學院的托馬斯・沃克・阿諾德（Thomas Walker Arnold）前往了歐洲。阿諾德是一位伊斯蘭教和伊斯蘭藝術的歷史學家。他是賽義德・艾哈邁德・汗爵士（Sir Syed Ahmed Khan）的好朋友，後者曾於一八七五年協助在阿里格爾（Aligarh）按照牛津和劍橋的模式建立了一所新的學院，以實現麥考萊按照英國的形象培養一個印度階層的夢想。一八五七年的印度大起義失敗讓他確信，穆斯林必須掌握必要的技能，以便在明顯是由英國人統治的印度掌握通往權力和繁榮的結構。賽義德・艾哈邁德・汗因為他的努力而受封為爵士。與此同時，阿諾德參與了世紀之交時期對伊斯蘭教的重新詮釋，把英國邊緣人吸引到了阿拉伯的沙漠中。他的著作戳穿了伊斯蘭教是通過戰爭傳播的觀點，指出了伊斯蘭教的傳播是由於其宗教和道德訊息的吸引力。在一九〇四年時，他回到了英國，為負責監督印度政府的印度辦公室效勞。他曾向伊克巴爾介紹了在西方有關於伊斯蘭教的東方學術研究，現在又幫助他前往劍橋、慕尼黑和倫敦留學。他對伊克巴爾的影響「既是思想上的，也是實際上的」。伊克巴爾曾以自己的博士論文向他致敬。[31]伊克巴爾在這些環境中研究伊斯蘭神祕主義，同時閱讀歌德和尼采的作品——這些作品本身也是被對「東方」的興趣所塑造出來的。他開始相信，神祕主義在原初的伊斯蘭教中是沒有真正的基礎的，它是外來的，甚至是不健康的。他開始對「真正的」伊斯蘭教作為一個社會和政治組織的潛力感興趣。他同情賽義德．艾哈邁德．汗的觀點，該觀點也得到了詩人和評論家毛拉納．霍加．哈利（Maulana Khwaja Hali）的支持，他們認為，烏爾都語詩歌和穆斯林菁英文化已經普遍地變頹廢了，它們需要改革。在一九〇九年時，他認為大英帝國正體現伊斯蘭教的反國家、普世主義的政治理想。[32]然而，在擁護大英帝國的同時，伊克巴爾同時也否定了作為其存在理由的歷史敘述。大英帝國被框定在一個向全世界釋放民族道德意識的機制中。但伊克巴爾的感受並不是這種在世俗意義上的歷史感受。正如歷史學家費薩爾．德夫吉所言，伊克巴爾不是對伊斯蘭教進行「適當的歷史探究」，而是在其中尋找「一個擺脫其宏大歷史的未來社會的憲法模型」，就像西方的羅馬共和一樣。他很欣賞法國哲學家亨利．柏格森，他的作品在當時也形塑了那些心懷神祕念頭的英國探險家們，讓他們前往了中東的沙漠。[33]如果說亨利．柏格森的思想取決於歐洲對「東方」思想的長期接觸的話，那麼現在，他們就是在歐洲與伊克巴爾產生了共鳴。伊克巴爾也拒絕了作為歷史媒介的統一、連續的時間概念，他也拒絕了民族歷史，這是現代歷史決定論及其伴隨的時間概念之所以能夠存在的理由。[34]因此，伊斯蘭教的起源並不是一個在序列時間中已經成為了過去的東西，而是一個可能構成未來的事物。

在第一次世界大戰後，伊克巴爾開始成了帝國的批評者。通過揭示民族主義所造成的破壞性後果，戰爭讓伊克巴爾下定了加倍的決心要進行不落窠臼的思考。許多反殖民主義的思想家都在共產主義中看到了一個替代方案，但是伊克巴爾認為共產主義的問題，就像是領土民族主義一樣，是其根本性的世界性（worldliness），它會讓帝國主義和資本主義的壓迫性的異化狀況得以延續。[35]這是一個反對歷史決定論的論點，歷史決定論使這四種不同主義成為了他那個時代的主流敘事。正如德夫吉所寫的那樣，伊克巴爾「認為歷史學家經常把所有行動和思想歸因於『利益』，而『利益』本身就是歷史的產物，它在作為社會秩序基礎的財產建立之前是不可能存在的。」這種秩序使「對某些物質的所有權」成為了「利益」的核心，由階級等一般歷史範疇而非「自然或個人現實」來界定。在現代民族國家中，物質領域和精神領域被分割開來——一個是今世考量的，另一個是超越今世的。道德已經被劈開了——前面幾章的內容證明了啟蒙運動的歷史感受所帶來的世俗的道德責任體系，是如何顛覆了以宗教為基礎的呼籲，或更超現世的道德理解。伊克巴爾於一九三〇年在安拉阿巴德（Allahabad）向穆斯林聯盟（Muslim League，該黨主張代表印度穆斯林，是在一九〇六年的賽義德・艾哈邁德・汗提升穆斯林地位的努力過程中成立的）發表講話時提出了這一點，他在講話中首次提出了「印度境內的穆斯林印度」的夢想：「耶穌的普世道德被民族國家的政體和道德體系所取代了。歐洲因此而得出的結論是：宗教是個人的私事，與所謂的人的俗世生活無關。」[36]在那些財產並非是向民族國家邁進的一個必要條件的社會中，正如他認為印度的情況一樣，道德理想仍然是引人注目的利益，他致力於維護這些利益。

伊克巴爾對人類能動性的另一種看法是，人類應該「與神合作，甚至和神競爭」德夫吉如是寫道。[37]無論伊克巴爾是如何錯誤地挑剔烏爾都語詩歌的蘇菲習語是政治被動性，他都在自己的作品中把烏爾都語詩歌變成了有明確政治作用的東西，在他的代表作〈對抱怨的回應〉（Jawab-e-Shikwa）中，他就表達了這種能動性觀點，他在一九一三年於拉合爾舉行的政治集會上朗誦了這首詩。[38]在這首詩中，真主提醒他的追隨者要拿出行動：「哪裡有閒情逸致呢，要做的事情還有很多」（waqt-e-fursat hai kahan kaam abhi baaqi hai），並且要採取強有力的行動：「你是波浪之歌，變成了風暴的喧囂。」（naghma-e-mauj hai hungama-e-toofan ho ja）作為真主的追隨者，他們的命運掌握在自己的手中：「tu Musalman ho to taqdir hai tadbir teri」。這首詩在結尾處保證，如果他們能證明對穆罕默德的忠誠，祂（真主）就會在他們一邊：「Ki Mohammad se wafa tu ne to hum tere hain」。他們不僅能繼承這個世界，寫下神聖命運的刻寫版和筆也是他們的：「Ye jahan cheez hai kya lauh-o-qalam tere hain」。這是一種真主所賦予人類塑造世界、創造歷史力量的強烈感受，但歷史的目標是後世而不是現世的：人類向神聖進化。他在一九一五年用波斯語寫的詩作《自我的祕密》（*Asrar-i-Khudi*），再次提出了神的火花使每個人的自我充滿活力的主題，實現它是每個生命的進化歷程。人在世界中的行為能力，是對真主的創造能力的呼應，是這種自我實現的核心。正如他在著名的詩句中所說的：「通過人們的行為，生命變成天堂和火獄／而人們現世存在的本性既不充滿光也不充滿火。」（Amal se zindagi banti hai jannat bhi jahannum bhi / ye khaki apni fitrat mein na noori hai naari hai）[39]與康德「朽木不可雕」的概念相比，這是對人性的一種不那麼悲觀的評價；更重要的是，它闡明了伊克巴爾認為人類通過自己的行為創造的「世界」是一個主觀的世界的感受。伊克巴爾對人類能力和責任的認識和歷史上最熱心的偉人理論家一樣強烈，甚至可能更強烈，但關鍵是，這種行動的目的不是為了改變外部的世界和時代，而是為了變得開始自覺——這是一種內在轉變。害怕風暴的人必須記住，他本人就是水手，是海洋，也是船和海岸（Nakhuda tu, beher tu, kashti bhi tu, sahil bhi tu）。[40]他是穿越變化的領航者，也是變化的製造者和對象。

在一九三〇年，也就是他發表演說的那一年，伊克巴爾在他的散文作品中呼應了這些主題。在當年出版的講座集《伊斯蘭宗教思想的重構》（*The Reconstruction of Religious Thought in Islam*）中，他公開批評了尼采，因為尼采宣布神已經死了，並期待一個超人來救贖所造成的精神饑渴。伊克巴爾肯定了宗教的價值，認為禮拜能夠引起自我意識，從而超越狹隘的個人主義和物質現實。宗教是現代社會的道德必須——而且是適者生存的歷史想像：「只有對自己從哪裡來和到哪裡去的問題有一個新的認識，人類才能最終戰勝一個以非人性的競爭為動力的社會。」[41]伊克巴爾在一九三六年出版的最後一本烏爾都語詩集也明確地對當代的常見觀念提出了異議；它的副標題是「對當前時代的戰爭宣言」（Elan-e-Jung Daur-e-Hazir Ke Khilaaf）。在這首詩中，他再次呼籲，新的世界不會從物質中，而是從精神變化中誕生。一首名為〈創造〉（Takhleeq）的詩以這樣的駢句開始：「從新世界的新鮮想法看來：世界並不是從石頭和磚頭中誕生的！」（Jahan-e-taza ki afkar-e-taza se hai namood; ke sang-o-khisht se hote nahin jahan paida!）[42]他又在另外的詩句中宣布：「他征服了時代的滄桑／他用每一次呼吸創造了永恆的生命！」（Wahi zamane ki gardish pe ghalib aata hai / jo har nafs se kare umr-e-javidan paida!）簡而言之，伊克巴爾通過對歐洲、波斯和南亞思想家的研究，提煉出了一種強大的人類歷史的能動感，但其能動性卻是為了創造更高的自我。歷史不是一個有方向的東西，而是生命的無休止的流動，一個人必須通過這個世界努力救贖性地超脫他的人性。

至關重要的是，這種超脫不是一種過度自省的超脫，而是一種關乎社會的呼籲，以克服個人化的自我身分發出呼籲。它採取了愛的形式：「對一個自我的真正考驗是它是否會對另一個自我的呼喚做出回應。」[43]真理，或是「終極現實」，是愛的狀態。這就是為什麼烏爾都語詩歌中對蘇菲思想的慣用意象與伊克巴爾的思想是如此的相關。正如費薩爾．德夫吉敏銳地觀察到的，伊克巴爾使用了傳統上戀人無休止地分離、船隻永遠無法靠岸的主題——即現代烏爾都語詩歌核心的分離（birha或hijr）的意象來證明「作為一種運動原則的否定的力量」。我們已經看到了這個傳統詩歌意象核心的自我分裂概念是如何在反抗（ghadar）的時代裡被喚起的。在這裡，它再次表達了對帝國主義和民族主義的辯護理由中隱含的歷史想像力的拒斥。費薩爾．德夫吉引用了伊克巴爾一九三二年創作的波斯語詩集《永恆之書》（*Javid Namah*）中的句子，將其翻譯為「知道旅行祕密的旅人；比公路上的人更害怕目的地。」換句話說，人生是一場沒有目的地的旅行，其道德方位只能在當下判斷，而不是遲來的歷史，當我們已經在黑暗中時，我們不必依靠密涅瓦的貓頭鷹的飛行（譯註：指一種事後反思的哲學觀點）來判斷。當我們實際上是渴望無限的時候，為什麼民族（nation）要成為歷史的終點呢？正如德夫吉所表達的伊克巴爾的想像力追求那樣，是否有辦法讓印度成為「一個沒有民族的國家」（a country without a nation）呢？[44]在考慮到民族主義、世俗主義和伊斯蘭教被削弱的狀態所帶來的問題時，他夢想著穆斯林在伊斯蘭道德體系的基礎上的政治自治，在一個地方培養一個不那麼分裂和剝削的社會，來為穆斯林和非穆斯林服務。這一政治願景來自於他對帝國背後的歷史敘事的拒絕——他堅信人類有權利和義務使自己的世界走向道德，而不是物質或「文明」的精緻完善。

勞倫斯和其他英國阿拉伯學家們在阿拉伯沙漠中尋求對連續的時間的逃避，以求進入到一種持久永恆的體驗中。他們認為，該地區是一個超時空的地方，這使他們敢於在那裡採取暴力治安手段，若不是這樣的話，那麼這樣的暴力便在傳統的帝國進步敘事中是站不住腳的。伊克巴爾在當代試圖恢復時間的充實性，這也結出了可怕的果實。德夫吉所關注的是伊克巴爾對穆罕默德作為最後一位先知的極端防禦性的態度，因為是最後的先知，因此穆罕默德是「人性的創始人，是歷史的真正行為者。」在他看來，伊斯蘭教是「一個純潔的理念」，它「擺脫了所有的物質性──地理、時間、國家、種族等等，因此「特別容易受到破壞」。伊斯蘭教是普世的、強大的，但也永遠處於危險之中，這就要求「穆斯林有一種敏感的、甚至積極的防禦性。」它在教義上易受外界影響，這與同一時期的共產主義相似。對伊克巴爾來說，帝國的罪過之一是對伊斯蘭教的完整性不聞不問，它對新的宗派的出現和對宗教權威的主張採取了不做區別的容忍。伊斯蘭教是「可移動的祖國」的這種分裂，使各地的穆斯林處在了某種少數群體的地位上。[45]這裡存在著許多的悖論。問題是，伊克巴爾的邏輯最終導致了對穆斯林做法的保守保護，儘管其目的是革命和解放。他對一種新的寬容和包容的社會的設想賦予了一種基於宗教的防禦性政治；他對「印度境內的穆斯林印度」的設想被捲入了正喧鬧吵雜的帝國分治觀念中，其方向是他沒有預料到的。一九四七年出現的分治並沒有實現他對非民族社會（non-national society）的設想，而是被拉攏進了民族國家和帝國生存的歷史決定論想像中。

伊克巴爾從一九三四年起在拉合爾與穆罕默德・阿薩德（Muhammad Asad）建立了密切

的友誼，這說明歷史思維對他擺脫歷史決定論的努力產生了不可抗拒的壓力。阿薩德是一個和勞倫斯、菲爾比和格盧布一樣的人物。他是一個奧匈帝國的猶太人，本名叫作利奧波德·魏斯（Leopold Weiss），是一個那種從小就閱讀尼采的《查拉圖斯特拉如是說》長大的人，對於人們「對物質進步的崇拜」感到格格不入，這種「拜物」是他那個時代的普通歐洲人腦中所剩下的唯一信仰了。他也在沙漠中發現了所有時代的多彩織錦：「過去和現在的圖像交織在一起，又分離開來，用奇妙的喚醒之聲彼此呼喚，在歲月中回溯。」他在中東的旅行經歷使他皈依了伊斯蘭教，在一九二〇年代成為了伊本·沙烏德（Ibn Saud）的顧問，並為其從事祕密任務。他行使了重塑自我的權力，並懷有一種自己作為幕後力量的感覺。然而，他和伊本·沙烏德鬧翻了，阿薩德的結論是，沙烏地王國已經腐蝕了瓦哈比主義對穆斯林社會內在進行更新的努力。此外，「石油的噴湧而出」使阿拉比亞的「孤獨和完整」崩潰了。[46]阿拉比亞已經被吸進了世界歷史的漩渦中。他於一九三二年前往了印度，希望能在那裡找到他所信奉的伊斯蘭教實踐和思想，並立即得出了一個結論（以一種呼應當時歐洲信仰的方式），即穆斯林和印度教的實踐和信仰之間存在一條「鴻溝」。[47]阿薩德是一種歷史理想主義者；他相信歷史的發展有一個正確的途徑。沙烏地阿拉伯已經背叛了它的歷史命運。他認為，猶太復國主義者（Zionists，錫安主義者）也是如此。他強烈批評猶太人在巴勒斯坦定居，甚至將自己在阿拉伯沙漠的旅行視為「回家」，回到「我的祖先……希伯來的小貝都因部落」的土地上。[48]通過成為一名穆斯林，他實現了被猶太人移居歐洲所破壞的歷史命運：他判定，如果猶太人留在阿拉伯的話，他們是會成為穆斯林的。

他把成立一個巴基斯坦的想法看作是一個更新伊斯蘭教的新機會，因為阿拉伯半島在更新伊斯蘭教的事業中已經失敗了。在他一九五四年問世的關於這些年的回憶錄作品中，他與「偉大的穆斯林詩人／哲學家、巴基斯坦思想的精神之父穆罕默德・伊克巴爾」的相遇是重大而關鍵的。從那時起，他就致力於創建「一個不是由共同的血統，而是由共同遵守一種意識形態的人組成的政治實體」的理想。[49]阿薩德把他留在拉合爾，而不是繼續向東旅行這件事歸功於伊克巴爾的勸說，這樣的話，他就可以「給未來的伊斯蘭國家闡明智性的前提，而這在伊克巴爾富有遠見的頭腦中幾乎只是一個夢想。」伊克巴爾於一九三八年去世了，他並不知道巴基斯坦將會以什麼樣的形式出現。但他確實早在一九三四年就否定了一個獨立「國家」的目標，他在給他的朋友、歷史學家愛德華・約翰・湯普森（Edward John Thompson）的信中說：「巴基斯坦不是我的計畫。我在講話中提出的方案是建立一個穆斯林省……根據我的計畫，這個新省將是擬議中的印度聯邦的一部分。」[50]甚至劍橋大學的學生喬杜里・拉赫瑪特・阿里（Chaudhry Rahmat Ali）也在一九三〇年代初創造了「巴基斯坦」這個名字，設想的是分布在印度的一個或一系列國家的「反民族主義者的願景」。[51]但是在穆罕默德・阿薩德的論述中，這種迷失的事業是沒有存在空間的，他的目標始終是一個「國家」（state）——他聲稱，伊克巴爾是完全贊同這種設想的。[52]這不僅僅是在一九四七年（完成了分治）以後試圖將對國家的渴望向之前投射的結果；阿薩德在更早的時候就想到了國家，將這種渴望作為關於非常規國民身分（non-normative nationhood）的歷史敘述的一部分。在發表於一九四七年五月（也就是在各方表示同意分治的一個月前）的文章中，他斷言，巴基斯坦不是為了「解決少數民族問題」，少數民族的問題只是「運動內在目標的一個附帶的伴隨物——運動的目標是建立一個伊斯蘭政體，在其中我們的意識形態將得到實際的結果。」穆斯林是「一個立足於自己身上的民族」他這樣堅稱。[53]這是對西方所設想的「民族利益」的拒絕，他敦促巴基斯坦運動的追隨者不要屈服於危險的誘惑，這種誘惑是「把他們的運動看作是當今穆斯林世界眾多『民族』運動中的另一個。」[54]巴基斯坦必須與種族、文化或經濟民族主義無關；他的一席話預示了他在一九五四年的論述內容，他指出巴基斯坦的理念是關乎於「共同遵守伊斯蘭的意識形態」的理念。[55]他指責「我們的大多數知識分子」都忘記了這一點。阿薩德與伊克巴爾的一些出發點是相同的，他們都認為伊斯蘭教可以給那個時代的民族國家問題帶來解方，但阿薩德沒有放棄世俗的歷史視角——一部分的原因是他的東方主義信念：他把這場運動看作是印度穆斯林「終於從政治困境中覺醒了」的證據。巴基斯坦的想法給一個長期沒有歷史感受的民族帶來了歷史感受。它的目標是恢復伊斯蘭歷史，而不是完全逃避它：它將證明「在我們這個時代建立一個意識形態的伊斯蘭政體是可能的，就像一千三百年前一樣。」這些文章出現在阿薩德的「一人出版社」所編輯的《知曉月刊》（*Arafat*）上，他於一九四六年創辦該刊物以專門推動巴基斯坦事業。[56]

很難說阿薩德的思想和寫作究竟擁有多大的影響力——但他聲稱其影響力很大。[57]正如阿薩德對「我們大多數的知識分子」感到的失望所表現出來的，穆斯林對巴基斯坦的看法是多種多樣的，是複雜的，他們會從歷史、人類學和神學的政治想像中汲取營養。例如印度宗教學者黨（Jamiat Ulema-e-Hind），該黨是由印度的烏里瑪於一九二〇年代成立的高級政黨，由毛拉納．胡塞因．阿赫邁德．瑪達尼（Maulana Husain Ahmad Madani）領導，該黨不支持巴基斯坦運動。它與國大黨一樣，也尋求廢除單獨的選區。瑪達尼呼籲穆斯林參照先知從麥加逃往麥地那尋求庇護（hijrah）的榜樣，讓穆斯林和非穆斯林一起生活。可以肯定的是，聯合省（United Provinces，大約是今天印度的北方邦和北阿坎德邦）的一些穆斯林思想家認為，巴基斯坦本身就是一個新的麥地那，是「一個伊斯蘭的烏托邦」，是「作為二十世紀最重要的伊斯蘭政權，成為已經被廢止的土耳其哈里發的當之無愧的繼承者。」[58]這是另一種關於重現伊斯蘭教被中斷了的先知以後的敘述，是一種由更晚近發生的事件所產生的現世歷史。

在鄂圖曼帝國倒臺，由凱末爾領導的新土耳其民族主義者國家建立後，哈里發制度也於一九二四年被廢除了。在一九一九至一九二二年間，國大黨和穆斯林聯盟聯合發起了哈里發運動（Khilafat movement）以維護哈里發體制，以對抗一戰後鄂圖曼帝國的分裂和土耳其民族主義鬥爭興起的雙重壓力。雖然它沒有達到目的，但它是第一次世界大戰後的另一個試圖超越民族的反殖民運動。正如我們所見，中東當時正處於各地的叛亂之中，伊克巴爾年邁的老師阿諾德是英國政府處理哈里發運動的重要顧問，與此同時，英國人在伊拉克實行了空中控管。這段經歷促使他在一九二四年出版了一本關於哈里發的書，阿諾德在書中居高臨下地解釋說印度穆斯林誤解了這個制度。一九二二年土耳其共和國的成立表明，即使是穆斯林也認識到了哈里發制度並不適合現代憲政的世界。[59]因此，印度人徒勞地堅持著一個沒有政治前途的統一的穆斯林社群的理想，用這種損失的痛苦助長他們對歐洲人統治的怨恨。事實證明，這位公開承認的穆斯林同情者對於穆斯林渴望的歷史有效性是視而不見的，他孤注一擲地認為歷史的發展的結局是歐洲國家模式的民族國家。在一九三〇年代，南亞穆斯林通過接受巴基斯坦的理念，挑戰了這種假設。除了伊克巴爾最初在夢想伊斯蘭烏托邦時的反歷史決定論道德目標之外，一種不同的歷史想像力也激勵著那些尋找新麥地那的人。可以肯定的是，除了歷史想像力之外，伊斯蘭的吉哈德觀念也為追求結束巴基斯坦的決定提供了依據。無論阿薩德或伊克巴爾這樣的思想家有什麼想法，印度人加入巴基斯坦運動的動機各不相同，在空間和階級上也不盡相同。[60]阿薩德知道，這場運動的領導人們進行這場鬥爭的出發點是各不相同的。他在一九四七年五月時曾尖銳地問道：「當我們談論和夢想巴基斯坦的時候，我們所說的意思是一致的嗎？」[61]

阿薩德在菁英階層中絕對有足夠的影響力，確保了他在一九五二年之前可以在制定巴基斯坦憲法和其他政府任命中發揮重要作用。在一九五二年之後，他在許多其他地方旅行和居住，直到一九九二年去世。我用他來強調這種殖民的智性環境，在這種大環境下，穆斯林民族國家的想法也必然會形成——它背離了伊克巴爾的模糊想法。巴基斯坦並不具備現代民族主義所要求的核心血緣和土壤紐帶，它是那些對於按照第一原則來組織社會的啟蒙觀念感興趣的人的創意，在這個地方，一個少數民族已經成為有民族願望的地區的「問題」。[62]正如費薩爾．德夫吉所觀察到的，在這一點上，它與創建賴比瑞亞、以色列和定居點殖民社會等國家背後的思想有很多共同之處。這也是那些覺得自己有能力如此組織社會的人的夢想，他們認為偉人可以藐視過去，創造新的歷史，甚至是在幕後這麼做。穆罕默德．阿里．真納（Muhammad Ali Jinnah）在分治前的幾年裡主持了穆斯林聯盟的工作，他對約翰．莫利一八七四年的〈論妥協〉（On Compromise）一文深為欽佩，它捍衛了人們應該要出於原則行事而不是陷入「歷史方法」的迷茫。他拿出的代名詞是相信自己有能力塑造自己的命運的「信念」，無論面對的是什麼現實，這種信念都相信純粹意志的超然力量。[63]亨利．緬因和加爾頓會讓他失望，潘恩或卡萊爾也許不會。儘管人們對於這個信念可能是什麼，以及如何實現它有許多的想像，但旁遮普和孟加拉的最終分割決定，是對巴基斯坦的想法持有不同程度矛盾的菁英們，彼此間進行務實談判後所帶來的結果。也許只有在巴基斯坦有一個被印度領土隔開約一千英里的兩翼的情況下，反殖民主義的創造性努力才能在民族國家理念之外得到實際體現。伊克巴爾和其他人為了逃脫現代歷史決定論的終極目的，所提出替代種族和文化形成的國族認同的方案輪廓，被這種更新版本的歷史想像所採用了，其中帝國聯邦為未成熟的國家提供了一個孵化器。

除了確保在南亞出現的任何新的實體都將要加入大英國協之外，倫敦的官員們在權力移交之前很少會關注印度的日常生活，而是把他們的注意力放在冷戰、英國的資產負債表、英國公民在印度的安全、英國的國際聲譽以及在希臘和巴勒斯坦面臨的挑戰上。每一次，他們都加快了事件的進程，通過宣布不斷加速的撤離日程表而讓印度公眾感到震驚——這使得分治，以及暴力分治，變得越來越不可避免了。正如歷史學家雅斯敏·汗（Yasmin Khan）所指出的，帝國主義政權的倉促解體不僅使暴力問題變得更難解決，而且還使許多暴力事件率先成為了可能。在一九四六年初的省級選舉後，隨著急切的印度領導人們抓住了控制權，英國政府撤銷了省一級的控制權。帝國主義政權放棄了其維持法律和秩序的能力和責任感，對試圖處理常規地方政治的行政人員提供的支持很少。英國的目的是通過避免對印度的基礎設施提供更多的投資來減少損失。情報部門被削弱了，這意味著地方官員在應對暴力威脅時掌握的訊息和警報越來越少。政府停止了人口統計，而此時正是最需要這類資訊的時候。[64]同樣重要的是要記住，一九四三年孟加拉的饑荒也是由英國的糧食分配政策造成的，它使該省遭到了滅頂之災，造成了數百萬人死亡。它極大地損害了孟加拉應對分治及其帶來的一切問題的能力。

在一九四七年夏天，英國軍隊開始撤離印度，而此時印度自己的軍隊正處於分裂狀態，無法依靠它來控制暴力。當麻煩在旁遮普省蔓延開來時，英國指揮部將部隊限制在營房內，並盡可能地快速撤走了。機密指示堅持認為，除了在緊急情況下要出手拯救英國人的生命，英軍部隊將不會實踐任何的作戰功能。取而代之的是，英國人建立了旁遮普邊界部隊（Punjab Boundary Force），該部隊只持續了三十二天，從一九四七年八月一日到九月一日，由於沒有成效而被解散。該部隊規模太小，分布得太分散了。[65]

英國人是如何在這樣的暴力面前自我安慰的呢？在這裡，長期以來為帝國加以辯護的繼承來的歷史觀念又一次影響了歷史的發展和英國人對歷史的良知。在一九三三年，也就是英國人給予伊拉克名義上的獨立地位的一年之後，伊拉克人屠殺了亞述少數民族，英國人認為這證明了伊拉克人需要一個堅定的帝國之手，而不是擔心正是英國人自己長期以來都在培養這個少數族群在支持皇家空軍的徵兵部隊中服役，從而不可挽回地損害了亞述人在該國的地位——是英國人讓亞述人看起來就像是和殖民者合作的人。在分治暴力問題上，類似的邏輯也很普遍。考慮到英國人對於一個永遠分裂的次大陸的敘述——不管他們看到了什麼證據，也不管他們對該地區的統一懷有什麼恐懼，那麼英國人應該在暴力開始時採取消極立場就是完全合理的了，這一切都是意料之中的事。因此，他們對暴力的態度是宿命論的。在一九四六年時的貝拿勒斯（Benares，今稱瓦拉納西），英國地區行政長官輕描淡寫地認定這座城市會被「燒成灰燼」，「印度教徒和穆斯林會撕開對方的脖子。」[66]在這種預期之下，他先著手安排自己的離程，而不是避免暴力發生就能說得通了。這種宿命論思維為英國人匆忙地撤出資源和人力提供了保障，並確保了英國人的良知仍然是輕鬆的。

分治的實際形式，伴隨著大規模的暴力和人口交換，並不是菁英們達成同意的計畫的一部分。[67]它是數百萬普通人決定的結果，有些是自由做出的，有些是出於絕望，他們在應對這種治理的崩潰時做出了自己的決定，並對分治的歷史意義做出自己的解釋——無論這個決定是暫時性的還是永久的，無論是民族承諾的問題還是宗教義務之類的等等問題。我們可以回過頭來說，印度次大陸的人民創造了他們自己的歷史，但是，按照馬克思的說法，他們不是在他們自己選擇的情況下創造自己的歷史的。殖民地社會學塑造了他們的觀點和政治目標；帝國的冷漠造成了不安全的氣氛，這就無法不引起暴力了。當印度人採取暴力行動時，他們的腦海中在想什麼？是什麼歷史或其他倫理框架塑造了他們的行動和良知呢？許多人作為獨立運動的一部分而接受的非暴力承諾怎麼樣了？這些人是如何犯下喪盡天良的罪行，留下未被掩埋的屍體——這也許是文明全面崩潰的最明顯標誌？如果他們不是像英國人所推測的那樣，只是在演繹古老的仇恨，那麼，這是一時的瘋狂嗎？是恐懼的代價嗎？

正如雅斯敏．汗所表明的那樣，世界大戰和權力移交的大環境在塑造南亞人對他們在這一時刻裡的能動性感知方面有著很大影響。在戰爭期間，英國人殺害了數以千計的抗議者，並將大部分國大黨成員關進監獄，因為他們發起了要求立即獲得獨立的大規模「退出印度運動」（Quit India movement）。[68]正如一位官員所寫的那樣，警察「被賦予了自由之手……在必要時使用武力，而不像通常那樣需要得到地方法官的書面批准。」[69]宗教學者黨也不支持英國所做的戰爭努力。這使得致力於宗教分離的對手黨派，例如支持英國的戰爭努力的穆斯林聯盟和右翼的全印度印度教徒大會（Hindu Mahasabha，一九一五年成立）得以蓬勃發展。真納在殖民政府中的地位也得到了提高。他們提供的歷史願景獲得了力量，這種願景既借鑑了英國人的理念，也借鑑了他們自己的理念，即本質上不相容的宗教性「民族」。同時，在東南亞，印度國民軍因與日軍並肩對英作戰而聲名鵲起。戰後，國大黨對非暴力的承諾被淡化了，因為它試圖抓住這些敵對的大眾運動，特別是印度國民軍的事業的努力已經為時已晚了。

戰爭給了許多印度人暴力經驗。被徵兵的人數高達數百萬人。在戰後，曾為英國作戰的那些心懷不滿的士兵被招募到了軍事和警察單位中，以及在整個北方形成的新的防禦團體和志願者機構中。逃兵們也會帶著槍加入這些團體。這些團體往往有著西方法西斯主義和種族自豪感的印記，甚至有認可希特勒和納粹的例子。他們所推出的承諾是支撐了歐洲法西斯主義和殖民主義的社會達爾文主義概念的改編版本。這類團體身著制服，舉著旗幟舉行集會，也吸引了學生、青年和找機會犯罪的人。例如，全印度印度教徒大會的拉姆塞納（Ram Sena）成員身穿卡其褲制服，頭戴橙色帽子，承諾著為印度教事業做出犧牲。有一些組織是從最初的體育或青年俱樂部發展起來的。有一些的規模更大、組織更好、更專業化，更像是私人民兵，如印度教準軍事志願者組織國民志願服務團（Rashtriya Swayamsevak Sangh，RSS），以及與其對應的穆斯林聯盟國民警衛隊（Muslim League National Guards）。[70]未來的學者也許可以去探究其他可能為他們的思想和行動提供參考的宗教道德體系。從英國人的角度來看，這些武裝團體並沒有對英國的利益構成直接挑戰。

當它們正在從反對派轉變成政府本身的時候，一些省級政治人物開始利用這些團體進行治安管理，這些團體也渴望在獨立前夕展現自己的力量。現在，英國人在戰時對民族主義運動的鎮壓已經結束了，印度的政治人物們可以自由活動，制定法律，傳播宣傳。早先害怕顯示出自己支持民族主義的警察和其他官員現在會公開地慶祝和支持特定黨派的領導人，失去了中立的形象。日常生活是由按照穆斯林聯盟和國大黨的路線組織或劃分的委員會決定的。在這種兩極分化的氣氛中，政治家們的言辭過於煽情，已經接近於煽動了。[71]

在一九四六年內閣代表團就獨立的印度的擬議聯邦結構進行談判後，這些動態的發展已經很明顯了。儘管穆斯林聯盟（和宗教學者黨）同意了該計畫，但國大黨拒絕了，它堅持要繼承一個像先前一樣的中央集權的帝國政權，其部分原因是出於一種精明的懷疑，即一個較弱的中央政府將無法讓獨立後的印度抵禦英國人的陰謀，但也是因為它對帝國的自由主義歷史的那個終點進行了投資，並認為它是民族國家的孵化器，正如國大黨的領導人和印度第一任總理賈瓦哈拉爾．尼赫魯所說的印度的「命運嘗試」那樣。一個強大的中央政府也將更有效地實現從帝國歷史劇本中改編出來的發展願景。為了鞏固自己的力量，被激怒的穆罕默德．阿里．真納呼籲在八月十六日設立直接行動日（Direct Action Day），以顯示巴基斯坦建國想法背後所蘊含的力量。他將此舉理解成故意去擁抱歷史能動性。決議通過後，他在穆斯林聯盟的演講中申明：「我們今天所做的是我們歷史上最具歷史意義的行為。在聯盟的整個歷史上，除了按照……憲政主義的方式……我們從來沒有做過別的任何事情，在這一天，我們告別了憲政方法……，我不準備討論道德問題。我們有一把手槍，並且可以使用它。」[72]有趣的是，對他來說，實施「歷史性行為」是暫停道德考慮的同義詞；歷史性行為是為了一個事後被認為值得的目的而抑制道德上的疑慮。這就是有意識地放棄對普通道德規範的義務，以便作為一個偉大的人策劃一個偉大的事件——敢於成為一個偉人，從而成為被另一種道德標準約束的人。這就是詹姆斯．菲茨傑姆斯．斯蒂芬所說的那種「黑暗中的一躍」。對「直接行動」的呼籲，是要求去放棄那種為了適應法律和程序體系而膽怯的行為——是像勞倫斯，而不是亨利．緬因那樣行動。真納可能是民族主義菁英人士中最西化的人，他對《哈姆雷特》很著迷（曾一度渴望從事舞臺工作），人們感覺到，在這一時刻，他看到了自己的模樣，最後下定決心果斷行動，跳出他的道德舒適區，即使是要面對悲劇性的結局也在所不惜——因為「良知使我們都成了懦夫」，就如同哈姆雷特告訴我們的那樣。[73]他希望歷史能為他平反，因為在這種道德上可疑的情況下，歷史的目的就是這樣。他把穆斯林群眾的力量比作手槍——這是在任何故事中都很容易安排的情節，他在此時從遠處直截了當地行使權力，麻醉了人的性情，並且已經知道它能使暴力更容易躲避良知的檢查。

真納呼籲舉行罷工，但八月十六日成為整個印度北部的暴力日。暴力事件是有組織的，並且是由執政的省級黨派的免責感促成的。[74]在遭受饑荒和戰後失業潮打擊的加爾各答，拿著長棍子的穆斯林參加了一場集會，在會上穆斯林聯盟的首長給人們留下了不會出動警察和軍隊的印象。[75]當受害者注意到警察沒有來時，他們便推斷凶手是在穆斯林聯盟和政府的支持下行動的。印度教民兵已經準備好了進行報復。在一個有著強烈的區域性愛國主義和聯合政府的地方，這場大屠殺的規模是空前的。不久之後，旁遮普的聯合省政府試圖通過禁止國民志願服務團和穆斯林聯盟國民警衛隊來限制民間武裝的活動，但由此引起的騷動迫使它在幾天內取消了禁令，這顯示了它的軟弱。法律和秩序的明顯崩潰在日常生活中產生了偏執和恐懼。在這種氣氛下，所有形式的身分認同都屬於對單一政治身分的信仰。如果你不和我們在一起，你就是反對我們。無論暴力事件中的宗教理由是什麼，許多行動都是出於在惡劣環境中生存的迫切需求——所有道德責任體系的崩潰。

與此同時，在孟加拉、德干和其他地方，注入了共產主義思想的農民叛亂活動得到了加強，這使國大黨和英國人都感到害怕。這種威脅是真實而可信的——隔壁的鄰國中國就在兩年後經受了一場大規模的共產主義革命。正如歷史學家雅斯敏．汗所描述的那樣，在這種緊張的背景下，政治菁英們（除了宗教學者黨之外）於一九四七年六月同意了分治計畫，但他們並沒有預料到這將帶來什麼，也沒有提供公民權、財產和生命將會在各地得到保證的承諾。由於沒有這樣的承諾，而且在兩個月的時間裡都沒有得出分界線將會落在哪裡的訊息，恐怖氣氛已經瀰漫開來。那是一個精神壓力極大的時期，人們在宵禁的狀態下神經緊張，鼓聲、警報聲、民兵的聲音在街上響起。關於哪塊土地和哪些基礎設施歸屬哪一方，分離的程度如何，人們是否會遷移，加爾各答和拉合爾等主要城市會發生什麼，所有的這些決定都是倉促的、混亂的。人們開始因恐懼、因信念、因意外而遷移，也有人遭到了系統性地驅離。官員們想到了遷移或是試圖取悅新主人，或自己屈服於焦慮，於是官僚機構也變得功能失調了。官員們在自己的崗位上公開進行黨派活動，或是乾脆離開了自己的工作崗位。[76]軍隊分裂的消息又是一記重拳。由於沒有正常運作的軍隊或公務員，旁遮普被民兵所挾持。現在，由於擔心遭到反擊，政府允許團伙頭目們自由活動。[77]在一八五七年的時候，「恐慌的瘴氣」曾經降臨到過德里的頭上，並允許了各種顛覆活動的發生，但即使是當時也沒有在德里發生像其他地方一樣糟糕的社區間暴力，這既證明了當時叛軍政府實體相對有能力，也證明了在一九四七年變得重要的互斥的社區身分認同是新出現的現象。

由於每個地方的每個社區都擔心成為受迫害的少數群體，因此，發動一場暴力戰鬥以保護土地不受入侵者或外來者的影響是有道理的。種族清洗的所有要素都已到位：贏弱的、兩極化的警察部隊；沒有軍隊；以及變得呆若木雞、不知所措，同時又有充分武裝握在手中的人口。[78]無論印度人在那個時候能獲得什麼樣的能動性感受——宗教上的、歷史上的、占星術的——它們都深受文化和制度崩潰時刻的反射性生存本能制約，在那個時候，評估自己行動範圍的通常指南針已經消失了。

當西里爾・雷德克利夫的土地獎賞最終頒布出來時，領導人們的怨氣助長了戰鬥意願。那些被劃在邊境線錯誤一側的痛苦失望的團體，為了清洗他們所在的地盤，扭轉邊境線的劃分，或是為了剝奪其劃分意義而加入了戰鬥。[79]當士兵們聽說村莊被毀或自己的姊妹遭人綁架後，他們紛紛逃出了軍隊，加入到了民兵武裝中。除了槍和劍之外，還有戰爭後留下的炸彈。當學者對普通人對這段時期的回憶的新檔案進行了研究後，我們可能終於能夠更深入地了解參與一九四六至四八年暴力事件的人們的道德想像力了。[80]

簡而言之，分治的暴力不是由宗教或宗教狂熱「造成的」；當時的排他性政治、按宗教劃分的殺戮和分組的規模都是新的。暴力事件標誌著一個舊秩序的崩潰，以及所有擁有任何權力的人放棄對少數民族的責任。這種責任的放棄又是由長期流傳的南亞歷史敘事所支撐的，這些敘事一方面將宗教分裂描述為常年不變的，另一方面又堅持認為，要從這種永恆的陷阱中進化到一個更合理的秩序空間，需要一定數量的流血和損失。

也就是說，在這樣一個充滿不確定性的時代，印度人用來解釋他們周圍的事件和他們自己的行為的敘述是非常不穩定的，這一點並不奇怪。這些敘述中明顯缺乏持久的信念。在一些地方，殺戮是種族滅絕性的，但也有無數的英雄主義和慷慨行為，以及遷徙後對回家的深切渴望。關於陌生人、鄰居和朋友提供幫助和保護的報告表明，即使宗教認同以一種新的方式發揮了作用，其他類型的道德社區仍然存在。[81]暴力暫時形成了民族共同體，但與階級、種姓、語言等相矛盾的效忠仍然存在，這使得把南亞人變成印度人和巴基斯坦人的任務變得很複雜。殖民時期的社會工程進程推行了一種不是零就是一的宗教認同感，這種做法碾壓了長久以來複雜的自我認同。

這就是我們必須再次看到的，被殖民者思維所具有的複雜性，本土的存在方式和道德實踐模式，與經歷了幾代人時間的殖民統治所形成的其他模式，兩者進行著對立糾結（dialectic struggle）。[82]英國人認為他們在印度的存在是進步所需的國家建設的催化劑，即使是馬克思主義者也同意這個概念。許多印度人也同意這一點。然而，正如歷史學家迪佩希．查克拉巴提所說的，這場「民族主義者」鬥爭還摻雜了其他一些與殖民主義敘事不同的關切，是以迫切的「當前」來反對殖民者的「尚未」。查克拉巴提很好地抓住了反殖民主義思想的雙重面向：「的確，民族主義菁英人士們經常對他們自己的次級階級發表演說……表述歐洲的政治現代性思想所依據的歷史階段論（stagist theory of history）。」與此同時，實際上，鑑於他們對於現在就自治的渴望，他們又含蓄地拒絕了「階段論的、歷史決定論的前現代（或非現代）與現代的區別。」[83]農村的、文盲的、非現代的、非世俗的印度「人民大眾」現在就有能力進行自治的主張，是對持發展論者（developmentalist）的帝國主義藉口的拒絕，用查克拉巴提的貼切說法，他們認為殖民是「歷史的候車大廳」。呼籲印度人行使英雄的力量，克服他們歷史時刻的明顯限制是一個拜倫式的願景。

還有一些人則走得更遠，他們拒絕將民族國家作為其努力的終點。非殖民化敘事採取了殖民主義的形式，將民族國家假定為其唯一的前景。但在整個歐洲殖民地，反殖民主義的思想家們想像了其他的集體未來。如果說二戰期間的共產主義者和自由主義帝國主義者（liberal imperialists）致力於跨越民族國家的前景，那麼，許多反殖民主義者也是如此。[84]他們試圖想像和創造其他替代形式的社區，並試圖闡述和自由主義帝國不同的其他的歷史軌跡。我們在十九世紀的印度和牙買加已經看到了這一點。一八八二年的埃及起義也同樣借助了當地的（而不是歐洲的）自由概念，以及借助了被流放的印度叛亂者在埃及傳播的思想。[85]第一次世界大戰前的印度抗議者也同樣參照了南亞的傳統，以替代殖民主義的歷史敘述。正是這些替代觀點的活力，吸引了當時渴求替代方案的英國人來到了南亞和中東。與此同時，十九世紀的加勒比作家從半球和地方的角度進行思考，想像在不同的社會組織規模上的自治和統一。[86]事實上，這種替代性願景的最有效表達，可能來自二十世紀法屬加勒比海島國馬提尼克島的馬克思主義反殖民主義詩人和思想家艾梅・塞澤爾（Aimé Césaire），他贊成將馬提尼克作為法國的一部分，而不是獨立。他更傾向於改革由帝國創造的相互依存的世界性紐帶，而不是在它們正式分離後可能出現的自治或新殖民地地位。他呼應了塞內加爾詩人和黑人運動領袖利奧波德・塞達爾・桑戈爾（Leopold Sedar Senghor）的觀點，在一九四六年為法國制定新憲法的會議上，他與塞達爾・桑戈爾一起出席了會議。非洲的反殖民主義思想家們也想像著各種形式的泛非主義和聯邦主義，包括非洲合眾國（United States of Africa）的想法。與此同時，歐洲政治和經濟共同體的可能性也在討論之中，其中的一個，即一個跨越歐、非大洲的聯邦法國的想法，使非洲合眾國的想法變得更加複雜了。[87]在國族框架內（national frames）思考的歷史學家將冒著重述當初為帝國辯護的不成熟國族本質（nationhood）的風險。英國人將二十世紀早期孟加拉人的革命情緒中的不同地區、語言、意識形態和宗教承諾視為印度國族（民族）主義失敗的證據。相反的，我們可以認識到，這些糾纏不清的情緒具有豐富的想像力，以及他們希望產生的另一種集體未來。他們當然擁有足夠的力量來嚇唬英國人，英國人對戰時武器販運的擔憂，也包括了特別焦慮從中國和緬甸走私武器到孟加拉。

在那個革命時代之後，許多印度人試圖超越民族身分，可以理解的是，他們對一種為帝國主義辯護的社會組織形式持懷疑態度——尤其是在第一次世界大戰證明了民族主義的可怕影響之後。因此，我們已經看到，伊克巴爾把伊斯蘭教作為社會和政治組織的一種手段。在一九二〇年代末和三〇年代初，「婦女在公共領域的集體身分也被動員了起來」，歷史學家敏納利尼・欣哈（Mrinalini Sinha）這樣寫道。[88]孟加拉詩人和教育改革者泰戈爾（Rabindranath Tagore）曾經夢想有一個「不是被分割成碎片的」世界。[89]第一次世界大戰期間，他在日本和美國的演講中批評了民族主義的破壞性傾向。戰後，他用自己的諾貝爾獎獎金創辦了維斯瓦巴拉蒂學院（Vishwa Bharati college，國際聯合學院），其名稱反映了印度人與世界溝通的理念，其課程也脫離了西方的教學方法，他認為西方的教學方法會侵蝕人的快樂、愛和創造力的天然能力。他警告印度民族主義者不要以「加里波第和華盛頓」為榜樣，採用不言而喻的、源自歐洲的腐朽意識形態；

相反，他們必須依靠當地的靈感和啟發。[90]他在一九三一年出版的《人的宗教》（*Religion of Man*）一書，是根據他在牛津大學的講座內容寫成的，提出了基於愛的人文主義觀點，特別是從孟加拉的神祕主義者（Bauls）那裡得到了靈感，他們是吟遊詩人，來自不同的宗教、種姓和階級背景，他們摒棄既定的社會規範，致力於精神和個人自由以及愛和自發情感的道德規範。「baul」一詞的意思是「神的瘋子」（god's madcap）。據泰戈爾的說法，他們的目標是「愛把我們從自我（the self）的統治中解放了出來。」[91]

泰戈爾對西方教育的批判有一部分是源於他自己在英國學習的失敗嘗試。然而，以不合作為基礎開展活動，為國大黨贏得了群眾基礎的聖雄甘地則擁有在倫敦取得的法律學位，但他也成為了批評西方教育的著名人物（他最喜歡的歌曲就是泰戈爾的〈獨自行〉〔Ekla Cholo Re〕）。他把「印度人」本身視為一個「跨族」（international）類別。[92]他把亨利．緬因對印度鄉村社區的迷戀，轉化成了一種後殖民秩序願景，它奠基在相互依賴但獨立的鄉村共和國之上。「印度的未來，」他說道，「就根植於它的鄉村裡。」在評估甘地理想化了鄉村的反現代主義是「傳統主義者」還是「進步者」時，學者們已經有了大量的著墨。事實上，它是對建立在歷史決定論基礎上的二分法的一種拒絕。

正如任何一本好的甘地傳記裡都會敘述到的那樣，這種對歷史決定論的拒斥，有一部分是建立在甘地與列夫．托爾斯泰和威廉．莫里斯（William Morris）等思想家的長期接觸上的，莫里斯在一八九〇年出版的《烏有鄉的消息》（*News from Nowhere*）設想了一九五二年發生了一場革命，此後形成了一個英國鄉村的烏托邦。它的居民認識到了「二十世紀上半葉的粗糙思想」，讓未來毀滅的恐懼與「過往悲劇」的故事破壞了「眼下普通日常生活的樂趣。」他們的烏托邦裡不提供正規教育，歷史也不再是閱讀的首選，因為「主要是在動盪、紛爭和混亂的時期，人們才會如此的關心歷史。」[93]

在一九〇九年出版的《印度本地自治》（*Hind Swaraj*）中，甘地也同樣解釋說，歷史是衝突的紀錄；暴力是它的動力——事實上，對普利斯特里、卡萊爾和馬克思等不同的思想家來說，暴力也是如此。但如果這就是實際發生過的一切的話，世界早就該終結了。世界之所以生存，是由於愛的持續力量，它經常以歷史上難以辨認的方式化解可能的衝突。甘地的非暴力目標意味著拒絕歷史，傾向於這些持續的日常實踐，而這些實踐並不是那種意義上的歷史事件——按照啟蒙時期的諺語來說，即「幸福就是一個國家沒有歷史。」他解釋說：「歷史實際上是對愛的力量或靈魂的力量的工作每一次中斷的記錄……（，）是對自然進程中斷的記錄。靈魂力量是自然的，在歷史中沒有被注意到。」[94]受惠於歷史的道德觀限制了人類對暴力的行動；非暴力為未來創造了新的可能性，正是因為它允許人類只對當下負道德責任。穆罕默德・伊克巴爾診斷了甘地和英國人相互交談的方式：「西方人」的思想在特徵上是「時間序列性」（chronological）的；他們「在時間中生活、運動和存在」。另一方面，作為一個「東方人」的甘地，他的「世界意識」

（world-consciousness）是「非歷史性的」；事情是「純粹的現在。」因此，他努力去實現即刻的自我統治（immediate self-rule）。但對西方人來說，「事物是逐漸的；它們有過去、現在和未來。」[95]英國人堅持漸進式的政治演變，這蒙蔽了他們，實際上，也使他們目前作為壓迫者的地位得以實現了。因此，甘地拒絕了西方教育，因為他相信「麥考萊奠定的教育基礎已經奴役了我們。」相反的，他呼籲進行宗教或道德教育。[96]像是拉合爾的國家學院（National College）這樣的機構，就是在反殖民運動抵制英國教育機構的過程中出現的，旁遮普革命中的馬克思主義者巴格特・辛格（Bhagat Singh）就曾在這裡學習。[97]

甘地有效地顛覆了東方主義的「無時間性」印度的概念，以恢復對時間充實的體驗。他對《薄伽梵歌》的迷戀，包括他在梵文知識薄弱的情況下還試圖翻譯了《薄伽梵歌》，這是他尋找行使人類能動性的替代指南的一部分，他稱《薄伽梵歌》是他的「永恆的母親」。[98]他覺得自己在《薄伽梵歌》中生活了四十年；他不僅僅是生活在世俗的歷史時間裡。他堅持認為，包括《薄伽梵歌》在內的《摩訶婆羅多》「不是一部歷史；而是一部達摩（法）典（dharma-grantha）。」《薄伽梵歌》是一部無教派的「純道德」作品。[99]它所指導的行動不受未來效果的影響——如費薩爾・德夫吉所說的那樣，不是「為了未來而犧牲現在的工具」。[100]

可以肯定的是，《薄伽梵歌》在這一時期的影響本身是由殖民主義所決定的。在歐洲入侵之前，《摩訶婆羅多》中的故事是大眾話語的一部分，就像《五卷書》（*Panchatantra*）的故事一樣，但《薄伽梵歌》是神學家和哲學家的文本。[101]東印度公司的東方學家查爾斯・威爾金斯（Charles Wilkins）在黑斯廷斯的贊助下，於一七八五年將其翻譯成了英文——黑斯廷斯則為英文版寫了序言。被譽為創造了「歷史決定論」一詞的德國浪漫主義詩人和哲學家弗里德里希・施萊格爾（Friedrich Schlegel）將其前半部分翻譯成了德語；他的兄弟奧古斯特・施萊格爾（August Schlegel）在一八二三年翻譯出完整的拉丁文譯本，將《薄伽梵歌》掃入了德國浪漫主義和東方主義傳統，因此，正如我們所見的，黑格爾在思考其歷史哲學時也對其有所著墨。根據黑格爾的說法，是他把不以行動的結果為出發點而採取行動的「詩句」（shloka）作為該文本的中心思想的。甘地是在倫敦的神義學者們（Theosophists）中間首次讀到這篇英文文本的。他和其他反殖民主義思想家重新使用了《薄伽梵歌》作為道德行動的另一種指導。心理學家、評論人阿希斯・南迪（Ashis Nandy）指出，甘地拒絕將歷史作為「道德行動的指南」以服從於神話，這使他與威廉・布萊克一脈相承，甘地也從布萊克那裡得到了他的信條：「我的宗教就是我的政治，我的政治就是我的宗教。」[102]他反對英國統治的活動是以道德而不是以政治為基礎的，他的反對活動旨在確立印度人的事業在世人眼中的道德優越性。對他來說，非暴力抗議本身就是一種目的，而不是實現未來政治目的的手段。[103]正是在其實踐中實現了自我統治。這一論點否定了為帝國辯護的歷史老論調，正如烏代・梅赫塔（Uday Mehta）所言，「文明」對甘地來說不是某個歷史進程的終點，而是一個具有「純粹的倫理和道德意義」的術語。它在個人層面上以道德行為模式的形式運作，無論其社會多麼發達或原始，都可以遵循；它與歷史無關。因此，甘地相信印度現在已經準備好在文化的基礎上實行自治了。當被問及對「現代文明」的看法時，他經常引用的一句話是：「這將是一個好主意」，這是對「現代文明」一詞的另一種理解的發揮。梅赫塔解釋說：「普遍流傳的對帝國歷史決定論的反應幾乎必然是一種偏狹的形式，因為要評價的是一套條件，其規範性和經驗性的可信度可以在不提及未來、或必要的過去，以及規定的發展道路的情況下得到證明。」[104]

維護哈里發的運動（Khilafat movement）是超越歷史決定論者所持有的國家類別的另一次嘗試。它的領導人也參與了創造性的努力，在帝國的歷史想像之外進行思考。這些努力在他們對教育改革的投入中顯而易見。在參加哈里發運動的同時，毛拉納・阿布・哈拉姆・阿札德（Maulana Abul Kalam Azad）、詩人穆罕默德・阿里・焦哈爾（Mohammad Ali Jauhar）和毛拉納・馬達尼（Maulana Madani）創建了激進的反殖民主義大學「伊斯蘭民族大會」（Jamia Millia Islamia，JMI）。他們這樣做是因為對阿里格爾學院的殖民主義同情心感到失望；JMI的目標是發展新的、反殖民主義的教育方法，它也因此而贏得了國際聲譽。一九二三年，焦哈爾短暫地主持了大會。在他的主席講話中，他闡述了他所珍視的、後國族（post-nation）的夢想，即建立「一個比美國更宏偉、更高貴、更富精神性的聯邦。」[105]以「這個由數億人組成的國家」為形式的「天意」，使這些具有不同的信仰和背景的人們有機會創建這樣一個實體，一個「新的綜合體」。正如我們所看到的那樣，聯邦制的問題也有望通過反殖民主義的話語來解決，正如我們已經看到的，它也影響了伊克巴爾的思想。這部分的理想是受到了新成立的蘇維埃聯邦（蘇聯）的啟發，它提供了一個聯邦的、共產主義的社會組織形式願景，在蘇聯，民族性至少在理論上是次要的。在第一次世界大戰中為爭奪民族優越性而進行的血腥鬥爭中，俄國革命對這些想像一個可能既是後殖民主義，又是後國族主義的世界的努力，給出了至關重要的激勵。[106] 許多反殖民主義思想家都借用了列寧主義的歷史敘事，將印度的鬥爭視為更廣泛的全球革命事業的一部分。但迥異於國際共產主義的目標，許多人只是受到了它蔑視已知歷史劇本的啟發：這種概念下，不是每個社會都必須依次經歷工業主義、資本主義、自由主義等階段，它們可以完全創造出新的劇本。這是一場歷史思想的革命。

一個由南亞革命者們組成的網絡確保了這些思想試驗感染在四處進行的對話。在十九世紀初時，拉埃巴雷利（Raibareilly）的賽義德．阿赫邁德（Sayyid Ahmed）將瓦哈比派的影響力帶到西北邊境地區以和錫克王國作戰。英國人把留在這裡的這群追隨者們稱為「印度斯坦的狂熱者」。在一八五七年的反英起義失敗後，許多革命者通過離開次大陸來逃脫可怕的命運。[107] 穆斯林的「遷徙」（hijira）概念，指的是先知穆罕默德和他的追隨者們從麥加逃亡至麥地那的旅程，這是一個重要的倫理框架，為印度人行使能動性提供了依據。在第一次世界大戰期間的一九一五年時，一群反殖民主義活動家在英國的軍事對手土耳其和德國的支持下，在喀布爾成立了印度臨時政府（Provisional Government of India）。英國人破獲了該團體建立一支真主的軍隊的企圖，他們想以此解放受異教徒統治的伊斯蘭國家，即所謂的絲信計畫（Silk Letter Plot）。由那些和英屬印度情報部門合作、憑直覺的專家們（我們在第四章裡敘述過這些人）所組成的中東情報機構，也稱這些活動家為「印度狂熱分子」，並預言會有一個「遍布……整個伊斯蘭世界」的陰謀需要被持續地加以警惕，他們同時以自信的斷言來緩和這種恐懼，說這個陰謀是一個沒有獠牙的陰謀。[108]這些都是激發戰後在印度和伊拉克採取鎮壓措施的恐懼之一，其中也包括空中管制。然而，在這一時刻，英國將許多活動家驅逐到了馬爾他，在那裡，監禁的經歷加強了他們的反殖民主義信念。這些活動家之一的學生和信徒毛拉納．馬達尼當時正身在麥加，英國的戰時盟友謝里夫．胡塞因盡義務地保護了他，確保他也在一九一六年末沒有被抓進監獄。當馬達尼從馬爾他回到印度時，當時正值哈里發運動的時期。[109]

我在先前的一本書中，曾稱這一戰時的絲信運動是「微不足道的」。[110]我當時是被英國人令人震驚的偏執程度吸引住了，以至於忽略了革命者的實質性努力和創造性理念，只是關注了這一事件在引發一九一九年第三次英國－阿富汗戰爭以及戰後印度的殖民鎮壓和綏靖方面所起到的作用，它最終導致了一九一九年發生的臭名昭著的阿姆利則大屠殺（Amritsar Massacre）。絲信計畫的幾個成員後來成為了國際反殖民主義活動網絡的重要節點。他們與布爾什維克、泛伊斯蘭主義者和其他類型的反殖民主義活動家在歐洲、美國、亞洲各地以及其他地區會面。許多人過著瘋狂的周遊生活，用歷史學家雅思敏・塞奇雅（Yasmin Saikia）的話來說，這些人「把他們的旅行稱為『hijrat』或遷移，並為解放印度人民建立起一個網絡。」在向先知穆罕默德的遷徙旅程致敬的過程中，他們把自己看作是「革命的朝聖者」[111]，正是他們不斷地跨越國界的流動，使得英國人在兩次世界戰爭之間變得如此的偏執。

這些人物顛覆了人們將反殖民主義活動家簡單地歸類為國大黨或穆斯林聯盟的支持者的做法。臨時政府主席拉賈・馬亨德拉・普拉塔普（Raja Mahendra Pratap）曾經面見了列寧和托洛斯基、德國皇帝、埃及赫迪夫和恩維爾・帕夏（鄂圖曼帝國國防部長）。他來自一個皇室家庭，曾在阿里格爾學習，但沒有完成他的學位，並且按照熟悉的模式，在一九〇九年建立了自己的創新教育機構（Prem Mahavidyalaya）。他雖然是印度教徒，但他接受吉哈德的概念，並以這個概念來定義他的自由鬥爭。[112]穆罕默德・巴拉卡圖拉・博帕里（Muhamed Barkatullah Bhopali）是臨時政府的總理。他曾在舊金山的反抗黨（Ghadar Party）工作，該黨是這些世界性革命網絡中的另一個節點。反抗黨秉持的是國際主義和天下大同的目標，由旁遮普人在一九一三年成立，他們從十九世紀末就開始冒險前往加利福尼亞，以躲避英國人的統治。他們中的有些人與一八五七年的兵變起義有聯繫，該黨的名稱（「Ghadar」的意思為「起義」、「叛亂」）就是對那一代早期叛亂者的致敬。一八五七年的反抗者給他們那一代人留下了一個革命劇本，可以激發反殖民主義的歷史想像力。許多反抗黨人在戰爭期間回到了旁遮普，發動武裝叛亂以解放印度，但在美國情報機構的幫助下，英國人抓捕他們，把他們弔死或囚禁在安達曼群島，如同他們一八五七年的前輩們的境遇。博帕里還編輯了反抗黨的雜誌。他於一九二七年在舊金山去世。普拉塔普在戰後和在日本長期居住之前也曾會見過反抗黨的黨員，他還曾在日本出版了《世界聯盟》（*The World Federation*）雜誌，以宣傳用亞洲聯盟反對殖民統治的思想。他的道德動機不容易歸類，他不僅談論吉哈德，還談論「一種愛的倫理」（prem dharma）、國際主義、民族主義和共產主義。

儘管這些人物中的一些人也重新出現在哈里發運動中，並以穆斯林遷士（遷徙者）的方式思考問題，但他們的目標不是建立一個伊斯蘭國家。相反，網絡本身就是目標——是穆斯林與非穆斯林的混合，以呼應穆罕默德在麥地那創建的社群。他們的國際網絡就是他們的麥地那，也是實現他們的「阿扎迪」（azadi）概念所隱含的那種自由的關鍵，它超越了民族國家所保障的政治自由，包含了自我意識：用歷史學家雅思敏·塞奇雅的話來說，就是包含了「作為人類的一種存在性的關切」。[113]它試圖恢復麥地那的道德指南針，這是過去穆斯林免於殖民化的祕密，認為「參與共同努力的各種夥伴的支持和友誼」可以再次擾亂殖民統治。臨時政府的內政部長毛拉納·奧拜杜拉·信迪（Maulana Obaidullah Sindhi）將他的鬥爭理解為對良知（zameer）負責的鬥爭（jihad，譯註：吉哈德一詞的本意即為「努力」、「鬥爭」），他把這一鬥爭理解為對所有社群的真理的接受，正如先知穆罕默德在麥地那所做的示範那樣。這就是他們可能創造全球革命的基礎。他也想象了一個亞洲聯邦；對他來說，單一的民族主義鬥爭缺乏道德倫理價值。對這些思想家來說，使帝國主義和民族主義出現的歷史想像的解藥，就是要讓行動要對另一種道德標準負責：他們所盼望目的的道德優點，在於他們手段所遵循的倫理上。他們的目標似乎是歷史性的，因為他們的目的是結束殖民主義統治。但事實上，「阿扎迪」的概念將目的和手段融為了一體：對人類存在的關注是建立起夥伴網絡的可能性條件，而夥伴網絡是「阿扎迪」的條件。這是一種源自宗教歷史記憶的倫理道德，但不能被歷史決定論的線性思維所掌握。這也是一八五七年革命劇本的一個遺產。

用殖民主義時代形成的歷史學科為我們提供的詞彙和術語，很難將這個時代的思想家進行整齊劃一的歸類。哈斯拉特・莫哈尼（Hasrat Mohani）是一位詩人和記者，他曾在一九二一年主持穆斯林聯盟的工作，但也寫過獻給奎師那的詩歌，並幫助創建了印度共產黨。他是穆斯林還是印度教徒呢？他是民族主義者嗎？如果是的話，是為哪個國家和民族呢？他是國際主義者嗎？在一九二〇年代初，他和其他激進分子一樣，對印度國大黨的自由主義民族主義目標所擁有的主導地位感到不耐煩。相反的，成立於一九二四年的印度斯坦共和協會（Hindustan Republican Association，ＨＲＡ）參與了實際建立一個印度合眾國的實質性努力。與國大黨不同的是，他們採用了一種革命暴力的道德規範，其一部分的靈感來自愛爾蘭和俄羅斯的劇本。他們把針對英國官員和標誌的攻擊稱為「行動」。他們最具代表性的代表人——巴加特・辛格（Bhagat Singh）強調了這種暴力的非個人性，因為它是針對「資本主義和帝國主義制度」的。[114]這種活動加劇了英國人對伊斯蘭—

布爾什維克陰謀的恐懼，加強了對邊境和中東地區的空中管制。但HRA和國大黨並非完全不同。HRA的成員與國大黨的成員有交集，並進行了富有成效的互動，並推動了國大黨在一九二九年之前激進地採納「印度獨立宣言」（Purna swaraj），而不是把獲得主導地位作為其目標。[115]許多人同時同情暴力革命的方法和甘地的非暴力方法，但並不會感到矛盾。[116]遲至一九四六年時，國大黨政治人物拉金德拉・普拉薩德（Rajendra Prasad），即未來的獨立的印度總統，仍在主張讓印度保持一個「非國族／國家」（unnational）的狀態。[117]殖民地的人民以創造性的方式管理複雜而矛盾的身分認同，試圖在行動中思考替代的道德和歷史框架。

以伊斯蘭民族大會（Jamia Millia Islamia）在一九二〇年代時的副校長穆罕默德・穆吉布（Mohammad Mujeeb）為例，他是堅定的國大黨支持者，擁有一個涵蓋了各個宗教的社交圈子。儘管如此，在分治前的幾年裡，他決心在德里的市場上「購買穆斯林的商品」以支持他的宗教社群。但最後，他向實利主義投降了，他認為，無論銷售人員的宗教信仰如何，他們中都有好人和壞人，並且聽從了家中婦女的堅持，即哪裡有最好的商品和服務，就去哪裡消費。[118]管理悖論產生了諷刺性的結果。在第二次世界大戰期間，全印度印度教徒大會和穆斯林聯盟這兩個既擁護、又兜售印度教和穆斯林互不相容思想的團體，成功地在三個省裡組建了聯合政府。他們是不相容的，又是相容的。構成他們行動的歷史敘述是一個複雜的混合體，我們尚未對此有全面的掌握。它們的共同點是擁抱某種痛苦，拒絕完全投入到一種敘述或另一種敘述中，他們順從於一種認知上的不一致。我們已經看到了分裂的自我的概念是如何調解對殖民主義的反應的。在今天，有許多學者會去批評那些專注於英國人對印度人的壓迫的歷史敘述，認為它們沒有公正地對待印度人的能動性，而是把印度人描述為被動的受害者。然而，在尋求認識到或恢復印度人的能動性時，這些學者的作品往往在努力地顯示出印度人在實際上是如何與帝國結構合作或使其得以實現的。[119]在這場爭論中，我們忽略了印度人能動性，以及在能動性、歷史義務和道德義務等概念上，印度人那激動人心的複雜性以及異常，這些都是同時借助多種文化來源的。正如英國人自相矛盾地通過專制手段追求自由主義帝國一樣，印度人甚至在為帝國工作的同時也在抵制帝國；他們相信自由主義的帝國迷思（那是國大黨之所以存在的前提），甚至在挑戰這種自由主義帝國迷思的過程中也不例外。正如浪漫主義詩歌照亮了英國人關於英雄而又悲慘的個人能動性的概念一樣，詩歌捕捉到了同一時期南亞人自我身分的大部分痛楚。

民族主義、帝國主義在印巴分治過程中的勾結表明，那些拒絕帝國、民族的歷史想像的革命思想家所闡述的替代性政治想像被邊緣化了。但他們思想的好爭論本質（agonistic quality）在分治後的南亞主體性中找到了延伸的生命。它從印度更久以前的自我身分的歷史中出現，並進一步延伸出去。另一種自我的歷史，建立在個人的不完整感基礎上，有助於產生分治的暴力，但也有助於減輕分治的影響。

我們已經看到，印度北部詩歌的主題長期以來一直被理解為分裂、分離。這種詩歌習慣已經演變為表達多種形式的損失和流亡。帝國主義所鼓勵的流動性和革命者日益接受的流動性為「分離」（birha）這一特質增加了新的含義。「Pardesi」——離家出走的人或來自另一片土地的人，是這個成語中對愛人的稱呼。在這一時期，對與愛人的情慾或精神結合的渴望變成了對家的渴望，對被流放「pardesi」的渴望。穆罕默德・伊克巴爾用他著名的詩歌作品〈Tarana-e-Hindi〉表達了這種情感，這首詩是他在一九〇四年離開歐洲前夕寫的：「如果我們身處異鄉，心卻仍在故鄉／無論我們的心在何處，那裡就是理解我們的地方。」（Ghurbat mein hon agar hum, rehta hai dil watan mein / Samjho wahin humein bhi dil ho jahan hamara）[120]被囚禁在安達曼群島的反抗分子們寫下了愛的詩歌，其中他們離別了的故土就代表了他們的愛人。在一九二九年，當巴格特・辛格和他的同伴在獄中發起絕食抗議時，五千名支持者聚集在阿姆利則，朗誦詩歌，將他們對國家的愛比作「Heer 和 Ranjha」的愛，這是旁遮普語說書人講述的牛郎織女式愛情故事，故事中的主角們在有機會結合之前便死去。

分治的痛苦使這一傳統的詩歌語彙有了新的閃光點。旁遮普詩人阿姆利塔・帕里塔姆（Amrita Pritam）在分治期間離開了拉合爾。她在一首寫給瓦利斯・沙（Waris Shah）的詩中表達了她的痛苦，後者是十八世紀最有名的「Heer 和 Ranjha」口頭文學敘述的作者。這首詩名為「Aj Aakhaan Waris Shah Nu」，她在詩中要求瓦利斯・沙在他的墳墓中說話，並翻開愛情之書的一頁（... kiton qabran vichon bol / te ajj kitab-e-ishq da koi agla warq phol）。[121]這首詩強調了婦女在分治期間的痛苦，以及分治對旁遮普省的河流、風和土地的毒害。說書人講述的是一個故事，但「Heer 和 Ranjha」也是一個基於神聖之愛的道德倫理（ethics of divine love）的傳奇與歷史神話。阿姆利塔．帕里塔姆呼籲詩人兼歷史學家瓦利斯．沙從他的墳墓中說話，從歷史中回來，為旁遮普寫一部新的歷史，設想一條走出它所陷入的地獄之路，回到它古老的愛之歷史中，展開一頁新篇章。詩人帕里塔姆在這裡不是以線性時間來思考的。

她對瓦利斯．沙所具有的力量的感知，以及她對自己的詩歌聲音在這一時刻的重要性的感知，都源自於她參與了一九三〇年代開始的進步作家運動。這場運動就詩人、詩歌與政治的關係，提供了新的動力。作家薩加德．札希爾（Sajjad Zaheer）在他一九三二年與人合著的短篇小說集《餘燼》（*Angare*）引發了一場暴風雨般的爭議後，他動身去了倫敦，該小說集批評了他成長時經歷的勒克瑙穆斯林文化。聯合省的英國政府查封了這本書。在一九二九年經濟大蕭條後，法西斯主義和共產主義之間兩極分化的政治氛圍，使一九三〇年代也成為歐洲知識分子「投身」的十年。各地的作家都聲稱自己在政治和社會變革中發揮著核心作用，這種主張建立在「詩人在歷史中的特殊作用」這樣的古老浪漫主義觀念之上。在納粹黨於一九三三年上臺後，有革命信念的作家們聚集在巴黎和馬德里。蘇聯作家大會於一九三四年召開。第二年，第一屆國際作家保衛文化大會（International Congress of Writers for the Defence of Culture）在巴黎召開，薩加德．札希爾也參加了。在一九三六年，他認識的英國作家，比方說拉爾夫．福克斯（Ralph Fox），投身到了西班牙內戰中，這場戰爭被看作是法西斯主義和國際共產主義之間的意識形態較量。喬治·歐威爾也去了西班牙。他和其他的作家們對自己的特殊歷史能動性的認識，也使他們堅定地試圖通過左翼讀書俱樂部來重塑英國的輿論。薩加德·札希爾與其他在英國的印度學生一起，在這種政治和思想氛圍中形成了反殖民主義和左派的進步作家運動；全印度進步作家協會（All-India Progressive Writers' Association）隸屬於世界作家國際大會，是該組織在印度的分支。該團體於一九三六年在勒克瑙舉行了第一次正式會議並得到了喬什·馬里哈巴迪（Josh Malihabadi）和普雷姆昌德（Premchand）等文學巨匠的支持。進步人士與早期的一些世界性革命人士一樣，尋求比主流民族主義運動所設想的更廣泛意義上的「自由」。他們的目標是對印度進行全面的社會、經濟和政治改造，使印度真正獲得自由。他們不是在一個必然以國家誕生為高潮的歷史敘述中獻力獻策的。他們中的許多成員是共產主義者，這也包括莫哈尼在內。使用烏爾都語的作家在全國範圍內的運動中起到了領導作用。詩人法伊茲·阿赫邁德·法伊茲（Faiz Ahmad Faiz）是另一位共產黨員，也是旁遮普省的一位主要勞工活動家。在一九三七年於阿姆利則舉行的農民協會（Kisan Sabha，一個共產主義農民運動）的會議上，他肯定了中產階級作家可以與農民和工人發生聯繫。

伊克巴爾和泰戈爾對這個團體表示了祝福。尼赫魯也這樣做了，但儘管尼赫魯自己就是一個文學家，他還是敦促了這個團體只能包括作家，而不是包括像他一樣的政治人物。但該組織的全部目的正是要超越這一道鴻溝；它採用了一個新的歷史行動劇本，其中詩人扮演了核心的角色。人們感覺到，對一些人來說，詩人在一八五七年反抗活動中扮演的角色的記憶，與他們同時代的歐洲和蘇聯人的記憶一樣振奮人心。有些人實際上是一八五七年的繼承人：進步詩人詹・尼薩爾・阿赫塔爾（Jan Nisar Akhtar）是那次起義的領導人之一的莫勒維・法齊勒・哈克・海勒阿巴迪（Maulvi Fazl-e-Haq Khairabadi）的曾孫，他的孫子（也就是詹・尼薩爾的父親）穆茲塔爾・海勒阿巴迪（Muztar Khairabadi）寫下了經常被引用來表達一八五七年那一代人的痛苦的絕望的詩句（經常被誤認為是詩人皇帝札法爾的詩句）：「我不是任何人眼中的光芒，也不是任何人心中的寧靜。」（Na kissi ki aankh ka noor hoon, na kissi ke dil ka qarar hoon.）有了這種血統和對詩人歷史能動性的強化意識，在二戰期間，許多進步人士不顧尼赫魯的告誡，將民族主義運動放在首位，響應了國大黨發起的退出印度運動。有一些人認定這場戰爭是反法西斯主義和由蘇聯帶頭的社會主義革命，他們支持英國做出的戰爭努力，法伊茲也是其中之一，他剛剛與英國共產主義者和詩人阿萊斯・喬治（Alys George）結婚。到印巴分治的時候，進步運動已經發展到了有四千名成員和五十個分支機構。他們對詩人的作用的認識，確保了詩人們在分治展開時，成為對其最直言不諱且有影響力的評論者。

作為一種詩歌語言，烏爾都語在當時南亞主體性的表述中發揮著關鍵作用。事實上，烏爾都語詩歌中的那些常見語彙似乎是現成的，可以解決分治後的局部、分化或分裂的自我。[122] 這種強化了的分裂自我認同共鳴是印巴分治所造成的創傷的部分心理遺產，印度人和巴基斯坦人都有這種分裂自我的認同，它們是分裂的意識（split consciousness），以及既是肇事者，又是受害者分裂的良知。

離開孟買前往巴基斯坦的穆斯林短篇小說家薩達特・哈桑・曼托（Saadat Hasan Manto）在他的《短篇故事》（*Toba Tek Singh*, 1955）中戲劇化地描述了他面前選擇的荒謬性，故事的最後，其瘋狂的主人公碧珊・辛格（Bishan Singh）拒絕在這兩個國家中做出選擇，這兩個國家被描述成了位於鐵絲網邊界後的精神病院——這很難說是對巴基斯坦和印度民族國家的勝利的認可。[123]碧珊・辛格最後死於兩國之間的無人區，身體力行了這一分裂。曼托也為失去祖國而苦惱。他在抑鬱症中掙扎，進入了精神病院，並在一九五五年死於酗酒。

事實上，這些詩人的行動本身就體現了工作中的痛苦和糾結。詩人喬什・馬里哈巴迪是尼赫魯的密友，也是印度政府的烏爾都語期刊《現時》（*Aaj Kal*）的主編。但他一直糾結不決，反反覆覆，直到一九五八年終於移民去了巴基斯坦。但是，他仍然對印度念念不忘。哈斯拉特・莫哈尼留在了印度，並加入了起草憲法的制憲會議，但他對這一過程持懷疑態度，以至於他從來沒有在憲法上簽字。他在一九五一年去世於勒克瑙。如果他活得更久的話，他還會搬家嗎？有些人，比如詩人納斯爾・卡茲米（Nasir Kazmi），最初對自己的選擇充滿了信心，並全心擁護巴基斯坦的事業，但後來他失去了這種自信，最後變成了一種不甘心的矛盾心理，往往伴隨著一種跨國境的超驗感。

其他人則斷然否認了國境線的邊界。甘地輕蔑地宣布：「我不認為巴基斯坦和印度是兩個不同的國家。如果我必須去旁遮普，我不會要護照……我將步行前往。沒有人可以阻止我。」[124]他並不是唯一堅持持續聯繫的人，這將使邊界變得毫無意義。許多人想像著新國家之間的友誼，邊界作為橋梁而不是分隔物發揮作用。搬遷決定的多次推遲和逆轉證明了這種可能性。它們代表了一種故意的、一廂情願的信念，即只要可行，就留有保持在當地和所在區域行事的特權，而不涉及國籍。許多人努力地推遲對任何一種歷史敘述的接受，以求能接受「不下結論性」（inconclusiveness）和內心的分裂。

左派詩人活動家尤其希望分治是為更激進目的而進行的長期鬥爭中的一個短暫事件。他們在這一點上的一致性，他們持續性的團結，是一種相互的肯定。阿姆利塔・帕里塔姆本人的悲劇愛情故事的對象是進步詩人薩希爾・盧迪亞納維（Sahir Ludhianvi），他也曾把分治納入到了反歷史的永恆渴求的蘇菲（Sufi）文學語彙中。薩希爾於一九四三年從盧迪亞納（Ludhiana）去了拉合爾，在印巴分治後留在了那裡，但他的共產主義觀點很快使他成為巴基斯坦新政府的目標。他於一九四九年去了印度並定居在孟買，在那裡為基於永恆分離的愛情故事的電影敘述編寫歌詞。他公開地挑戰認定一九四七年八月的印巴分治完成了反殖民運動的既有論述。一九五七年的電影《渴求》（*Pyaasa*）講述了一個幻想破滅和被剝削的詩人的故事，他只是略微改動了他在獨立之前創作的詩歌〈紅燈區〉（Chakle），將其用在了歌曲〈那些驕傲的信德人在哪裡？〉（Jinhen Naaz Hai Hind Par Wo Kahan Hain?）中。[125]在他看來，無論一九四七年發生了什麼變化，他所參加的反殖民主義運動仍未實現。值得注意的是，「信德」一詞指的是一個比印度的國家空間更模糊的地理想像。在一九五八年的一部電影中，他保證說：「黎明一定會到來。」（Woh Subah Kabhi To Aayegi.）

法伊茲・阿赫邁德・法伊茲在巴基斯坦因其反叛政治而屢次受到迫害。在一九五一年時，他在監獄裡寫下了〈自由的曙光（四七年八月）〉（Subh-e-Azadi [August '47]），他在詩中的最後寫道：「繼續前進，因為那個目的地還沒有到來。」（Chale chalo ki woh manzil abhi nahi aayi）[126]對他來說，分治也不是歷史的止境；不能讓它成為一個止境。爭取尚未實現的目標的鬥爭必須繼續下去，儘管還不清楚它可能採取什麼形式。他的文學和政治承諾繼續超越了國家的界限。在一九五〇年代末，他拍攝了一部關於孟加拉漁民的印巴跨境電影《那天一定會來》（*Jago Hua Savera*）。

邊界兩邊的其他詩人批評了一九四七年八月（印巴分治）的虛假黎明，並期待著真正自由的到來，一些人明確呼籲工人起來，行使他們的集體權力來創造這一現實。印度詩人阿里・薩達爾・賈法里（Ali Sardar Jafri）在他的作品〈欺騙〉（Fareb）中主張：「我們仍然可以走出這個奴隸制的監獄／我們自己可以改變自己的命運。」（Ab bhi zindaan-e-ghulami se nikal sakte hain /

apni taqdir ko hum aap badal sakte hain.）並以預言的方式結束他的這首詩：「太陽光即將從工人的額頭迸發／紅旗在早晨的地平線上飄揚。」（Phootne vali hai mazdur ke maathe se kiran / surkh parcham ufuq-e-subh pe lehrate hain.）[127]這種認為分治只是過渡性的想法，與歷史學家雷金納・庫普蘭認為分治是邁向帝國聯邦的一個必要階段的想法不同。進步派詩人懷有一種面向未來的歷史想像力，也就是馬克思主義模式下的進步夢想，但他們將旅程置於終點之上，顛覆了這種敘述。在蘇菲文學的語言中創作，他們能夠表達出他們的目標——也就是實質性的自由和平等，這一目標並沒有在一九四七年實現，也必然是無法實現的。這是一個需要永遠追求的烏托邦式的目標。畢竟，「烏托邦」意味著一個無法實現的理想，根據定義是無法實現的；但對它的渴望還是深深地激蕩著，激勵著。這是對「分離」（birha）的重塑，是一種無休止地渴望的東西。因此，烏爾都語詩歌所具有的蘇菲語言再次讓南亞的反殖民主義和革命思想家們能夠在歷史的認識論之外進行創作。正如法伊茲在另一首詩中寫道的：「法伊茲，道路就是完全的目的地。」（Faiz thi raah sarba-sar manzil.）[128]

在這種視角和觀念中，儘管目標是難以捉摸的，但人類能動性的範圍仍然很廣。這種能動性在倫理上不對時間、馬克思主義理論或神的判斷負責；它的倫理觀是世俗的和社會的，即使是它是蘇菲文學語言中創作的也不例外。[129]連接本身就是目的和判斷。這是一種愛的倫理：是一種相互共存的理念，而不是個體和個體間獨立存在，共存的理念是基於一種假設，它認為一個人自身實際上並不完整，有一部分的自己存在於其他人身上，並通過與他人的聯繫才能找到完整。它可被理解為早期全球革命者對友誼與夥伴情誼奉獻，以作為麥地那理想復興的深刻人文主義回聲。對法伊茲來說，自我（Self）通過與他人的聯繫從而找到意義；這才是行動的劇本。儘管他的藝術植根於一種世俗現實——他對人類苦難的意識，但是他會利用烏爾都語詩歌的想像力主題來表達人類聯繫和願望的不可抗拒的性質。監獄詩〈監獄中的夜晚〉（Zindaan Ki Ek Shaam）在結尾處以驕傲不屈的方式斷言那些傳播不公不義的毒藥的人永遠不會得逞：「他們可能已經熄滅了照亮聯合之地（place of union）的燈，但讓我們看看他們要如何扼殺月光呢？」（Zulm ka zahr gholne vale / kaamraan ho sakenge aaj na kal/ Jalva-gaah-e-visaal ki sshamein/vo bujha bhi chuke agar to kya / chand ko gul karen to hum jaanen）[130] 月亮這個意象在烏爾都語詩歌中通常是用來代表著心愛的人發光的臉龐，它在這個意象中是無邊無垠的，就像是無法觸及的希望之源，即使在牢房中也能看到。

可以肯定的是，儘管有邊界，否認和未來漫長的共同旅程的想法，都是用來應對分治創傷（trauma of Partition）的機制。但是，考慮到當時圍繞這些詩人展開的事件，它們也可以代表一種正在進行的抗爭感，或者是歷史的紊亂的感受。一場衝突正在印度中心的海德拉巴這個龐大的公國展開。海德拉巴的尼札姆（Nizam of Hyderabad）拒絕加入印度，同時也在努力鎮壓一場大規模的共產主義農民叛亂。他在一九四八年解除了對共產黨的禁令；共產黨也反對加入聯盟。

農民運動的一位領導人，進步詩人馬赫東．穆赫尤丁（Makhdoom Mohiuddin）幫助建立了帕里塔拉共和國（Paritala Republic），一個獨立於印度和尼札姆控制的鄉村共和國，生存了一年零七天。在當時，歷史的走向還晦澀不清；也許這一場特蘭加納起義（Telangana rebellion）將預示著印度次大陸上的農民起義。可以肯定的是，印度軍隊在一九四八年九月暴力鎮壓了叛亂，將土地還給了地主（Zamindars），但就在第二年，共產主義革命在印度的鄰國中國取得了成功。如前所述，全球民族國家體系在世界大戰後陷入了嚴重危機，歐亞大陸上各地的少數民族流離失所。維持帝國和民族主義時代的歷史敘述似乎正在崩潰。許多人合理地繼續孕育著超越民族主義和新邊界的希望。

國大黨的領導人毛拉納．阿札德（Maulana Azad）就是這樣的思想家。他的父親是一位有影響力的伊斯蘭學者，曾在一八五七年的反英起義中前往麥加。在一八九〇年時，他們全家搬到了加爾各答。沿著熟知的發展路徑，毛拉納．阿札德在年輕時也是一位詩人。在分治期間，他呼籲印度穆斯林做出「信仰之躍」（leap of faith），拒絕基於恐懼的政治，拒絕印度穆斯林「少數民族」的概念。[131]他堅持「共構文化」（composite culture）的存在，這種文化是所有人所共享的，而且在世俗和多元文化的緯度上也同樣存在。[132]文學研究者阿米爾．穆夫提（Amir Mufti）認為，鑑於他在國大黨領導人中的非傳統背景以及他與當時穆斯林和民族主義政治的關係，他找到了一種即使在家裡也像流亡一樣的生活方式。（他沒有在歐洲學習過，而是在家裡接受教育，是一個自學成才的人，精通多種語言、宗教學術和烏爾都語文學。）[133]

毛拉納・馬達尼確信，分治是在為英國的利益服務，英國人縱容分治是為了維持對穆斯林和印度的控制。[134]與毛拉納・阿札德一樣，他勸告印度的穆斯林忘掉「少數民族」的概念，以及認識到這種地位意味著權力的匱乏。一九四八年時，他在孟買對印度宗教學者黨的談話中，斷然否定了將當時人們用吉哈德的概念為暴力辯護的觀點，認為這是一種褻瀆；重要的不是世俗的權力行使，而是「耐心、寬容和高尚的道德……是大吉哈德（jihad-i-akbar），當前需要的不是持劍的吉哈德（譯註：持劍的吉哈德，也稱為小吉哈德。先知穆罕默德曾指出，戰場上的努力是小吉哈德，更重要的是內心的吉哈德，是克制私慾、傾軋、不公正行為的努力，這種吉哈德被稱為大吉哈德），而是其他類型的決心。[135]在分治期間，他為了促進和平而不斷地行走各地。他自己的行動和他對遵守更高道德要求的規定性號召，即對行動意志的節制，來自於他非凡的歷史想像力，他認為歷史是非常偶然的，而不是理想、自然規律或命運的結果。歷史學家芭芭拉・梅考夫（Barbara Metcalf）為我們提供了對毛拉納・馬達尼歷史思想的批判性詮釋。對毛拉納・馬達尼來說，實際上的情況是，穆斯林在歷史上扎根於印度這個地理空間：先知曾訪問過印度；次大陸上有無數的穆斯林陵墓、清真寺和其他的伊斯蘭機構；這裡有成千上萬的穆斯林聖徒、學者和烈士，以及數百萬的普通穆斯林，他們都埋葬在印度的土地上。這裡就是他們祖先生活的地方。[136]他認為，對穆斯林來說，印度確實是僅次於麥加的地球上最神聖之地，因為伊斯蘭先知傳統的第一人阿丹（即亞當）在被逐出樂園後便降臨到了錫蘭（斯里蘭卡）的亞當峰上。因此，印度是「穆罕默德的永恆之光」首次顯現的地方，他在一九四一年時這樣寫道。「居住在印度的各個社區中……，只有穆斯林可以因為阿丹，從而正當地宣稱他們是這片土地的原始居民。」這種論述挑戰了右翼印度教徒的主張，他們聲稱印度是一片只屬於印度教徒的神聖土地，這種說法本身建立在帝國的殖民敘事上，將穆斯林定位為外國人，使英國人在試圖將印度從「外國人的」統治中拯救出來時，顯得不那麼具有侵入性和仁慈性。毛拉納．馬達尼巧妙地指出，相信轉世的印度人可能會在任何地方重生，這意味著，將死者埋葬在此的穆斯林，與印度的土地有著更深的聯繫。活著的穆斯林訪問這些墳墓，這些墳墓直至末日審判到來之前都是聖地；死者的精神影響會從這些地方散發出來。

這是一個包含了可能被認為有著其他世界力量的歷史敘事，但事實上，毛拉納．馬達尼是在論證轉世與被埋葬的靈魂的信仰，他知道是特定歷史願景的信念——儘管那是超越世俗存在的願景——在指導著人類的行動。他的敘述是務實的，與伊斯蘭思想家的歷史觀相反，後者希望巴基斯坦能在將理論抽象化的基礎上實現某種伊斯蘭理想。毛拉納．馬達尼則認為，這種設想是徒勞的。他認為，政治不可能通過哲學來解決（以一種回應了埃德蒙．伯克的方式）；政治不可能建立在抽象的基礎上，而必須建立在歷史和現有的環境上。把英國人趕走是可以考慮的，也許是因為他們的入侵建立在實現抽象的進步理論的基礎上。但考慮到事關重大的遺產，大規模驅逐印度的穆斯林是不可想像的。他接受了印度領土空間內印度教和穆斯林生活深深交織的性質，認為這是當時的現實，是他們不能不接受的歷史現實，就像他們必須拒絕英國帝國主義的歷史現實一樣。他關於接受印度現實的建議，不同於加爾頓關於天意使他無法履行其道德承諾的主張。馬達尼向印度穆斯林提出了挑戰，要求他們在這種情況下履行道德承諾，並將先知穆罕默德時代的《麥地那憲章》（Constitution of Medina）視為宗教歷史的證明，證明了現實世界裡是有可能這樣做的。他以一種歷史想像力來對待當代的鬥爭，要求人們履行跨越時間的道德義務，而不是把道德判斷留給時間。

在分治後的頃刻之間，這一前景中受損的樂觀主義為後分治（post-Partition）的南亞自我身分創造了空間，這種自我身分既能包容，又能超越新的分裂，甚至包容可能伴隨自我認同而來的暴力。這是一個脆弱的烏托邦式願景，是對公認的歷史敘事的拒絕，類似於小說裡的碧珊・辛格最後的發瘋，頑固地依附在《短篇故事》情節中的那片無人之境上。薩達特・哈桑・曼托的作品以一種黑暗的、契訶夫式的方式展示了這種癲狂，但在烏爾都語詩歌中，對於陷入癲狂的描繪並不是理智的崩潰，而是以無可救藥的理想主義詩歌主題——愛人來呈現。賈甘・納特・阿札德（Jagan Nath Azad）於一九四七年九月不情願地離開了拉合爾前往了德里，他在這首題為「一九四七年八月十五日」的加札勒體詩的開篇處說：「不要問春天到來時瘋人們遭遇了什麼／只要看看智者們在這個季節遭遇了什麼。」（Na puchho jab bahar aayi to deewanon pe kya guzari / zara dekho ki is mausam mein farzaanon pe kya guzari.）[137]「瘋人們」擁抱了阿札德的詩友世界，他的朋友，同為理想主義者的人們，那些人在從帝國主人那裡繼承的歷史理解中，似乎是失敗者。也許更重要的是，詩人之間的友誼是使邊界變得毫無意義的一個關鍵方式。

尤其是法伊茲的詩歌，表達了一種魂不守舍的狀況，但又意識到了其不完整的感覺是其運動和生命的源泉，這種感受正是阿米爾·穆夫提（Amir Mufti）巧妙地展示出來的。以下是他在一九六二年創作的詩作〈輓歌〉（Marsia）中的兩行：「你曾走遠，現在離我這麼近／現在你既不會來，也不會走，就像是離別和聚首已經渾然一體。」（Dur ja kar qarib ho jitne, ham se kab tum qarib the itne / Ab na aaoge tum na jaaoge, vasl o hijran baham hue kitne.）分離和聚首已經崩潰為一了；遙遠和貼近已經共存。自我和他者並沒有合一，但是同時是近的，也是遠的，也是不確定的。[138]印度特質已經擁抱了對印度特質的拒斥，阿米爾·穆夫提說道。法伊茲的詩歌創作則是處在蘇菲文學的語言習慣中的，在這種語言習慣中，與愛人的無限期分離是思考結合的唯一基礎。在賈甘·納特·阿札德出國第一次訪問巴基斯坦時，他寫道：「我來到了自己的家，但是請看看我是以什麼方式回來的吧／因為我已把自己當成了客人。」（Main apne ghar mein aaya hoon magar andaaz to dekho / ke apne aap ko manind-e-mehman leke aaya hoon.）[139]這裡一直是他的家，雖然他被疏遠了，但他仍然不是客人，而是像一個客人一樣。他被分成了一半主人一半客人，在家裡和不在家裡——「desi和pardesi」的狀態。

分治後，當著名的巴基斯坦短篇小說家因提札爾・胡塞因（Intizar Hussain）在自己的作品中信手拈來地取用印度教史詩《摩訶婆羅多》和它的作者廣博仙人（Ved Vyas）的內容時，儼然表現出了這就是自己人的知識，肯定了這種分裂或不確定的南亞自我身分。這是對他的精神和情感的一種政治和人文主張，以及他認為這也是他的過去。分治後的烏爾都語詩歌也同樣繼續將邊界兩側的地方作為同一空間的一部分——彷彿錫亞爾科特、德里、卡拉奇對邊界兩側的詩人來說都同樣地觸手可及。[140]巴基斯坦詩人繼續依靠「but」（偶像）、「puja」（供奉，暗示偶像崇拜）、「chitaa」（火堆）等非伊斯蘭的象徵意象，烏爾都語詩歌中諷刺的文學表現正是依賴於這些象徵的。印度－伊斯蘭詩歌傳統假定了一個穆斯林與非穆斯林共存的世界（麥地那的世界），用這種戲劇性的方式來反諷分治的世俗信念和非世俗信念；分治是建立在社會主體的分裂之上的。分治應該是為了實現宗教歷史敘事，即有道德地放棄異教徒的土地，也就是「遷徙」，但在這首詩中，被拋棄的家園變成了渴望的愛人。宗教的「遷徙」讓位於蘇菲詩歌的「離別」。[141]富有想像力的超越邊界的觀念也是對「離別／分離」（birha）的重新創作。這種富有想像力的文學表現都是為了超越世俗的現實，以獲得更有意義的東西。事實上，錫克教的倫理觀認為世界是真實的，人在這個平凡世界的行為是體驗神的一種模式，這種能力尤其注入到了旁遮普的文化中。（甘地的倫理觀也是關於沉浸在世界和他人的痛苦中尋找精神的解放，而不是從俗世和他人的痛苦中退縮出來。）烏爾都語的詩歌習慣語彙仍然很受歡迎，因為它與數百萬人的真實經驗產生了共鳴。

彼此交織在一起的故事可能講述的是孟加拉人、信德人、旁遮普人等等的經歷。這不是專業的知識人的歷史，而是文化主流的一部分，在電影、戲劇和其他藝術形式中都有很明顯的表現。[142]在一九四七年後，印度和巴基斯坦政府進行了土地和民族的「長久分治」，隨著時間的推移，致力於產生出「印度人」和「巴基斯坦人」。[143]然而，他們的自我條件既能包含又能超越分裂。分治倖存者的口述歷史證實了這種分裂的自我身分廣泛而持久的普遍存在。即使是那些有著堅定信念而搬離的人，也因為持續的關係與記憶，而與他們放棄了的「家」有著聯繫：「對這些人來說，沒有一條明確的界限，」口述歷史學家阿納姆・札卡里亞（Anam Zakaria）寫道，「很難破解他們更愛什麼，他們更屬於哪裡。這種混亂對他們來說是唯一的真相。」[144]分治並沒有創造兩個新的、連貫的民族身分（印度人和巴基斯坦人），而是創造出了一個自我分裂的人口。流亡的人、難民、孤兒、被改宗的人、被綁架的人和被改造的人——所有這些倖存者都以不同的方式分裂了自我，在很多情況下經受的是暴力的分裂。分治後的身分是關於在新的民族國家的歸屬感的，但也是關於拒絕現代歷史決定論的線性目的論而出現的流放和不歸屬。值得注意的是，在表演領域，那些舒適地居住和展示這種無限自我的人在這一時期獲得了巨大的文化吸引力：我想到的人物有卡瓦利（qawwal，一種蘇菲音樂）歌手努斯拉特・法塔赫・阿里・汗（Nusrat Fateh Ali Khan）、演員納爾濟斯（Nargis）和阿米塔・巴赫珊（Amitabh Bachchan）、搖滾歌手弗雷迪・梅庫瑞（Freddie Mercury）。

這種感覺屬於南亞，但它通過與更廣泛的世界接觸而形成，包括殖民經驗和當代歐洲人試圖藉由接觸東方思想來恢復一種更神聖的自我感覺，就像那些冒險前往阿拉伯沙漠、自稱離群索居的人們一樣。進步的烏爾都語詩人顛覆了維多利亞時代的烏爾都語改革者，比如賽義德・阿赫邁德・汗爵士（Sir Syed Ahmed Khan）和毛拉納・霍瓦賈・哈利（Maulana Khawaja Hali）的目標——完成麥考萊的任務，將印度人的思想鑄造成英國人的模樣。相反的，他們接受了印度思想中的分裂，喚起了一種專屬於南亞的特異（idiosyncratically）現代化，以新的方式在他們的直接環境中吸取這種遺產。

所有這些都有助於我們理解，儘管有分治，但該地區其他類型的道德社群仍然存在。但是，當需要承認分治共犯的過錯時，經過調整的進步敘事仍然很強勁——例如，分治是國家進步要付出的代價這一觀點。從一九六〇年代起，該地區持續的動盪加強了流離失所對旁遮普身分的中心地位，這使旁遮普人作為放逐者的形象更加鮮明。（在孟買電影業找到庇護所的旁遮普作家和藝術家幫助普及了這一形象以及愛在於分離的觀念。）但它與猶太人或亞美尼亞人的離散不同，因為旁遮普人意識到了他自己在與家園的悲劇性分離和家園的暴力分裂中扮演的作用。他們的（我在這裡的確指的是他們的）抉擇是一種自我放逐，出於現代性的歷史敘事的某個承諾——經濟移民的個人繁榮，分治難民的民族前景，並對此感到內疚。旁遮普人自覺地為了孩子們的進步而犧牲了家園，在盡職盡責地追求自己的世俗目的時，仍然與家園保持著永恆的聯繫，這種聯繫在每次遠離「旁遮普」這個地緣政治現實時都會變得更加超凡脫俗。當賈甘・納特・阿札德結束訪問離開巴基斯坦時，巴基斯坦進步文學雜誌《筆跡》（*Nuqush*）的編輯穆罕默德・圖法伊勒（Muhammad Tufail）在車站用一盒糖果為他送行，他說：「我們以送走一個女兒的方式給你餞行。」（Tumhein to yun rukhsat karte hain jaise beti ko rukhsat kiya jaata hai.）[145]不是與愛人分離的方式，他把阿札德從故土上流亡出去的過程以更明顯的性別形式呈現了出來，即女兒在結婚後離開父母家加入新的家庭——這是該地區印度教、錫克教和穆斯林傳統中常見的儀式。在「土地即母親」的說法上，他以一種向前看的語言渲染了這種離別，作為一種成年的儀式——進步本身。它比愛人的離別更終結，但也不那麼僵硬，因為一個女人有時可以也確實會回到她的娘家，儘管是作為一個沒有什麼實質權利的客人而得到滿足。

分裂的自我是一個可以觀察自己的自我；這是大多數對良知的理解的基礎。無論是作為一個內在的觀察者、內在的聲音、內在的信使，還是僅僅作為缺乏一個統一自我的感覺，在大多數宗教和倫理體系中，我們都把良心理解為以某種方式破壞自我的能力，理解為把自我分裂為觀察者和被觀察者。這就是加爾頓，作為一個堅定的貴格會成員，在一七九六年聲稱要做的辯護，但他對歷史的天命感受打亂了這一努力。啟蒙運動的目標是為了產生內部一致的個體自我而掩蓋內部的分裂，其結果是將良心的判斷外包給時間和歷史。這樣做並不是沒有掙扎：這就是為什麼我們所研究的那些具有歷史意識的行政人員經常在日記和私人信件中承認對自己行為的懷疑，在這些保密的文字空間中，歷史的倫理對普通的道德約束所施加的壓力被揭示出來。這點很諷刺，只有當人意識到自己的偉人命運，他們才可能會意識到這些資料來源對今後那些可能講述他們故事的人所具有的人性化力量。從二十世紀之交開始，一些英國人開始反對統一自我的概念，通過在沙漠中流浪和涉足神祕主義和魔法來尋求自我的解體（self's dissolution）。甘地和勞倫斯都強調了潛心於手工藝作為溶解意識的一種手段所具有的價值。他們的呼籲是相似的，勞倫斯本人就做了這樣的比較。一位一直追在他身後的攝影師曾解釋說：「你和甘地是我想拍的兩個人。」[146]兩人都因其通過禁食、禁慾和受威廉．莫里斯所啟發，對工藝潛心投入，使肉體服從於精神而聞名，甘地是投身在他的紡車上，勞倫斯則是在皇家空軍的機械工作中，他在這份工作中尋求「思想的完全靜空。」[147]

威廉．莫里斯對手工藝的注重，將其視為對資本主義工業生產模式所產生的、對創造力和社會聯繫（即人性）的疏遠的補救。勞倫斯希望用心靈的缺失來應對內心的愧疚和羞恥。甘地認為，手工藝是對不健全的道德關係的治療，是對西方文明無休止的物質渴求的治療，它把判斷留給了歷史，因此在實質上是關於從當前的時間中缺席。對甘地來說，手工藝是治療這種心智缺失的良藥，是對另一種心智缺失的邀請，在這份邀請中，良知和意識再次成為一體。法伊茲透過監獄的鐵柵對月亮的沉思也許更進一步提醒我們人類的願望、愛和創造力的宇宙哲學背景。

英國人的統治在本質上是不經同意的統治，這種本質意味著英國人要在持續的不安全狀態下進行統治，往往要近於胡思亂想、草木皆兵。因此，他們統治的特點是憤怒的爆發和想要將社會碎片化的慾望，這些傾向在他們自己的帝國歷史神話中得到了不同程度的調解。今天許多社會的分裂狀況是一種後殖民狀態。民族主義和殖民主義一直是使用暴力方式強行處置的施行者，這種手段通過強行地納入和排除破壞了社會和文化關係。那些參與其中的人在接受其破壞性動力的共謀時，自己也成了按照其處置方案分家的人們。正如我在本書的開頭所指出的，大英帝國的暴力並沒有像其他大規模創傷的例子——例如猶太人的大屠殺或廣島核爆那樣得到紀念。但是，分治的暴力也沒有，部分原因是普遍的壞良知；那些受害者往往也是肇事者。此外，印度和巴基斯坦在社區和國家的意識形態中，都參與了對婦女的暴力。分治時期的倖存者即將離世，這使得人們開始爭相蒐集證詞並紀念這一事件，以免為時太晚。[148]如果有足夠的敏感度的話，這種努力可能會使我們對良知有一個新的認識，並使我們能夠充分理解印度人和巴基斯坦人在分治後如何處理良知的負擔。殺戮的歷史確實難以親手書寫。

投身於民族主義敘事的印度人認為分治是對國族構建工程（nation-building）的背叛或失敗。印度穆斯林常常被當作吃裡扒外的第五縱隊。許多巴基斯坦人認為、也繼續認為印巴分治是實現了勇敢而有遠見的民族主義願景，以及創建一個新的麥地那的雄心壯志，然而巴基斯坦卻是一個沒有一以貫之的政治工程的民族國家，好戰的遜尼主義對其公民的內心生活進行著不斷的攻擊。[149]兩國都在繼續應對分治的未竟事業——少數民族的融入、克什米爾的持續危機、社區暴力、宗教和國家的問題，我們最好將這兩個國家理解為帝國主義和民族主義產生出的怪胎。分治改變了思想和意識。在向前發展的時候，它的繼承人們可能會恢復那個革命時代的思想家所接受的替代性倫理框架：一個麥地那、愛、網絡、區域主義、聯繫、更廣泛的阿札迪（azadi，自由）和自治的概念。

對英國人來說，以支撐英國帝國主義的歷史敘事來理解它，印巴的分治證明了他們對於在沒有英國人統治的情況下，穆斯林和印度教徒的不相容性和野蠻性的看法是正確的。即使是在過了二十年後，奧登（W. H. Auden）也將印巴分治描述成了在「兩個狂熱的民族之間／以其不同的飲食和不相容的神靈」建立了一條邊界。雷德克利夫從未收取過他的四萬盧比的劃界費，據說是出於他對數百萬條性命的愧疚，這些人在使邊界成為現實的噩夢般的過程中喪生。但這種放棄的態度更像是殉道者的自憐，而不是真正的良知。不到十年後，他又敦促了分治塞普勒斯。

在今日，國際政策「專家們」繼續把分治作為所謂棘手社區之間提供「解決衝突方案」的有用工具，儘管分治的做法顯然沒有解決過任何它所聲稱要解決的問題——在愛爾蘭、印度、塞普勒斯或其他地方都是如此。[150]正如杜布諾夫和羅布森所指出的，在討論敘利亞、以色列／巴勒斯坦、蘇丹和其他地區時，分治總是會被提出來。在所有的這些討論中，任何關於分治的有效性的有證據基礎的主張都是完全缺席的。它們是帝國歷史想像力在思想和道德上的持續控制的產物，這種想像力認為分治是為一個混亂的世界帶來家長式秩序的合乎邏輯的方式。它將不可避免地帶來的暴力認為是「國家性」的可容忍代價，這是一個具有神話地位的歷史對象，它的實現需要放棄普通的道德考慮。

以一種不可思議的富有想像力的正義感，分治的禿鷲現在正緊緊地盯著著英國自己。要求將英國從歐洲分割出去的脫歐運動，是為適應戰後英國有色人種移民的存在而進行的長期鬥爭的高潮，其中許多人是來自印度分治的難民。在他們到達英國時，在大英帝國中瀰漫的種族情緒在國內骯髒和暴力的政治辯論中被放大。英國的脫歐也是關於對帝國的懷舊——復活英國的島嶼榮耀和與更廣泛的世界聯繫。當英國面臨著從歐洲分裂出來的混亂局面時，過去分裂的幽靈就坐在桌前。一九二一年的愛爾蘭分治所代表的衝突永久無解，困擾著關於英國脫歐實用性的討論。歐盟的聯合成員資格——那種超越帝國的聯邦結構——曾幫助兩個愛爾蘭之間的關係變得平穩。現在，仍在歐盟中的愛爾蘭共和國與擬議中的非歐洲的大不列顛及北愛爾蘭聯合王國之間的邊界將再次成為一個安全噩夢。與此同時，蘇格蘭也在考慮與英國分治，這讓庫普蘭自鳴得意的信心變得七零八落，他曾相信英國的組成民族會對「蘇格蘭人的『巴基斯坦』」的想法有足夠的免疫力。在一九七七年，蘇格蘭政治理論家湯姆・奈恩（Tom Nairn）在《不列顛的解體》（*The Break-Up of Britain*）一書中預言，聯合王國作為帝國主義的遺跡，註定要分裂成各個組成單位。[151]人類學家班納迪克・安德森（Benedict Anderson）也許是近世最知名的民族主義理論家了。在與奈恩的書，和二戰後流落到英國的、一個幾乎清一色都是東歐猶太人的民族主義理論體系——例如像厄內斯特・蓋爾納（Ernest Gellner）和艾瑞克・霍布斯邦（Eric Hobsbawm）這樣的思想家——對話時，安德森寫下了他一九八三年出版的經典作品《想像的共同體》（*Imagined Communities*），諷刺的是，那些東歐猶太人是因為不列顛的超國家性質與已不存在的奧匈帝國相類似而對不列顛感到親近。[152]

就像南亞的解體一樣，今天的英國脫歐亂局是英國統治菁英們的無能和無知的產物，他們匆匆忙忙地設定了脫離的日期，對它將引起的混亂視而不見。正如芬丹・奧圖爾（Fintan O'Toole）在《愛爾蘭時報》（*Irish Times*）上以貼切的諷刺所指出的那樣，英國的混亂讓人想起許多殖民地向自治政府過渡的情況：「我們可以說，如果特蕾莎・梅（Theresa May）是一九五〇年代一個新解放的非洲殖民地的領導人的話，英國的保守派就會半嗔半喜地指著她的方向說『看到了嗎？告訴你吧——他們還沒有準備好自己統治呢。他們至少還需要母國的一代人時間的指導。』」[153]奧圖爾是個愛爾蘭人，他引用了蕭伯納早期對大英帝國的存在理由的嘲諷，認為在英國脫歐的混亂中，支撐帝國和民族主義的歷史邏輯被顛覆了。他還補充道：「正如每一個前殖民地都知道的那樣，民族主義是一頭大野獸，可以把你帶到獨立的境地上，然後它就成了一匹死馬。」

第六章　歷史的過去和未來

如果沒有排斥的致命話語阻礙了排斥者和被排斥者獲得認知，讓一個學科被迫成為了一個浪費時間和生命的職業的話，任何一個學科的智性歷史將會是何等樣貌呢？

——托尼・莫里森（Toni Morrison），一九九三年

埃德蒙・伯克和其他英國人對於「地理性的道德」（Geographical morality）的焦慮長期以來被證明是準確的。殖民主義的暴行一直持續到了去殖民化時期。在一九五〇年代，英國人在肯亞的鎮壓叛亂行動採用集中營的方式，殺害了數百萬人。[1]在一九五九年時，保守黨政治人物伊諾克・鮑威爾（Enoch Powell）在其飽含爭議的職業生涯中的某次重要演講呼應了伯克的觀點，他敦促說：「我們不能說『我們將在非洲有非洲的標準，在亞洲有亞洲的標準，也許在國內擁有英國標準。』」[2]鮑威爾是一個帝國主義者和一個種族主義者。他曾於一九四三年至一九四六年在

印度從事軍事情報工作，撰寫了英國關於印度軍隊的最後一份報告，他在其中建議增加白人軍官的比例。他在一九四六年五月預測印度至少還需要半個世紀的英國直接統治。[3]在一九六八年，他因發表「血河」的演講而臭名昭著，他呼籲停止從前殖民地向英國移民。[4]在一九五九年，他所擔心的是英國在非洲變得過於「像非洲人了」。但是，對照著大英帝國活動的紀錄來看，難民營和大屠殺並不是「非英國人」的行經；它們只是在與英國人給自己的神話相比時才是不屬於英國人。鮑威爾是一長串帝國主義者中的另一個，他將帝國罪行的責任推卸給了受害者。

大英帝國並不是在「心不在焉（不知不覺）」的情況下建立起來的，它是由致力於某些文化概念和歷史理論的人所建立的。現代時期的一個決定性內涵，是對良知自覺地、世俗地理解，它是由歷史感受所塑造。我們在這裡反思的是歷史思想的形上學，反思一種特定的歷史理論如何藉著影響我們對塑造周圍世界的能動性和責任感，進而影響我們的行為。十八世紀抵制糖產品的人們的行為是出於這樣一種意識，認為他們作為消費者的動機促成了糖生產中的奴隸制。大英帝國主義的出現，出自對英國在世界範圍內的天賜歷史角色的信仰，這種信仰的出發點是良善的，但是卻具有破壞性。如果你相信無產階級創造了歷史，你的行為就會與那些相信行星和恆星的排列決定人類行動的人有所不同。現代時期是一個男人們（是的，男人們）越來越意識到自己作為歷史演員的作用，並試圖按照某些歷史劇本塑造世界上各種事件的時期，無論這些男人是作為革命者、征服者、工業家還是定居者。推動工業資本主義、帝國主義和民族主義傳播的「進步」概念，取決於通過訴諸關於種族、宗教和文化的假設來壓制良知的能力；對烏托邦目的的夢想一次又一次地為可怕的手段辯護。現代歷史是一個大規模的邊緣化和連根拔起的歷史；在南亞，以及德國、巴爾幹半島、塞普勒斯、巴勒斯坦／以色列、愛爾蘭、越南、韓國、美國（包括杜波依斯〔W. E. B. Du Bois〕所說的「雙重意識」）和其他地方，分裂的自我身分認同是典型的，其中大部分可以追溯到殖民統治中。然而，這些事件也關鍵性地重塑了歷史學科及其背後的想像力，為替代性的行動和存在方式留下了時間上的可能性。

在二十世紀初，印度人、阿拉伯人和其他人對殖民主義的歷史感進行了反擊。有些人藉著對它加以調整來達到反殖民主義的目的。英國在一九〇七年時慶祝了鎮壓一八五七年叛亂的五十週年紀念，當時的孟加拉正處於激進的叛亂之中，這使得這一事件在關於帝國歷史的辯論中變得更加關鍵。在一九〇九年，印度歷史學家、全印度印度教徒大會的領導人薩瓦爾卡（V. D. Savarkar）發表了一篇關於一八五七年叛亂的修正主義論述，認為這是一場民族起義，特別是為了給英國鎮壓叛亂的五十週年紀念予以回應。[5]他在解釋中輸入了一個不同的歷史劇本，在倫敦寫這本書時，他沉浸在法國和美國革命的歷史中。面對英國強烈的禁書行動，薩瓦爾卡在荷蘭印刷了他的著作。這本書在印度成為了一本被廣泛傳閱的禁書。它的印刷和流通是戰時反殖民主義革命活動的一部分。[6]

一八五七年的叛亂困擾著該學科自己的歷史——莫勒維・巴卡爾的兒子，穆罕默德・胡塞因・阿札德（Mohammed Husain Azad）成為了烏爾都語的第一位現代歷史學家。賽義德・阿赫邁德・汗爵士在一八五九年寫下了印度第一部關於衝突的描述，成為一名穆斯林改革者。[7]約翰・威廉・凱伊也將這場叛亂作為文學創作的對象，持續了十多年。許多英國人對叛亂的描述中都有自相矛盾的痕跡，這為未來更多的批評性修正主義留下了缺口。因此，當一位英國一戰老兵對關於帝國的公認歷史智慧產生了懷疑時，他首先轉向了一八五七年的叛亂。這個人就是伊克巴爾的朋友愛德華・約翰・湯普森，他是前往印度的一名傳教士，在英國入侵伊拉克時作為隨軍牧師與英國軍隊一起服役，他對自己的經歷深感失望，在給母親的信中，他下定決心，如果他能活下來，他將「最終毫無疑問地站在叛軍一邊」，因為西方文明已經破產了。[8]他首先成為了一名詩人，在一九一九年出版了《美索不達米亞的詩篇》（*Mesopotamian Verses*）。他的下一部重要的文學作品是一九二四年的戲劇《贖罪》（*Atonement*），劇中講述了一位英國英雄放棄了對印度人的惡行，做出了自我犧牲。[9]然後，他的第一部重要的歷史作品——他第一次嘗試自己進行贖罪，是從印度人的角度對一八五七年的關鍵叛亂進行了修正（以家長式的做法做出了假設：「印度人不是歷史學家，他們很少表現出任何批判能力」[10]）。他告訴他的另一位反殖民主義的詩人朋友泰戈爾，這本書是「一個英國個人的贖罪行為」。[11]一九二五年的《勛章的另一面》（*The Other Side of the Medal*）試圖推翻英國人長久以來的論述（說印度人對於英國人完全慈愛的存在展開了惡魔般的攻擊），確認了叛亂者所表達出的真實的政治抗議，以及英國人自己挑起的暴力行為。他認識到，英國關於這一事件的迷思在維持帝國存在和事後嚴厲的秋後算帳行動中的力量——這本書使他在牛津大學的教職面臨了風險。[12]《新政治家》（*New Statesman*）雜誌則稱讚該書揭露了叛亂背後的「恐怖政策」。[13]

這本書是二戰後在英國流行的「自下而上的歷史」寫作趨勢的一個重要的反殖民主義先驅。這是對歷史學科的一種激進干預，而湯普森對自己作為歷史行為者的責任感使之成為了可能。他的朋友包括了印度反殖民運動中的兩位詩人領袖，伊克巴爾和泰戈爾。在牛津，正如他所寫的，他的鄰居是退伍軍人、詩人和古典主義者羅伯特·格雷夫斯——勞倫斯的朋友和他的傳記作者。湯普森認識了勞倫斯本人。不出所料的，鑑於他與這些人物的親密接觸，他對拜倫式的人物產生了迷戀，他們是以心愛的被奴役人民的名義做出了犧牲的詩意英雄，同時為英帝國主義的罪孽贖罪。儘管許多年輕的英國人發現他們的英雄願望被變成了一場消耗戰的第一次世界大戰打消了，但湯普森認為他在伊拉克短暫地體驗到了英雄的感受，在那裡他因頂著炮火照顧了受傷士兵而獲得了軍事十字勛章。在一九三五年時，當勞倫斯因一場摩托車事故身亡時，湯普森參加了他在聖保羅教堂的追悼會。[14]第二年在加爾各答，他在給大兒子的信中引用了他的戰時經歷，描述了「我們的意志自發地投入到了無私的行動中」，有一些人「被某種使他們的生活充滿了個人化的體悟的東西所攫獲，並給他們一種命運感，使他們無所畏懼。」他談到了那些定期湧現出來，以挽回其國家所做的惡毒行為的那些英雄們，回顧了拜倫「鼓勵希臘人向土耳其壓迫者開火」時的死亡。他想知道，「一個人在今日可以僅憑一個手勢來實現任何重要的事情嗎？」[15]

湯普森對帝國在印度的歷史的革命性研究方法是他的拜倫式姿態。這也是戰後大眾民主的積極文化所塑造的自我主張，人們越來越感覺到公民有責任對政府進行制約，確保政府的行動符合他們的意願。當勞倫斯在祕密政府的陰影下行使偉人的能動性時，湯普森闡述了一種把歷史寫作作為積極的公共公民身分的願景，以及歷史學家作為積極公民的原型：「現在……歷史學家不能僅僅是歷史學家了。」[16]在第一次英國－阿富汗戰爭之後，凱伊徹底改變了該學科的方法論，敦促人們需要非官方的資料來了解真相。湯普森現在完全釋放出了將歷史作為講述真相的手段的想法，反對一心想要暗中追求帝國主義目標的政府。在十年的「承諾」期間，他在前往印度的途中遇到了另一位美索不達米亞的老兵傑弗里．加拉特（Geoffrey Garratt），並與他共同撰寫了反帝國主義的作品《英國在印度統治的興起與實現》（*The Rise and Fulfillment of British Rule in India*, 1934）。[17]湯普森針對他的政府所做的暴行以及用來掩蓋其暴行的詭計和宣傳，培養出了對歷史學家的技能的熱情，他把歷史學家的技能作為講述真相的最有效手段，反對帝國主義政權，將歷史本身作為一種救贖的手段。

然而，隨著帝國主義變得更加令人顏面無光，博德爾森（C. A. Bodelsen）和舒勒爾（R. L. Schuyler）等歷史學家藉由論證英國人在一八一五年至一八八〇年期間實際上一直對帝國擴張持反感態度，生產一種油嘴滑舌的神話，認為維多利亞時代是一個「反帝國主義的時代。」[18]這種歷史編纂學讓人想起了約翰・布萊特（John Bright）和理查德・科布登（Richard Cobden）等自由貿易的批評者在理論上的反兼併主義論點，只要不用付出代價，他們就願意容忍帝國（更不用說他們不願意切斷現有的殖民關係）。它延長了西利對帝國「不知不覺的適應」的解釋的存在，並將霍布森等世紀之交的批評家納入了一個更長久存在的自由主義世系中。（霍布森本人在一九三〇年時曾指出，西利的論文「落入了神祕主義的圈套」，因為事實上，「在（帝國的）幾個部分的製造者中，甚至在這些部分的逐漸匯聚和擴展中，思考都未曾缺失。」[19]）

但正如我們在第五章中所看到的那樣，拆除維持帝國的歷史敘事的工作繼續在帝國內進行著。此外，戰時各地反殖民主義思想家的道路也經常在倫敦交會，也為英國的政治和思想文化注入了活力。[20]在一九三三年時，英國人慶祝了廢除奴隸制的一百週年紀念。兩年後，義大利入侵了衣索比亞這個唯一尚未被美國或歐洲控制的非洲國家。從一九三五年到一九三八年，巴貝多、牙買加、蓋亞那和其他地方爆發了暴亂和罷工。在這種背景下，在倫敦的千里達人詹姆斯（C. L. R. James）寫下了一九三八年海地革命的經典歷史《黑色的雅各賓人》（*The Black Jacobins*），其中充滿了譴責英國在拿破崙戰爭中的背信棄義的旁白。[21]作為一名泛非洲主義者和社會主義者，詹姆斯與芬內・布洛克維在倫敦的交際圈子裡活動，在創作歷史作品的同時，還創作了戲劇、小說和板球評論。這些作品和他在倫敦、美國、迦納和西印度群島之間的流浪生活，證明了他在尋找超越國族的殖民主義的答案。埃里克・威廉姆斯（Eric Williams）是詹姆斯在千里達的學生，後來成為了千里達和托巴哥的總理。他在一九三八年的論文是他一九四四年出版的經典廢奴史《資本主義與奴隸制》（*Capitalism and Slavery*）的基礎，該書試圖揭露廢奴及其慶祝活動的虛偽性，將故事建立在經濟利益而非道德美德之上。[22]

那些把歷史作為反對帝國的理由的思想家，隱約承認了這門學科在帝國中的勾結。他們認識到，歷史不可能像博林布魯克勛爵所想像的那樣，作為道德的一個自主陣地發揮作用，因為它是通過時時都在變動的政治決定構建的。正如海地人類學家麥克爾－拉爾夫・圖里奧（Michel-Rolph Trouillot）在一九九〇年代時說的那樣：「既然我們已經有了小紅帽的故事，又何必再為大屠殺、種植園奴隸制、波爾布特或法國大革命而煩惱呢？」[23]歷史從來不是簡單的普遍道德哲學。正如圖里奧所指出的：「要麼我們所有人都共享同樣的正當性的敘事，要麼，一個特定的故事對特定人群之所以重要的原因本身就是歷史。」「據說發生了什麼事」與「真正發生了的事」是不同的，深刻的政治決定將前者與後者的構建聯繫起來。通過開放對一八五七年叛亂、廢除奴隸制和其他的帝國紀錄展開新的敘述，反殖民主義歷史學家認識到，關於歷史的道德用途的主張長期以來一直在掩蓋其政治用途。湯普森在一九四三年指出：「我們對印度歷史的書寫也許比我們所做的任何事情都更令人反感。」[24]

這門學科的斷裂也影響了英國的歷史的寫作。湯普森的孩子們在這種氛圍中長大，甘地、尼赫魯和勞倫斯都曾拜訪過他們在牛津的家，他們的父親向他們傳授拜倫式的英雄主義以及政治活動和敘述歷史中個人能動性的力量。他的小兒子，詩人、歷史學家和政治活動家Ｅ．Ｐ．湯普森（Edward Palmer Thompson）後來回憶說，他從訪問他們家的印度「詩人和政治煽動家」那裡蒐集郵票，他知道這些是他們「最重要的訪客」。[25]人們感覺到，對這對父子來說，這種詩人在歷史前線的生活和他們寫的詩歌一樣，使他們如此令人欽佩。湯普森的大兒子弗蘭克也是一位有抱負的詩人。他在二戰期間大部分時間都在中東從事情報工作，後來在一次勞倫斯式、拜倫式的解放保加利亞的特別行動執行任務中喪生。[26]Ｅ．Ｐ．湯普森繼承了他父親在面對「被稱為官方保密法的英國反歷史裝置」時，為解決他哥哥的死亡之謎所做的鬥爭。他了解到，「國家給出的原因永遠是與歷史知識相牴觸的。」[27]這一經歷證實了他父親在政府的狡詐方面學到的教訓：他從小就「預期了政府是狡詐的、帝國主義的，並預期自己的立場應該是與政府相敵對的。」[28]

邱吉爾以勞倫斯在前一次戰爭中的活動為藍本，成立了特別行動處（Special Operations Executive，ＳＯＥ）。但他們所幫助的抵抗組織警覺地盯著「普通的ＳＯＥ官員，認為那可能會是下一個阿拉伯的勞倫斯」，因此，用一位南斯拉夫游擊隊員的話說，他是「一個背信棄義又傲慢的帝國鬥士。」[29]勞倫斯的形象在一個反帝國主義日益增長的時代裡發生了變化，使得二戰後的英國人很難不加批判地模仿他或拜倫。即使是愛德華．約翰．湯普森也受到了關於他可能具有勞倫斯特質的猜測。在一九三二年，當他代表羅德信託基金（Rhodes Trust）在印度探索印度和英國作家之間合作的可能性時，泰戈爾的圈子懷疑他是一個政府特工。對他的小兒子來說，帝國已經夠令人難堪了，更難堪的是他的父親體現了那種典型的帝國式的拜倫式英國人性格。他嚴厲地描述了他的父親：「似乎他既希望用他的筆來挑戰帝國勢力（正是帝國勢力的統治引發了那些緊急情況），又希望向統治者保證，在緊急情況下，可以指望他與最好的人們一起拿起槍。」[30]在他的兄弟去世後，E．P．湯普森在國內引導了他自己的拜倫式野心。由於他哥哥在西方和東方帝國主義的前沿試圖完成和拜倫類似的命運而喪命，這更加劇了他父親對於印度反帝國主義思想的拜倫式態度，這引發了E．P．湯普森對英國政權在國內的專橫的批判立場，以及他對探索英國工人階級的歷史以引導英國人在自己的時代走出黑暗的興趣，從而引出了他在一九六三年出版的經典作品《英國工人階級的形成》（*The Making of the English Working Class*）。這個標題與他父親的最後一部歷史作品《印度王公的形成》（一九四三年）的標題相呼應。E．P．湯普森從工人階級的歷史性自由主義傳統中尋找方法，以制衡塑造了他一生的冷戰時代的「祕密政府」的過度行為。隨著英國的「戰爭政府」在失去印度後仍然蓬勃發展，湯普森看到了國內的帝國。「相互之間的招募、你中有我、我中有你的職務任命以及意識形態和經驗的交流」意味著，旨在安撫人群和監視國外顛覆者——「約翰．布坎小說中的世界」的方法現在被用在國內的失業者、婦女和調教大眾上。[31]他明白自己作為一個歷史學家－活動人士所扮演的拜倫式的角色，從而要解放這個世代的工人們。他為「英國的激進知識分子的實踐概念辯護，這種概念的基礎是知識分子和工人之間盡可能多展開廣泛的交流。」知識分子處於「鬥爭的內部」，利用他們的地位「闡明從屬階級的經驗和願望」。[32]這是他對自己在英國社會主義中扮演角色的拜倫式看法。（儘管如此，在浪漫主義詩人中，他最欣賞的是人物是威廉·布萊克，他把他看作是「抵抗野獸的目擊者」。[33]）

在反殖民主義時代期間，通過這些在歷史書寫上的轉變，出現了二十世紀流行的、將歷史學家看作是政府批評者的觀念。和帝國相關的壞良知對於上個世紀出現的新的、更具包容性的歷史寫作模式至關重要。歷史是為了揭露帝國的醜聞。[34]E·P·湯普森對「進步」作為理解歷史的一個類別持有謹慎的態度，在一場以投擲原子彈作為終結的世界大戰之後，現代時期的記錄既是破壞也是進步，或者說是基於破壞的進步。關於工業革命，他斷言：「我們不可能把那些導致產業工人在未來二、三十年內墮落的過程稱之為『進步』……。」考慮到所處在使用核武器來武裝自己的時代，他告誡說：「我們唯一的判斷標準不應該是一個人的行為在隨後的進化中是否合理。畢竟，我們自己還沒有走到社會進化的盡頭。」過去的「失敗原因」甚至可能產生「對我們尚未治癒的社會弊端的洞見。」[35]這是對認為歷史會不言自明的概念的斷然拒絕，這個概念可追溯到修昔底德。不是歷史在評判，而是歷史學家在決定故事的結局。歷史是由勝利者或那些選擇站在勝利者一邊的人書寫的，而勝利則成為了道德價值的評斷者。甚至在普利斯特里的時代，艾薩克·德·以色列（Isaac D'Israel）——英國未來的侵略主義首相的父親——就曾嘲笑了認定歷史讓我們洞察上帝計畫這一自大想法，因為我們結束敘述的時刻是任意的。歷史「……在人的手中，是如此的柔順」，它會向著「占上風的勢力」彎腰。[36]

不過，正如湯普森所說的話所顯示出來的那樣，他仍然致力於這樣的想法：歷史研究提供了對世界上的「惡」的問題的洞察，「社會進化」可以達到一個「終點」。此外，他仍然致力於進步的想法，因為他想像在未來的某個時候會有一種「治癒」。他想在失敗的事業中加以檢索，這本身就是一個目的，但也是為了更實際的目的，即恢復那些可能在他自己的時代更進一步地獲得進步的思想。他對為「進步」而付出文化代價的觀點持批評態度，但仍對於普世歷史的觀念有所投入，他把十八世紀的英國故事想像成會在適當的時候在各地發展的預兆。幾年後，他在一篇關於時間的著名文章中宣稱：「沒有對時間的紀律，我們就不可能有實業家們堅持不懈的精力；無論這種紀律是以衛理公會、史達林主義還是民族主義的形式出現，它都會來到發展中世界。」[37]

歐洲大陸上的思想家們對於大屠殺陰影下的進步甚至懷有更加愛恨交加的感情。德國猶太哲學家華特・班雅明（Walter Benjamin）已經意識到了工業生活和機械化的戰爭是如何麻醉人類的情感的。他曾在一九三〇年代被德國驅逐出境，甚至在法國的避難地也受到了迫害。在目睹了歐洲猶太人和歐洲本身的毀滅後，他與其說是質疑了進步的敘事，不如說是強調了進步留下的破壞。在他於一九四〇年自殺前的幾個月，他編寫了「歷史哲學論文」。第九篇是對保羅・克利（Paul Klee）一九二〇年創作的名為「新天使」（*Angelus Novus*）的畫作的思考。班雅明在一九二一年買下了這幅畫，他在其中看到了「歷史的天使」。當他在一九四〇年寫下關於這幅畫的文字時，他的讀者可能還不知道這幅畫。但他的描述現在已經在很多場合被經常引用了，它既成了標誌性的評價，也成了一種老調重彈。事實上，我們已經剝奪了班雅明所說的藝術的「靈光」——它是在機械的複製過程中所失去的神聖品質。不過，我還是引用了班雅明對保羅．克利畫作的想法，將其還原到了更廣泛的哲學質疑的背景中，這種質疑由世界大戰引發，是關於歷史必須作為一種進步敘事的想法。畫中的天使看起來「好像正準備離開他所一直在思索著的東西。他的眼睛張著，他的嘴張開，他的翅膀展開……他的臉轉向了過去。」這不是一個作為神聖的演員介入人類歷史發展的天使。歷史太迅速了，他無法施展他可能的治癒術，他淪為了一個無助的證人：「我們看到的是一連串的事件，而他看到的是一個單一的災難，這個災難不斷地將殘骸堆積在一起，並將其扔在他的腳前。天使想留下來，喚醒死者，使被打碎的東西恢復原狀。但是，一場風暴從天堂吹來，以如此猛烈的方式把他的翅膀捲住，使他無法合攏翅膀。這場風暴不可抗拒地把他推向他所背對的未來，而他面前的一堆碎片卻在向天空生長。這場風暴就是我們所說的進步。」[38]班雅明在逃離納粹勢力的過程中自殺而終。他的財產被轉交給了法蘭克福學派的哲學家同仁狄奧多．阿多諾（Theodor Adorno），後者在面對大屠殺時也同樣質疑了進步的敘事。法國思想史家米歇爾．傅柯（Michel Foucault）質疑進步的依據是，它陸續地把瘋子、異類、同性戀等等作為「不正常事物」而排除在外。[39]對傅柯來說，構成和給創造歷史主體的東西賦予力量的是話語；因此，話語是歷史研究的適當對象。事實上，本書在很多方面都是在討論歷史話語是如何塑造了帝國的。然而，傅柯一直執念於黑格爾式的哲學理解，將它作為對我們現在狀態的批判性反思，在這個過程中，我們運用了從過去繼承來的概念工具。

在紐西蘭寫作時，流亡的奧地利哲學家卡爾・波普（Karl Popper）也發展出了對歷史決定論的批判，批判了認為歷史必須按照一些可知的一般規律不可阻擋地向前發展的想法，這種想法產生出了他那個時代的極權主義運動。他在一九五七年出版的《歷史決定論之貧乏》（*The Poverty of Historicism*）一書中認為，人類知識的發展是不可預測的，知識在歷史中具有重要的因果關聯的作用，它禁止任何認為規律是可預測的運作。[40]除了法西斯主義，他還對馬克思主義學說使暴力成為一種可行方式的想法感到不安，因為馬克思主義學說使它的信徒們相信，通過階級鬥爭而死的人比通過迅速的革命來結束它的人更多。換句話說，他認識到了某些歷史劇本是如何為當前的道德決定提供依據的。相反的，他認為人類歷史作為一個整體是一個獨特的事件，由各種因素組成；對過去的研究可能會揭示出趨勢，但沒有預測規律的能力。這些觀點也出現在他一九四五年出版的關於「開放社會」的書中，該書至今仍是西方自由主義價值觀的流行辯護。[41]波普對黑格爾和馬克思等思想家的解讀受到了很多批評；更重要的是，他沒有認識到他所推崇的替代法西斯主義和共產主義的自由主義價值觀也源於一種由自然規律指導的歷史觀，並為殖民主義提供了思想溫床，而法西斯主義正是植根於此的。卡爾・波普的結論既激進又保守，他把「我們最大的麻煩」的來源歸結為「我們急於改善我們夥伴的命運」。他正確地讚揚了民主，並對那些自以為是的「偉人」所構成的危險提出了警告，但他仍然對技術民主和個人自由的目標抱有信心。雖然他算是個提倡打破舊習的人，他既不是社會民主主義者，也不是自由主義者，但他把自由主義理想誤認為是歷史現實，把西方自由民主國家說成是隨著時間推移而和平改善的社會——就好像美國、英國和法國並不是依賴帝國主義才形成的一樣。E・P・湯普森對英國工人階級的自由主義和公社價值觀的描述，氣憤地暗示了波普對「受迫害者……是壓迫的先驅」的控訴。他重申了「開放社會」是激進左派的遺產，從托馬斯・潘恩開始，把人民放在中心位置上，認為「民主」意味著啟動了一股既無法控制也無法預測的力量。[42]

對湯普森來說，就像班雅明一樣，歷史寫作在面對不間斷的損失時可能會發揮一種更有想像力的救贖功能。班雅明的另一個論點肯定了重大和次要事件在過去的紀錄中都有一席之地：「任何曾經發生過的事情都不應被視為歷史的損失。」但是，「它的過去的完整性」只能由「被救贖了的人」來獲得。[43]那麼，歷史的恢復是衡量我們這個物種對良知的責任；班雅明寫道：「它（被救贖的人類）生活的每一個時刻都成為了一個『citation l'ordre du jour』——亟需處理的事情——那一天就是審判日。」在世俗的歷史記錄完成時，就證明了人類的道德清算和末日本身。進步敘事的問題正是它對「同質的、空洞的時間」的假定，而事實上「歷史是一個結構的主題，其地點不是同質的、空洞的時間，而是被現在的存在所填充的時間。」[44]

E・P・湯普森也是一位詩人，這是他作為思想家和活動家的能動感受的一個重要部分，也許是因為他童年時接觸過「詩人和政治煽動者們」。他集合了他英國工人階級的歷史，並同時著眼於他們那個時代的浪漫主義詩人。歷史學家瓊安・斯科特（Joan Scott）解釋說，對E・P・湯普森來說，詩歌代表了「深受啟發的行動……詩人是革命政治的關鍵，因為他能與實際方案一起，闡明那些激勵著人們行動的渴望。」尤其是威廉・布萊克，「他體現了詩歌和政治的可能性，挺身示範了在一個單一運動中的浪漫渴望和理性抵抗。」[45]在湯普森父子對這門學科進行革新的跨兩代人的嘗試中，包含了為其注入源自詩歌的道德觀念，而不是遵循長期以來作為歷史終點的時間的判決。這在艾梅・塞澤爾在一九五〇年以詩歌語言出版的《殖民主義論述》（*Discourse on Colonialism*）中也表現得十分明顯，作者希望能達成一種卓越超群的「千里眼一般的洞徹」。[46]

然而，就在前一年，阿多諾著名地宣稱：「在奧斯維辛之後，再寫（抒情）詩是野蠻的。」[47]我們也許可以說，莎士比亞把抒情詩發展到了極致，《哈姆雷特》體現了對個人的道德能動性的關注，而這種關注在數百萬死於大屠殺的人面前悲慘地失敗了。阿多諾的意思是，我們不能用產生了奧斯威辛集中營的整個社會的藝術形式來紀念這一事件。藝術是社會的一面鏡子，但一個完全邪惡的社會沒有留下任何道德空間或形式來對它進行反思。文化和批評是彼此共謀的：「在這個正在變成一座露天監獄的世界裡，知道什麼取決於什麼已經不再那麼重要了，這就是一切皆為一體的程度。」他後來修改了自己的立場，承認表達痛苦的需要和權利：「說奧斯威辛集中營之後你不能再寫詩可能是錯的。但提出一個不那麼文化性的問題則是可以的，這個問題就是，在奧斯威辛之後，你是否可以繼續生活。」奧斯威辛之後的任何生活都必須是記憶和自我懷疑的噩夢。關於馬克思所認為的，哲學不僅要解釋，而且要改變世界的觀點，阿多諾曾在一九六六年回答說，哲學「繼續存在是因為實現它的時機已經錯過了。」[48]革命行動的時間已經過去。然而，他關於身分的觀點為一九六八年的民眾大規模抗議運動貢獻了一個中心思想，他的這一觀點認為，自我創造本身就是一種政治能動性的行使——個人即是政治。[49]事實上，現代歷史專業對「能動性」的關注，對具有創造歷史能力的自主的自我（autonomous selves）的想法，正是根植於這一時刻的。

阿多諾認為「消極的身分認同」（negative identity）是發生在現代自我的解放性身分認同之前的。但在其他空間和思想傳統中，對自我的消解不是導致法西斯主義的軟弱、不確定性和異化的證據，而是柔順和開放性的證據。那些其他的道德空間在二十世紀中期的創傷中倖存下來——那條從殖民時期一直發展到現在的反歷史思想的線索，它既依賴於詩歌的形式，又依賴於從其他來源獲得的道德內容。大屠殺在歷史上打開了一道鴻溝；在鴻溝的這一邊，藝術、感知、哲學、理性的極限都暴露無遺。然而，在不可言說的現實之外的思想和存在方式在當下埋下了種子。阿多諾可能沒有察覺到這些，但E・P・湯普森在那個時候轉向了詩歌，將詩歌作為前進的方式，這表明他在自己的時代裡接觸到布萊克、十八世紀工人階級的歌曲和反殖民主義的「詩人和政治煽動者」，這讓他瞥見了這些存在方式。的確，當時的那些詩人恰好在試圖創作出關於印巴分治的不可言說的創傷的抒情詩，儘管這些創作表現通常是隱晦的。[50]

班雅明對失去的時間的預言性恢復——他對可能從整體的力量中得到救贖的碎片的感知——以及湯普森恢復失去的事業的努力，都回應了法伊茲在獄中對月亮的沉思。湯普森在十八世紀工人們的創造性、想像力的激進傳統中找到了新的道德靈感，無論這在他們自己的時代裡是否奏效。對他來說，這些傳統與他那個時代的英國共產黨所擁護的僵硬的「科學」唯物主義形成了鮮明的對比。在恢復激勵早期活動家思想的想像力遊戲中，他試圖在他自己的時代提供一個新的能動性指南，一個替代共產黨的嚴格歷史觀所要求的沒有靈感的順從主義。（正如迪佩希·查克拉巴提所觀察到的，在歐洲浪漫主義中，「想像」與基督教的神性概念有著深刻的聯繫，而後來的世俗形式從未完全克服這種聯繫。[51]）他為在自己的時代裡行使能動性尋找新的歷史劇本，不是從其最終效果，而是從其美學和社會品質來判斷其道德價值。他認為，詩歌的作用（用斯科特的話說）是「用想像力浸潤政治」，在「……從完美主義的幻想中醒悟和完全的叛教之間，提出一個中間地帶」——這是一個「苛刻卻有創造性、關於持續盼望的空間。」[52]這與印巴分治的烏爾都語詩人試圖在其作品中做的事情產生了共鳴——在叛教和醒悟之間找到一個中間地帶。事實上，E．P．湯普森的父親與來自印度的反殖民主義詩人活動家們的關係有助於在二十世紀末產生出歷史學科的修正式道德承諾。他父親那一代人轉向了詩歌，以應對第一次世界大戰所造成的難以理解的死亡和災難規模；在分治時期也是如此。這兩個事件的大規模暴力和傷亡，使它們作為道德敘事、道德悲劇，作為人類歷史上所有愚蠢行為的公然展示，在核心層面上產生了共鳴。經過證明，歷史不足以應對這些事件所帶來的道德悲劇，倖存者們轉而求助於詩歌，以獲得對他們的傷痛的支持，儘管詩歌也不適合他們的經歷。歷史學家托馬斯・拉奎爾在談到第一次世界大戰的詩人時寫道：「當時有一種渴望救贖的詩歌，但在詩歌創作的同時，作者們也清楚地知道這是不可能得到的，甚至救贖的希望也有可能背叛痛苦的現實。如此多的戰爭詩歌的憤怒、苦澀、諷刺以及抒情，還有對聖經和神話的引用，都來自於詩人對經驗或經歷的認識，就像過去一樣，是一種轉瞬間的東西，不可能，但又極度需要傳達出來。」[53]他們寫詩，但很明顯的是，當時不在場的人「不能聲稱他們知道，或是有道德權威來理解或談論大規模死亡和破壞的含義。」這種痛苦驅使像老湯普森這樣的人物利用他們有英雄行動潛力的殘存信念，來質疑給予他們這種信念的歷史想像力。他們發明了一種新的歷史，注入了想像力，繼續前進。

可以肯定的是，E・P・湯普森對待歷史的激進方法本身在效果上是有限的，因為他對英國有強烈的關注，不知不覺地呼應了十九世紀思想家的「小英格蘭」（Little England）願景（被一九二〇－四〇年代的歷史學家們所推動）。在一九五三年時，有一部分原因是一九四七年印度獨立可能僅僅代表了向更非正式的帝國控制過渡，在據說是有史以來被引用次數最多的歷史文章中，歷史學家約翰・加拉格爾（John Gallagher）和羅納德・羅賓遜（Ronald Robinson）指出，維多利亞時代中期的「反帝國主義」思想與那一時期的帝國主義擴張的現實是多麼的不協調。[54]但在一九五〇年代，人們對非殖民化的理解發生了變化，肯亞「緊急狀態」和其他衝突的消息不斷傳來，更具有決定性的是英國在一九五六年的蘇伊士危機（編註：一九五六年，埃及政府決定將蘇伊士運河收歸國有，掌握運河經營權的英法兩國於是出兵埃及。在美蘇兩大強權的極力反對下，英法最終撤軍）中的恥辱性失敗：入侵埃及行動的流產帶來的教訓是，沒有美國的同意，英國就不能再發揮其軍事力量，這導致了安東尼·艾登（Anthony Eden）政府的下臺。非殖民化的敘事作為一個實現帝國願景和延續大英國協內部連續性的故事，現在受到了英國歷史的「衰落論」挑戰，這是一種歷史對英國的背叛感。歷史非但沒有為英國的過去伸張正義，反而似乎在嘲弄它。現在英國人可能擁有什麼樣的未來呢？帝國興衰的舊說法被拿出來解釋英國的戰後命運。從公學和牛津劍橋走出的那一代、本應在未來成為殖民地管理者的人們遇到了新的政治現實，他們以憤怒的、更有成效的嘲笑來回應，掀起了一股豐富的諷刺風潮，嘲笑關於責任和報效國家、帝國和文明使命的老舊觀念。正如保守黨記者佩瑞根·沃松（Peregrine Worsthorne）在一九五九年寫道的：「當與一個正在衰落的二流國家聯繫起來的時候，關於英國階級制度的一切都開始顯得愚蠢和低俗了。」[55]對衰落的看法與當時的歷史現實有些不一致，當時的英國處在一個富裕的時代而且是一個勝利的福利國家。在適當的時候，這種不一致將會助長導致了柴契爾時代和目前的英國脫歐運動的帝國主義懷舊情緒。但在當時，除了諷刺和憤怒之外，一些人對帝國採取了掩耳盜鈴的鴕鳥立場。E・P・湯普森的作品就屬於這種風格。[56]

儘管湯普森有作為退伍軍人的多元文化經歷，也有他的成長經歷和家庭歷史，但他的歷史作品還是努力地試圖重新發現英格蘭，避免將其作為帝國談論，尤其是這個帝國正在開始分崩離析、還有成千上萬的難民和移民到來。這種關注有一部分是因為感到羞赧，部分是希望在去殖民化時代以工人階級的社區價值而不是長期吹噓的（帝國）統治階級的家長式價值來重新思考和重塑英國身分。在兩次戰爭之間，喬治・歐威爾曾沉浸在英國工人階級面臨的麻煩中，以尋求從在印度擔任帝國警察的經歷中獲得救贖。湯普森也同樣轉向工人階級以尋求救贖和遠離帝國。他來自一個設想了「拜倫式的」激進鬥爭的家庭，作為一個懺悔的英國人和一個被奴役民族之間的紐帶。重要的是，他的妻子，歷史學家多蘿西・湯普森（Dorothy Thompson），長期以來一直在研究追求憲章運動（Chartism，編註：憲章運動源自十九世紀時的英國，當時多數的勞工無投票權。於一八三六年，倫敦的工人階級發起運動爭取政治權利，提出「人民憲章」，要求賦予所有成年男性投票權、不得設下財產限制與祕密投票等）的拜倫式領袖歐內斯特・瓊斯（Ernest Jones）的生活和工作。戰後帝國主義的懷舊情緒就在那時復活了瓊斯所主張的「紳士」的特徵——一種被賦予了騎士精神、膽識和利他主義的紳士類型。[57]紳士式的激進分子回來了。自從十八世紀開始，國外叛亂的消息就對英國激進主義產生了影響。如果說反殖民主義的叛亂在二戰後更加有效，那麼它在歷史思維中產生的斷裂也是相當關鍵的。

E．P．湯普森在撰寫他的歷史著作的同時，還試圖以教師的身分創造歷史，他在工人教育協會的成年學生中灌輸工人階級能動性的意識，並在流行的核裁軍運動（Campaign for Nuclear Disarmament）中發揮領導作用，這在某種程度上是對英國在領導世界方面發揮偉大、救贖作用的一種懷念。這種行動模式，以及湯普森對早期社會主義思想和實踐的探索，源於他認為馬克思主義的歷史想像力已經被劫持，成為了為專制主義的能動性服務的工具。在一九五六年，隨著蘇伊士危機的展開、蘇聯粉碎匈牙利人的起義，事實證實了他和其他馬克思主義者對「黨」路線反對普通人創造自己歷史的權利的擔憂。E．P．湯普森是建立新左派（New Left）的一個關鍵人物，新左派與蘇聯路線決裂，希望恢復更民主的革命能動性形式。在一九六〇年，他與牙買加出生的文化理論家史都華．霍爾（Stuart Hall）共同創辦了《新左評論》（*New Left Review*），後來由於「理論」擁護者在編輯中占據了上風而憤然離去。和馬達尼一樣，他也反對歷史必須符合理論的概念，因此他對進步的想法表示懷疑。

愛德華．湯普森父子的故事讓我們可以追蹤歷史理解和歷史寫作的目的變化，因為對進步敘事的信仰在二十世紀上半葉出現了斷裂。無論E．P．湯普森自己有什麼局限性，隨著「自下而上的歷史」的推出，我們開始書寫和改寫過去，以產生更加公正和包容的敘述。當然，這種方法論的轉向還有其他重要的來源，特別是包括法國歷史學家喬治．勒費弗爾（Georges Lefebvre）和馬克．布洛赫（Marc Bloch）以及年鑑學派（Annales school）的影響，但這個故事在某種程度上超出了這段探討歷史思維如何創造了帝國，並在非殖民化時代反過來重新創造歷史的範疇。而且，可以說，無論法國的發展在方法和理論方面有多大影響，英國「自下而上的歷史」的精神氣質都是由此向前追溯的反殖民主義和後帝國主義必要性所塑造的。在E・P・湯普森感覺到歷史與詩歌攜手之後，歷史被要求進行不同類型的進步與詩意的救贖性論述。瓊安・斯科特注意到了E・P・湯普森將婦女的故事排除在外；關於被遺忘的民族與地區的歷史，已經自一開始就慢慢地、逐步地被重新發現了。[58]我們展示了即使是弱者和無聲者也能行使能動性，並在世界留下他們的印記的地方。從啟蒙時代到蘇伊士危機，有權勢的人都將歷史學科據為己有。歷史學家不是旁觀的業餘愛好者，而是歷史的創造者。從十八世紀和黑斯廷斯時代（當時像威廉・瓊斯爵士（Sir William Jones）這樣的東方主義學者巨人在加爾各答擔任最高法院法官），到彌爾父子和麥考萊，以及在邱吉爾不贊成的目光下的帝國終結，歷史學家一直是帝國的關鍵建築師。他們在對過去理解的基礎上塑造了他們的現在，他們向廣大觀眾講述了這些歷史。老湯普森，一位前傳教士，利用「贖罪」的宗教辭彙來改變這一趨勢。無論多麼世俗，在他之後，英國歷史寫作的一個突出分支承諾要實現道德上和政治上的救贖目的。這種歷史是社會的贖罪，也是這門學科的懺悔，因為其在現代歷史展開的道德疑慮事件中扮演了核心角色。通過我們的研究、寫作和閱讀來與死去的陸軍官兵們交流的行為本身應該是救贖性的——我們把歷史的失敗者從「後來的巨大屈辱」中拯救出來，這是E・P・湯普森經常引用的一句話。[59]這是今天對這門學科的普遍看法；

它是最近的現象，由去殖民化時代的知識分子和政治行動主義所鑄成。[60]

這並不是唯一的觀點。有許多歷史學家一直維持著帝國主義者對於歷史的處理方法，在這種方法中也留存著一些看待歷史和「發展」的大眾理解中的文化默認值。事實上，這門學科新的救贖精神，就像十九世紀早期浪漫主義對救贖的尋求一樣，可以被塞進到這些理解裡。當然，在二十世紀下半葉，社會主義和自由主義末世邏輯的進步願景繼續指導著歷史展開。E．P．湯普森曾在英迪拉．甘地（Indira Gandhi）一九七五到一九七七年的緊急狀態下訪問了印度六個星期，他對理論的不信任已經加倍地鞏固了。由於他父親與英迪拉．甘地的父親賈瓦哈拉爾．尼赫魯的親密友誼，他受到了熱烈歡迎。但他對放棄民主感到恐懼，他與受迫害的學生和學術界人士進行了祕密會面。由莫斯科指導的印度共產黨支持政府的鎮壓措施，讓他感到非常震驚，英國左派也是如此。印度共產黨的知識分子作為緊急狀態中出現的濫權提供抽象理論的角色，加劇了他對理論的懷疑，使他在一九七八年的文章《理論的貧乏》（The Poverty of Theory）中進行了激烈的批評。[61]當時年過八旬的印度民族主義領袖克里帕拉尼（J. B. Kripalani）因為反對英迪拉．甘地日益增長的獨裁主義而在緊急狀態下被監禁。不過，E．P．湯普森還是希望克里帕拉尼能引導印度回到民主的道路上來。四十年前，當克里帕拉尼擔任全印度國民大會委員會（All-India Congress Committee）的總書記時，湯普森的父親曾描述他「有一頭黑髮，五官清秀，身材健美，看起來就像拜倫的一部狂野的浪漫小說中的英雄，好似他剛剛帶領著一群韃靼強盜來到了這裡。」[62]

這次訪問讓E・P・湯普森對西方現代化理論（自由主義歷史敘事的最新重述版）與莫斯科指導的正統社會主義理論的融合深感不安。兩者都設想了一個擁有專業知識的現代城市都市菁英階層把現代性、進步強加給國家。兩者都優先考慮自上而下、資本密集型的技術驅動發展，依靠紀律嚴明的勞動力實現國家經濟騰飛。馬克思主義的經濟決定論與效益主義的歷史進步觀念前後呼應在一起。[63]在他看來，兩者都是粗鄙的，都是沒有想像力的政治願景。他們對歷史和歷史能動性有著類似的看法，就像他們各自的母體理論——馬克思主義和自由主義一樣。脫離了浪漫主義的起源，馬克思主義就變得毫無生氣且獨裁。聖雄甘地接受了印度鄉村的願景，部分原因是他確信大規模工業化的替代方案將導致對村民被剝削。然而，他的和其他有創造力的願景屈服在了國大黨對印度未來的現代主義與工業化願景的投資之下——願意接受發展進步作為印度的歷史目標，而沒有意識到發展的海市蜃樓是殖民統治和印度產生貧困的原因。[64]

事實上，在帝國之後，當歷史學科被重塑的時候，印度被一種新的、後殖民時代的時間概念所吸引了，這種概念堅持向前看，要求迅速擺脫過去，尤其是它在分治的創傷中形成的過去。如果英國人從獨立的形式（自治領地位、大英國協成員資格）來判斷帝國的好壞的話，那麼印度人和巴基斯坦人則感到迫切需要證明沒有殖民統治他們會過得更好的論斷是正確的。在世紀之交時，像達達拜・瑙羅吉（Dadabhai Naoroji）這樣的知識分子已經用自己的方法對自由主義的歷史敘事提出了挑戰：他們利用英屬印度政府蒐集的統計數據，表明英國實際上是從印度次大陸榨走了財富。他們在英國人奠定的知識和道德基礎上進行論證。因此，在一九四七年，隨著桎梏的解除，他們的責任是迅速展示印度人的真正潛力。五年計畫和修建大壩是這一努力的核心，它們意味著尖銳地抵銷掉帝國主義的長期影響，其中也包括致命的饑荒和分治事件。根據最近的估計，英國虧欠印度的金額高達約四十五萬億美元。[65]然而，人們仍然期望這一數字所代表的歷史損害不會對該地區獨立後的潛力產生影響，印度可以輕輕鬆鬆地「繼續前進」，徹底地「發展起來」並「迎頭趕上」。此外，「發展」的證明將取決於與世界其他地方的GDP和人口數據進行有利的比較——這與維多利亞後期進化論歷史思想中不可或缺的可比性概念（notion of comparability）是一致的，當時的專家們開始指出差異，並將其加以分類，以反映出各國的發展水平。

可以肯定的是，印度經濟學家、諾貝爾獎獲得者阿瑪蒂亞．沈恩（Amartya Sen）後來以「能力」的角度給「發展」做出了新的定義，使人們能夠擴大「實質的自由」，從而過上他們所希望的生活。[66]這種對發展的靈活、非工具論的理解是由第五章中描述的反殖民主義、反歷史的知識傳統形成的，這一點並不奇怪：阿瑪蒂亞．沈恩的名字就是來自於泰戈爾，而阿瑪蒂亞在一九四〇年代時是桑提尼克坦（Santiniketan）的學生。依賴性和世界體系的理論家們也削弱了規範的後殖民主義發展觀。但儘管有這些干預，主流的「發展」概念仍然停留在競爭性國家現代化的舊模式中。後殖民時期的遺緒仍然表現得很明顯，這一點從這些前殖民地國家繼續保留著大英國協資格上就可以看得出來（特別值得注意的例外是愛爾蘭）：大英國協允許這些國家在板球和其他體育賽事中表現出它們的「平等性」，但其特殊待遇中包括支持經濟增長的技術援助。特別是冷戰的結束，它以新自由主義的幌子封住了維多利亞時代舊有敘事的那種強求一致式的統治，新自由主義將其譽為「歷史的終結」[67]——儘管人們並沒有證據可以表明全球自由市場資本主義（global free-market capitalism）有能力給人們提供一個更好的世界，而不只是一個以剝削、採掘、破壞環境為特點的嚴重不平等及普遍貧困的溫床，而且我們尤其要考慮到，從帝國主義框架中走出來的國家的起步基準很低，這些國家卻被期待要參與到這一全球系統之中。如同十八世紀一樣，在東方主義文化的陳腔濫調和人道主義口號的支撐下，持續的戰爭狀態推動了這個體系中最強大的參與者的經濟「進步」。

如果說今天許多學術界的歷史學家不再把進步作為他們的指導性設想（guiding assumption）了的話，那麼，發展目標（development goal）就成了自由主義帝國的遺物，它深深地植根於政治和制度結構及實踐中，後殖民社會是很難擺脫它的；事實上，正是它使後殖民社會成為了後殖民社會。他們糾結著從殖民時代「繼續向前」，甚至忘記了殖民時代，以便「追趕」，並且到達一個以自由和繁榮為標誌的久違的未來。[68]但是，它只是在時間上向前，丟棄時間的充實性，在當前失去了過去的生活方式和塑造未來的方式，這本身就是一種不人道和不可能實現的期望，我們要考慮到，這些社會是多麼密切地被殖民主義的過去所形塑了——其中也包括朝著某種發展目標前進的歷史想像。與此同時，正如愛德華・賽義德所說的，西方對前殖民地社會無法「迎頭趕上」的持續「失敗」的抱怨，嚴重地低估了帝國主義給這些社會中的幾代人的生活帶來的「巨大的扭曲」，這些人是帶著這種扭曲進入到後殖民時代的。那些糾纏帝國主義掠奪的人被指責是憑著一種任性抓著受害者角色不放，並逃避了對後殖民時期的失敗負有責任。[69]

對印度的失望不可避免地被建立在包括E・P・湯普森戰後文化－馬克思主義方法（postwar cultural-Marxist approach）在內的西方歷史決定論（Western historicism）中。殖民主義、民族主義和歷史決定論在歷史中的思想糾纏和聯繫，註定了對後殖民印度的任何評估都會陷入沒有實際恢復希望的無休止悲嘆之中。畢竟，使第一個英國工人階級得以形成的工業革命同時也毀掉了印度的手織機紡織業，而印度的手織機紡織業所做出來的產品正是那場工業革命試圖模仿出的產品。然而，荒謬的事情在於，我們把那個工人階級作為一個理想，在工業革命試圖要達到的地方尋找一種工業革命的模擬品。然後，我們對我們所找到的印度主體（Indian subjectivities）感到失望。但這些主體性是由產生出了我們的英國「規範」的歷史進程，從不同方向塑造出來的。這就是為什麼不可能有以國家為基礎的歷史「模式」；所有國家的歷史都是由跨國的歷史力量塑造的。正如史都華・霍爾（Stuart Hall）所認為的，舊的歷史敘事的國家框架無法給我們提供幫助；殖民歷史使我們無法設想具有固定邊界和身分的具體社區和傳統。[70]作為一種對去殖民化的逃避，E．P．湯普森在印度民族主義時代對英國社會歷史的框定，正是依賴於對這些跨國聯繫的否認。用湯普森執著於理論的對頭培利．安德森（Perry Anderson）的話來說，在今天，還有人堅持把印度的失敗歸結為「種姓不算是階級」（castes are not classes）。培利．安德森最近寫了一本關於印度的後殖民失敗的受到好評的著作。[71]

儘管隨著「自下而上的歷史」的興起，歷史的風氣得到了改革，但是迪佩希．查克拉巴提的《讓歐洲回歸地方》（*Provincializing Europe*）一書仍然不得不在二〇〇〇年時解釋，西方的歷史模式，包括其所有輝格黨的、馬克思主義或後馬克思主義的變體，總是從「缺少了什麼」的角度來看待世界上大多數國家的歷史——缺乏正確的社會階層來履行正確的政治角色，以實現適當的歷史過渡，從而導致正確的終極目標。[72]畢竟，歷史思維的習慣是由帝國主義歷史所塑造的；歷史是在麥考萊和彌爾的手中成熟起來的，他們通過將非洲人和印度人排除在敘述之外的修辭方式來定義「進步」。正如查克拉巴提指出的，這就是為什麼用歷史決定論無法理解在歐洲之外的世界發生的變化。因為歷史決定論建立在認為全人類都有一個普世的經驗這一啟蒙時期的觀念和世俗現代性的基礎上，它對於到達現代性的路徑的設想，不可避免地把我們引入這樣的一個結論：在世界其他地方的資本主義過渡是不完整的，是缺少了什麼東西的。查克拉巴提所提出的解決方案是從邊緣處更新歐洲人的思想——也就是「讓歐洲回歸地方」。這是一個必要的、重要的干預；同時，重要的是要強調，歷史決定論也沒有把歐洲的故事講對，因為它把歐洲的進步想像與它所描述的帝國敘述裡的進步想像隔離開來了。

查克拉巴提對我們共同的歐洲思想繼承物的態度是一種「反殖民主義的……感謝」。他認為，無論是社會科學家還是普通人，都不能沒有這些歐洲思想，尤其是我們的司法機構要求我們通過世俗的語言和歷史的邏輯來說話和思考。此外，我們不能簡單地將自己插入一個替代性的區域知識脈絡中，這些脈絡已經成為了「大多數」學者的歷史研究事項，這些傳統被視作「已經真的死了，成了歷史。」[73]

在這裡，查克拉巴提自己也落入了歷史面前的無助感中。我們實際上已經到達了這些思想事務的定論狀態了嗎？難道我們不能復活「丟失的事業」嗎？或者從長期被丟進歷史垃圾堆的做法和思想中重新學習嗎？正如查克拉巴提所敦促的，讓歐洲回歸地方就是將「現代視為……充滿爭議的」，要「書寫……關於擁有特權的敘事……其他人類聯繫的敘事」，寫作的基礎應該是「夢想中的過去和未來，其中集體既不被國籍身分的儀式所定義，也不被『現代性』所創造的『傳統』噩夢所定義。」[74]我們是否敢想像，恢復其他存在方式和知識傳統呢（它們是受到現代抑制的夢想）？它們仍然有實際的和制度上的價值，當我們正在面對歐洲傳統的統治所產生的地球危機的時候就更尤其如此了。在兩次世界大戰之間的自由主義對上蘇聯式國際秩序的競爭性夢想可能已經失敗了，但正如我們在第五章所看到的，這些並不是唯一超越民族國家想像力範圍的思想傳統。

人類學家和文學家對他們的學科在現代帝國中的共謀進行了反思，這迫使他們對方法和理論加以重新考慮，這些批評工作是通過巴勒斯坦學者愛德華．薩義德（法伊茲曾在貝魯特認識了他）和人類學家塔拉勒．阿薩德（Talal Asad，穆罕默德．阿薩德的兒子）等人的反殖民主義激發出來的。儘管歷史學家們試圖拆除支撐帝國的敘事，但他們使該學科非殖民化的努力主要採取了使其更具包容性的形式——這一點取得了有限的成功。英國出版商甚至將反殖民主義思想納入了擴大英國文化影響的新帝國計畫中。[75]（本書的英國出版商拒絕讓渡在印度的版權。）即使在E．P．湯普森、傅柯等人的工作之後發生了變化，歷史學家也沒有完全正視歷史寫作和一些最權威的從業者被捲入了製造帝國過程的方式。查克拉巴提亦未曾明確地要求我們這樣做。

宗教在歷史工作中一直處於尷尬的地位，這說明了問題所在。歷史決定論是在帝國時代發展起來的，當時東方主義認為宗教性是落後的標誌。因此，「進步」意味著世俗化（或至少是放棄印度教和「其他」宗教）。在更激進的說法中，基督教也是不可容忍的；精神上大公無私的拜倫諷刺了基督教（和伊斯蘭教）利用末日審判的威脅和來世獎勵的承諾來促進軍隊之間的暴力競爭。[76]愛德華．約翰．湯普森曾在一九三九年寫信給尼赫魯，說宗教是「世界上最大的害蟲」，[77]E．P．湯普森也持有這種觀點：他對工人階級充滿同情，但即使是他也無法讓衛理公會所代表的歷史力量從巨大的屈辱中得到平反，衛理公會是他父親宣揚的信條（他也曾在其中接受教育）。他以一種坦率的、衛理公會式的情感狂熱來攻擊它，指控它用對來世的關注分散了英國工人階級的革命精力，並將情感提升到智力之上。[78]簡而言之，宗教擾亂了他們對能動性的正確行使，使歷史走上了「錯誤」的道路。衛理公會破壞了湯普森本來可以講述的關於十八世紀英國的英雄故事。當然，印度教和伊斯蘭教通常被指責為通過同樣的機制——情感主義、後世的干擾，使南亞和中東的民主發展脫軌。

但宗教信仰的歷史是蘊含在殖民主義和民族主義的歷史中的。[79]反殖民主義不只是在殖民主義自己的倫理基礎上回應殖民主義；它還挑戰了這些基礎，指出了其歷史決定論者的承諾所帶來的那種倫理的中止。為此，它並沒有「回歸」宗教倫理；它把宗教倫理作為一種資源，為後殖民甚至後國家的世界構思一種新的倫理觀。在英國的反殖民主義思想家中，例如威爾弗里德・布朗特（Wilfrid Blunt）和神學家安妮・貝桑特（Annie Besant）等人，對他們來說，宗教是認識到殖民主義主體的有力手段，它們最有能力在歷史習慣敘述的進步教義之外進行思考。[80]宗教在全球不同的現代性中隨處可見，它不是作為一種傳統的東西，而是作為這些現代性的一個構成要素。[81]甚至西方的「世俗」社會模式裡也充滿了宗教的殘餘，正如我們在本書開始時看到的那樣。從亞當斯密到馬克思主義，一種禁欲主義的基督教充斥著西方政治經濟學。愛德華・約翰・湯普森的拜倫主義建立在衛理公會對救贖性苦難和犧牲價值的信仰殘餘之上。拜倫主義本身則依賴《舊約》中的神話，依賴於一群擁有共同記憶和希望的選民的想法——民族救世主主義（national messianism）。[82]認識到我們所稱的世俗主義的矛盾性，可能會使我們在思考和寫作時不至於對宗教和現代時期的宗教信徒抱有偏見。我們可能不得不接受人性中的非理性商數，甚至要擴大我們對理性的定義，把作為人類和社會意義核心的精神探索也納入其中。我們可能會看到，宗教並不是阻礙歷史發展的因素；它們是人類自我發現故事的核心，歷史可能也會將人類自我發現視為適當的主題。查克拉巴提確實走到了這麼遠的地方：「我認為神和精靈與人類在本質上是共存的，從這樣的假設出發進行思考，作為一個人的問題，就涉及與神和精靈共存的問題。」[83]許多反殖民主義運動竭力地組建替代性的公共倫理體系，而不是全盤採用民族國家的末世論結構倫理，那是殖民主義文化和政治遺產的一部分。印度反殖民主義願景的大膽性——要求現在就實現自我統治，因為印度人，無論他們是文盲還是宗教人士等等，已經抓住了老湯普森的想像力。但是，他通過歷史想像力折射出這一願景，小湯普森通過這一想像力努力來理解衛理會工人，卻永遠無法完全適應這種大膽的想法。當列寧和毛澤東促成了對新的歷史劇本的想像時，他們和那些將馬克思主義歷史改編為自己目的的反殖民主義思想家們一樣，也同樣無法組建出有替代性的公共倫理體系。麥地那憲章，甘地的鄉村烏托邦——儘管有這些各式各樣的迴避歷史決定論的嘗試，後殖民社會卻仍然停留在殖民者對歷史的敘述上。正如查克拉巴提所解釋的那樣，這種局面的部分原因是他們的類型分類在歷史學科中是如此的根深柢固。即使是由「屬下研究」的學者集體所催生的方法論創新也沒有動搖這些敘述的地位。這就是為什麼印度頑固的「反現代性」長期困擾著那些要在地球上的各個區域裡翻箱倒櫃地找尋正確的進步種類的人們。儘管有一系列反殖民主義的教育實驗，試圖動搖使殖民主義得以存在的學科和思想模式的控制力，但它們的體制黏性繼續推動著似乎無法治癒的全球後殖民主義遺緒。[84]

那麼，歷史學家在今天的歷史中的地位是什麼？不同背景的學者的加入，改變了我們對種族、性別和文化的認識，破壞了支撐帝國主義和其他形式的種族不平等的敘述。讓我們撇開因週期性的反擊而加劇的這個過程的純粹緩慢不談。正如我在本書一開始所觀察到的，學術圈中的歷史學家們和政策相關的研究往往會被政策制定者故意忽視，正是因為它往往對當前的政治秩序提出了批評。歷史學家們積極參與了關於災難性的伊拉克戰爭的辯論，其中大多數的學者都疾呼警告，反對開戰。[85]傑出的歷史學家提交了一份非當事人意見書，告誡人們不要在二〇〇八年最高法院的海勒判決（Heller decision）中對第二修正案進行過度擴張性的解釋。[86]但這些聲音被有系統地淹沒了，以至於美國的政治文化已經成為了一場危機，它所圍繞的核心正是真相的概念。在這些問題上，不僅是歷史學家的聲音，廣大公民的聲音也被忽略了。公民越來越多地面對這樣的現實：西方政體中的現代國家是無法受到民主制約的。公司和遊說團體已經劫持了制約政府行為的角色。加爾頓在他的時代發現了這種軍事－工業關係的雛形，激進的威廉．科貝特（William Cobbett）不久後將其命名為「東西」（Thing）。它通過我們在這裡敘述的歷史演變，變成了冷戰時期的祕密政府，它是一個由私營企業，特別是軍火合約和政權所組成的「新生的、完全掠奪性的綜合體」，E．P．湯普森稱之為一個「新的東西」（new Thing）。[87]老湯普森把寫歷史看成是對國家說真話，事實上，今天，批判性歷史學家的角色往往是說真話的人，但卻無力對公眾輿論或政策施加實際上的影響。少數有影響力的歷史學家懷念曾經的歷史學科會對權力有所指導的時代，歷史學家曾為那個時代的政策回聲提供支持性的認可，而最新的、反殖民主義模式的歷史學家則成為了這種情結的批評者。這就是他們的贖罪力量。「自下而上的歷史」的想法是，大人物的歷史將功勞歸於單一的英雄人物，這是錯誤的。具有諷刺意味的是，這一想法正是來自於湯普森夫婦自認擁有改變歷史的偉人能力的感覺。從那時候開始，它就意味著歷史消費者和作家的道德轉變。但是，如果大多數專業歷史學家不再將歷史的創造歸功於偉人，那些夢想行使偉人能動性的人則是會繼續在通俗歷史和對某類專家的吹捧中找到劇本。

這種矛盾的結果是，當歷史學家對權力採取批判的姿態時，新型的「專家們」，尤其是經濟學家和政治科學家，高興地抓住了權力本身的舵，成為歷史的新製造者：「作為戰勝自然的人類專業知識，作為理性和現代性的進步，或者作為資本主義的擴張和發展。」[88]從二十世紀中期開始，一種新的文化教條越來越多地將專業知識等同於量化分析，將道德行動等同於這些學科所聲稱的客觀性。[89]這些學科培養了一種內在的反歷史的、普遍主義的方法來理解政治變革。但他們不是以本書所述的創造性反殖民主義思想家的方式反歷史。他們是以歷史學家托馬斯·麥考萊的方式反歷史的，因為他們設想的變革是基於抽象的原則，而不是通過現有的環境並與之合作。像麥考萊這樣的歷史學家是第一批「技術官僚」，他們都是政策制定者，聲稱具有運用非政治理性來形塑社會的正當性。他們推出了將「發展」作為一個非政治性的「技術」問題的想法，這加強了對歷史的信仰，認為它是一個普遍進步的故事，是沒有損失的進步。這就是社會科學對過去的盲目性所隱含的未被承認的歷史想像力。我們在本書的第四章裡追溯了專家思想的早期地位，即認為專家是擁有深奧知識的人，他們與權貴進行密切的、甚至是祕密的對話。在這個意義上，社會科學家是歷史本身的怪獸。蒂莫西・米切爾（Timothy Mitchell）向我們展示了發展的話語是如何自我構成一種知識形式，與它的對象（比如印度這樣的貧窮殖民地）各立一邊——儘管有大英帝國在塑造這種貧窮方面發揮了強大作用的核心事實。[90]在歷史成為經濟學的範疇之前，在歷史本身成為了一個叛變的範疇之前，歷史對於這種話語的形成是至關重要的。

當然，修正主義的歷史學家必須堅持他們在政策問題上的專業知識，反對社會科學家和偉人歷史支持者們的壟斷性主張。做歷史研究也有它自己的道德價值；自一九六〇年代的修正主義以來，從事歷史工作本身也成了一種行動主義。事實上，歷史學家甚至可以重現亞當斯密式的計畫，通過歷史達成（新）的價值判斷。就本書提供的反殖民主義、反歷史決定論的歷史實例而言，它也邀請我們從歷史中得出新的價值。我們可以參考這些替代性的倫理願景，為歷史學科本身找到一條富有成效的前進道路：扔掉我們所有含汙點的歷史劇本可能並不像它看起來的那樣自由。我們可以從最有解放潛力的劇本中汲取營養，而不排除「解放」的可能性。E・P・湯普森試圖避開對歷史能動性的決定論觀點，他對失落的原因的吹捧大大改變了該學科的目的感。不過，他還是看到了「烏托邦的價值，這種烏托邦允許在一些深刻的道德承諾方面對現在進行批判性的評估，並釋放出對某種特定未來的想像性渴望。」這種烏托邦對於實用政治是必要的。[91]因此，他非常欣賞威廉．莫里斯，因為他是一個飽含詩意和烏托邦式的思想家。[92]也就是說，當這種烏托邦採取可能未來的形式，而不是現在的存在方式時；當它假定時間的線性流動時，它就壓縮了倫理操縱的空間。

從某種意義上說，這就是一九八〇年代英國左派歷史學家試圖與右派對民族主義情緒的呼籲相抗衡時發生的事情。在瑪格麗特．柴契爾的領導下，一個被衰落論所困擾的英國轉向了維多利亞時代的過去，或者更恰當地說，是對那段過去的神話般的看法，包括毫不掩飾的帝國主義和軍國主義。一九八二年的福克蘭群島（馬維納斯群島）戰爭依賴於並深刻地吸引了具有歷史意識的民族主義情緒，這種情緒自蘇伊士危機以來一直受到挫折，正如E．P．湯普森、艾瑞克．霍布斯邦、史都華．霍爾和其他左派知識分子所感知的那樣，他們用大量的墨水批判性地分析了「遺產」產業，該產業試圖用對過去的懷舊願景來彌補當前的明顯貧困。拉斐爾．塞繆爾（Raphael Samuel）是另一位「自下而上的歷史」的倡導者，他在牛津大學羅斯金學院創立了歷史講習班運動，他認為左派需要做的不僅僅是批評；它必須提供一個引人注目的對愛國主義的替代敘述。但是，由此產生的歷史研討會議和書系並不是一個連貫的替代方案，而是強調了人們理解和使用過去的有爭議和臨時性的方式。這項工作被批評為折衷主義、含糊不清，並被批評為在法西斯主義和史達林主義極權主義時期，在狹隘的人造愛國主義（由霍布森診斷）與歐威爾和E．P．湯普森長期以來所頌揚的人民的民主愛國主義之間，重演了相同的對立。[93]由於未能「分開對過去的愛國主義研究與他們自己對現在的愛國主義態度」，社會主義歷史學家落入了歷史學的「死胡同」，邁爾斯．泰勒（Miles Taylor）這樣說道。塞繆爾願意將歷史視為一個必然的「國族問題」（類似於湯普森的「小英格蘭人」觀點），限制了這種為左派重新使用愛國主義努力的解放潛力。[94]當柴契爾的政府開始創建國家和民族主義的歷史課程（今天的帝國失憶症的根源）時，拉斐爾．塞繆爾承認，英雄是歷史中「必要的幻想」，因為「我們都在尋找可以相信的人，可以遵循的模式，可以接受的例子。」[95]

相反的，我們也許可以沿著詩人思想家們的線索走得更遠，他們把歷史進程的社會主義者論述和一種形而上學的主張融合起來，這種主張是一種想像的許諾，認為人們可以用一種可以超越世俗時間的方式行事，就像是浪漫主義者、蒙兀兒叛亂者、進步作家們一樣。儘管歷史的天使面前堆積著無盡的災難，但與其指望技術或對解放的未來的盲目信心來拯救我們，現在應該是要重新創造具詩意的行動的可能與承諾，那將能對帝國遺產進行更真實的清算。當英國的左派繼續在種族和國家認同的緊迫問題面前掙扎時（正如即將到來的英國脫歐所表明的那樣）。關於記憶動態和積極地塑造過去的方式，拉斐爾．塞繆爾一九九四年問世的《記憶的劇場》（*Theatres of Memory*）提供了另一條前進的道路。它敦促歷史作為一種有別於記憶的知識形式在促進批判性探究方面的價值，重要的是，它呼籲專業的學術歷史學家與更廣泛的流行歷史製作文化接觸。[96]

「History」這個詞本身是來自希臘語「istoreo」，意思是「探究」。與其說是講述真相或尋找模式，我們不如說是以詩歌的方式，將其重新定義為對真理的無限制的探索。畢竟，它是一個動詞，而不是一個名詞：為自己尋找。目前關於歷史的對話，包括本書在內，正在為具詩意的歷史理解提供更多的空間和機會，以富有成效的非線性方式將過去、現在和未來結合起來。正如啟蒙哲學家們所希望的那樣，歷史仍然提供了一種倫理願景，但卻是以一種不同的、不太面向未來的方式。由於歷史學家已經從國家權力掌舵人的舊位置上退了下來，並採取了批判的姿態，他們的工作已經在圍繞賠償、歸還、道歉以及最重要的紀念活動的無數對話和法律行動中成為關鍵，這些都試圖創造新的歷史。歷史學家再次成為創造歷史的中心，但以一種新的方式：通過接觸更廣泛的文化，在這文化之中，龐大的流行歷史產業仍受制於過往的古老偉人敘事模式，並激勵著當下的行動。

拜倫為希臘而死，部分是為了彌補英國對帕德嫩神廟的掠奪。從一八〇一年到一八〇五年，埃爾金勛爵從那裡搶走了雕塑、銘文和建築部件。今天，大英博物館在「埃爾金的大理石」的展覽周圍的標示牌上無所顧忌地宣稱，「我們可以確定，」埃爾金的行為使這些雕塑免於「因破壞、風化和汙染而進一步受損」，而且由於埃爾金，幾代人都能「在眼前的高度而不是在建築的高處」看到它們。這種相當蹩腳的趾高氣揚還伴隨著這樣的一則保證：埃爾金收到了鄂圖曼帝國的許可信，允許他移走雕塑。[97]希臘要求歸還這些文物已經至少有一個世紀了。英國人拒絕了，部分原因是擔心這麼做會形成歸還文物的先例。而英國的脫歐雖然貌似恢復了英國的自由和全球勢力，卻可能會迫使其做出有條件的讓步，因為希臘在英國與歐盟的自由貿易協議草案中加入了關於永久歸還雕塑的條款。[98]與此同時，復活節島的總督正在乞求大英博物館歸還其著名的雕像之一：「Hoa Hakananai'a」，這是智利島嶼上最重要的精神石碑之一。印度政府在要求歸還「光之山」鑽石的問題上仍猶豫不決，這顆重達一〇六克拉的寶石在英國征服旁遮普省後成為英王珠寶的一部分。英國人奪取了這顆在該地區的統治者之間流傳的鑽石，將自己納入了鑽石歷史所象徵的政治繼承線。鑑於這種政治象徵意義，在他們放棄對該地區的控制後，繼續持有該鑽石就沒有什麼意義了。二〇一五年，印度外交官沙希・塔魯爾（Shashi Tharoor）曾呼籲英國歸還這顆鑽石，與至少要為對次大陸的經濟掠奪象徵性地支付賠償。這種要求歸還被盜物品的呼籲並不是要撤銷歷史，而是要創造新的歷史。

塔魯爾還建議英國要將正式道歉作為一種贖罪姿態，並積極努力向英國學童講授他們的國家對英國控制的殖民地的虧欠，類似於德國教材中向德國兒童講授納粹集中營的方式。[99]考慮到印度人對於英國殖民的持久遺留問題感受正在褪去，這件事就更具有緊迫性了。一九一九年的阿姆利則大屠殺已經成為關於道歉的辯論的核心。事實上，在當時「旁遮普騷亂」的大背景下，該事件對殖民主義法律責任的概念具有歷史性的關鍵作用。在一九二〇年代初，印度人成功地要求政府對印度受害者進行經濟賠償，而在此之前，英國政府只對歐洲的暴力受害者進行賠償（通過向印度人徵收賠償金）。[100]英國首相大衛・卡麥隆在二〇一三年訪問了該地，但沒有做出道歉。倫敦市長薩迪克・汗（Sadiq Khan）在二〇一七年訪問阿姆利則的時候則敦促英國政府做出這樣的姿態。在去年（編註：本書英文版出版於二〇二〇年，此處指二〇一九年）該事件發生的一百週年之際，工黨領袖傑瑞米・科賓（Jeremy Corbyn）呼籲英國政府進行明確的道歉，但首相特雷莎・梅只表示了「遺憾」。[101]

與此同時，在南非，「羅德斯必須倒下」（Rhodes Must Fall）運動成功地確保了開普敦大學的塞西爾・羅德斯雕像的移除（編註：塞西爾・羅德斯為大英帝國時期的商人、礦業大亨，與開普殖民地總督。其公司在南非開採鑽石獲得龐大商業利益，掌控著當時的南非地區），這也激起了其他地方的類似運動，並與美國大學中移除南方邦聯雕像和標誌的運動遙相呼應。這些都是為了改變大眾對殖民主義的看法，同時也是為了使在帝國時代建立的教育機構去殖民化。[102]而這樣的對話正在獲得一些新發展的力量。[103]去年，法國政府呼籲法國博物館歸還數千件未經同意而取得的非洲藝術品。[104]英國國家陸軍博物館同意將衣索比亞皇帝的兩綹頭髮送回衣索比亞。[105]澳大利亞原住民贏得了對殖民地土地損失的訴訟權。[106]比利時為從其非洲殖民地綁架兒童道歉。[107]關於將被盜的貝南青銅器歸還給奈及利亞的問題，國際上正在積極討論解決方案。[108]一九五〇年代英國集中營中的肯亞倖存者也成功地提出了賠償訴訟，這主要歸功於歷史學家凱若蓮・埃爾金斯（Caroline Elkins）的努力。凱瑟琳・霍爾（在二〇一四年史都華・霍爾去世前一直是他的妻子）同時領導著一個歷史學家小組，製作了英國奴隸制的遺產資料庫。[109]

然而，英國脫歐運動是一種正好反方向的紀念活動，以相反的語彙來解讀帝國的過往，美化它的記憶——而對壞的良知閉口不提，使懺悔既不可能，也更迫切地被需要。英國脫歐以近乎諷刺漫畫的形式歡呼即將過期的「歷史系男孩」文化的絕望回歸，並伴隨著懷舊的傳記集《維多利亞人：打造了不列顛的十二位巨人》（*The Victorians: Twelve Titans Who Forged Britain*）於二〇一九年的出版發行。它的作者雅各布・里斯－莫格（Jacob Rees-Mogg）擔任下議院領袖，而以邱吉爾和迪斯雷利為政治家／作家典範的邱吉爾傳記作家鮑里斯・強生則擔任了英國首相。在這種氛圍下，《泰晤士報》對英國大學明顯願意將搶來的物品歸還原主的「施壓集團」感到恐慌，宣布這種贖罪行為「既不是道德要求，也不利於了解過去」。編輯們既沒有想像這些物品在它們被送回的地方用於歷史研究的可能性，也沒有重視通過歸還這些物品創造新歷史的可能性。他們適當地承認歸還被納粹掠奪的藝術品是正義的，但他們卻赤裸裸地主張說「殖民時代的歷史文物是否符合同樣的標準尚不清晰可見」。[110]這種持續的缺乏良知自省的做法，一直是殖民主義領域對歷史錯誤進行道德賠償的想法的最大障礙，然而在其他的案例中，道德賠償的例子已經證明了它的成功。歸還被納粹奪走的物品，取決於對納粹統治下財產轉移的非法性達成的不可改變的共識。[111]同樣的，為美國奴隸制的受害者尋求賠償和官方道歉的努力也是建立在對奴隸制的道德墮落的明確認識上。由於在反對帝國的道德問題上仍然存在著愛恨交織的心理，因此為歸還殖民時期搶奪的文物所做的努力相對而言仍不慍不火。凱瑟琳・加拉格爾（Catherine Gallagher）解釋說，德國的先例清楚地表明了這種行動的生產潛力。在一九五〇年代，西德與以色列簽署了一項賠償協議，幫助賠償大屠殺的受害者，樹立了幾個重要的先例：繼任政府可以繼承和彌補前政權的罪責，可以有效地對原受害者的指定後裔群體進行賠償；賠償不需要依賴於對損失的精確計算；接受賠償並不意味著對過去不公正的抹殺或撤銷。[112]例如，記者塔－尼西斯・科茨（Ta-Nehisi Coates）解釋說，對奴隸制的賠償並不是對過去不公正行為的補償，而是「一次全國性的清算，它將導致精神的更新（，）……美國意識的革命。」[113]

對於帝國來說，這樣的清算也很迫切，因為新的作品甚至繼續為包括阿姆利則大屠殺在內的帝國紀錄中最醜惡的時刻辯護。[114]事實上，如果沒有這種更廣泛的清算的話，對像阿姆利則大屠殺這樣的孤立事件的道歉（如果它真的發生的話），有可能加強自由主義帝國的神話。正如歷史學家金・瓦格納（Kim Wagner）所警告的那樣，圍繞這一事件的持續神話不太可能會讓道歉帶來對這一事件的誠實反思，尤其是考慮到目前英國的政治氣候，對帝國歷史的遺憾感遠遠未能得到滿足，重新出現的懷舊和仇外心理助長了英國脫歐的要求。[115]簡而言之，專門為阿姆利則大屠殺進行道歉有可能重蹈黑斯廷斯審判的道德覆轍，在當時，對少數壞人或時刻的過度狹隘關注使英國人看不到整個帝國主義事業的非正當性。

也是以同樣的道理，努力去對國際犯罪和金融衰退追究個人責任，而不是接受這些事件是經濟和政治「進步」造成的必然結果，也遇到了阻力，其理由是考慮到不平等的結構性，起訴少數個人會加強對更強大行為者的有罪不罰。[116]簡而言之，對更多的黑斯廷斯的審判不會帶來正義；它們冒著從事相同的道德淨化工作的風險，就如同當初黑斯廷斯審判為英國在印度統治所做的，或者是像貴格會成員加爾頓對戰爭投入的脫罪一樣。另一方面，更多的集體問責，可能會讓那些罪大惡極的個人獲得個人豁免。凱瑟琳．加拉格爾認為，儘管德國對以色列的賠償很有幫助，但它們也起到了政治上的權宜作用，它使某些納粹分子免於承擔責任。他們沒有面臨刑事起訴，而是重新融入了德國的生活。從一九九〇年代開始，對反人類罪的個人起訴熱潮試圖結束這種有罪不罰的現象，並制定出報應和補償性的歷史正義。但政權本身仍然免於承擔刑事責任，就彷彿它不曾有自己的能動性一般。[117]也許答案是讓個人、集體和國家機構承擔責任的戰略組合。更重要的是，為正義而進行的持續鬥爭才是重要的。對於帝國來說，只要廣大公眾要麼無知，要麼執著於促成帝國偉人和進步的歷史敘事，這種鬥爭就會變得軟弱無力或胎死腹中。失憶症是一個大問題。但除此之外，還有人繼續用權衡殖民利弊的老習慣來轉移「帝國的醜聞」的視線。事實上，帝國主義的道德理由仍然得到了積極辯護，[118]儘管如邁克．戴維斯（Mike Davis）所說的，「帝國政策對飢餓的『臣民』具有道德意義往往是和從一萬八千英尺的高空投下的炸彈完全相等。」[119]

權衡殖民統治的利弊的問題在於，它假定了一個時間點，在這個時間點上，故事結束了，帳目結清了，我們可以真正地總結出一個收支平衡。這種假定也取決於一個前提，即認為帝國主義是一種正當的政治和經濟形式。這個前提顛覆了幾代人為結束帝國而進行的艱苦和犧牲的工作，那些工作的存在理由正是在於帝國主義是非正當的——它強加了一個專制的、種族主義的、暴力的、剝削搾取的統治形式。對歐洲的種族主義專制制度的歷史評價——例如法西斯政權——從來沒有被寫成是正當的，然而許多人在書寫帝國主義的時候，就好像它可以被中立地評價似的。[120]沒有一個頭腦正常的歷史學家會說，是的，希特勒對猶太人的所作所為很可怕，但是，另一方面，他還修建了高速公路！這就是問題所在。問題不在於帝國主義國家何時何地犯了錯誤、失敗或證明了其無能，而在於我們為什麼假定一個非正當的政府形式可以犯錯誤、失敗和證明其無能。

其次，計算利弊得失的行為本身是建立在反事實歷史的謬誤之上的，即認為如果沒有英國的存在，印度就不會有鐵路、水壩或任何形式的「進步」。[121]這種想法只是複製了自由主義帝國的合理化敘事，這種敘事認為如果沒有英國的存在，印度就沒有歷史，印度就會在時間上停滯不前。我們已經知道，在英國殖民之前的糧食安全和水資源管理趨向是更適合該地區的。[122]此外，英國人從一開始就在努力地扼殺本土製造業。[123]那些仍然對印度工業起飛的可能性持懷疑態度的人至少可以相信，沒有證據表明印度人不會像日本人和德國人那樣擅長模仿英國工業。英國人確保他們沒有機會這樣做，因為他們需要印度給英國提供原材料。[124]

最後，並不清楚所謂的「好處」真的是實際上的「好處」。[125]例如，英國在印度修建的鐵路是為了滿足英國的經濟和政治需要，而不是為了滿足印度人的需要而修建的。東印度公司保證為英國投資者提供百分之四至百分之五的利潤，外加免費土地及其他設施來建造鐵路。印度的納稅人因此為這些公司利潤付出了巨大代價。鐵路的修建還依靠英國工業主義的方式，使其無法刺激印度的工業。在一八五三年時，馬克思認為，鐵路建設將推動印度的工業化；但是他沒有意識到，為鐵路建設籌集的大部分資金都花在了英國，工人來自英國，他們賺得的工資是本國工資的兩倍，還享有旅費和其他津貼。儘管印度有能力製造火車頭，但鐵軌、火車頭——所有東西都來自國外。印度變得變本加厲地仰賴英國工業，逐漸成為了世界市場的原材料供應商。在一九七〇年代，有心人已經十分心知肚明了，英國製造的鐵路加劇了而不是減輕了印度饑荒的影響。[126]在次大陸的所有所謂的「公共工程」項目都是為了使帝國官僚機構能夠以盡可能低的成本維護其權威。[127]在一八四〇和五〇年代，只有當那些工程承諾可以減輕饑荒造成的收入損失，或是加強英國在戰爭中的軍事地位時，工程計畫才會得到支持。在一八五七年的叛亂後，它們成為了英國對次大陸的土地和空間進行新的權威宣示的一部分。約翰．史都華．彌爾在一八五八年為東印度公司的正式辯護中宣傳了這種「改進」。[128]雖然它沒有使東印度公司免於滅亡，但它為印度動亂後的年度政府報告樹立了一種趨勢，這些報告的標題是「道德和物質進步」，這是在沒有徵求印度人意見的情況下編寫的。[129]因此，正如蒂莫西．米切爾告訴我們的那樣，殖民地也是「一個經濟套上領土框架」的最初場所。[130]重要的是要認識到這種敘述的政治功能，以及真實與紀錄之間的鴻溝。[131]這些論述正是像達達拜・瑙羅吉（Dadabhai Naoroji）這樣的人物所質疑的主張。然而，那些論述仍然扭曲地影響著我們如何評價英國在印度的統治目的和效果。

反殖民主義思想家的思想和行動改變了世界。但正如我們在第五章中所看到的，不斷變化的殖民主義力量仍然存在。正是這些力量促使一些學者仍在頑固地抵制把殖民主義定性為「通過定義和奴役來實現……暴力篡奪和奴役。從定義上看，它沒有任何可以獲得平反的特徵。」[132]因此，反殖民主義的歷史學家不得不反覆地確認，帝國主義是一個重要議題，它在過去和現在都是一種道德上和政治上不具正當性的統治形式。[133]承認帝國主義本質上的非正當性以及對暴力、奴隸制的依賴，並不意味著就要確信英國人的惡意，就像承認納粹主義的暴力就意味著相信德國人是邪惡存在一樣；相反的，它推動了大量的學術研究，旨在了解英國人如何將他們主張的良好意圖與他們不斷釋放出的暴力相協調。[134]的確，「自由主義帝國」的解放主張和壓迫傾向之間的矛盾是這種學術研究的主要內容。本書通過論證某些歷史敘事在促成帝國主義方面的關鍵作用，推進了這一努力。卡魯納・曼特納（Karuna Mantena）正確地指出帝國不斷變化的正當性是「一種逃避的修辭」。但沒有人需要認為他們是在逃避，因為歷史理論的發展是為了緩衝這種認識。曼特納很好地回答了那些抗議對帝國進行完全負面定性的人，他解釋說，一旦我們意識到暴力和種族主義是帝國主義的構成因素，我們就不能再根據道德意圖的純潔性或自由主義理想的普遍性來判斷帝國主義了。[135]理解這些意圖和它們的表述對於理解帝國主義是如何變成了一個可以考慮的事業仍然很重要，那些道德表述和自由理想的意圖並沒有改變帝國主義事業的本質。那些抗議對帝國進行完全負面定性的人已經散發出了太多惡臭，他們為之護航的制度是一個建立在暴力、掠奪和破壞的基礎上的制度。

我們知道，大英帝國，包括奴隸制，肯定對不列顛的經濟和制度發展以及不列顛人的知識、社會和文化發展做出了許多貢獻。[136]儘管如此，雖然有一些可以理解的成長的痛苦和一些醜聞，但帝國主義為**所有人**打開了現代性和繁榮的閘門的這種想法仍然具有誘惑力。這是因為如果沒有這個想法，我們將失去對歷史本身的感覺。保持對某種積極正面的大英帝國概念的投資所綑綁的代價太高昂了，人們輸不起。但這樣的概念是危險的，因為它們促使了大英帝國時代的不平等的延續，並助長了像英國脫歐這樣的政治運動，而這些政治運動又是從同樣的種族主義母體中汲取養分的。美國在二〇〇三年發動災難性的伊拉克戰爭就是基於維多利亞時代關於仁慈的帝國的論點，由英國首相東尼・布萊爾打著傳播民主、人道主義等目標所推動。在這個任務失敗的陰影下，道德論點轉移到了為一個沒有能力保障自己安全的民族提供安全的責任上，然而美國的干預正是這種不安全的首要根源。[137]英國一方面慶祝它在打敗納粹的戰爭中發揮的作用，另一方面又慶祝它根植於暴力和種族主義的大英帝國——從塞澤爾到漢娜・鄂蘭的思想家們都在追溯納粹主義的起源，這其中存在著一個根本性的矛盾。英國的新納粹分子是一九七〇年代以來最強烈的反移民團體之一。反移民的情緒在政治上仍然很活躍。那麼，納粹主義是如何被完全打敗的呢？讓集體和個人對大英帝國的罪行負起責任的根本理由是，我們要對這種罪行的持續性危險保持清醒。這就是為什麼漢娜．鄂蘭在她一九六三年的書中強調了阿道夫．艾希曼的罪惡的平庸性。他犯了罪，但僅僅消滅像他這樣的個人並不能消除繼續作惡的可能性；他所處的集體為他提供了匿名性、有罪不罰和被動性，使他的罪行得以發生。[138]

紀念活動通過給專業歷史和公共歷史搭起橋梁，這是一種可能迫使人們對大英帝國的過去進行新的道德清算的策略，並使現在和未來的新歷史成為可能。在美國，位於阿拉巴馬州蒙哥馬利的非營利性律師事務所「平等正義倡議」（Equal Justice Initiative，ＥＪＩ）希望在非裔美國人被私刑處死的縣城為他們建立紀念碑，如果他們能夠克服當地對反對這種紀念的阻力的話，這項倡議將會迫使他們與過去進行癒合性的對抗。由於種族平等仍然難以實現，這種紀念非裔美國人痛苦而頑強的歷史的努力可以解決失憶問題，並以一種能夠影響今天的方式轉變美國人的良知。畢竟，不平等的持久性部分源於十九世紀末對南方邦聯的紀念，羅伯特．李和石牆傑克遜的雕像塑造了公眾對奴隸制的記憶。因此，拆除這些雕像並不是為了抹去歷史，而是為了消除它們對歷史的抹殺。平等正義倡議位於蒙哥馬利的私刑博物館迫使參觀者面對非裔美國人所忍受的恐怖統治，和沒人為此負責的事實。托馬斯．拉奎爾解釋說：「所有這些敘事工作的開展，都是希望對過去的錯誤和道德盲目有所認識，能使現在的人不僅認識到我們在這段歷史中的共犯角色，而且認識到過去和現在的連續性。」[139]ＥＪＩ的策略是改變文化敘事，從而改變人心，拉奎爾將其比作「一種基督教的洞徹內心的自省……類似於古人的皈依一樣。」然而，拉奎爾的結論是悲觀的：「人們願意相信，記住一段艱難的歷史可以改變人心，但在美國，時下似乎並不是一個掌握種族不公正的歷史的樂觀時刻。」鑑於美國當前的政治氣候，這種悲觀情緒是可以理解的。但它也來自一種期望，即基督教中的穿透內心的自省必然會帶領人們走向某個地方，我們必須到達一個新的歷史目的地，但如果我們放棄這種歷史的雄心，我們可能會把自省的經驗，以及它所做的倫理變革工作，視為目的本身。有趣的是，在這方面，傑出的英國非洲史學家、牛津大學教授瑪格麗・佩勒姆（Margery Perham）曾在一九五〇年代時從一個自由主義帝國主義者轉變為一個深刻的帝國懷疑論者，同時還回歸了基督教信仰。[140]

如果說道歉有助於癒合舊傷的話，那麼對過去的恩情表示感謝也為創造新型的反殖民主義歷史提供了可能性。在二〇一八年時，一座紀念北美喬克托原住民（Choctaw）與愛爾蘭人關係的雕塑在愛爾蘭的科克（Cork）揭幕了。這種聯繫是在一八四〇年代時，喬克托人向愛爾蘭人發送饑荒救濟捐款時建立的。在揭幕儀式上，巴頓酋長說：「你們的故事就是我們的故事。」[141]他的民族的成員們為這些捐款搜腸刮肚，因為他們剛剛經歷了自己悲慘的血淚之路。愛爾蘭總理在二〇一九年訪問喬克托民族時肯定了對「聖潔的記憶」和「聖潔的紐帶」的感激。「我們的民族有著相似的悲劇、毅力和力量的歷史，」巴頓酋長說，「這是一種同類的精神。」這種對過去的呼喚明確是為了現在創造新的歷史。關於這次訪問的新聞報導開篇就說：「為喬克托民族創造了歷史……」愛爾蘭總理利奧．瓦拉德卡宣布了一項新的獎學金計畫，讓喬克托人在愛爾蘭學習。瓦拉德卡（Varadkar）是一個印度人父親和愛爾蘭人母親所生下的孩子，他意識到共同的反殖民主義歷史的力量。

在大英帝國已經結束了幾十年後，世界上那些爭辯著提出道歉和賠償要求的地方是出於這樣的認識：「只有那樣（賠償和道歉）才可以停止記憶中的傷害。」托馬斯．拉奎爾借用了尼采的話來為此做出解釋，哀悼要求「以某種方式保持過去的存在」，以防止眼前損失的痛苦不可避免地消退，儘管我們知道「過去是多麼徹底的過去，它是多麼具有歷史性，即使是最可怕的恐怖也會失去其刺痛。」[142]他們所尋求的道歉和賠償，不是為了沉溺在受害者意識中，而是因為必要的道德、文化和精神清算還沒有發生，這一點從持續的大英帝國、對帝國主義的失憶和為大英帝國所做的辯護中可以看出。那些有權力的人喝著遺忘河（Lethe）的水，它的水讓人們完全忘記之前的事情。在希臘神話中，死者的陰魂在冥府喝下這條河的水，以忘記他們的塵世生活；詩人維吉爾（Virgil）告訴我們，這是為了讓他們能夠重新轉世。但這是一種輪迴的形式，不允許因果報應的作用。遺忘使人擺脫了對良知的責任，擺脫了贖罪的義務。而被遺忘和沉默的真相則被學術研究成果之外的神話所取代了。

因此，對於大英帝國而言，對過去事件的紀念可以做出重要的文化和正義工作。印度民族運動的紀念館是存在的，但助長它的罪行的紀念館卻不存在。這件事也有偶爾的例外，比如極為值得一去的一九一九年阿姆利則大屠殺紀念館。饑荒的受害者、強迫勞動者、被大炮炸成碎片的起義者、流離失所的人們、日常遭受種族主義傷害的受害者的紀念館在哪裡呢？令人難以置信的是，我們看不到一個專門銘記大英帝國的博物館。[143]除了這類場所可以履行的道德層面工作外，它們在今天也是必要的，它們可以抵制對帝國歷史的懷舊浪漫化和美化，這種帝國敘事仍然是誘人的，足以助長英國脫歐的狂熱，希望英國可以恢復與世界其他國家更輝煌的關係。如果沒有這些紀念館，帝國的暴力現實，正是因為它是如此畸形，將開始顯得越來越不可信，並屈服於浪漫主義的敘述。[144]這種浪漫化就像美國南方對南方邦聯的懷念以及美國和歐洲對納粹情緒的復甦一樣令人厭惡。我們謾罵那些否認納粹大屠殺的人，但卻繼續與帝國懷舊者展開辯論，就好像他們的立場屬於理性和道德的範疇似的。[145]紀念活動可以幫助人們了解大英帝國犯下的暴行，以避免將來重蹈覆轍，並確保英國人意識到他們的國家對世界有所虧欠，因為這種意識可以批判性地塑造其公民之間以及英國與世界之間的關係。[146]我們生活在一個後殖民世界，窮國和富國之間的劃分延伸了歐洲殖民主義時代的分割線。如果沒有對那段殖民歷史的清醒認識，世界各地的人們將繼續求助於自由主義帝國的迷思以及種族和文化偏見來理解他們面前的不平等。我們仍然是這些迷思的囚徒，因為帝國主義的歷史還沒有結束。正如喬治・歐威爾所說的：「誰控制了過去，誰就控制了未來」；「誰控制了現在，誰就控制了過去。」[147]這句話出現在他於一九四九年出版的小說《一九八四》中，他在書中設想了一個極權主義的英國。在真理部，溫斯頓・史密斯改變了歷史紀錄，使之與黨的官方版本一致。通過壓制過去，該政權將現在作為唯一可能的現在，從而讓現狀正常化。

現實中的情況是，專業歷史學家並不控制現在或過去。他們的歷史生產流入了一個巨大的歷史書寫生產工廠，在這個場域中，政治人物、「大眾歷史學家」、博物館、小說、電影、電視劇、活動家和無數的公眾成員都參與其中。公眾消費的帝國敘事不是由學術歷史學家製作的，而是由古裝電視劇、偉人史傳和其他大英帝國的盛景所構成。即使是對黑斯廷斯的新的辯護也是如此。[148]關於大英帝國的持續辯論，其無休止的可操作性，是帝國持續存在的證據。它在我們今天的生活中的相關性並不直接來自於它最初的影響。正如海地人類學家麥克爾－拉爾夫·圖里奧（Michel-Rolph Trouillot）所解釋的那樣，在那些產出歷史的彼此重疊地點，我們經常低估它們的規模、相關性和複雜性。事實上，「我們都是菜鳥歷史學家，對我們的生產有不同程度的認識。」[149]因此，當英國繼續慶祝自己在擊敗納粹主義時所扮演的角色時，曾經處於邊緣、對於非白人移民來到英國的新納粹觀點卻助長了仇外的英國脫歐運動。這只是因為對於大英帝國歷史的沉默，也就是在納粹黨在德國上臺的同一時期，大英帝國在海外所犯下的暴力的紀錄。如果沒有這種歷史意識，今天的英國人就無法意識到他們目前行動的意義。印度人和其他後殖民地區的公民也不能。

推動歷史記憶（Memorialization）和其他類型的公共歷史是至關重要的，因為歷史學科從帝國主義的共謀中達到自我救贖的努力受到了嚴重的限制，因為自從它放棄了與權力的契約以來，該學科的實力便不斷地下降。在美國，歷史系的大學生人數急劇下降，其近年來的下降速度比其他任何系所都更快。[150]英國的歷史課程抹殺和粉飾了帝國主義的歷史。亞倫・班奈的戲劇作品《歷史系男孩》捕捉到了一種文化，當它在二〇〇四年首演的時候，這種文化已經過去了，因為至少從麥考萊的時代開始，社會科學的專業知識體系就在取代古老的信仰了，那種信仰認為，學習歷史是對一個有政治抱負的年輕人的理想準備，歷史學習被理解為是成為偉人的抱負。《經濟學人》報導說，在過去十年裡，在大學裡讀歷史系的人數也減少了大約十分之一，他們對這門學科從其「國家生活中的核心地位」被取代感到悲哀，在那裡它長期以來一直是「進入菁英階層的入場券……正如亞倫・班奈所記錄的那樣。」這一著名的自由派出版物（即《經濟學人》雜誌）將責任完全歸咎於歷史專業，因為它在關注「邊緣人而不是強者，窮人而不是富人」方面走得太遠了——這也是另一個反擊的例子。[151]歷史研究中明顯缺乏「專注於理解進步動力的智性運動」，記者們這樣指責，他們吵鬧著要創建一個新的「進步研究」（Progress Studies）學科——這同時證明了記者們對於歷史學科一直以來的情況和戰後思想家認為歷史學科應該是什麼的集體無知。[152]在這種令人沮喪的狀況下，與公共歷史的更多接觸為歷史學家提供了一種可能性，那就是將這門學科重新定位為向人們告知眼下的烏托邦式存在方式（utopian ways of being now），而不是引導我們走向某種假定的進步願景。擁抱這種新的價值可能會提高歷史學科在大學中的地位，但是為了這種體制性回報的可能性而做出努力，可能會擊敗歷史學科詩意的目的（poetic purpose）。

通過與這種新的歷史製造（history-making）的類型進行互動，我們可能會從反殖民主義者的教育試驗中得到啟發，這些反殖民主義者看到了歷史在帝國主義中的複雜性，他們尋求給時間帶來不同的概念。這種批判隱含在對歷史與權力的契約的認知中。正如圖里奧指出的，「過去並不獨立於現在而存在。」它只存在於與現在的關係中；現在使某些東西成為過去。「在這個意義上看，過去是沒有內容的。」我們不能把過去認定為過去。我們作為主體，要通過一定的語彙來召喚過去，而這些語彙是屬於現在的。我們通過不斷地創造過去，從而構成了主體的我們。我們不是繼承了過去，而是過去的同代人。[153]除了道歉和賠償的領域之外，一種奠基在對過去和現在的共時性感知，或說時間的充實性上的歷史觀又將是什麼樣子的？進步派詩人江·尼薩爾·阿赫塔爾（Jan Nisar Akhtar，他本人也是一八五七年起義者的後代）的兒子，著名的印度詩人賈維德·阿赫塔爾（Javed Akhtar）在他的詩作〈時間〉（Waqt）中提供了這種可能性的有趣前景。這首詩在一開篇就是詩人對於時間的意義的省思：

時間究竟是怎樣的一件事
一刻不停地度過之後

然後是什麼呢
當這件事沒有度過
那麼它在哪呢
它一定在什麼地方
（如果）度過了
那麼現在又是在哪裡呢
它一定是在什麼地方

在反思了從移動的汽車上看到的視角會讓靜止的物體看起來好像正在移動的道理之後，他思索著：

那麼，是否有可能所有的這些世紀都站在原地呢
一行又一行地站在那裡
這個時間是靜止的
而我們才是路過的人
在這一瞬間

所有的時刻
所有的世紀都被隱藏起來
沒有任何未來
也沒有過去
已經發生的事情
正在發生什麼
將要發生的事情
都正在發生

詩人在這首詩裡繼續想像了宇宙中的一個時間尚未到來的地方，以及這種對時間的「何地性」（whereness）的沉思所迫使出的存在意識。[154]這首詩玩笑般地要求讀者放棄對線性時間的舒適、自動的假設，以恢復它的充實性，對過去、現在和未來的同時性的認識。畢竟，在一個基本的層面上，我們所感知的時間流逝實際上是我們的星球在循環中的週期性運動，在空間中反覆旋轉，需要不斷地返回到同一個地方。

可以肯定的是，西方的東方學家們長期以來一直對這種「東方式的」時間理解感到著迷。在十九世紀時，托馬斯·卡萊爾肯定地說：「所有深思的靈魂……無論是印度神話學家，德國哲學家」都會認識到「這個世界畢竟只是一場表演，一個現象或表象，沒有真實的東西，」正如莎士比亞所知道的，我們是「像夢一樣的東西！」他明確地思考了「時間的偉大奧祕……滾滾而來，奔騰不息，迅捷無聲……我們和所有的宇宙都在其上遊走，就像呼氣一樣，就像存在的幻影，然後又沒有存在了。」不可言喻的宇宙是一種「不是我們的力量……原力（Force），原力，到處都是原力；我們自己就是其中的一個神祕原力。」通過寫作，人類奇蹟般地將「過去和遙遠的事物與現在的時間和地點聯繫起來；所有的時間和所有的地點與我們實際的此時此地聯繫了起來。」[155]這個魔法改變了一切。卡萊爾在這裡認識到歷史書寫的力量，改變了現在的生活。雖然他和賈維德．阿赫塔爾對時間的省思存在著共同點，但賈維德．阿赫塔爾把我們帶到了一個非常不同的終點。他並沒有要求我們為了任何特定的目的而在當下利用想像過去的力量。相反的，他要求我們簡單地想像它，並將這種想像視為我們人性的一部分，認識到我們正在經歷一個永遠的時間。在威廉．布萊克於一七九四年完成的〈倫敦〉一詩中，詩人在城市中遊盪，從周圍痛苦的呼喊中察覺到了「心靈枷鎖」的聲音。[156]這是對產生他面前醜陋的現代性的理性緊身衣的哀嘆；這些枷鎖的本質，是為了現代性的目的，對時間的線性概念加以工具化，是對想像力的無情遏制，以便在環境、理論、歷史面前強加一種無助感。這些心靈的枷鎖產生了傲慢，使我們認為偉人必須在時間中行動，必須創造我們的時間。也許泰戈爾在哀嘆西方民族主義生產的「整整齊齊地壓縮成形的人類包袱」被「鐵箍」捆綁起來時，他的腦海中浮現出的正是這句話。[157]我們可能會意識到，是我們穿越了時間，所有的過去、現在和未來都造就了我們，在不同的個人和他們的環境之間建立起了聯繫，而這種鍛造本身就是歷史的重複性結局，從而重拾我們的道德定位。凱特·鮑勒（Kate Bowler）是一位患有癌症的基督教歷史學家，她寫道，基督教的末世論結構——它為啟蒙運動的時間觀念提供了「進步的舞臺」——以一種對她來說「毒害了生活在當下的聖潔工作」的方式將其信徒導向未來。她探索了斯多葛派所接受的週期性時間概念作為反擊，斯多葛派相信要完全活在當下。在思考這些想法和省思她的過去時，凱特·鮑勒描述了一種時間上的超越，「在我看到永恆的火花的那一刻，我一起經歷了過去和未來。」她對未來採取的態度是建立在對過去和現在的紀念上的：「前進的道路點綴著我身後的道路。」158

對我們相對於時間的位置，賈維德·阿赫塔爾進行了頓悟性的逆轉，他設想我們在時間中流動，這與認為我們對人類歷史的專注長期以來使我們看不到其本質上的短暫性的認識是相一致的。我們的確是在時間中流動的。即使專業歷史學家已經越來越多地放棄了偉人能動性的敘述歷史模式，但現代故事中有好幾對父子連袂登場的例子——加爾頓父子、麥考萊父子、彌爾父子、斯蒂芬父子、格萊斯頓父子、湯普森父子、阿赫塔爾父子、阿薩德父子等等，他們都證明了過去與現在的同時性，也證明了一種繼承的歷史命運感，甚至是權利感，延長了偉人能動性的生命。我們在這本書裡講述的故事是關於菁英階層人士的，他們的歷史命運感塑造了他們的行動，這本書也是關於歷史的話語是如何塑造了帝國主義歷史的展開——某一組人的行動如何成為了一種

「像夢一樣的東西。」

除了這些世代的聯繫，過去也完全包含在現在之中，因為當前的大環境代表了「人類在一段時間內的全部行動」；它表達出了「我們在一段時間內的全部存在。」[159]儘管歷史是對已定居的人類生活的研究，最多的跨度也只能涵蓋幾千年，但它超越了人類作為一個物種的歷史，它融入了生物學，而這又最終與地質學、地球的歷史融合在一起，在某些時候，它又流入了宇宙的歷史——天文學。（這種對學科聯繫的跨時空認識與十八和十九世紀的哲學家們所想像的不同，他們認為這些學科是由普遍規律所共同管理的。）歷史學家最近承認了這個「深歷史」（deep history）的領域，特別是在強調人類對地球歷史的影響方面。他們將地質學術語「人類世」引入了歷史學科。[160]當然了，研究人類世的物種方法掩蓋了不同群體對我們所處的世界末日時刻所負有的不同道德責任。例如，歐洲人對美洲原住民的殺戮改變了全球氣候，產生了小冰河期。[161]導致我們現在的不滿的不是「人」或「人性」，它們是生物學上不可避免的東西。導致我們現在不滿的原因是特定階級和文化的特定行動的結果：是建造水壩和大堤的浮士德們，他們在墾荒後的土地上建造起城堡；那些礦主和工廠主們懷著滿滿的自信，認為他們有權利創造歷史；責任不在礦工或棉花工人身上，他們對歷史主體性和能動性的演變和闡述本身就是反抗性的（mutinous）。有些人認為，我們也許要更準確地把這個時代稱為「資本世」（Capitalocene）。那些致力於將現代歷史作為一個進步的故事的人，必須將這種信念與現實中對生命的破壞（這件事我們一直都知道）以及對地球本身的破壞協調起來。特定階層對地質上古老的化石燃料的消費改變了地球，而這種環境影響又反過來影響了人類歷史的演變。在地質學領域之外，現代的科學探索已經將新的元素引入太空，人造衛星和探測器對天體力量產生了未知的微觀影響，這些影響可能會在未來的幾千年中發揮出來。尼爾．阿姆斯壯登月的蝴蝶效應會是什麼？如果宇宙塑造了人類的行動，那麼人類的行動現在也在塑造宇宙，以及地球和無數其他物種的命運。

人類世，工業時代，僅僅是存在於時間尺度或地質時間尺度上的一個時刻。但是，如果人類的行為現在具有了星際效應（interplantary effect），「深歷史」便將人類的時間尺度與地質學和天文學的時間線聯繫起來，我們就完全跳出了地球上的時間領域。在這樣的規模上體驗時間的充實性，一種過去和現在混合產生未來的時間體驗，這意味著什麼呢？人類世的概念堅持要求我們認識到我們對地球的（破壞性）影響，但通過呼籲我們注意歷史與生物學、地質學和天文學之間的關係，它同時也提醒我們，我們的存在是相對微不足道的，而且提醒了我們給宇宙帶來的變化，這個宇宙擁有它本身無時間性的動力（timeless dynamism）和創造性破壞的辯證邏輯（dialectic of creative destruction）。在這種視角下，對人類歷史的加以研究是否是正當的呢？鑑於人類存在的短暫性、遲來性和即消失性，我們所發現的變化動力——背景、因素、突發事件是否真實？恐龍在這裡存在了一億七千九百萬年，牠們在六千六百萬年前消失了。類人猿出現於不到兩百萬年前；像我們這樣的人類在二十萬年前才出現。鑑於我們的存在在天文時間中微不足道，把我們的時代稱為「人類世」是傲慢嗎？或者是謙虛，因為它需要認識到我們對我們這個古老星球魯莽的使用？還是我們是否可以更加謙卑、冷靜地認識到，我們只是改造地球——包括對動物、樹木、光合作用生物、亞馬遜雨林的改造——的生物中最極端的一個？[162]

讓我們的歷史感在現代時期塑造我們的良知，其致命的缺陷可能是它根本上以人為中心的性質；我們現在才遲遲地察覺到歷史與生物學、地質學和天文學的聯繫（其方式不同於優生學家〔eugenicists〕對生物學和歷史之間連續性的構想）。直到現在，現代歷史和現代文學，無論多麼進步，都把人放在中心位置，處於施展權力於自然和其他物種的地位。衡量「進步」的標準是將文化從自然中剝離出來。（保護印第安人免受「吃人」的「野生」動物之害對於推銷帝國主義而言也很重要，最有名的是獵虎人吉姆．科比特〔Jim Corbett〕的英雄故事。）即使是最具修正主義精神的歷史學家也把注意力集中在人類的救贖上，讓以前沒有聲音的人發聲，而沒有考慮到我們的進步夢想所牽涉的無數沒有聲音的生物。我們瞥見的一些反歷史決定論的思想流派也是反人文主義的，他們拒絕將人置於宇宙的中心。人文主義的基本主旨是，宇宙的目的是人，宇宙是人的責任。即使是呼籲我們抵制氣候變化的環保主義者，也對這一概念有所投入。借用馬赫穆德．法魯克伊（Mahmood Farooqui）的一句話，沒有人願意接受「人在這個深不可測的宇宙中根本性的短暫無常」這一概念。[163]這的確是反歷史決定論的；這意味著人類無法拯救宇宙，或者說宇宙不需要被拯救——這是對啟蒙主義的破壞，啟蒙運動將拯救宇宙的角色從神那裡分配給了人類手中。

當動物失去了它們的棲息地，人類也一樣，我們可能有機會把兩者都看成是宇宙的中心，並認識到我們共同的命運。正如阿米塔夫．戈什所說的，氣候變化的怪異影響的不可思議之處在於「在這些遭遇中，我們認識到了我們曾經拒絕的東西（，）……（認識到了）非人類的對話者的存在和近在咫尺。」儘管許多人早已認識到了人類和非人類的相互塑造關係，但還有許多人遲遲沒有面對這樣的現實：非人類的力量可以干預，而且一直在干預人類的思想。[164]當然了，人們可以將此解讀為我們的倫理責任領域的擴展，從對人類的關注擴展到了對動物和地球的關注，用輝格黨主義的話來說，是自由主義者對歷史進步的敘述的進一步擴展。畢竟，許多廢奴主義者把他們的注意力轉向了動物權利和反活體解剖運動。但正如阿米塔夫．戈什所認識到的，所需要的不是進步，而是從進步想像中獲得恢復。事實上，這種行動主義的基礎是自由主義與一種古老意識的交融，這種古老意識是人類和其他動物經驗的共同性質。「反人類罪行」一詞的首次使用是在一份印刷的布道書中，在談論殺獾誘餌的時候，拒斥對「任何有生命的生物」施以殘忍手段的行為。[165]這個詞彙與我們通常認為的「人性」一詞有不同的意義；它不是指犯罪的對象——其他人類，而是指當我們對其他生靈施以殘忍時，我們也失去了自己的人性，無論是對什麼物種，無論是出於什麼目的。

當前的氣候危機對許多人的良知產生了影響，這一良知需要我們恢復上述的這種思維模式。

康德將指導人類進步的自然法則的穩定性與管理看似「不穩定的天氣的法則相提並論，我們同樣無法事先確定，但在大的方面，它們將植物的生長，河流的流動和其他自然事件維持在一個不間斷的統一過程中。」[166]然而，就在他寫作的那一刻，人類便開始了支配氣候運行的規律的破壞。同時，我們之所以知道這種破壞，只是因為殖民主義刺激了氣象學的出現，人們為了管理遠在天邊的殖民地而做出了了解地球上的天氣系統的努力。它源自英國官員探究季風和乾旱的努力。[167]我們對地球的星際時間標尺（cosmic timescale）的理解以及我們對它的影響，同樣也要歸功於人們對星際時間標尺經驗的探索，這件事在兩次世界大戰之間把英國人吸引到了中東的沙漠中，他們在那裡也重塑了人類能動性的概念。事實上，我們對自然的整個概念，將它視為一個人類不所屬的領域，是通過我們對它的不斷破壞而形成的。[168]文化理論家雷蒙．威廉斯（Raymond Williams）指出：「自然的概念包含了大量的人類歷史，儘管它們常常沒有被注意到。」[169]這就是為什麼《沙恭達羅》的故事如此地吸引歐洲的浪漫主義者：它是關於創造歷史的人類對存在的本質和源泉的否定，是他對與地球的契約，甚至結合的否定。[170]現在，將我們自己寫進地球的歷史中，我們將重新被放入到「自然」中，顛覆了自啟蒙運動以來人與自然之間鮮明的、虛幻的對抗。我們沒有掌握自然，而且，我們越來越了解到我們無法掌握自然。

法蘭西斯．福山（Francis Fukuyama）等自由主義理論家過早地宣布了歷史的終結和自由主義在冷戰結束後的勝利，他們對過去給世界造成的災難性損失渾然不覺。但一些歷史學家早就意識到了環境和人類歷史的複雜相互作用。福柯的同時期人費爾南·布勞岱爾（Fernand Braudel）超前地想像出了歷史的發展方式是有意識的行為者所無法概括的，尤其是那些對自己的歷史能動性有著誇張感受的未來革命者。文化和環境限制了我們的行動，而變化的持續時間是如此之長，以至於它超越了那些行為者的意識。布勞岱爾做出了努力，希望跳脫出把歷史理解為對人類事件加以記錄的行為，他轉而追蹤人類歷史在一個緩慢、循環週期性的環境時間（environmental time）內部的漸進式展開。[171]

如果說歷史不是漫無目的的話，對人類的短暫無常性進行反思可能會迫使我們重新考慮歷史的循環週期性。亞伯拉罕系宗教（猶太教、基督教、伊斯蘭教）給自由主義、馬克思主義的解放願景以及關於宇宙起源和擴張的線性科學理論都留下了末世論線性發展（linear millenarian，以線性軌跡向著終點前進）的印記。[172]一個循環週期性的觀點會是什麼樣子呢？我指的不是與愛德華·吉朋或後來的歷史學家（如湯恩比）有關的衰落和墮落的敘述（他們對大英帝國的安全感到焦慮）相關，也不是和自他們的時代以來出現的末日般的「西方的衰落」文本相關，這種文本表達了一種受困心態，允許以先發制人的手段加強（如奧斯瓦爾德·斯賓格勒的「凱撒主義」（Caesarism））或發起針對可能的篡權者的攻擊，或是挑釁它們。我所指的，是一種非線性的時間觀，例如賈維德·阿赫塔爾的觀點或宇迦（yugas，印度教中的時代單位）的觀點。一旦我們把相信重生的人類看作是歷史的演員，我們就不得不接受一種世界觀，在這種世界觀中，人類可以蛻變為其他形式：今生是猴子，來世是人；今生是人，來世是蛇。這種世界觀不再以人類為中心；在這種世界觀中，人類的故事將模糊到其他物種的故事中去，所有的生命都是真正相互關聯的。[173]那麼，這會對良知會有什麼影響呢？我們懊惱地承認，我們有意或無意地創造了一個「人類世」的時代，這對我們的集體良知應該有什麼影響？巴基斯坦作家因提札爾・胡塞因（Intizar Husain）在反思分治問題時，引用了廣博仙人的宿命論智慧，即註定要發生的事情就會發生。「我們的理解把它稱為歷史行為。」[174]這是對人的一種想法，認為人既是短暫無常的，又有很大的缺陷，而歷史是一種敘事形式，在通常沒有意義和結構的地方創造意義和結構。人受到壞良心的折磨，本身就是歷史偶然性的結果。如果我們一直是上帝的財產，就像啟蒙運動之前那樣，地球就不會成為我們的良心。像《摩訶婆羅多》所提供的史詩般的回憶，提醒我們過去是無限的，正如生命和存在一樣。

儘管我們努力使自己的眼睛穩定地盯著未來和進步，但我們確實生活在時間的充實性中：中世紀的圖案（維多利亞時代復興了這些圖案）裝飾著我們的紡織品；我們生活在和這些圖案一樣古老的紅杉樹中；我們生活在廢墟旁；我們夢著認識先知穆罕默德的精靈；我們期待著時代的結束；我們從以前的宇迦中吸取教訓，重建中生代（Mesozoic era）和宇宙的起源，與死者交流，甚至通過閱讀這本書也是如此。這其中有些是人類科學探索能力的證明，但所有這些都是想像力的證明，它刺激了我們的好奇心和與超出我們自身規模的現實抗爭的能力。這種想像力使我們能夠掌握（即使是稍縱即逝的）世俗現實的虛幻或短暫或主觀的性質，使我們能夠把地球上的人類生活想像成在時空連續體上的一個兔子洞盡頭中的世界——在印度教傳統中，世界的意義是幻術（maya）或宇宙的劇作（leela）。也許我們寫人類歷史是為了把它從地質時間尺度的巨大屈辱中救贖出來。就像量子理論中可穿越的蟲洞一樣，歷史允許時間旅行；它允許我們問：如果我們在那裡的話，會不會做出同樣的事？今天的英國人在漂亮的迷思中逃避，而不是在大英帝國的生活現實中避難；現在是時候從那漫長的故事之夜中醒來，從兔子洞中的夢境中醒來，並找到與所有生物的新聯繫了。逃離以人類為中心的歷史，逃離以征服和進步為框架的歷史，是對自己的贖罪。

那麼，我們可以從歷史學科中挽回很多東西。當然，我們可能得將歐洲放到一邊去。事實上，康德在他一七八四年的文章〈關於普世歷史的想法〉（Idea for a Universal History）中就幾乎提出了要這樣做，這仍然是一個難以捉摸的學科目標，一種我們努力創造的博爾赫斯式的人類發展地圖。康德的普世歷史思想（儘管提出了一個典型的東方主義等級制度，歐洲社會處於其頂端）預見到了歷史的終結，即以多元世界性的道德文化（cosmopolitan moral culture）為特徵的聯邦。[175]但是，與此同時，康德認識到了完全解決治理問題的不可能，因為任何法律的管理者，作為人，本身就需要來自上層級的治理。這就是那個彎曲的木頭（crooked timber）的問題了。在這一點上，他表現出了與後來的反歷史決定論思想家們的親近。反歷史決定論的思想家們對目的不屑一顧，而傾向於更新道德手段。康德沒有與這種不可實現性（unattainability）和平相處，也沒有像後來的法伊茲那樣在為之糾結的過程中找到意義，而是主張相信歷史的幸福結局，以此作為唯一的解藥，來解決我們可能只得在另一個世界找到意義的絕望結論。康德知道，在兜售「歷史是進步」時，他是在兜售謊言。從歌德到華特・班雅明，一代又一代的德國哲學家都揭穿了這個謊言。我們知道歷史是虛構的，它是一種文學性的敘述。但是，最終是反殖民主義的思想家找到了走出康德所擔心的死胡同的方法，他們不是在走向完美聯邦的可能性中尋求意義，而是在和現在發生連接的可能性中尋求意義。在蘇菲思想的語彙中隱含著一種觀念，即世俗的經驗在真正的遊戲中只是工具，而真正的遊戲是連接——與神性和生命的連接，逐次地或同時地產生連接。這是一種歷史感知，在這種感性中，世俗事務是在主舞臺之外發生的雜亂無章的事件，它們朝著一個超驗（transcendental）的或超現世（otherworldly）的目的發展。像布萊克、甘地或毛拉納・馬達尼這樣的人物的思想並不是過時的，他們的思想並不是天真單純的東西；正如芭芭拉・梅考夫（Barbara Metcalf）所觀察到的，毛拉納・馬達尼在政治辯論中巧妙地利用了豐富的伊斯蘭學術傳統，其方式既顯示了其相關性又更新了其相關性。[176]這種對話的跨區域性確保了它們也給歐洲思想留下了深刻的印記。[177]要了解它們，可能需要擺脫對文本資料排他性的專注，這些文本資料是歷史研究在殖民主義時代形成後才打下基礎，應該要深入地研究記憶、神話和口述傳統，在那裡我們可以找到原本被邊緣化的知識傳統的遺跡。[178]

在當下，關於氣候變化談判仍然受制於大英帝國的遺產，因為後殖民主義民族國家要求證明他們有能力迎頭趕上已開發國家，而他們的前殖民者則家長式地要求他們以氣候保護的名義放棄這一發展的夢想。但是，這場危機是一場集體的危機；它將需要恢復集體的想法，長期以來，這種想法在現代性的許多領域裡遭到了放逐。失落的事業（包括甘地的鄉村共和國的烏托邦在內）可能會帶來新的啟迪，因為我們要面對這樣的現實：這麼多人為之犧牲的現代性願景實際上只能由少數人實踐；作為一種全世界的生活方式，它是不可持續的。在一九二八年時，甘地就已經知道了這一點。他警告說：「神禁止印度以西方的方式進行工業化。」他警告說：「如果整個國家的三億人都採取類似的經濟剝削的話，這會像蝗蟲一樣把世界啃個精光的。」[179]

我們的自我意識牽涉到從以進步為基礎的倫理觀向以聯繫為基礎的倫理觀的轉變。也許目前的危機是無意的，因此也不是誰的錯，它不是我們集體有缺陷的人性的錯，但這一危機仍然是真實的，它是某些文化傾向的結果，這種文化傾向優先考慮個人，考慮物質進步，推遲道德判斷，我們給這種文化傾向授予了過高的地位。連貫如一的自我身分的想法是對人類能動性力量的深層投資，而人類的能動性力量曾使自然變得溫順：維多利亞時代給我們留下了一種地質變化是可預測和漸進的感覺，把人們對怪奇事件的相信看作是對指導人類生活的超自然因素的妄想。[180]隨著人類歷史能動性的想法獲得了主導力，神的行為的領域縮小了；對世界的幻想的消失意味著人類對自然的馴服。現在，漸進性地質變化的迷思已經被戳穿了，我們可以把地震和洪水看作是奇觀異象，我們也可以承認到歷史能動性和人類能動性迷思所仰賴的基礎。三個世紀以來，對歷史感知的投資，通過資本主義和帝國主義，導致了當前的氣候危機，這取決於連貫如一、理性的自我身分的想法（無論它是多麼虛幻，無論這個想法仍然多麼棘手）。改變這種感受將需要把這種自我意識調整為對不連貫性、不完整性、分層的存在方式、轉變形狀的能力更寬容的東西——也許是對被壓抑的變形人的文化記憶的挖掘，比如那些根據月亮的啟示而變成狼的人。這一種自我不僅是多面的（以華特．惠特曼的「我包含了許多面」的方式），而且是通透性的，能夠意識到其社會特徵和跨時期特徵。教宗方濟各（Pope Francis）發表於二〇一五年的通諭公開批評了經濟學家和技術專家們所奉為圭臬的「無限或無限增長的想法」，也批評了成為我們時代標誌的「對進步和人類能力的非理性自信」，簡而言之，就是本書試圖剖析的對偉人歷史力量的自信。這一篇通諭堅持的是對自然的關注、內心和平、社會正義三者之間的聯繫。[181]許多其他宗教領袖和組織都對這些問題表示贊同，正如阿米塔夫．戈什所指出的，這些組織，部分由於其跨國性質和超越一時一地的特性，可能會被證明在動員人們應對氣候變化方面是最為有效的組織。他最後也呼籲建立一種聯繫的倫理。希望未來的幾代人能夠「超越人類在其混亂時期所陷入的孤立狀態；他們將重新發現他們與其他生命的親屬關係。」[182]

有些人擔心，鑑於這種思想已經構建了我們世界的很多東西和我們的生活方式，扔掉有既定方向的歷史（directional history，定向歷史）的想法既不可能、也不可取。[183]但除了這種抗議本身宣傳了人們在歷史面前的無助之外，我們現在知道，這個世界是不可持續的。毫無疑問的，自浪漫主義以來，現代化的理念一直受到批評的困擾。我們傾向於將這種批評解讀為「不同意見」。但它不僅僅是一個用來表達對世俗進步觀的挫折和失望的出口；威廉．布萊克、甘地、馬提尼克革命哲學家弗蘭茨．法農（Frantz Fanon）和其他人的一些人們都已經用排程的方式，把切實可行的替代存在方式擺在了桌面上。兩次世界大戰之間的反殖民主義活動家們否認了「解放」是一種獨特的歐洲人文主義的關注，部分表現出了以反抗的歷史為基礎，在這種反抗中，「自由和平等的衝動可以被看作是在多種背景和文化下產生的……因此，正如文學研究學者普利彥瓦達．戈帕爾（Priyamvada Gopal）所總結的那樣，這將是一種從西方人的慈愛中解放出來的衝動，而不是由西方仁慈所賜予的。」[184]在第一次世界大戰期間的一場演講中，泰戈爾小心翼翼地反對了「現代化」，將其視為「不過是邯鄲學步而已。」[185]甘地的「自治」（swaraj，斯瓦拉傑）概念取決於自我層面的道德轉變，從殖民主義的「畫地為牢」中解放出來；它是真正意義上的「自己」統治，是不受所有政府控制的自由。「當我們學會自己統治自己時，這就是斯瓦拉傑。」[186]獨立是自下而上的。在這個目標之後所做出的努力才是真正重要的。「儘管永遠無法實現印度的完整性，但要讓印度為真正的圖景而活。」[187]二戰後，法農也對「令人作嘔的模仿」歐洲和對「沉迷於追趕歐洲的願望」感到遺憾，因為歐洲正走向深淵；而模仿歐洲已經使美國變成了一個「怪物」。[188]E．P．湯普森同情法農的文本，因為他的語境使這個深淵「不僅可以理解，而且是不可避免的。」但他對「西方」「沒有任何值得學習」的結論提出了維護的（也是正確的）抗議；他的作品的孤絕性有一部分是源自一種不屈而無畏的救贖精神。「對我們來說，」E．P．湯普森在給《新左評論》編輯委員會的辭呈中寫道（由他與培利．安德森關於理論的長期爭論引發），「這場『歐洲遊戲』永遠不可能結束」：如果「『我們的』傳統失敗了……那麼就應該由我們來修復它，」而不是草率地得出結論說：「在西方發現的人文主義價值觀已經腐朽得無法追憶了。」[189]那是在一九六三年，在這一年裡，《英國工人階級的形成》一書出版了，湯普森在這本書中試圖恢復英國的激進人文主義價值觀。

簡而言之，我們並不僅僅是卡在了一種我們可以稱之為歐洲啟蒙運動的經典傳統的知識遺產上。啟蒙運動的遺產不僅僅是一套特定的思想，它更多是一種批判性的探索精神。威廉．布萊克和彌爾一樣，都是這個遺產中的一部分。甚至康德的歷史承諾也比我們所理解的康德思想更具有超越性。而且這些「西方」思想家的人文價值是透過和其他文化傳統的接觸才形成的，反之亦然成立（正如湯普森本人的智性思想體系的形成過程所顯示出來的）。如果我們選擇擺脫我們頭腦中畫地為牢的枷鎖並抓住它們的話，那麼關於歷史和歷史能動性目標的替代觀念就會與我們同在。就像是《弗蘭肯斯坦》裡的怪物會證明牠比怪物更有人性一樣，歷史也會證明，它具有比歷史通常被允許擁有的更為豐富的道德力量。讓歷史學科去殖民化——這是它的救贖，這件事不僅涉及到要把歐洲去中心化，還涉及到像兩次世界大戰之間的南亞人一樣，在國家的歷史決定論者的窠臼之外思考。現代時期的歷史學家可能會像中世紀的人一樣進行富有成效的思考，他們以共同的人性意識接近他們的研究對象，而不假定一個共有的文化和倫理觀；它們當然不是由呼喚神的意旨而拋出來的。我們允許中世紀的人以他們自己的語彙來向我們講述他們的故事，而不會因為他們缺乏某種由進化所決定的特徵就指責他們；我們也應該允許現代人以他們由帝國主義歷史所塑造出來的複雜、有層次的身分講述他們的故事。正如查克拉巴提提醒我們的那樣，一八五五年的桑塔爾反叛者，以及其他任何時期和地區的人類，「在某種意義上總是我們的同代人：只有開始把這一點當作前提，我們才可以開始理解他們。因此，歷史的書寫必須隱含地假定一個共同存在的時代多元性，一個與當下和自身的分離。實現這種分離是屬下的過去（subaltern pasts）允許我們做的事情。」正是因為我們能夠接觸到時間的完整性，也因為我們生活在已經過去的世界的碎片中，所以我們才能夠進行歷史資料的使用。就如同查克拉巴提寫道的：「正如同我們生活在能夠進行解開繩結的練習的時間結中一樣，這些歷史資料就是繩結的一些部分（我們可能就是這樣看待年代學〔chronology〕的）。」[190]

E．P．湯普森所想像的對「社會惡行」的「治療」並不是一個將宣布「社會進化的結束」的事件。相反的，它是一種存在方式，當我們明知道找不到卻仍一起尋找「治癒」時，「治癒」就在我們一起尋找它的過程中。它是監獄鐵窗外的月亮。烏爾都語的進步詩人經常用「黎明」來比喻自由，暗示痛苦的時間就像一個漫長的夜晚，但是，像每個夜晚一樣，它必須在黎明時分結束。正如法伊茲所寫的：「漫長的悲傷之夜，但它仍只是一夜。」（Lambi hai gham ki shaam magar shaam hi to hai）[191]這是一種面向未來的樂觀主義精神。但是，至關重要的是，每個人都知道，正如黎明會可靠地緊隨著黑夜而來一樣，黑夜也可靠地緊隨著黎明到來。我們不會到達社會進化的終點；時間是循環的。解放不是我們在線性時間結束時所達到的條件，而是我們在追求解放的過程裡，從最初就開始經歷到的東西。它就落在米爾札・嘎里布的「蠟燭在各種各樣的顏色中燃燒，直到清晨到來。」（Shama har rang mein jalti hai seher hote tak）和哈莫什・嘎齊普里（Khamosh Ghazipuri）的「每個悲傷的夜晚應該在清晨結束是沒有必要的。」（Har shab-e-gham ki seher ho ye zaruri to nahin）之間。[192]

在本書付梓之際，印度人正在成群結隊地湧向歷史上的公共歸屬地，抗議廢除印度憲法的世俗使命的新公民法；他們的抗議語言大量採用了這種政治和詩歌遺產。烏爾都語詩歌一直是一種社會和集體的努力；在詩會（mushaira）上表演的詩歌也把觀眾包含其中。即使在不出聲音的默默閱讀中，讀者也會認同詩人無性別的第一人稱的聲音。詩人在歷史中的位置也成為了讀者所站的位置。無論這些運動取得什麼成果，他們的反殖民、反歷史決定論的精神都是具有內在解放性的。

正如湯普森提醒我們的那樣，這並不完全是一個南亞或非歐洲的想法。因為，正如史都華・霍爾所告誡的那樣，現代歷史使得我們不可能在固定的邊界內構想出特定的傳統。湯普森的敘述告訴我們，在法國大革命時期，英國激進主義者、詩人約翰・塞爾沃（John Thelwall）曾推斷：

「凡是能把人擠壓在一起的東西……最終都能促進人類自由。」[193] 近年來，歷史學家提摩希．史奈德（Timothy Snyder）援引了「身體政治」（corporeal politics）的重要性，以應對民粹專制主義（populist authoritarianism）在全球的崛起：「當權者希望你的身體癱軟在椅子上，希望你的情緒消散在螢幕上。要到外面去。把你的身體放在不熟悉的地方，和不熟悉的人在一起。」這種聯繫的體驗是對權力的顛覆，聯繫的本身就是目的。一位記者在報導二〇一九年三月舉行的反英國脫歐的大規模、樂觀的人民遊行時，回顧了提摩希．史奈德書中的這句話。這位記者指出，儘管遊行者的時間和努力不可避免地會被判定為沒有結果，但它的重要性在於群眾遊行總是如此，「（它是）作為一種提醒……民主不是一種固定的狀態，而是集體意志的一種變化的表達。」[194] 詩歌對各地的這種運動來說仍然很重要。[195]

康德和因提札爾．胡塞因（Intizar Hussain）對人類的缺陷性的看法是正確的。然而，在現代時期裡，有那麼多的人相信，征服和國家／國族建構（nation-building）可能是一種美德的練習——這種觀點也許是人類缺陷性的最醒目證明了。現在，數十億的我們正在國家和政治關係的陰影下為我們的命運而做出努力，這些國家和政治關係就是這種愚蠢的殘骸。歷史一直是這種不該有的輕鬆良知的強大助推器，現在是時候了，歷史的寫作者和消費者應該要一起認識到，沒有任何進步的敘述可以為道德上的錯誤辯護。如果我們揭開進步敘述的騙人外衣，我們就會發現，我們繼承下來的其他的道德責任模式仍然在我們身邊完好無損，是仍然可用的。我們可以利用它們來評估我們在時間尺度上的位置，評估我們對彼此以及對地球和宇宙的義務。我們將需要歷史來理解我們是如何走到今天的——歷史視角和反歷史視角之間的張力將在我們的靈魂中永久存在。我們可能會講述新的、更全面的、也許更混亂的故事，這些故事將使我們回到時間的充實性中去。在它們的講述中，我們也可能創造出新的歷史。這段歷史可能沒有終點；更新人性的鬥爭（struggle to renew humanity）本身就是一個終點。

致謝

從二〇一八年秋天到二〇一九年春天，我在極為興奮和高密度的工作狀態下寫完本書的初稿。我虧欠史丹佛大學人文中心的工作人員和管理部門一筆巨大的人情債，他們讓我可以擁有自由度，讓我可以如此耗時地寫作，而且讓我在該中心在那一年能夠擁有研究員同事們作為特殊的對話者。這本書裡到處都是與他們對話的痕跡，甚至是他們項目的特別介紹。我想特別感謝Omnia El Shakry、Elizabeth Marcus、Jennifer Scappettone、J'Nese Williams、Caroline Winterer 還有Adrian Zakar。我還必須感謝Yasmin Samrai，她是我在這個中心裡毫無畏懼的研究助理，她幫助我獲得了我需要的資料，提供了令人振奮的見解，並在整個過程中勇敢地沉浸在穆罕默德·阿薩德和沙希·塔魯爾的生活和思想中。正是由於我在史丹佛大學的部門和人文與科學學院的幫助，我才能夠休這一年的公休假，我十分感謝能有這個機會。

我曾打算寫一本關於從托馬斯·潘恩到愛德華·薩義德時代的全球反殖民主義思想網絡的書。但我很快就意識到，我多年來培養了一本關於歷史思維在帝國中的作用的書，這本書是關於

「全球左翼」的書的必要先驅，而且，事實上，許多反殖民主義思想中也隱含著反歷史的思想。因此，我寫了當前這一本書。

我的這一認識部分歸功於二〇一八年九月作為史特勞斯人文科學講師訪問凱斯西儲大學（Case Western Reserve University）的機會，為此我必須感謝約翰・布羅伊奇（John Broich）和彼得・諾克斯（Peter Knox）。正是在為這次訪問準備講座的過程中，我開始闡明良知問題在我作為歷史學家的所有工作中的核心地位——儘管意識到歷史學科在控管帝國良知方面所發揮的關鍵作用需要另一次的飛躍。在克利夫蘭的一個樓梯上，與約翰・布羅伊奇關於寫作的談話也一直伴隨著我寫這本書。在家裡，沙以利・佳音（Shaili Jain）對寫作的無畏精神具有感染力，也刺激了我。

我狂熱地寫著，提醒自己就像在惡魔般的創作中工作的弗蘭肯斯坦博士一樣，忘掉世界上的其他紛擾。有幾個親愛的朋友堅持要我繼續寫下去。在以前的書中，我並不總是點名感謝朋友，但在這本關於聯繫的倫理學的書中，我必須這樣做。在找到你的同時，我也找到了自己。他們是 Guneeta Singh Bhalla、Anshu Nagpal Chatterjee、Melanie Gurunathan、Allyson Hobbs、Purvi Kapadia、Abhimanyu Katyal、Rebecca Manley、Ana Minian、Divya Patnam、Nimmi Paulraj、Sonia Sandhu 和 Ashima Yadav。在友誼之外，麗貝卡和安娜（我的最愛）也給了我有益的反饋，我的表妹——安舒也在馬克斯・韋伯的方面給我提供了幫助。

這次是時候輪到占星師阿比・卡蒂爾（Abhi Katyal）讓我保持清醒了，他使我能夠思考不同的敘事傳統如何塑造我們的能動感。正如阿比明智地觀察到的人類那樣：「我們可以為任何事情辯護。」在聽他描述塑造我們的認知和能動性的行星運勢時，我開始意識到直到現在還在塑造我自己的能動性的各種文化影響，這反過來又幫助我確定歷史在塑造歷史演員的能動感受方面的作用。只要這些行動不是我的地理、性別、種族、種姓和社會地位的不假思索或自動的產物，我會如何思考所做的事情呢？我意識到自己從家庭、宗教教育、電影、神話等方面吸收的佛法、甘地和蘇菲派思想；旁遮普的社區概念；反殖民主義的血統；從分治的家庭創傷中獲得的強迫性。通過美國學校教育吸收的公民義務和權利的概念，以及文化和種族的邊緣性、基於性別的無助性質觀念、一種從我對歷史研究中產生的意識，也就是我作為一個有色人種女性，有義務在看到機會時就要認識到並行使能動性，以及其他的許多東西。

我同時有太多要採取行動的義務感，而無論它會是多麼的無效；我也有太多不能採取行動的義務感，要靜靜地接受、屈服。我寫這本書的時候，在我自己的生活領域中感到無能為力。這可能是我寫這本書的原因——我的月亮穿過監獄的鐵欄。這本書的出現，部分是為了弄明白我們為什麼以及在什麼時候會認為我們可以採取行動、為什麼以及在什麼時候不採取行動，和在不同版本的故事中，沙恭達羅（Sakuntala）和豆扇陀王（Raja Dusyanta）為何和在何時做了什麼和不做什麼。當然，答案可能很大程度上在於心理學和氣質的範疇，或者，在於占星術（占星師阿比可能還會這麼補充）。但是，我們闡明我們的責任或無能為力的方式很重要。加爾頓的不在場證明是天意。我發現，這種特殊形式的自我安慰在帝國的歷史中得到了回應。它記錄了歷史本身以一種我們沒有爭論過的方式承保了無盡的混亂。

我的研究生們對這本書產生了重要影響：Aidan Forth、Caitlyn Lundberg、Jonathan Connolly、Madihah Akhter、Murphy Temple、Meade Klingensmith、Matthew Wormer、Jon Cooper 和 Jeffery Chen。我對歷史如何影響帝國的許多想法都是在與他們合作的過程中形成的，我的筆記就是證明。我還要感謝與 David Bell、Hardeep Dhillon、Trevor Jackson、Abhishek Kaicker 和 Mircea Raianu 的深入交流。還要感謝 Ghazala Ansari 和 Shaheer Khan。我在史丹佛大學學習英國歷史的同仁大衛・科莫（David Como）提供了關於早期現代歷史思想的重要見解。我出色的同事喬爾・卡布里塔（Joel Cabrita）、保拉・芬德倫（Paula Findlen）、傑西卡・里斯金（Jessica Riskin）和理查德・羅伯茨（Richard Roberts）回答了即興提問。我也很感謝凱斯・貝克（Keith Baker），他幫助我理解和思考為什麼事情會發生，以及最令人好奇和憤怒的是，為什麼它們不會發生。在關鍵時刻，亞歷克斯・沃洛赫（Alex Woloch）慷慨地縱容了我關於歐威爾的理論。我親愛的導師和同事詹姆斯・弗農（James Vernon）以其特有的細心，在我正需要的時候為我指出了正確的方向。我與敬愛的老師托馬斯・拉奎爾（Thomas Laqueur）分享了我對第一章的第一次嘗試，他在午餐時向我提供了反饋，為我開啟了這本書的大門——特別是他建議我立即再審視一下《梅利安對話》（*Melian Dialogue*）。他還慷慨地告訴我手稿中哪些地方還有紕漏。我無法企及他的敏感和智慧，但我對能得到他的幫助感到無限感激。當我需要知道「反人類罪」首次被使用的背景——他告訴我這和對獾的殘害有關，他與我分享了他有一年在北美英國研究會議上發表的一篇關於人道主義歷史的論文。在考慮反活體解剖運動的命運時，這篇論文以一個懸念結束：「對普遍主義道德的要求是不可能的。也就是說，對這種主張的限制也不是非常有吸引力」。在這個未解決的結局的空隙中，居住在這個不確定的激動空間的英勇能力，是本書試圖確認的內容。無與倫比的米瑞納利尼·欣哈（Mrinalini Sinha）也非常慷慨地閱讀了整個手稿，她的鼓勵值得我為寫作付出每一點一滴的努力。最後，我必須感謝艾瑪·羅斯柴爾德（Emma Rothschild），感謝她對本書的熱情支持，感謝她在如此短的時間內進行了睿智而敏銳的閱讀，使我能夠解決基本的差距和缺陷。當然，文本中剩下的錯誤完全是我自己負責。

我有幸在史丹佛大學人文中心、雪城大學二〇一九年太平洋沿岸英國研究會議和北美維多利亞研究協會二〇一九年會議上介紹了本書的一些材料，我感謝那裡的聽眾提供的啟發性的反饋。在我對這些深思熟慮的問題的思考中得出了整整好幾段內容。我的經紀人 Jin Auh 的精闢，事實上是預言性的洞察力，幫助我把我的初稿變成我真正想寫的書，並幫助這本書找到合適的出版機構。也感謝艾瑪·史密斯（Emma Smith）和亞歷山德拉·克里斯蒂（Alexandra Christie）在這個過程中的幫助。夏米拉·森（Sharmila Sen），我在哈佛大學出版社的有遠見的編輯，提供了重要的反饋，並在她不屈不撓的助手希瑟－休斯和出版社出色的設計和編輯團隊的幫助下，使這本書得以迅速出版。我還要感謝 Casiana Ionita 和她在英國企鵝出版社的團隊對該書的支持。

最後，我要感謝我的父母和我在美國和印度的家人的支持和照顧。我親愛的侄女和侄子Sukanya、Uday、Surya、Saavan、Janav、Noor 和 Armaan 提供了最甜蜜的靈感。親愛的阿普拉吉特・馬哈延（Aprajit Mahajan），在我生命中的每一次努力中，你都在我身邊——精神上的、身體上的、情感上的（英勇地把這份手稿翻了兩遍！）沒有什麼比這更值得感謝的了。一如既往，我的孩子們，阿曼和卡比勒，你們在我寫作時充滿了我的思想和心靈。一切都是為了你們，我的寶貝們：在聯繫中尋找意義的可能性，在把握時間的充實中尋找意義的可能性，你們倆讓我更真實地了解了這一點。這一次，你們要與你們的爸比和我的婆婆蘇嘉雅分享這些感謝，這本書的靈感來自他們。疾病每天都會把媽媽從我們身邊帶走，我把這本書獻給她，向她無畏而敏感的思想和靈魂以及她所經歷的非凡人生表示敬意。是她第一次向我介紹了「處理矛盾」的藝術，她解釋了為什麼她喜歡在盤子裡同時放綠辣椒和甜點，並通過她生活中的愛、行動主義和學術研究的方式來加以說明。我感到非常幸運能得到她的祝福，並從她的眼中，看到她在我身上看到了自己的影子。

189. E. P. Thompson, "Where Are We Now? " (unpublished memo, 1963), in *E. P. Thompson and the Making of the New Left: Essays & Polemics*, ed. Cal Winslow (New York: Monthly Review, 2014), 239, 242–243. 另見 Rogan, *Moral Economists*, 169.

190. Chakrabarty, *Provincializing Europe*, 109, 112.

191. Faiz Ahmed Faiz, "*Ham par tumhari chaah ka ilzam hi to hai*," 可見於 Rekhta, https://www.rekhta.org/ghazals/ham-par-tumhaarii-chaah-kaa-ilzaam-hii-to-hai-faiz-ahmad-faiz-ghazals.

192. Mirza Ghalib, "Aah ko chahiye ik umr asar hote tak," 可見於 Rekhta, https://www.rekhta.org/ghazals/aah-ko-chaahiye-ik-umr-asar-hote-tak-mirza-ghalib-ghazals; Khamosh Ghazipuri, "Umr jalvon mein basar ho ye zaruri to nahin," 可見於 Rekhta, https://www.rekhta.org/ghazals/umr-jalvon-men-basar-ho-ye-zaruurii-to-nahiin-khamosh-ghazipuri-ghazals。

193. Thelwall, 1796, 摘錄於 E. P. Thompson, *Making of the English Working Class*, 185。

194. Tim Adams, "Put It to the People March," *Guardian*, March 23, 2019. 新冠病毒的大流行會如何改變我們這種表達能力尚有待觀察。

195. 尤其注意嘻哈音樂在全世界作為一種獲得政治力量的工具的吸引力。見 Hasan Minhaj, "Hip Hop and Streaming," episode of "Patriot Act," March 10, 2019, https://www.youtube.com/watch?v=MEZV6EE8JMA. 另見 Rowan Williams, "Why Poetry Matters," *New Statesman America*, October 23, 2019, https://www.newstatesman.com/culture/books/2019/10/why-poetry-matters。

org, February 9, 2015, https://phys.org/news/2015-02-big-quantum-equation-universe.html。

173. 關於 Intizar Husain 沿著這樣的線索發出的有趣想法，請參考 Farooqui, *A Requiem for Pakistan*, 221–231 頁。
174. 翻譯和引用於 Farooqui, *A Requiem for Pakistan*, 259 頁。
175. 關於康德在這個時期關於種族之觀念的變化，見 Pauline Kleingeld, "Kant's Changing Cosmopolitanism," in *Kant's "Idea for a Universal History with a Cosmopolitan Aim": A Critical Guide*, ed. Amélie Rorty and James Schmidt (Cambridge: Cambridge University Press, 2009), 184–186。
176. Barbara Metcalf, *Husain Ahmad Madani: The Jihad for Islam and India's Freedom* (Oxford: Oneworld, 2009), 7.
177. 我在本書中著重介紹了 E. P. 湯普森。但是人們可能會想到很多其他人，比方說 Simone Weil 或是 Maude Royden，關於他們，請參考 Meade Klingensmith 即將問世的論文。在這裡起作用的更廣闊的網絡（反殖民和拜倫模式交織在一起）將會成為之後的著作的主題。另見 Gopal, *Insurgent Empire*。
178. 另請參考 S. D. Ahmed, *Archaeology of Babel,* introduction。作為這類作品的一個例子，請參考 Haroon Khalid, *Walking with Nanak: Travels in His Footsteps* (New Delhi: Tranquebar, 2016)。
179. 摘錄於 Ghosh, *Great Derangement*, 111。
180. Ghosh, *Great Derangement*, 20–21.
181. 摘錄於 Ghosh, *Great Derangement*, 159 頁。另見 154, 157 頁。
182. Ghosh, *Great Derangement*, 160, 162.
183. Thomas McCarthy, *Race, Empire, and the Idea of Human Development* (Cambridge: Cambridge University Press, 2009), 222.
184. Gopal, *Insurgent Empire*, 348.
185. Tagore, *Nationalism*, 75.
186. Mohandas K. Gandhi, *Hind Swaraj, or Indian Home Rule* (orig. 1909; repr., Ahmedabad: Navajivan, 1946), 47.
187. Mohandas K. Gandhi, "Gandhi's Political Vision: The Pyramid vs. the Oceanic Circle (1946)," in Gandhi, *Hind Swaraj, and Other Writings*, ed. Anthony J. Parel (Cambridge: Cambridge University Press, 1997), 189.
188. Frantz Fanon, *The Wretched of the Earth*, trans. Constance Farrington (orig. 1961; trans., New York: Grove Weidenfeld, 1963), 310–313.

161. Lauren Kent, "European Colonizers Killed So Many Native Americans That It Changed the Global Climate, Researchers Say," CNN.com, February 2, 2019, https://www.cnn.com/2019/02/01/world/european-colonization-climate-change-trnd/index.html.

162. 請參考 Ferris Jabr, "Our Planet Is Just as Alive as We Are," *New York Times*, April 21, 2019, *Sunday Review*, 4. 查爾斯・達爾文預見了地球最終將無法供給生命，他認識到「對於那些完全承認人類靈魂不朽的人而言，我們世界的毀滅將不會顯得如此恐怖。」*The Autobiography of Charles Darwin*, ed. Nora Barlow (orig. 1887; repr., London: Collins, 1958), 92。

163. Mahmood Farooqui, *A Requiem for Pakistan: The World of Intizar Husain* (New Delhi: Yoda, 2016), 217–218.

164. Ghosh, *Great Derangement*, 30–31, 80. 另見 Mitchell, *Rule of Experts*, chap. 1。

165. Rev. John Trusler (1735–1820), 摘錄於 Thomas Laqueur, lecture (unpublished paper), North American Conference on British Studies, 2017。

166. Immanuel Kant, "Idea for a Universal History with a Cosmopolitan Point of View," 1784, trans. Lewis White Beck, from Kant, *On History* (Indianapolis: Bobbs-Merrill, 1963), Introduction, transcribed by Rob Lucas, Marxist Internet Archive, https://www.marxists.org/reference/subject/ethics/kant/universal-history.htm.

167. 見 Davis, *Late Victorian Holocausts; Sunil Amrith, Unruly Waters: How Rains, Rivers, Coasts, and Seas Have Shaped Asia's History* (New York: Basic, 2018)。

168. Mitchell, *Rule of Experts*, 35–36.

169. Raymond Williams, "Ideas of Nature," in *Problems of Materialism and Culture: Selected Essays* (London: Verso, 1980), 67.

170. 見 Siraj Ahmed, *Archaeology of Babel: The Colonial Foundation of the Humanities* (Stanford, CA: Stanford University Press, 2017), chap. 4。

171. Fernand Braudel, *The Mediterranean and the Mediterranean World in the Age of Philip II*, 2 vols. (orig. 1949; trans. and repr., Berkeley: University of California Press, 1996).

172. 從長期以來被人們假定的宇宙有一個明確、單一起始點（大爆炸）的單一敘述中可以看到。埃及物理學家 Ahmed Farag 和主要在加拿大的印度物理學家 Saurya Das 研究的新模型認為，宇宙實際上沒有開始或終結——這個理論將會和非亞伯拉罕宗教的宇宙論更為一致。見 Lisa Zyga, "No Big Bang? Quantum Equation Predicts Universe Has No Beginning," Phys.

famine-donation-made-172-years-ago/.

142. Laqueur, "The Past's Past."
143. 另見 Afua Hirsch, "Britain's Colonial Crimes Deserve a Lasting Memorial," *Guardian*, November 27, 2017。
144. 如同對猶太人大屠殺的否認一樣；見 Gallagher, *Telling It Like It Wasn't*, 301。
145. 並不是說圍繞大屠殺和奴隸制的爭議已經平息了：回顧一九七〇年代關於 Robert Fogel 和 Stanley Engerman 的爭議，*Time on the Cross: The Economics of American Negro Slavery* (New York: Norton, 1974), 以及一九八〇年代在德國的史家之爭（Historikerstreit）。
146. 另見 Maya Goodfellow, "But, Do You Think Empire Was Really All That Bad?" *Media Diversified*, January 29, 2016, mediadiversified.org/2016/01/29/but-do-you-think-empire-was-really-all-that-bad/。
147. George Orwell, *1984* (orig. 1949; repr., New York: Signet, 1983), 32.
148. 見 Dalrymple, *The Anarchy*, 尤其是 237–240 頁。
149. Trouillot, *Silencing the Past*, 19–20.
150. Marc Wortman, "History Majors Are Becoming a Thing of the Past, Except in the Ivy League," *The Daily Beast*, January 4, 2019, https://www.thedailybeast.com / history-majors-are-becoming-a-thing-of-the-past-except-in-the-ivy-league.
151. "Bagehot," "The End of History," *The Economist*, July 20, 2019, 49.
152. Patrick Collison and Tyler Cowen, "We Need a New Science of Progress," *The Atlantic*, July 30, 2019.
153. Trouillot, *Silencing the Past*, 15–16.
154. Javed Akhtar, "Waqt," in *Tarkash* (orig. 1995; repr., Delhi: Star, 2004), 117-124.
155. Thomas Carlyle, *On Heroes, Hero-Worship, and the Heroic in History*, ed. George Wherry (orig. 1841; repr., Cambridge: Cambridge University Press, 1911), 8–9, 37–38, 164.
156. William Blake, "London" (1794), in *The Norton Anthology of Poetry*, ed. Alexander Allison et al., 3rd ed. (New York: Norton, 1983), 506.
157. Rabindranath Tagore, *Nationalism* (London: Macmillan, 1917), 6.
158. Kate Bowler, "How Cancer Changes Hope," *New York Times*, December 30, 2018, 1,4.
159. Ghosh, *Great Derangement*, 115.
160. 尤其可以參考 Dipesh Chakrabarty, "The Climate of History: Four Theses," Critical Inquiry 35:2 (2009): 197–222。

他寫道「除了寇松的支持者，帝國主義幾乎沒有盟友」（389 頁），英國人只是「零星地」行使權力（481 頁）。他甚至得出結論說英屬印度已經「和英國生活的主要潮流脫節了」（491 頁）。在不遺餘力地證明了帝國的真實、暴力本質後，他免除了英國人對此的責任。William Dalrymple 的著作 *The Anarchy: The Relentless Rise of the East India Company* (New York: Bloomsbury, 2019) 也類似地認定了英帝國主義在印度犯下的暴力，但是他狹隘地把暴行歸咎於東印度公司，同時也說這是蒙兀兒無政府狀態的一種結果，從而在一定程度上原諒了侵略。有一位評論者高興地說：「十八世紀的印度真是一個難以維生的可怕地方。」Ian Morris, "When a Private British Corporation Ruled India," *New York Times Review of Books*, September 12, 2019。關於 *The Anarchy* 一書，請參考 Priya Satia, "An Epic Struggle for Mastery of a Subcontinent," *Los Angeles Review of Books*, March 3, 2020, https://lareviewofbooks.org/article/an-epic-struggle-for-mastery-of-a-subcontinent/。

134. 艾梅・塞澤爾很久以前就已經這樣說過了。「不用試圖知曉這些紳士們個人是持有善意還是惡意，不用試圖知曉他們個人是持有好意還是惡意。無論他們個人——也就是說，私下裡彼得或是保羅的良知——是或者不是殖民主義者」，都不是最重要的，因為最重要的事情在於，他們非常漏洞百出的主管善念與他們作為殖民主義監工的邪惡工作所造成的客觀社會影響完全無關。見 Césaire, *Discourse on Colonialism*, 55 頁。
135. Karuna Mantena, *Alibis of Empire: Henry Maine and the Ends of Liberal Imperialism* (Princeton, NJ: Princeton University Press, 2010), 187–188.
136. 比方說，可參考 Dirks, *Scandal of Empire*; Legacies of British Slave-ownership; Myriam Francois, "It's Not Just Cambridge University—All of Britain Benefited from Slavery," *Guardian*, May 7, 2019.
137. 另見 Mantena, *Alibis of Empire*, 179–180。
138. Gallagher, *Telling It Like It Wasn't*, 280. 見 Hannah Arendt, *Eichmann in Jerusalem: A Report on the Banality of Evil* (New York: Viking, 1963).
139. Thomas Laqueur, "Lynched for Drinking from a White Man's Well," *London Review of Books* 40:19 (October 11, 2018): 11–15.
140. Gopal, *Insurgent Empire*, 426.
141. "Irish Prime Minister Visits Choctaw Nation to Thank Them for Famine Donation Made 172 Years Ago," *Native News Online*, March 17, 2019, https://nativenewsonline.net/currents/irish-prime-minister-visits-choctaw-nation-thank-

Darkness, 尤其是第一章的內容。

124. 見 Ghosh, *Great Derangement*, 107. 關於西方國家在二十世紀對中東石油開採的仰賴，請參考 Timothy Mitchell, *Carbon Democracy: Political Power in the Age of Oil* (London: Verso, 2011)。

125. 另請參考 Tharoor, *An Era of Darkness*。

126. Davis, *Late Victorian Holocausts*, 111.

127. Jon Wilson, *Chaos of Empire*, 269.

128. J. S. Mill, *Memorandum of the Improvements of the Administration of India during the Last Thirty Years, and the Petition of the East-India Company to Parliament* (London: Wm. H. Allen, 1858).

129. Jon Wilson, *Chaos of Empire*, 288.

130. Mitchell, *Rule of Experts*, 6. 另見 Manu Goswami, *Producing India: From Colonial Economy to National Space* (Chicago: University of Chicago Press, 2004).

131. 關於這條鴻溝，也可參考 *Bhavani Raman, Document Raj: Writing and Scribes in Early Colonial South India* (Chicago: University of Chicago Press, 2012)。

132. Christopher Herbert, *War of No Pity: The Indian Mutiny and Victorian Trauma* (Princeton, NJ: Princeton University Press, 2008), 5.

133. 「不知不覺（心不在焉）」的帝國主義者的概念的沉痾助長了證明其重要性的努力（雖然西利本人在粉飾其來源的同時也強調的帝國的重要性）。比方說，Bernard Porter, *Absent-Minded Imperialists: Empire, Society, and Culture in Britain* (New York: Oxford University Press, 2006)。像是 Philippa Levine 的 *The British Empire: Sunrise to Sunset* (New York: Pearson Longman, 2007), 以及 Catherine Hall 的 *Civilising Subjects: Metropole and Colony in the English Imagination, 1830-1867* (Oxford: Polity, 2002) 等作品都對這種敘述進行了反擊。帝國仁慈的敘述激發出了這些作品對於這種論調的回擊，Dirks, *Scandal of Empire; Davis, Late Victorian Holocausts*; Tharoor, *An Era of Darkness*; 還有 Elkins 的 *Imperial Reckoning*。Gopal 近年出版的 *Insurgent Empire* 一書創造性地提出了反對帝國的理由，追溯了英國反殖民主義思想的脈絡，這些思想是來自那些殖民地思想家和身處殖民地的思想家們帶來的。Jon Wilson 近年出版的 *The Chaos of Empire* 一書介於努力證明帝國的重要性和帝國的非正當性之間。作者認為，帝國的好處被嚴重地誇大了，他暗示說，如果英國人為「發展」做了更多的話，它可能會得到某種程度的救贖。這本書堅持以帝國的「成就」角度來評價帝國。在他熱衷於帝國缺乏秩序的努力中，作者有時候會重複西利說過的話，比方說

116. Trevor Jackson, "Markets of Exception: An Economic History of Impunity in Britain and France, 1720–1830" (PhD diss., University of California, Berkeley, 2017), 277.

117. Gallagher, *Telling It Like It Wasn't*, 305, 307, 308.

118. 比方說，可以參考 Niall Ferguson, *Empire: The Rise and Demise of the British Empire* (London: Allen Lane, 2002); Jeremy Black, *Imperial Legacies: The British Empire around the World* (New York: Encounter, 2019); Nigel Biggar 在牛津大學的麥克唐納中心的「倫理和帝國」（Ethics and Empire）項目在二〇一八年舉行了一次私人會議，報導請見 Camilla Turner, "Oxford Professor's Colonialism Conference Held in Private for Fear of Disruption from Activists," *The Telegraph*, December 19, 2018, https://www.telegraph.co.uk/education/2018/12/19/oxford-professor-had-hold-academic-conference-inprivate-fear/. 世界各地的學界人士對「倫理和帝國」項目的智性基礎提出了質疑，見 Richard Adams, "Oxford University Accused of Backing Apologists of British Colonialism," *Guardian*, December 22, 2017。

119. Mike Davis, *Late Victorian Holocausts: El Niño Famines and the Making of the Thi d World* (London: Verso, 2001), 22.

120. 另見 Nicholas Dirks, *The Scandal of Empire: India and the Creation of Imperial Britain* (Cambridge, MA: Harvard University Press, 2008), 329.

121. 正如艾梅・塞澤爾所言，「殖民主義歐洲試圖用在殖民統治下的某些領域獲得了明顯物質進步來事後諸葛地（*a posteriori*）給殖民活動辯護的這種論述是不誠實的——因為在歷史上和在其他地方一樣，突然改變（*sudden change*）都是可能的；因為沒有人知道如果歐洲人沒有干預，這些國家會處於物質發展的哪個階段。因為非洲和亞洲的技術裝備，他們的行政重組——簡而言之的『歐化』（正如日本的例子所證明的那樣）和歐洲人的占領並沒不是綑綁在一起的；因為非歐洲大陸的歐化，即使沒有被歐洲人踩在腳下也還是可以完成的；因為這種歐化運動是正在進行中的；而且它甚至被殖民者拖慢了；因為不管是在哪個案例中，這個進程受到了歐洲人把持的扭曲。」Césaire, *Discourse on Colonialism*, 45–46 頁。

122. Davis, *Late Victorian Holocausts*, 286–287.

123. 比方說，可以參考 Priya Satia, "Guns and the British Empire," Aeon, February 14, 2018, aeon.co/essays/is-the-gun-the-basis-of-modern-anglo-civilisation; Amitav Ghosh, *The Great Derangement: Climate Change and the Unthinkable* (Chicago: University of Chicago Press, 2016), 106–107; Tharoor, *An Era of*

103. 殖民賠償是二〇一九年冬天上演的大片《冰雪奇緣 II》的主題。見 Priya Satia, "Frozen II Isn't Just a Cartoon: It's a Brilliant Critique of Colonialism," *Washington Post*, December 5, 2019。

104. Ruth Maclean, "France Urged to Change Heritage Law and Return Looted Art to Africa," *Guardian*, November 21,2018.

105. Mark Brown, "UK Museum Agrees to Return Ethiopian Emperor's Hair," *Guardian*, March 4, 2019.

106. Bill Code, "Australia Aboriginals Win Right to Sue for Colonial Land Loss," *Al Jazeera*, March 14, 2019, https://www.aljazeera.com/news/2019/03/australia-aboriginals-win-sue-colonial-land-loss-190315062311052.html.

107. Milan Schreuer, "Belgium Apologizes for Kidnapping Children from African Colonies," *New York Times*, April 4, 2019.

108. 見 Alex Marshall, "Will These Treasures Ever Go Home? " *New York Times*, January 26, 2020, 23–24.

109. Legacies of British Slave-ownership, UCL, https://www.ucl.ac.uk/lbs/; Catherine Hall, Nicholas Draper, Keith McClelland, Katie Donnington, 和 Rachel Long, *Legacies of British Slave-ownership: Colonial Slavery and the Formation of Victorian Britain* (Cambridge: Cambridge University Press, 2014)。

110. "The Times View on Returning Artefacts: Spoils of History," *Times*, February 10, 2020.

111. 見 Prashant Reddy Thikkabarapu, "A Rock and a Hard Place," *Caravan*, September 1, 2016, https://www.caravanmagazine.in/perspectives/myopic-approach-artefacts-kohinoor. See also Priya Satia, "Why Political Contest over Kohinoor Is a Must," *Tribune*, May 12, 2016, https://www.tribuneindia.com/news/comment /why-political-contest-over-kohinoor-is-a-must/235216.html.

112. Gallagher, *Telling it Like It Wasn't*, 180.

113. Ta-Nehisi Coates, "The Case for Reparations," *The Atlantic*, June 2014, www.theatlantic.com/magazine/archive/2014/06/the-case-for-reparations/361631/.

114. 比方說，可以參考 Kim Wagner, "Review of Nick Lloyd, *The Amritsar Massacre: The Untold Story of One Fateful Day* (I. B. Tauris, 2011)," Reviews in History 1224 (March 15, 2012), https://reviews.history.ac.uk/review/1224。

115. Kim Wagner, "Viewpoint: Should Britain Apologise for Amritsar Massacre?" BBC.com, February 19, 2019, https://www.bbc.com/news/world-asia-india-47070534.

90. Mitchell, *Rule of Experts*, 210–211, 223.

91. Scott, "Women in The Making of the English Working Class," 80.

92. 見 E. P. Thompson, *William Morris: Romantic to Revolutionary* (London: Lawrence & Wishart, 1955)。

93. Miles Taylor, "Patriotism, History and the British Left in Twentieth-Century Britain," *The Historical Journal* 33:4 (1990): 987.

94. Raphael Samuel, "The Case for National History," paper, quoted in Sophie Scott-Brown, The Histories of Raphael Samuel, chap. 6 (Acton: Australian National University Press, 2017), https://pressfiles.anu.edu.au/downloads/press/n2443 / html/ch06.xhtml?referer=&page=11#. 關於塞繆爾在這些年間對民族主義的投入，可以概括參考 , Scott-Brown, *Histories of Raphael Samuel*, chap. 6. Paul Gilroy 的 *The Black Atlantic: Modernity and Double Consciousness* (London: Verso, 1993) 一書也提出了一九七〇和八〇年代英國工人階級運動中對種族和跨國關注的缺席。

95. Raphael Samuel, "The People with Stars in Their Eyes," *Guardian*, September 23, 1995, 引用於 Scott-Brown, *Histories of Raphael Samuel*, chap. 6。

96. Scott-Brown, *Histories of Raphael Samuel*, chap. 6.

97. 展板標題「London and Athens」和「Lord Elgin and the Parthenon」，作者在 2017 年 7 月 18 日於大英博物館所見。

98. Bruno Waterfield, "Greece Demands Elgin Marbles for EU Trade Deal," *Times*, February 19, 2020.

99. Shashi Tharoor, "Britain Does Owe Reparations," speech hosted by Oxford Union, May 28, 2015, https://www.youtube.com/watch?v=f7CW7S0zxv4; Tharoor, *An Era of Darkness: The British Empire in India* (New Delhi: Aleph, 2016).

100. Hardeep Dhillon, "Redress and Compensation in Matters of Colonial State Violence: Valuing Colonial Lives of the 'Punjab Disturbances,'" paper presented at Princeton University, April 19, 2019.

101. Manika Parasher, "After 100 Years, Britain 'Regrets' Jallianwala Bagh Massacre That Killed Hundreds of Indians," Indiatimes.com, April 10, 2019, https://www.indiatimes.com/trending/after-100-years-britain-regrets-jallianwala-bagh-massacre-that-killed-hundreds-of-indians-365215.html.

102. 另見 Richard Drayton, "Rhodes Must Not Fall? Status, Postcolonial 'Heri-tage' and Temporality," Thi d Text 33 (2019): 651–666。

the Late British Empire (Berkeley: University of California Press, 2021).

76. Caroline Franklin, "'Some Samples of the Finest Orientalism': Byronic Philhellenism and Proto-Zionism at the Time of the Congress of Vienna," in *Romanticism and Colonialism: Writing and Empire, 1780–1830*, ed. Tim Fulford and Peter Kitson (New York: Cambridge University Press, 1998), 233–234.
77. 摘錄於 Conradi, *Very English Hero*, 128.
78. 見 E. P. Thompson, *Making of the English Working Class*, chap. 11.
79. 另請參考 Talal Asad, *Formations of the Secular: Christianity, Islam, Modernity* (Stanford, CA: Stanford University Press, 2003), 200.
80. 正如 Claeys 也注意到的，見 Claeys, *Imperial Sceptics*, 9。
81. 正如查克拉巴提在她的 *Provincializing Europe*, 16 頁中寫到的，「雖然一神宗教的神可能經受了……十九世紀時『世界的覺醒』的歐洲人故事的許多攻擊和挑戰……但是存在於所謂『迷信』中的多神神祇和其他的神祇媒介從來就沒有在任何地方消亡。」
82. Franklin, "'Some Samples of the Finest,'" 242, Hans Kohn 引用。
83. Chakrabarty, *Provincializing Europe*, 16.
84. Priya Satia, "In Trying to Defy Colonialism, Draft NEP Walks the Path of the Colonisers," The Wire.in, July 20, 2019, https://thewire.in/education/in-trying-to-defy-colonialism-draft-nep-walks-the-path-of-the-colonisers.
85. 在二〇〇三年一月的美國歷史協會（American Historical Association）會議上成立了「歷史學家反對戰爭」小組。約有 2200 名歷史學家簽署了反對開戰的倡議請願書。見 https://historiansagainstwar.org。歷史學家胡安．科爾（Juan Cole）開辦了一個很有影響力的部落格，名為「知情評論」（Informed Comment，www.juancole.com），針對戰爭和關於中東地區的官方敘述進行了事實性的批評。英國歷史學家也進行了全面批評，比方說，可以參見 Matt Seaton, "Blast from the Past," *Guardian*, February 23, 2003。
86. 見 Brief of Amici Curiae, Jack N. Rakove, Saul Cornell, et al., in DC v. Heller (2008), https://www.scotusblog.com/wp-content/uploads/2008/01/07-290_amicus_historians.pdf。
87. E. P. Thompson, "The Peculiarities of the English," 266.
88. Timothy Mitchell, Rule of Experts: Egypt, *Techno-Politics, Modernity* (Berkeley: University of California Press, 2002), 53.
89. 在本書中並沒有空間對這一教條的興起給出公允的描述。

Prakash, *The Emergency Chronicles: Indira Gandhi and Democracy's Turning Point* (Princeton, NJ: Princeton University Press, 2019).

63. Scott Hamilton, *The Crisis of Theory: E. P. Thompson, the New Left, and Postwar British Politics* (Manchester: Manchester University Press, 2011), 159–162; Hamilton, "'An Appetite for the Archives': New Light on E. P. Thompson," lecture at History Department, University of Auckland, in *Reading the Maps* (blog), March 29, 2007, readingthemaps.blogspot.co.nz/2007/03/appetite-for-archives-new-light-on-ep.html. 另見 Tim Rogan, *The Moral Economists: R. H. Tawney, Karl Polyani, E. P. Thompson, and the Critique of Capitalism* (Princeton, NJ: Princeton University Press, 2017)。

64. 另見 Majid Rahnema 和 Victoria Bawtree, eds., *Th Post-Development Reader* (London: Zed Books, 1997).

65. "How Much Money Did Britain Take Away from India? " in *Business Today*, November 19, 2018, https://www.businesstoday.in/current/economy-politics/this-economist-says-britain-took-away-usd-45-trillion-from-india-in-173-years/story/292352.html; Jason Hickel, "How Britain Stole $45 Trillion from India," *Al Jazeera*, December 19, 2018, https://www.aljazeera.com/indepth/opinion/britain-stole-45-trillion-india-181206124830851.html.

66. Amartya Sen, *Commodities and Capabilities* (orig. 1985; repr., New York: Oxford University Press, 1999).

67. 請縱向對比地參考 Francis Fukuyama, *The End of History and the Last Man* (New York: Free Press, 1992)。

68. 另請參考 Anand Taneja, *Jinnealogy: Time, Islam, and Ecological Thought in the Medieval Ruins of Delhi* (Stanford, CA: Stanford University Press, 2018), 51, 57.

69. Edward Said, *Orientalism* (orig. 1978; repr., New York: Vintage, 2003), preface (2003), xxii.

70. 見 James Vernon, "When Stuart Hall Was White," *Public Books*, January 23, 2017, www.publicbooks.org/when-stuart-hall-was-white/.

71. Perry Anderson, *The Indian Ideology* (London: Verso, 2013), 154. 培利・安德森是民族主義理論學者班納迪克・安德森的兄弟。

72. Chakrabarty, *Provincializing Europe*, 8–9.

73. Chakrabarty, *Provincializing Europe*, 5–6, 86, 107, 255.

74. Chakrabarty, *Provincializing Europe*, 46.

75. 見即將問世的作品 Caroline Ritter, *Imperial Encore: The Cultural Project of*

多的詩歌的反應——這促使了一個評論者援引了阿多諾說的奧斯威辛後不可能再有詩歌的說法。Ameer Imam, "Filling the Lacuna: First Anthology of Poetry on the Partition of India in 1947," *The Levant News*, June 4, 2019, the-levant.com/filling-lacuna-first-anthology-poetry-partition-india-1947/.

51. Dipesh Chakrabarty, *Provincializing Europe: Postcolonial Thought and Historical Difference* (Princeton, NJ: Princeton University Press, 2000), 174.
52. Scott, "Women in The Making of the English Working Class," 81–82.「理智上保持悲觀，意願上保持樂觀」這句格言被認為是出自共產主義者思想家安東尼奧・葛蘭西（Antonio Gramsci），當時他正被關押在法西斯義大利。在得到這個中間地帶之後仍要謹慎。人們也會想到托尼・莫里森說過的：「沒有時間絕望，沒有地方顧影自憐，不需要沉默，沒有空間恐懼。我們說話，我們寫作，我們創造語言。這就是文明癒合的方式。」Toni Morrison, "No Place for Self-Pity, No Room for Fear," *The Nation*, March 23, 2015。
53. Thomas Laqueur, "The Past's Past," *London Review of Books* 18:18 (September 19, 1996): 3–7.
54. John Gallagher and Ronald Robinson, "The Imperialism of Free Trade," *The Economic History Review* 6:1 (1953): 1-15.
55. Peregrine Worsthorne, "Class and Conflict in British Foreign Policy," *Foreign Affairs* 37:3 (April 1959): 431.
56. E. H. Carr 將這一時期的絕望感和懷疑論追溯到情報菁英們的身上。他的作品 *What Is History?,* ed. R. W. Davies (orig. 1961; repr., London: Penguin, 1990) 解釋了歷史寫作和歷史學家們是如何被他們自己的所時所處形塑，但也再確認了理解歷史作為一種進步的重要性。
57. Miles Taylor, *Ernest Jones, Chartism, and the Romance of Politics, 1819–1869* (Oxford: Oxford University Press, 2003), 16, 254.
58. Scott, "Women in The Making of the English Working Class."
59. E. P. Thompson, *Making of the English Working Class*, 12.
60. 另請參考 Priya Satia, "The Whitesplaining of History Is Over," *Chronicle of Higher Education*, March 28, 2018, http://www.chronicle.com/article/The-Whitesplaining-of-History/242952; Satia, "Byron, Gandhi and the Thompsons."
61. Satia, "Byron, Gandhi and the Thompsons," 155–156.
62. 摘錄於 E. P. Thompson, "Indira: the Light That Failed," Guardian, November 16, 1978, 7. 關於導致了緊急狀態的明確的後殖民緊迫要務，請參考 Gyan

35. E. P. Thompson, *The Making of the English Working Class* (orig. 1963; repr., New York: Vintage, 1966), 13, 551.

36. 摘錄於 Catherine Gallagher, *Telling It Like It Wasn't: The Counterfactual Imagination in History and Fiction* (Chicago: University of Chicago Press, 2018), 25。

37. E. P. Thompson, "Time, Work-Discipline and Industrial Capitalism," *Past & Present* 38 (1967): 93.

38. Walter Benjamin, "Theses on the Philosophy of History," 1940, in *Illuminations: Walter Benjamin: Essays and Reflections*, ed. Hannah Arendt (New York: Schoken, 1968), thesis 9, 257–258.

39. 比方說，可以參考 Michel Foucault, *The History of Sexuality*, 3 vols. (orig. 1976–84; trans., London: Allen Lane / Penguin, 1978–1984)。

40. Karl Popper, *The Poverty of Historicism* (London: Routledge, 1957).

41. Karl Popper, *The Open Society and Its Enemies* (London: Routledge, 1945).

42. E. P. Thompson, *Making of the English Working* Class, 101.

43. Benjamin, "Theses on the Philosophy of History," thesis 3, 254.

44. Benjamin, "Theses on the Philosophy of History," theses 13, 14, 260–261.

45. Joan W. Scott, "Women in The Making of the English Working Class," in *Gender and the Politics of History* (orig. 1988; repr., New York: Columbia University Press, 1999), 80–81, 引述 Henry Abelove。

46. Robin D. G. Kelley, "A Poetics of Anticolonialism," introduction to Aimé Césaire, *Discourse on Colonialism*, 1955, trans. Joan Pinkham (orig. 1955; trans., 1972; repr., New York: Monthly Review, 2000), 17.

47. Theodor Adorno, "Cultural Criticism and Society," 1949, in *Prisms, trans. Samuel Weber and Shierry Weber* (orig. 1967; trans., 1981; Cambridge, MA: The MIT Press, 1983), 34.

48. Theodor Adorno, *Negative Dialectics*, trans. E. B. Ashton (orig. 1966; trans., 1973; repr., London: Taylor & Francis, 2004), 3, 362–363.

49. Eric Oberle, *Theodor Adorno and the Century of Negative Identity* (Stanford, CA: Stanford University Press, 2018), 3.

50. 請概括參考 Priya Satia, "Poets of Partition: The Recovery of Lost Causes,"Arie Dubnov 和 Laura Robson, eds., *Partitions: A Transnational History of Twentieth-Century Territorial Separatism* (Stanford, CA: Stanford University Press, 2019), 224-256 頁。然而，有一部關於分治的新的詩歌選集聲稱此事件並沒有太

(Chapel Hill, NC: University of North Carolina Press, 2006), 12. 見 Eric Williams, *Capitalism and Slavery* (orig. 1944; repr., Chapel Hill: University of North Carolina Press, 1994).

23. Michel-Rolph Trouillot, *Silencing the Past: Power and the Production of History* (orig. 1995; repr., Boston: Beacon, 2015), 13.
24. E. J. Thompson, *Making of the Indian Princes*, vi.
25. E. P. Thompson, "The Nehru Tradition," in *Writing by Candlelight* (London: Merlin, 1980), 138.
26. 見 Satia, "Byron, Gandhi and the Thompsons," 146–152。
27. E. P. Thompson, *Beyond the Frontier: The Politics of a Failed Mission, Bulgaria 1944* (Stanford, CA: Stanford University Press, 1997), 14, 33–34.
28. 摘錄於 Dennis Dworkin, *Cultural Marxism in Postwar Britain: History, the New Left, and the Origins of Cultural Studies* (Durham, NC: Duke University Press, 1997), 17.
29. Milovan Djilas, 摘錄於 Philip Knightley, *The Second Oldest Profession: The Spy as Bureaucrat, Patriot, Fantasist and Whore* (London: Andre Deutsch, 1986), 121。
30. E. P. Thompson, *Alien Homage*, viii, 73–74, 93.
31. E. P. Thompson, "The Peculiarities of the English," 1965, in *The Poverty of Theory & Other Essays* (New York: Monthly Review Press, 1978), 266; E. P. Thompson, "The Secret State," *Race & Class* 20:30 (1979): 219–242; E. P. Thompson, "An Alternative to Doomsday," *New Statesman*, December 21, 1979, in *Britain and the Bomb: The "New Statesman" Papers on Destruction and Disarmament* (Manchester: Manchester Free Press, 1981), 9–18. 另見 David Edgerton, *Warfare State: Britain, 1920–1970* (Cambridge: Cambridge University Press, 2006)。
32. Dworkin, *Cultural Marxism in Postwar Britain*, 114.
33. 尤其請參考 E. P. Thompson, *Witness Against the Beast: William Blake and the Moral Law* (Cambridge: Cambridge University Press, 1993).
34. 可以肯定的是，這種模式的出現有一些延遲，因為要考慮到湯普森早期對於「國族」的關注，這其中有一部分是出於對帝國的尷尬。關於這一點，請參考 Satia, "Byron, Gandhi and the Thompsons," 154。在印度的反殖民主義時期，將不列顛社會史套上框架，實際上，是一種對去殖民化的逃避，它建立在對跨國連結的否定上。

Atonement: A Play of Modern India, in Four Acts (London: Ernest Benn, 1924).

10. E. J. Thompson, *The Other Side of the Medal* (orig. 1925; repr., London: Hogarth Press, 1930), 27–28.
11. E. P. Thompson, *Alien Homage*, 89.
12. Priti Joshi, *review of War of No Pity: The Indian Mutiny and Victorian Trauma, by Christopher Herbert, Romanticism and Victorianism on the Net* 53 (Feb. 2009), https://www.erudit.org/fr/revues/ravon/2009-n53-ravon2916/029909ar/.
13. 摘錄於 Mary Lago, *India's Prisoner: A Biography of Edward John Thompson, 1886–1946* (Columbia: University of Missouri Press, 2001), 212。
14. Priya Satia, "Byron, Gandhi and the Thompsons: The Making of British Social History and the Unmaking of Indian History," *History Workshop Journal* 81 (2016): 138, 145.
15. E. J. 湯普森寫給弗蘭克・湯普森，1936 年，摘錄於 Peter Conradi, *A Very English Hero: The Making of Frank Thompson* (London: Bloomsbury, 2012), 79.
16. E. J. Thompson, *The Making of the Indian Princes* (London: Oxford University Press, 1943), 269.
17. E. J. Thompson and Geoffrey Garratt, *The Rise and Fulfillment of British Rule in India* (London: Macmillan, 1934).
18. 見 Gregory Claeys, *Imperial Sceptics: British Critics of Empire, 1850–1920* (Cambridge: Cambridge University Press, 2010), 5–6, 33 多處。關於這種文學，可以參考 R. L. Schuyler, *The Fall of the Old Colonial System: A Study in British Free Trade, 1770–1870* (orig. 1945; repr., Hamden, CT: Archon, 1966), 和 Schuyler, "The Climax of Anti-Imperialism in England," *Political Science Quarterly* 36 (1921): 537–560。
19. J. A. Hobson, "Social Thinkers in Nineteenth-Century England," *Contemporary Review* 137(1930): 457.
20. 比方說，可以參考 Priyamvada Gopal, *Insurgent Empire: Anticolonial Resistance and British Dissent* (London: Verso, 2019), part 2; Marc Matera, *Black London: The Imperial Metropolis and Decolonization in the Twentieth Century* (Oakland: University of California Press, 2015). 反帝國主義並沒有成為英國左派思想的主流特徵，這證明了歷史規律決定論者們極端思想的局限性。只有摒棄歷史規律決定論才能否定帝國。
21. C. L. R. James, *The Black Jacobins* (London: Secker & Warburg, 1938).
22. Christopher Leslie Brown, *Moral Capital: Foundations of British Abolitionism*

148. 尤其請參考以柏克萊為基地的分治檔案庫，*Partition Archive,* www.1947partitionarchive.org。
149. Devji, *Muslim Zion*, 248.
150. Dubnov and Robson, "Introduction," 1.
151. Tom Nairn, *The Break-Up of Britain: Crisis and Neonationalism* (London: NLB, 1977).
152. Anderson, *A Life beyond Boundaries*, 124.
153. Fintan O'Toole, "Are the English Ready for Self-Government?" *The Irish Times*, March 19, 2019, https://www.irishtimes.com/opinion/fintan-o-toole-are-the-english-ready-for-self-government-1.3830474?mode=amp.

第六章

章節前引文：Toni Morrison，諾貝爾獎發言，1993 年 12 月 7 日，https://www.nobelprize.org/prizes/literature/1993/morrison/lecture/.

1. Caroline Elkins, *Imperial Reckoning: The Untold Story of Britain's Gulag in Kenya* (New York: Henry Holt, 2005).
2. 摘錄於 Elkins, *Imperial Reckoning*, 352。
3. Jon Wilson, *The Chaos of Empire: The British Raj and the Conquest of India* (New York: Public Affairs, 2016), 496–497.
4. 在 1968 年 4 月 20 日的這場演說中，鮑威爾暗指了維吉爾的詩歌《埃涅伊德》中的一句話。「當我展望未來，充滿了不祥預感，像羅馬人一樣，我似乎看到了臺伯河上湧動著大量的血。冒著血沫。」
5. V. D. Savarkar, *The Indian War of Independence, 1857* (London: n.p., 1909).
6. Kama Maclean, *A Revolutionary History of Interwar India: Violence, Image, Voice and Text* (New York: Oxford University Press, 2015), 91. 關於印度人對「兵變」的歷史書寫的歷史，請參考 Crispin Bates, ed., *Mutiny at the Margins: New Perspectives on the Indian Uprising of 1857*, vol. 6, *Perception, Narration and Reinvention: The Pedagogy and Historiography of the Indian Uprising* (London: Sage, 2014).
7. Syed Ahmed Khan, *Asbab-e-Baghawat-e-Hind* (orig. 1859; repr., Aligarh: University Publishers, 1958).
8. E. P. Thompson, *Alien Homage: Edward Thompson and Rabindranath Tagore* (Delhi: Oxford University Press, 1993), 72–73.
9. E. J. Thompson, *Mesopotamian Verses* (London: Epworth, 1919); Thompson,

特的布蘭．巴加特（Puran Bhagat of Sialkot）的古代史詩來創作出 1965 年的史詩劇「魯納」（*Loona*）。Jagan Nath Azad 來到了印度，但是他的詩歌依然徘徊在他對家鄉，他的失去的 *chaman*（花園）的記憶中。

141. 另請參考 Mufti, *Enlightenment in the Colony*, 223–224。

142. 寶萊塢經常以「雙重角色」的體裁把分裂的自我戲劇化為實實在在的分裂。大災變的主題在電影中很常見，比如 1965 年 Yash Chopra 的 *Waqt*（時間）或是許多親兄弟或孤兒在出生時分離的故事。「*Deewar*」（牆）也是詩歌、電影和戲劇中經常出現的一個主題。見 Priya Satia, "Poets of Partition: The Recovery of Lost Causes," in Arie Dubnov and Laura Robson, eds., *Partitions: A Transnational History of Twentieth-Century Territorial Separatism* (Stanford, CA: Stanford University Press, 2019), 230n11。

143. 見 Vazira Zamindar, *The Long Partition and the Making of Modern South Asia: Refugees, Boundaries, Histories* (New York: Columbia University Press, 2007).

144. Anam Zakaria, *The Footprints of Partition: Narratives of Four Generations of Pakistanis and Indians* (New Delhi: Harper Collins, 2015), 84.

145. 我要感謝 Hamida Chopra 跟我分享這個故事。

146. 勞倫斯寫給夏洛特．蕭（Charlotte Shaw）, 1931 年 10 月 14 日 , *T. E. Lawrence: The Selected Letters*, ed. Malcolm Brown (New York: Paragon, 1992), 459。

147. 勞倫斯寫給羅賓．巴克斯頓（Robin Buxton），1927 年 3 月 4 日，*The Selected Letters,* 319 頁。另見勞倫斯寫給 E. 龐德 (Ezra Pound), 1934 年 12 月 7 日 , *The Selected Letters*, 507 頁。雖然處於兩次大戰之間時期的政治和文化漩渦的中心，但是這兩人也都創造了隱居的空間，他們在那裡創造出新的社會類型（甘地的靜修所，勞倫斯的小屋）。兩人都以拜倫式風格躍升為國外解放運動的領袖（甘地從南非來到了印度），在這個過程中「變得入鄉隨俗」。值得注意的是，邱吉爾欣賞穿著阿拉伯長衫的勞倫斯，認為他是「天然的偉大君王之一」（Winston Churchill, Great Contemporaries [orig. 1937; repr., London: Odhams, 1949], 131）但是卻鄙視甘地的轉變，說他變成了一個「半裸的苦行僧」── 此言出自他在 1931 年 2 月 23 日的演說，他在這次演說中描述了「一個煽動性的中殿律師學院出身的律師，如今冒充成一個東方著名的苦行僧，半裸著登上總督官邸的臺階……與國王－皇帝的代表平起平坐地對話」的恥辱場面。摘錄於 Richard Toye, *Churchill's Empire: The World That Made Him and the World He Made* (New York: Henry Holt, 2010), 176。

22–24.

127. Ali Sardar Jafri, "*Fareb*," 見 Rekhta, https://www.rekhta.org/nazms/fareb-ali-sardar-jafri-nazms. 其他批評這一「黎明」的烏爾都語詩人還包括 Sahir Ludhianvi, Nadeem Qasimi, Jan Nisar Akhtar, Kaifi Azmi, Majrooh Sultanpuri, Naresh Kumar Shad, Jigar Moradabadi 和 Qateel Shifai. 比較持有希望的是 Majaz Lucknavi 和 Jagan Nath Azad. 關於這首詩的大部分內容，見 Rekhta, www.rekhta.org。

128. Faiz Ahmad Faiz, "*Aaye kuchh abr kuchh sharab aaye*," 見 Rekhta, https://rekhta.org/ghazals/aae-kuchh-abr-kuchh-sharaab-aae-faiz-ahmad-faiz-ghazals.

129. 被放逐的世俗經驗給了「hijir，遷徙」和「birha，分離」的概念加上了新的世俗內涵。阿米爾・穆夫提這樣指出。*Enlightenment in the Colony*, 211–212, 216, 221–224, 239, 243.

130. Faiz Ahmad Faiz, "*Zindaan Ki Ek Shaam*," 見於 Rekhta, https://www.rekhta.org/nazms/zindaan-kii-ek-shaam-shaam-ke-pech-o-kham-sitaaron-se-faiz-ahmad-faiz-nazms。

131. Mufti, *Enlightenment in the Colony*, 165.

132. B. Metcalf, *Husain Ahmad Madani*,118.

133. Mufti, *Enlightenment in the Colony*,179.

134. B. Metcalf, *Husain Ahmad Madani*, 149.

135. 摘錄於 B. Metcalf, *Husain Ahmad Madani*, 151. 關於瑪達尼和阿札德的思想的一些不同之處，請參考 116–119 頁。

136. B. Metcalf, *Husain Ahmad Madani*, 133–136.

137. Jagan Nath Azad, "Na Puchho Jab Bahar Aayi," in *Intikhab-e-Kalam* (Aligarh: Anjuman Taraqqi, 1957), 7–8. Munir Niazi 也表達了這種似是而非的家鄉感受。*Ajnabi shehr*（「怪異城市」）是一個烏爾都語詩歌中的常見暗喻，這並非是無緣無故的。

138. Faiz Ahmad Faiz, "Marsia" ("Elegy"), in *Sar-e-Vaadi-e-Seena* (Lucknow: Kitabi Duniya, 1962), 90; Mufti, Enlightenment in the Colony, 220–221.

139. Jagan Nath Azad, "Ashaar, Lahore Mein Keh Gaye," in *Watan Mein Ajnabi* (orig. 1951; repr., Delhi: Maktaba Jamia, 1964), 70.

140. 一些例子：左翼巴基斯坦詩人 Ibn-e-Insha（1927 年出生於加蘭達爾）於 1950 年代創作了「你去哪裡了」（*Tu Kahan Chali Gayi Thi*），對卡拉奇和德里表示出了同等的舒適之感。Nazir Qaiser 的詩歌的地理範圍十分廣闊。Shiv Kumar Batalvi（常常被稱為旁遮普的拜倫）借助了關於錫亞爾科

110. Satia, *Spies in Arabia*, 218.

111. Yasmin Saikia, "Hijrat and Azadi in Indian Muslim Imagination and Practice: Connecting Nationalism, Internationalism, and Cosmopolitanism," *Comparative Studies of South Asia, Africa and the Middle East* 37:2 (2017): 202, 207. 另請概況參考, Gajendra Singh, "India and the Great War: Colonial Fantasies, Anxieties and Discontent," *Studies in Ethnicity and Nationalism* 14:2 (2014): 343–361.

112. Saikia, "Hijrat and Azadi in Indian Muslim Imagination and Practice," 202–203.

113. Saikia, "Hijrat and Azadi in Indian Muslim Imagination and Practice," 206–207.

114. 摘錄於 Kama Maclean, *A Revolutionary History of Interwar India: Violence, Image, Voice and Text* (New York: Oxford University Press, 2015), 15; Maclean, *Revolutionary History of Interwar India*, 31.

115. 關於抉擇的十字路口，請參考 Maclean, *Revolutionary History of Interwar India*。

116. Maclean, *Revolutionary History of Interwar India*, 140–141.

117. Rajendra Prasad, *India Divided* (Bombay: Hind Kitabs, 1946), 26.

118. Khan, *Great Partition*, 21.

119. 尼古拉斯・德克的研究對於認識到這個問題十分有幫助。請參考 Nicholas Dirks, *Castes of Mind: Colonialism and the Making of Modern India* (Princeton, NJ: Princeton University Press, 2001), coda, "The Burden of the Past: On Colonialism and the Writing of History."

120. Muhammad Iqbal, "*Tarana-i-Hindi*," 1904, 見 Rekhta, https://www.rekhta.org/nazms/taraana-e-hindii-saare-jahaan-se-achchhaa-hindostaan-hamaaraa-allama-iqbal-nazms.

121. Amrita Pritam, "Ajj Aakhaan Waris Shah Nu," written c. 1948, 見 YouTube, https://www.youtube.com/watch?v=aFkKOr08-jw.

122. 另見 Amir Mufti, *Enlightenment in the Colony: The Jewish Question and the Crisis of Postcolonial Culture* (Princeton, NJ: Princeton University Press, 2007), 211–212, 216, 221–224, 239, 243.

123. Saadat Hasan Manto, "*Toba Tek Singh*," in *Phundne* (Lahore: Maktabah-e-Jadid, 1955).

124. 摘錄於 Khan, *Great Partition*, 194。

125. Sahir Ludhianvi, "Chakle," in *Talkhiyaan* (orig. 1945; repr., Delhi: Hali, 1949), 74–77.

126. Faiz Ahmad Faiz, "*Subh-e-Azadi*," 1951, in *Dast-e-Saba* (Delhi: Shafi, 1952),

94. Mohandas K. Gandhi, *Hind Swaraj, or Indian Home Rule* (orig. 1909; repr.,Ahmedabad: Navajivan, 1946), 56–57. 另見 Devji, *Muslim Zion*, 108–9.
95. Iqbal，摘錄於 Devji, *Impossible Indian*, 95–96 頁。
96. Gandhi, *Hind Swaraj*, 65.
97. 另見 Priya Satia, "In Trying to Defy Colonialism, Draft NEP Walks the Path of the Colonisers," The Wire.in, July 20, 2019, https://thewire.in/education/in-trying-to-defy-colonialism-draft-nep-walks-the-path-of-the-colonisers.
98. Mohandas K. Gandhi, *Gita the Mother*, ed. Jag Parvesh Chander (Lahore: Indian Printing Works, 1946), 31.
99. 摘錄於 Devji, *Impossible Indian*, 105。
100. Devji, *Impossible Indian*, 115.
101. Prathama Bannerjee, "*Bhagavad Gita* Wasn't Always India's Defining Book," The Print.In, December 15, 2019, https://theprint.in/opinion/bhagavad-gita-not-indias-defining-book-another-text-was-more-popular/334904/.
102. Ashis Nandy, "From Outside the Imperium: Gandhi's Cultural Critique of the 'West,'" *Alternatives: Global, Local, Political* 7:2 (1981): 172, 183. 另見 Nandy, "The Psychology of Colonialism: Sex, Age, and Ideology in British India," Psychiatry 45:3 (1982): 214–217.
103. Devji, *Impossible Indian*, 93. 這個想法和 1905-1911 年的支持國貨運動（Swadeshi movement）領導人 Bal Gangadhar Tilak 的思想遙相呼應，他將自由定義為一種能動行為（act of agency）。請參考 Gopal, *Insurgent Empire*, 184–185 頁。
104. Uday Mehta, *Liberalism and Empire: A Study in Nineteenth-Century British Liberal Thought* (Chicago: University of Chicago Press, 1999), 97, 113.
105. Mohammad Ali Jauhar, 1923, reproduced in Rachel Fell McDermott et al., eds., *Sources of Indian Tradition: Modern India, Pakistan, and Bangladesh*, vol. 2 (New York: Columbia University Press, 2013), 409.
106. 關於參加戰鬥的印度人的複雜動機，請參考 Santanu Das, *India, Empire, and First World War Culture: Writings, Images, and Songs* (Cambridge: Cambridge University Press, 2018)。
107. 見 Alavi, *Muslim Cosmopolitanism*。
108. Norman Bray, note, March 25, 1917 (and synopsis thereof), The National Archives: FO 371/3057: 103481.
109. B. Metcalf, *Husain Ahmad Madani*, 11, 46, 72.

Futures and Colonial Internationalisms," *American Historical Review* 117 (Dec. 2012): 1461–1485 頁。作者指出：「對於殖民地國際主義的忽視讓我們對於二十世紀政治現代主義的全球形成的理解變得貧乏。」(1485 頁)。

85. Gopal, *Insurgent Empire*, 141–143, 148–150. 另見 Seema Alavi, *Muslim Cosmopolitanism in the Age of Empire* (Cambridge, MA: Harvard University Press, 2015)。

86. 見 Michael Martel, "'The Island Councils Too': Late-Victorian Epic Romance and Caribbean Multiracial Self-Governance," PCCBS paper, UC Merced, March 2019; Christopher Taylor, *An Empire of Neglect: The West Indies in the Wake of British Liberalism* (Durham, NC: Duke University Press, 2018)。另請概括參考 Paul Gilroy, *The Black Atlantic: Modernity and Double Consciousness* (London: Verso, 1993)。

87. Frederick Cooper, *Africa in the World: Capitalism, Empire, Nation-State* (Cambridge, MA: Harvard University Press, 2014), 64–70, 95. 另見 Cooper, *Citizenship between Empire and Nation: Remaking France and French Africa, 1945–1960* (Princeton, NJ: Princeton University Press, 2014). 關於這種觀念在瓜德魯普繼續發生作用，請參考 Yarimar Bonilla, *Non-sovereign Futures: French Caribbean Politics in the Wake of Disenchantment* (Chicago: University of Chicago Press, 2015)。

88. Mrinalini Sinha, *Specters of Mother India: The Global Restructuring of an Empire* (Durham, NC: Duke University Press, 2006), 154.

89. Rabindranath Tagore, "Where the Mind Is without Fear," song 35, in *Gitanjali*, in *Collected Poems and Plays of Rabindranath Tagore* (London: Macmillan, 1920), 16. 最初的孟加拉語版本在 1910 年發表。泰戈爾自己給這首詩翻譯的英文版本於 1913 年面世。

90. Tagore, 摘錄於 Goswami, "Imaginary Futures and Colonial Internationalisms," 1474 頁。

91. Rabindranath Tagore, *The Religion of Man, Being the Hibbert Lectures for 1930* (New York: Macmillan, 1931), appendix 1; Tagore, *Creative Unity* (New York: Macmillan, 1922), 73.

92. Devji, *Impossible Indian*, 44.

93. William Morris, *News from Nowhere, or an Epoch of Rest, Being Some Chapters from a Utopian Romance* (orig. 1890; repr., London: Longmans, Green, 1905), 32, 79, 152.

72. 真納於 1949 年 7 月 19 日在穆斯林聯盟會議上的演說，摘錄於 Tarun Vijay, “Jinnah. He Had a Pistol. He Used It,” *Times of India*, August 19, 2009, https://timesofindia.indiatimes.com/blogs/indus-calling/jinnah-he-had-a-pistol/。
73. Hamlet’s “To Be Or Not To Be” speech, Shakespeare’s *Hamlet*, Act 3, Scene 1, available at Poetry Foundation, https://www.poetryfoundation.org/poems/56965/speech-to-be-or-not-to-be-that-is-the-question.
74. Ranabir Samaddar, “Policing a Riot-Torn City: Kolkata, 16–18 August 1946,” *Journal of Genocide Research* 19:1 (2017): 39–60.
75. Khan, *Great Partition*, 64–65.
76. Khan, *Great Partition*, 112. 關於聯合省的內容，另見 Dhulipala, *Creating a New Medina*, 468–469 頁。
77. Khan, *Great Partition*, 106. Guneeta Singh Bhalla 是分治檔案（The Partition Archive）的口述歷史蒐集檔案的創辦人。她也從成千上萬的採訪中得出了結論，英國人的印度教徒與穆斯林敵對理論會聲稱的那種鄰里間反目的暴力並非是頃刻間出現的，它是地方政治領導人允許下的幫派團伙促成的。見 Bhalla, “What Really Caused the Violence of Partition?” *The Diplomat*, August28, 2019, https://thediplomat.com /2019/08/what-really-caused-the-violence-of-partition/。
78. Khan, *Great Partition*, 102, 128.
79. Khan, *Great Partition*, 127.
80. The Partition Archive, www.1947partitionarchive.org.
81. 另見 Khan, *Great Partition*, 138–140。
82. 關於被殖民者的思維，請參考 Frantz Fanon, *The Wretched of the Earth*, trans. Constance Farrington (orig. 1961; trans., New York: Grove Weidenfeld, 1963); Ashis Nandy, *The Intimate Enemy: Loss and Recovery of the Self under Colonialism* (Delhi: Oxford University Press, 1983)。另請參考 Homi Bhabha 關於被殖民者邯鄲學步的重要研究，以及 Antonio Gramsci 關於文化霸權的概念，見 *Selections from The Prison Notebooks*, ed. and trans. Quintin Hoare and Geoffrey Nowell Smith (orig. 1929–1935; New York: International, 1971)。
83. Dipesh Chakrabarty, *Provincializing Europe: Postcolonial Thought and Historical Difference* (Princeton, NJ: Princeton University Press, 2000), 8–9.
84. 另請參考 Devji, *Muslim Zion*, chap. 2; Ali Raza, Franziska Roy, and Benjamin Zachariah, eds., *The Internationalist Moment: South Asia, Worlds, and World Views, 1917–1939* (Los Angeles: Sage, 2015); Manu Goswami, “Imaginary

55. M. Asad, "Enthusiasm of Indian Muslims for Pakistan," *Arafat*, Lahore, May 1947, in "A Matter of Love," 209.

56. M. Asad, P. Asad, *Home-coming of the Heart*, 116.

57. M. Asad, P. Asad, *Home-coming of the Heart*, 117–118.

58. Venkat Dhulipala, *Creating a New Medina: State Power, Islam, and the Quest for Pakistan in Late Colonial North India* (Delhi: Cambridge University Press, 2015), 4. 另可參考 Faisal Devji, "Young Fogeys: The Anachronism of New Schol-arship on Pakistan," review of Venkat Dhulipala's *A New Medina*, The Wire.in, October 4, 2015, https://thewire.in/books/young-fogeys-the-anachronism-of-new-scholarship-on-pakistan; Barbara Metcalf, "Review of *Creating a New Medina: State, Power, Islam and the Quest for Pakistan in Late Colonial India*, by Venkat Dhulipala," *The Book Review* 39:6 (2015)。

59. Watt, "Thomas Walker Arnold," 81.

60. 我沒有篇幅在此深入地討論這件事。關於聯合省的特定一些部分的內容，可以參考 Dhulipala, *Creating a New Medina*。

61. M. Asad, "Enthusiasm of Indian Muslims for Pakistan," 209.

62. 關於這件事，請參考 Devji, *Muslim Zion*, e.g., 3。

63. Devji, *Muslim Zion*, chap. 1, 99, 138.

64. Khan, *Great Partition*, 49, 83.

65. Khan, *Great Partition*, 129.

66. 摘錄於 Khan, *Great Partition*, 78。

67. 毫無疑問的，有一些思想家已經提出了人口交換的觀點，比方說 B. R. Ambedkar 在其著作 *Pakistan, or The Partition of India* (orig. Thoughts on Pakistan, 1940) (Bombay: Thackers, 1945) 中。真納並不喜歡這個觀點。另可參考 Faisal Devji, "National Identity Is a Political Project. Turning That into a Religious Endeavour Does Not Work," *Naya Daur*, February 15, 2019, nayadaur.tv/2019/02/national-identity-is-a-political-project-turning-that-into-a-religious-endeavour-does-not-work/。

68. Jon Wilson, *Chaos of Empire*, 451. 作者威爾森指出，在令人震驚的情形下，有人數介於 1060 至 2500 人次的抗議者被殺害，有 6 萬至 9 萬人被囚禁關押。

69. 摘錄於 Jon Wilson, Chaos of Empire, 451。

70. Khan, *Great Partition*, 50–51.

71. Khan, *Great Partition*, 49–50, 55.

nazms.

40. Muhammad Iqbal, "Shama aur Shayar," (1912), in Baang-e-Dara (orig. 1924; repr., Delhi: Kutub Khana Hameediya, 1990), 144.
41. Muhammad Iqbal, *The Reconstruction of Religious Thought in Islam* (orig. 1930; repr., London: Oxford University Press, 1934), 178.
42. Muhammad Iqbal, *Zarb-e-Kaleem, Yaani Elan-e-Jung Daur-e-Hazir Ke Khilaaf* (orig. 1936; repr., n.d.), 99, available at Rekhta, https://www.rekhta.org/ebooks/zarb-e-kaleem-elan-e-jang-daur-e-haazir-ke-khilaf-allama-iqbal-ebooks/.
43. Muhammad Iqbal, "McTaggart's Philosophy," in *Speeches, Writings and Statements of Iqbal*, ed. Latif Ahmad Sherwani (orig. 1944, 1977; repr., Lahore: Iqbal Academy Pakistan, 1995), 187.
44. Devji, "From Minority to Nation," 45–47.
45. Devji, "From Minority to Nation," 52, 54–55.
46. Muhammad Asad, *The Road to Mecca* (New York: Simon and Schuster, 1954), 11, 44, 76, 193.
47. Muhammad Asad, Pola Hamida Asad, *Home-coming of the Heart [The Road to Mecca, Part 2]* (Lahore: The Truth Society, 2012), 29, 34–35.
48. M. Asad, *Road to Mecca*, 54.
49. M. Asad, *Road to Mecca*, 4.
50. Iqbal 於 1934 年 3 月 4 日寫給 Thompson，轉錄於 S. Ahmad, *Iqbal: His Political Ideas at Crossroads: A Commentary on Unpublished Letters to Professor Thompson, with Photographic Reproductions of the Original Letters* (Aligarh: Printwell, 1979), 80. Original printed on 94.
51. Faisal Devji, *Muslim Zion: Pakistan as a Political Idea* (London: Hurst, 2013), 22.
52. M. Asad and P. Asad, *Home-coming of the Heart*, 97.
53. Muhammad Asad, "Uniqueness of Pakistan Movement in the Muslim World: Its Ideological Basis," *Arafat*, Lahore, May 1947, in "A Matter of Love: Muhammad Asad and Islam," ed. Ismail Ibrahim Nawwab, Islamic Studies 39:2 (Summer 2000): 210–11. 表示強調的字體變化為原文所持。在歐洲，阿薩德的父親、姊妹和繼母都在大屠殺中喪生了。阿薩德本人則是在戰爭期間於印度被當成是軍隊中的異類遭到扣押（儘管有猶太血統）。
54. M. Asad, "Dangers Facing Pakistan," *Arafat*, Lahore, May 1947, in "A Matter of Love," 212.

York: Random House, 1969), 86.

24. Arie Dubnov and Laura Robson, "Introduction: Drawing the Line, Writing beyond It: Toward a Transnational History of Partitions," in *Partitions: A Transnational History of Twentieth-Century Territorial Separatism*, ed. Arie Dubnov and Laura Robson (Stanford, CA: Stanford University Press, 2019), 4.
25. Dubnov, "The Architect of Two Partitions or a Federalist Daydreamer?" 84.
26. 摘錄於 Catherine Gallagher, *Telling It Like It Wasn't: The Counterfactual Imagination in History and Fiction* (Chicago: University of Chicago Press, 2018), 257。
27. Dubnov and Robson, "Introduction," 2–3, 27.
28. Dubnov, "The Architect of Two Partitions or a Federalist Daydreamer?" 84. 直到 1950 年 1 月 26 日成為共和國之前，印度一直是一個自治領（dominion）。為了讓印度保持成員資格，大英國協更改了規則，設下了一個在該聯盟內部出現共和國的先例。巴基斯坦在 1956 年中止了自治領身分，創立了巴基斯坦伊斯蘭共和國。
29. Faisal Devji, *The Impossible Indian: Gandhi and the Temptation of Violence* (Cambridge, MA: Harvard University Press, 2012), 160.
30. Dubnov "The Architect of Two Partitions or a Federalist Daydreamer?" 81.
31. Katherine Watt, "Thomas Walker Arnold and the Re-evaluation of Islam, 1864–1930," Modern Asian Studies 36:1 (2002): 69.
32. Faisal Devji, "From Minority to Nation," in Dubnov and Robson, *Partitions*, 33.
33. Priya Satia, *Spies in Arabia: The Great War and the Cultural Foundations of Britain's Covert Empire in the Middle East* (New York: Oxford University Press, 2008), 130–131, 134.
34. 針對普世主義者的時間概念的反殖民回擊，參見 Vanessa Ogle, *The Global Transformation of Time: 1870-1950* (Cambridge, M.A: Harvard University Press, 2015)。
35. Devji, "From Minority to Nation," 35–36.
36. 摘錄於 Devji "From Minority to Nation," 36。
37. Devji, "From Minority to Nation," 44.
38. Muhammad Iqbal, "*Jawab-e-Shikwa*" (1913), available at Rekhta, https://www.rekhta.org/nazms/javaab-e-shikva-dil-se-jo-baat-nikaltii-hai-asar-rakhtii-hai-allama-iqbal-nazms.
39. From Iqbal's *nazm*, "*Tulu-e-Islam*," available at Rekhta, https://rekhta.org/nazms/tuluu-e-islaam-daliil-e-subh-e-raushan-hai-sitaaron-kii-tunuk-taabii-allama-iqbal-

CA: Stanford University Press, 2019), 277.

6. 請參考 Yasmin Khan, *The Great Partition: The Making of India and Pakistan* (New Haven, CT: Yale University Press, 2007)。
7. Mark Doyle, *Communal Violence in the British Empire: Disturbing the Pax* (London: Bloomsbury, 2016), 4, 41–42, 82–83.
8. Strachey, India, 摘錄於 Doyle, *Communal Violence in the British Empire*, 2。
9. T. Metcalf, *Ideologies of the Raj*, 13.
10. Nicholas Dirks, "Castes of Mind," *Representations* 37 (Winter 1992): 59.
11. 摘錄於 Jon Wilson, *The Chaos of Empire: The British Raj and the Conquest of India* (New York: Public Affairs, 2016), 373.
12. 目睹這些事件為亨利・亨德曼（H. Hyndman）等英國激進分子的反殖民主義思想提供了資訊。見 Priyamvada Gopal, *Insurgent Empire: Anticolonial Resis-tance and British Dissent* (London: Verso, 2019), chap. 4。
13. 摘錄於 T. Metcalf, *Ideologies of the Raj*, 224。
14. Barbara Metcalf, *Husain Ahmad Madani: The Jihad for Islam and India's Freedom* (Oxford: Oneworld, 2009), 83–84.
15. Doyle, *Communal Violence in the British Empire*, 177, 201.
16. B. Metcalf, *Husain Ahmad Madani*, 104.
17. 這些分治的故事裡也包含了超過本書討論範圍的極為複雜的歷史背景。有關於在這些案例間的跨國連結的更周詳的考量，請參考 Dubnov 和 Robson 的 *Partitions: A Transnational History of Twentieth-Century Territorial Separatism* (Stanford, CA: Stanford University Press, 2019)。
18. Arie Dubnov, "The Architect of Two Partitions or a Federalist Daydreamer? The Curious Case of Reginald Coupland," in *Partitions: A Transnational History of Twentieth-Century Territorial Separatism*, ed. Arie Dubnov and Laura Robson (Stanford, CA: Stanford University Press, 2019), 59–61.
19. 摘錄於 Dubnov, "The Architect of Two Partitions or a Federalist Day-dreamer?" 78 頁。
20. Dubnov, "The Architect of Two Partitions or a Federalist Daydreamer?" 78–79.
21. 摘錄於 Dubnov, "The Architect of Two Partitions or a Federalist Day-dreamer?" 83 頁。
22. Christopher Leslie Brown, *Moral Capital: Foundations of British Abolitionism* (Chapel Hill, NC: University of North Carolina Press, 2006), 9.
23. W. H. Auden, "Partition" (1966), in City without Walls and Other Poems (New

185. Edward Carson, 摘錄於 Jon Wilson, *The Chaos of Empire: The British Raj and the Conquest of India* (New York: Public Affairs, 2016), 397。

186. David Edgerton, *England and the Aeroplane: An Essay on a Militant and Technological Nation* (Basingstoke, UK: Macmillan in association with the Centre for the History of Science, Technology and Medicine, University of Manchester, 1991), 107; Jon Lawrence, "Forging a Peaceable Kingdom: War, Violence, and Fear of Brutalization in Post–First World War Britain," *Journal of Modern History* 75 (2003): 557–589.

187. Satia, *Spies in Arabia*, 334–337; Priya Satia, "Drones: A History from the British Middle East," *Humanity* 5:1 (2014): 1–31.

188. Dexter Filkins, "Tough New Tactics by U.S. Tighten Grip on Iraq Towns,"（美國加緊箝制伊拉克城鎮的嚴酷新戰術）*New York Times*, December 7, 2003, 13.

189. Colonel David Kilcullen, 引述於 "U. S. Considers Halting Drone Attacks on Pakistan,"（美國考慮中止對巴基斯坦的無人機空襲）*Daily Telegraph*, May 5, 2009。

第五章

章節前引文：Benedict Anderson, *A Life beyond Boundaries: A Memoir* (London: Verso, 2016), x.

1. 邱吉爾的演說，摘錄於 Thomas Metcalf, *Ideologies of the Raj* (orig. 1995; repr., New York: Cambridge University Press, 1997), 232。

2. George Orwell, *The Road to Wigan Pier* (orig. 1937; repr., San Diego, 1958), 147–148.

3. George Orwell, "The Lion and the Unicorn: Socialism and the English Genius," 1941, *George Orwell: Essays, Selected and Introduced by John Carey*, ed. Peter Davison (New York: Knopf, 2002), 337-339.

4. George Orwell, War-Time Diary, August 10, 1942, in *George Orwell: The Collected Essays, Journalism & Letters*, vol. 2, My Country Right or Left, 1940–1943, ed. Sonia Orwell and Ian Angus (orig. 1968; repr., Boston: Nonpareil, 2019), 443.

5. A. Dirk Moses, "Epilogue: Partitions, Hostages, Transfer: Retributive Violence and National Security," in *Partitions: A Transnational History of Twentieth-Century Territorial Separatism*, ed. Arie Dubnov and Laura Robson (Stanford,

167. Graves, *Lawrence and the Arabs*, 54.
168. Jeremy Wilson, *Lawrence of Arabia*, 858.
169. Shaw to Lawrence, December 1, 1922, in *Letters to T. E. Lawrence*, ed. A. W. Lawrence (London: J. Cape, 1962), 161–163.
170. 摘錄於 Satia, *Spies in Arabia*, 321。
171. 摘錄於 Satia, *Spies in Arabia*, 320。
172. Major C. S. Jarvis, *Arab Command: The Biography of Lieutenant-Colonel F. G. Peake Pasha* (orig. 1942; repr., London: Hutchinson, 1946), 129.
173. 見 Satia, *Spies in Arabia*, 318–321。
174. Air Staff, Note on the Status of the RAF in Iraq when that country becomes a member of the League of Nations, September 7, 1929（1929 年 9 月 7 日，空軍參謀部，關於駐伊拉克的皇家空軍在該國成為國聯成員後的地位問題的備註）, The National Archives: AIR 2/830。
175. Air Policy with Regard to Iraq（關於伊拉克的空中政策）, n.d. [October–November 1929], The National Archives: AIR 2/830. 關於國聯在完成其理想化目標方面的限制，請參考 Priya Satia, "Guarding The Guardians: Payoffs and Perils," *Humanity* 7:3 (Winter 2016): 481–498.
176. Satia, *Spies in Arabia*, 275–277.
177. 摘錄於 Satia, *Spies in Arabia*, 277, 278.
178. Peck, "Aircraft n Small Wars," 545.
179. 這一點清晰地表述在了空軍元帥 J. M. Salmond 爵士的報告中，Report on Command from 1 Oct. 1922 to 7 Apr. 1924（1922 年 10 月至 1924 年 4 月的指揮匯報）, n.d. [c. April 1924], The National Archives: AIR 23/542。
180. Churchill, 摘錄於 W. G. Sebald, *On the Natural History of Destruction*, trans. Anthea Bell (orig. 1999; trans., New York: Modern Library, 2003), 19–24. 關於兩次世界大戰之間在伊拉克的經驗是如何形塑了英國皇家空軍在二戰中的行動的更多內容，請參考 Satia, *Spies in Arabia*, 253–254 頁。
181. 他最接近說出這些話的時候是在 1948 年 1 月 23 日的下議院演說中，邱吉爾在當時說：「對我來說，我認為把過去留給歷史，這會讓所有各方都覺得好得多，尤其是我自己打算執筆這段歷史。」
182. 關於技術－科學和專家，見 Mitchell, Rule of Experts, 15; 關於阿拉伯學專家對戰時開發伊拉克的影響，請參考 Satia, "Developing Iraq"。
183. Mitchell, *Rule of Experts*, 82–83; 另見 4–6。
184. Arendt, *Imperialism*, 101.

City, NY: Doubleday, Doran, 1928), 198.

148. Hannah Arendt, *Imperialism*: Part Two of "The Origins of Totalitarianism"(orig. 1951; repr., New York: Houghton Mifflin, 1968), 100.

149. 比方說 Gopal, *Insurgent Empire*, chap. 6。

150. 見 Satia, *Spies in Arabia*, chaps. 7, 10。

151. 1924 年的下議院辯論，摘錄於 Satia, *Spies in Arabia*, 303 頁。

152. Satia, *Spies in Arabia*, 294.

153. George Orwell, "Politics and the English Language," 1945, in *George Orwell: Essays, Selected and Introduced by John Carey*, ed. Peter Davison (New York: Knopf, 2002), 963.

154. Satia, *Spies in Arabia*, 299–304 passim.

155. Satia, *Spies in Arabia*, 296–298.

156. *Round Table*, December 1919, quoted in A. P. Thornton, *The Imperial Idea and Its Enemies: A Study in British Power* (orig. 1959; repr., New York: Anchor, 1968), 206.

157. "The Position in Mesopotamia," *Times*, September 6, 1920, 11.

158. George Orwell, *Burmese Days* (orig. 1934; repr., New York: Harcourt, 1962), 68–72. 關於歐威爾對於大英帝國的思考，另請參考 Orwell, "Shooting an Elephant," 1936, Peter Davison, *George Orwell*, 42–49 頁。

159. Satia, *Spies in Arabia*, 300.

160. 摘錄於 Union of Democratic Control, *The Secret International: Armament Firms at Work* (London: The Union of Democratic Control, 1932), 7n1。

161. 摘錄於 Union of Democratic Control, *Secret International*, 43–45。

162. *Report of the Royal Commission on the Private Manufacture of and Trading in Arms, 1936, 29–31, 33, 65, Parliamentary Papers*: Cmd. 5292.

163. Satia, *Spies in Arabia*, 324.

164. 邱吉爾和詹姆士・馬斯特頓－史密斯（James Masterton-Smith），摘錄於 Satia, *Spies in Arabia*, 230。

165. 摘錄於 Satia, *Spies in Arabia*, 231。

166. H. St. John B. Philby, preface, 1945, Riyadh, *Arabian Days: An Autobiography* (London: R. Hale, 1948), xvi. 有趣的是，在臭名昭著的劍橋五人組（冷戰期間潛伏在英國情報機關中的蘇聯間諜）中，有兩個人都是和阿拉伯地區的這一代受控間諜有關聯：金・菲爾比是約翰・菲爾比的兒子，安東尼・布朗特則是威爾福里德・布朗特的堂表親。Satia, *Spies in Arabia*, 334 頁。

C. H. Keith, April 30, 1929, "Mosul," *Flying Years* (Aviation Book Club ed., London: J. Hamilton, 1937), 240–241; Prudence Hill, *To Know the Sky: The Life of Air Chief Marshal Sir Roderic Hill* (London: W. Kimber, 1962), 96–97.

129. Bell, November 4, 1920, 摘錄於 Burgoyne, *Gertrude Bell*, 2:181.
130. Percy Cox 在 1923 年 2 月對內閣委員會的發言 , The National Archives: AIR 8/57。
131. Edwin Montagu, 關於美索不達米亞動亂的原因之備註 , [c. August 25, 1920], The National Archives: FO 371/5229: 2719.
132. 邱吉爾，1920 年，摘錄於 Satia, *Spies in Arabia*, 225。
133. Valentine Chirol, "The Reawakening of the Orient," in *The Reawakening of the Orient and Other Addresses by Valentine Chirol, Yusuke Tsurumi, Sir James Arthur Salter* (New Haven, CT: Yale University Press, 1925), 6.
134. Satia, *Spies in Arabia*, chap. 6.
135. Lawrence, note, [September 20, 1919], The National Archives: FO 371/4236: 129405.
136. Toynbee, India Office memorandum, 1918, 摘錄於 Satia, *Spies in Arabia*, 210．
137. 摘錄於 Arie Dubnov, "The Architect of Two Partitions or a Federalist Daydreamer? The Curious Case of Reginald Coupland," in *Partitions: A Transnational History of Twentieth-Century Territorial Separatism,* ed. Arie Dubnov and Laura Robson (Stanford, CA: Stanford University Press, 2019), 70 頁。
138. 見 Satia, *Spies in Arabia*, 310–311 頁。
139. Thomas Lyell, *Ins and Outs of Mesopotamia* (London: A. M. Philpot, 1923), 214.
140. "National Defence in the Air," *Times*, March 15, 1923, 13.
141. "Musings without Method," *Blackwood's* (September 1919), 434–437.
142. S / S to HC Mesopotamia, October 23, 1920, The National Archives: WO 106/200. 概括參考 Satia, *Spies in Arabia*, 221–222。
143. 貝爾在 1920 年 11 月 16 日寫給她的母親，摘錄於 Burgoyne, *Gertrude Bell*, 2:183。
144. 見 Satia, *Spies in Arabia*, 133, 290, 323 和 chaps. 2, 5。
145. 例如《錫安長老會紀要》（*Protocols of the Elders of Zion*）的反猶陰謀論就是這種文化的一部分。
146. Arnold Toynbee, *A Study of History* [vol. 1] (London: Oxford University Press, 1934).
147. H. G. Wells, *The Open Conspiracy: Blue Prints for a World Revolution* (Garden

Rumaithah and Diwaniyah, July–August 1920," appendix 9, Aylmer Haldane, *The Insurrection in Mesopotamia, 1920* (Edinburgh: W. Blackwood, 1922), 333.

112. Wilson to the Chief of the General Staff, Mesopotamia, March 4, 1920, in Air Staff（阿諾德・威爾遜給總參謀部首長的報告，美索不達米亞，1920 年 3 月 4 日，空軍參謀部）, Memo on effects likely to be produced by intensive aerial bombing of semi-civilised people（關於對半文明人的猛烈空中轟炸可能會帶來之影響的備忘錄）, n.d., The National Archives: CO 730/18: 58212.
113. Trenchard, 1930, 摘錄於 Satia, *Spies in Arabia*, 248。
114. Glubb, 1926, 摘錄於 Satia, *Spies in Arabia*, 196。
115. 埃爾默・浩丹（Aylmer Haldane）於 1921 年寫給邱吉爾，摘錄於 Satia, *Spies in Arabia*, 249; 勞倫斯 , 1930, 摘錄於 Satia, *Spies in Arabia*, 249。
116. J. M. Spaight, *Air Power and War Rights* (London: Longmans, Green, 1924), 23–24, 102–103.
117. 貝爾在 1922 年 3 月 16 日寫給她父母的信，摘錄於 Burgoyne, Gertrude Bell, 2:266。
118. F. H. Humphreys to Sir John Simon, December 15, 1932, The National Archives: AIR 8/94.
119. [Lawrence, June 1930], 摘錄於 Basil Henry Liddell Hart, *The British Way in Warfare* (New York: Macmillan, 1933), 159。
120. 1932 年 12 月 15 日 Humphreys 寫給 Simon。
121. Spencer, 摘錄於 Daniel Pick, *War Machine: The Rationalisation of Slaughter in the Modern Age* (New Haven, CT: Yale University Press, 1993), 77 頁。
122. "The Royal Air Force," *Times*, July 2, 1927, 13.
123. Satia, *Spies in Arabia*, chap. 10.
124. Sir John Slessor, *The Central Blue: The Autobiography of Sir John Slessor* (New York: Praeger, 1957), 57.
125. John Glubb, *The Changing Scenes of Life: An Autobiography* (London: Quartet, 1983), 105; Philip Anthony Towle, *Pilots and Rebels: The Use of Aircraft in Unconventional Warfare 1918–1988* (London: Brassey's Defence Publishers, 1989), 54.
126. Satia, *Spies in Arabia*, 257.
127. Hubert Young 於 1921 年 10 月 23 日寫給 Shuckburgh, The National Archives: CO 730/16.
128. Robert Brooke-Popham 1921 年的講演，摘錄於 Satia, *Spies in Arabia*, 257;

91. "The Risings in Mesopotamia," *Times*, August 7, 1920, 11.
92. Vita Sackville-West, *Passenger to Tehran* (London: Hogarth Press, 1926), 57–61.
93. 見 Satia, *Spies in Arabia*, chap. 7。
94. Lawrence to Liddell Hart, 1933, *Letters of T. E. Lawrence*, 323.
95. Jeremy Wilson, *Lawrence of Arabia*, 1153.
96. Satia, *Spies in Arabia*, chap. 7.
97. Timothy Mitchell, *Rule of Experts: Egypt, Techno-Politics, Modernity* (Berkeley: University of California Press, 2002), 102–103, 108.
98. 摘錄於 Satia, *Spies in Arabia*, 245。
99. Air Staff, "On the Power of the Air Force and the Application of that Power to Hold and Police Mesopotamia," March 1920. 這和邊沁的環形監獄有著關鍵區別，在那裡面不存在空中監視者對公眾的監視。
100. Philby, 1919, 摘錄於 Satia, *Spies in Arabia*, 245。
101. *Illustrated London News*, February 1, 1919, 149. 這句話是暗示斯蒂芬・菲利普斯在 1897 年首發的詩歌「Marpessa」。另見 Priya Satia, "Developing Iraq: Britain, India and the Redemption of Empire and Technology in the First World War," *Past & Present* 197 (2007): 211–255.
102. Hubert Young, *The Independent Arab* (London: J. Murray, 1933), 338.
103. R. H. Peck, "Aircraft in Small Wars," *Journal of the Royal United Services Institute* 73:491 (1928): 541.
104. Captain R. J. Wilkinson, "The Geographical Importance of Iraq," *Journal of the Royal United Services Institute* 61:468 (1922): 665.
105. 摘錄於 Satia, *Spies in Arabia*, 253。1924 年 8 月空中官員呈交給議會的草案「關於在伊拉克的空中武力之使用方式的備註」幾乎逐字逐句地錄入了這句話。後來的草案忽略了這句話並且強調了空中管控是人道的。
106. Worthington-Evans, 摘錄於 Satia, Spies in Arabia, 237。
107. Chairman [Lord Peel?] of the Central Asian Society, 摘錄於 Satia, *Spies in Arabia*, 247 頁。
108. 摘錄於 Satia, *Spies in Arabia*, 248 頁。
109. John Glubb, *Story of the Arab Legion* (London: Hodder & Stoughton, 1948), 149; Glubb, *Arabian Adventures: Ten Years of Joyful Service* (London: Cassell, 1978), 148.
110. Glubb, *Story of the Arab Legion*, 161.
111. General Staff, "Notes on Modern Arab Warfare Based in the Fighting round

73. 請見 Murphy Temple 即將發表的論文。
74. 主要摘錄於 Martin Swayne, *In Mesopotamia* (London: Hodder & Stoughton, 1917), 166。
75. Review of *By Tigris and Euphrates, by E. S. Stevens, Times*, December 14, 1923, 8.
76. Edwyn Bevan, *The Land of Two Rivers* (London: E. Arnold, 1918), 112.
77. Conrad Cato, *The Navy in Mesopotamia* (London: Constable, 1917), 117.
78. A. G. Wauchope, "The Battle That Won Samarrah," chap. 8, *With a Highland Regiment in Mesopotamia: 1916–1917*, by One of Its Officers (Bombay: Times Press, 1918), 85.
79. Sykes, 1917, 摘錄於 Satia, *Spies in Arabia*, 176 頁。
80. Richard Coke, *The Arab's Place in the Sun* (London: Thornton Butterworth, 1929), 13, 305–307.
81. Mann to his mother, January 25, 1920, in [Mann, James Saumarez], *An Administrator in the Making: James Saumarez Mann, 1893–1920*, edited by his father [James Saumarez Mann Sr] (London: Longmans, Green, 1921), 206. 另見 Satia, *Spies in Arabia*, 178–179。
82. Satia, *Spies in Arabia*, chaps. 5, 9.
83. Herbert Baker, in A. W. Lawrence, ed., *Lawrence by His Friends* (orig. 1937; abridged ed., London: Jonathan Cape, 1954), 205.
84. Basil Henry Liddell Hart, *"T. E. Lawrence": In Arabia and After* (London: Jonathan Cape, 1934), 447 (last page).
85. 摘錄於 Satia, *Spies in Arabia*, 196。
86. Robert Graves, *Lawrence and the Arabs* (London: J. Cape, 1927), 57.
87. Sykes, 1917, 摘錄於 Simon Ball, "Britain and the Decline of the International Control of Small Arms in the Twentieth Century," *Journal of Contemporary History* 47:4 (2012): 820–821。
88. 摘錄於 Ball, "Britain and the Decline of the International Control of Small Arms," 821。
89. 摘錄於 David Stone, "Imperialism and Sovereignty: The League of Nations' Drive to Control the Global Arms Trade," *Journal of Contemporary History* 35 (2000): 218. See also, generally, Priya Satia, *Empire of Guns: The Violent Making of the Industrial Revolution* (New York: Penguin, 2018), chap. 10。
90. Lawrence, 摘錄於 Satia, *Spies in Arabia*, 301–302。

"Twenty-Seven Articles," *Arab Bulletin* 60 (Aug. 1917), article 22。

58. T. E. Lawrence, "Evolution of a Revolt," *Army Quarterly*, Oct. 1920, reprinted in *Oriental Assembly*, ed. A. W. Lawrence (London: Williams & Norgate, 1939), 112–115.
59. T. E. Lawrence to Vyvyan Richards, July 15, 1918, in *The Letters of T. E. Lawrence*, ed. David Garnett (London: Jonathan Cape, 1938), 244.
60. Lawrence, "Twenty-Seven Articles," articles 20 and 22; Harold Dickson, 1916, quoted in Satia, *Spies in Arabia*, 140.
61. Harold Dickson 和 Edmund Dane, 摘錄於 Satia, *Spies in Arabia*, 146。請概括參考 *Spies in Arabia*, 145–149。
62. Lawrence, Report on Intelligence of IEF "D," May 1916, in Jeremy Wilson, *Lawrence of Arabia: The Authorised Biography of T. E. Lawrence*, appendix 3 (London: Heinemann, 1989), 949–952.
63. Ferdinand Tuohy, *The Crater of Mars* (London: William Heinemann, 1929), 173.
64. Harold Dickson, 1916, 摘錄於 Satia, *Spies in Arabia*, 141。
65. Lawrence, "Evolution of a Revolt," 128–129.
66. Harold Dickson, letter, Feb. 7, 1915, 摘錄於 Satia, *Spies in Arabia*, 158。
67. Air Staff, "On the Power of the Air Force and the Application of that Power to Hold and Police Mesopotamia," March 1920, The National Archives: AIR 1/426/15/260/3. For more on British airpower in the Middle East, see Satia, Spies in Arabia, chaps. 4, 7.
68. Satia, *Spies in Arabia*, 159–160.
69. Geoffrey Salmond to General, n.d. (36 hours after the battle), The National Archives: AIR 1/725/115/1.
70. Lionel Evelyn Charlton, *Deeds That Held the Empire, by Air* (London: J. Murray, 1940), 82–88.
71. Group Captain Amyas Borton, "The Use of Aircraft in Small Wars," February 25, 1920, *Journal of the Royal United Services Institute* 65 (1920): 310–319; Leith-Ross, "The Tactical Side of I(a)," n.d., 8–9, National Army Museum: ARC 1983-12-69-10 ; J. E. Tennant, *In the Clouds above Baghdad, Being the Records of an Air Commander* (London: Cecil Palmer, 1920), 163.
72. H. Birch Reynardson, *Mesopotamia, 1914–15: Extracts from a Regimental Officer's Diary* (London: Andrew Melrose, 1919), 272; A. J. Barker, *The Bastard War: The Mesopotamian Campaign of 1914–1918* (New York: Dial, 1967), 42.

35. Sykes, *Dar-ul-Islam,* 219.
36. Louisa Jebb, *By Desert Ways to Baghdad* (Boston: Dana, Estes, 1909), 264–265.
37. Satia, *Spies in Arabia*, chap. 3.
38. Sykes, *Caliph's Last Heritage*, 57.
39. Townsend, *Asia and Europe*, 305–306.
40. David Hogarth, *A Wandering Scholar in the Levant*, 2nd ed. (London: J. Murray, 1896), 1–2.
41. Satia, *Spies in Arabia*, 130–131, 134.
42. Townsend, *Asia and Europe*, 167.
43. Jebb, *By Desert Ways*, 16–17.
44. Bell to Valentine Chirol, April 5, 1914, 摘錄於 Elizabeth Burgoyne, *Gertrude Bell: From Her Personal Papers*, 2 vols. (London: E. Benn, 1958–1961), 1:304.
45. Frederic Lees, introduction to Philip Baldensperger, *The Immovable East: Studies of the People and Customs of Palestine* (Boston: Small, Maynard, 1913), vii. 很可惜，在這個時期實際上的阿拉伯智性和科學傳統並不在本書的討論範圍之內。
46. N. N. E. Bray, *Shifting Sands* (London: Unicorn, 1934), 14.
47. Lord George Gordon Byron, *The Corsair: A Tale* (London: John Murray, 1914); Byron, *The Siege of Corinth: A Poem* (London: John Murray, 1816).
48. N. N. E. Bray, *A Paladin of Arabia: The Biography of Brevet Lieut.-Colonel G. E. Leachman...* (London: Unicorn, 1936), 190.
49. Satia, *Spies in Arabia*, chap. 4.
50. Mead, "The Rising Psychic Tide," *Quest* 3 (1911–12), 420, 摘錄於 Tryphonopoulos, "History of the Occult Movement," 22。
51. "A fellow officer," obituary for Leachman, *Daily Telegraph*, August 21, 1920.
52. Satia, *Spies in Arabia*, chap. 4.
53. Reginald Savory, 摘錄於 Satia, *Spies in Arabia*, 168.
54. Eleanor Franklin Egan, *The War in the Cradle of the World: Mesopotamia* (New York: Harper, 1918), 74.
55. Satia, *Spies in Arabia*, 80, 144–145.
56. A. F. Wavell, *Allenby: Soldier and Statesman* (London: George G. Harrap, 1944), 162.
57. T. E. Lawrence, "Military Notes," *Arab Bulletin* 32 (Nov. 1916), 480, Princeton University: Firestone Library: Arab Bureau Papers: FO 882. 另見 T. E. Lawrence,

19. J. G. Lorimer, *Gazetteer of the Persian Gulf, Oman, and Central Arabia*, vol. 1, Historical, pt. 2 (orig. 1915; repr., Calcutta: Superintendent Government Printing, 1970), 2586–2587.
20. Mathew, *Margins of the Market*, 91, 96, 110.
21. Satia, *Spies in Arabia*, chap. 1, 34–36.
22. Mead, *Fragments of a Faith Forgotten* (1912), 摘錄於 Demetres Tryphonopoulos, "History of the Occult Movement," *Literary Modernism and the Occult Tradition*, ed. Leon Surette 和 Demetres Tryphonopoulos (Orono: The National Poetry Foundation, University of Maine, 1996), 23 頁。
23. Douglas Carruthers, *Arabian Adventure: To the Great Nafud in Quest of the Oryx* (London: H. F. & G. Witherby, 1935), 68. 見 Satia, *Spies in Arabia*, chaps. 2, 3。
24. David Hogarth, review of *Amurath to Amurath*, by Gertrude Bell, *Geographical Journal* 37(1911): 435.
25. G. Wyman Bury [Abdulla Mansur, pseud.], *The Land of Uz* (London: Macmillan, 1911), xxi.
26. Gertrude Bell, *Amurath to Amurath* (New York: Dutton, 1911).
27. Mark Sykes, *The Caliph's Last Heritage: A Short History of the Turkish Empire* (London: Macmillan, 1915), 5, 118.
28. 關於威爾弗里德·布朗特的反殖民思想，請參考 Priyamvada Gopal, *Insurgent Empire: Anticolonial Resistance and British Dissent* (London: Verso, 2019), chap. 3.
29. David Hogarth, "Problems in Exploration I. Western Asia," *Geographical Journal* 32 (1908): 549–550.
30. Satia, *Spies in Arabia*, chap. 2.
31. Ferdinand Tuohy, *The Secret Corps: A Tale of "Intelligence" on All Fronts* (London: John Murray, 1920), 172.
32. Meredith Townsend, *Asia and Europe: Studies Presenting the Conclusions Formed by the Author in a Long Life Devoted to the Subject...* (orig. 1901; repr., New York: G. P. Putnam's, 1904), 305–307. 關於這本書的「預見性內容」所造成的影響，請參考 John Strachey, *The Adventure of Living: A Subjective Autobiography* (New York: G. P. Putnam's, 1922), 231。
33. Mark Sykes, *Dar-ul-Islam; A Record of a Journey through Ten of the Asiatic Provinces of Turkey* (London: Bickers & Son, 1904), 12, 12n.
34. Sykes, *Caliph's Last Heritage*, 303.

就是「相信的意願」（The Will to Believe）。

3. Alex Owen, *The Place of Enchantment: British Occultism and the Culture of the Modern* (Chicago: University of Chicago Press, 2004), 22.
4. Thomas Laqueur, "The Past's Past," London Review of Books 18:18 (September 19, 1996): 3–7. 關於這個時期的精神性和傳統基督教之間的關係，請參考 Murphy Temple 即將發表的論文。
5. 見 Judith Walkowitz, *City of Dreadful Delight: Narratives of Sexual Danger in Late-Victorian London* (Chicago: University of Chicago Press, 1992)。
6. Lytton Strachey, *Eminent Victorians* (New York: Garden City, 1918).
7. Eitan Bar-Yosef, "The Last Crusade? British Propaganda and the Palestine Campaign, 1917–18," *Journal of Contemporary History* 36 (2001): 87–109.
8. Lawrence, *Seven Pillars of Wisdom*, 23.
9. Priya Satia, *Spies in Arabia: The Great War and the Cultural Foundations of Britain's Covert Empire in the Middle East* (New York: Oxford University Press, 2008), chaps. 4, 5.
10. Joanna Bourke, *An Intimate History of Killing: Face-to-Face Killing in Twentieth-Century Warfare* (London: Granta, 1999).
11. Lawrence, *Seven Pillars of Wisdom*, 31,181–182, 633.
12. 見 Satia 在 *Spies in Arabia* 一書中引用的文獻資料。
13. Lawrence, *Seven Pillars of Wisdom*, 25.
14. Vernon, CID to S/S CO, 25 June 1925, The National Archives: CO 727/11. 另見 Satia, *Spies in Arabia*, 319–321.
15. Benedict Anderson, *Under Three Flags: Anarchism and the Anti-colonial Imagination* (London: Verso, 2006); Ilham Khuri-Makdisi, *The Eastern Mediterranean and the Making of Global Radicalism, 1860–1914* (Berkeley: University of California Press, 2010).
16. 我也蒐集和整理了有一本專著篇幅的有關於跨越時間和空間的「全球左翼」的探索。
17. Johan Mathew, *Margins of the Market: Trafficking and Capitalism across the Arabian Sea* (Oakland: University of California Press, 2016), 83, 93, 96. 關於這一軍火貿易，亦請參考 Seema Alavi, *Muslim Cosmopolitanism in the Age of Empire* (Cambridge, MA: Harvard University Press, 2015), 74–84。
18. Winston Churchill, *The Story of the Malakand Field Force, an Episode of Frontier War* (New York: Longmans, 1898), 5.

Press, 2000), 80 頁。

111. Stephen Kern, *The Culture of Time and Space, 1880–1918* (Cambridge, MA: Harvard·University Press, 1983), 38.
112. 關於時間標準化的故事，見 Vanessa Ogle, *The Global Transformation of Time: 1870–1950* (Cambridge, MA: Harvard University Press, 2015)。
113. Benedict Anderson, *Imagined Communities: Reflections on the Origin and Spread of Nationalism* (London: Verso, 1983)—borrowing Benjamin's concept of "homogenous empty time."
114. William Morris, *News from Nowhere, or An Epoch of Rest, Being Some Chapters from a Utopian Romance* (orig. 1890; repr., London: Longmans, Green, 1905).
115. 關於羅伯特・布拉奇福德，請參考 Claeys, *Imperial Sceptics*, 172-180 頁。
116. 摘錄於 Claeys, *Imperial Sceptics*, 174 頁。
117. 關於這些政權對主權的競爭，請參考 Madihah Akhter 即將完成的論文。
118. 另見 T. Metcalf, *Ideologies of the Raj*, 63, 75, 91 頁。
119. Fredrick Lugard, *The Dual Mandate in British Tropical Africa* (London: William Blackwood, 1922).
120. Claeys, *Imperial Sceptics*, 201.
121. Pace Mantena, *Alibis of Empire*, 55.
122. Mantena, *Alibis of Empire*, 74–75, 150, 156. 可以在總體上參考 Nicholas Dirks, *Castes of Mind: Colonialism and the Making of Modern India* (Princeton, NJ: Princeton University Press, 2001)。
123. Joseph Conrad, *The Heart of Darkness* (orig. serial 1899; orig. book 1902; repr., New York: Dover, 1990), 22, 45–46, 68.
124. Edward Said, *Culture and Imperialism* (orig. 1993; repr., New York: Vintage, 1994), 25.

第四章

章節前引文：T. E. Lawrence, The Seven Pillars of Wisdom: A Triumph (orig. 1926; repr., New York: Anchor, 1991), 24.

1. Samuel Lloyd, *The Lloyds of Birmingham*, 2nd ed. (Birmingham: Cornish Brothers, 1907), 120–129. 關於這個時期對於戰爭的看法，請參考 I. F. Clarke, *Voices Prophesying War: Future Wars 1763–3749* (orig. 1966; repr., Oxford: Oxford Uni-versity Press, 1992)。
2. 美國哲學家威廉・詹姆斯（William James）在 1896 年的一場演講的題目

Empire 等著作。

96. Claeys, *Imperial Sceptics*, 238; 另外可以在大體上參考 249-253 頁。
97. Collini, *Public Moralists*, 276
98. Davis, *Late Victorian Holocausts*, 59.
99. Shaw, *Man of Destiny*, 201.
100. 請參考 Forth, *Barbed-Wire Imperialism*。集中營象徵了帝國對自由、提高的許諾和帝國主義的歧視和控制衝動之間的張力。
101. Derek Sayer, "British Reaction to the Amritsar Massacre 1919–1920," *Past & Present* 131:1 (1991): 130–164; Kim Wagner, *Amritsar 1919: An Empire of Fear and the Making of a Massacre* (New Haven, CT: Yale University Press, 2019); Wagner, "'Calculated to Strike Terror': The Amritsar Massacre and the Spectacle of Colonial Violence," *Past & Present* 233:1(2016): 185–225.
102. Churchill [speech in the Commons, July 8, 1920], 摘錄於 Sayer, "British Reaction to the Amritsar Massacre," 131.
103. 摘錄於 Ferdinand Mount, "They Would Have Laughed," *London Review of Books* 41:7 (April 4, 2019): 9–12.
104. Jeffrey Auerbach, *Imperial Boredom: Monotony and the British Empire* (New York: Oxford University Press, 2018), introduction and chap. 3.
105. 另可概括參考 Graham Dawson, *Soldier Heroes: British Adventure, Empire, and the Imagining of Masculinity* (London: Routledge, 1994)。
106. Max Weber, *The Protestant Ethic and the Spirit of Capitalism*, trans. Talcott Parsons (orig. 1904; trans. 1930; repr., London: Unwin University Books, 1965), 181.
107. Max Weber, "Science as a Vocation," 1917, H. H. Gerth, C. Wright Mills, eds. and trans., *From Max Weber: Essays in Sociology* (orig. 1946; repr., New York: Oxford University Press, 1958), 155.
108. Sung Ho Kim, "Max Weber," in *The Stanford Encyclopedia of Philosophy*, winter 2017 ed., ed. Edward Zalta, section 4.3, "Modernity contra Modernization," https://plato.stanford.edu/archives/win2017/entries/weber/.
109. Max Weber, "Parliament and Government in Germany under a New Political Order," 1918, *Weber: Political Writings*, Peter Lassman 和 Ronald Speirs 編譯 (Cambridge: Cambridge University Press, 1994), 159 頁。
110. Elleke Boehmer, 摘錄於 Helen Carr, "Imagism and Empire," *Modernism and Empire*, ed. Howard J. Booth 和 Nigel Rigby (Manchester: Manchester University

14, 2018, aeon.co/essays/is-the-gun-the-basis-of-modern-anglo-civilisation.

80. Aidan Forth, *Barbed-Wire Imperialism: Britain's Empire of Camps* (Oakland: University of California Press, 2017).

81. Nicholas Dirks, *The Scandal of Empire: India and the Creation of Imperial Britain* (Cambridge, MA: Harvard University Press, 2008), 308.

82. T. Metcalf, *Ideologies of the Raj*, 123–125.

83. 另見 John Ellis, *The Social History of the Machine Gun* (orig. 1975; repr., Baltimore: Johns Hopkins University Press, 1986)。

84. Robert Routledge, *Discoveries and Inventions of the Nineteenth Century* (orig. 1876; repr., London: Routledge, 1903), 170.

85. Clive Ponting, *Churchill* (London: Sinclair-Stevenson, 1994), 100–105.

86. Winston Churchill, interview with Gustavus Ohlinger, "WSC: A Midnight Interview, 1902," *Michigan Quarterly Review*, February 1966, reprinted in Finest Hour 159 (Summer 2013), winstonchurchill.org/publications/finest-hour/finest-hour-159/wsc-a-midnight-interview-1902/.

87. 邱吉爾於 1937 年在皮爾委員會（Peel Commission）的發言，摘錄於 Samar Attar, *Debunking the Myths of Colonization: The Arabs and Europe* (Lanham, MD: University Press of America, 2010), 9。

88. 由 Leo Amery 記錄，摘錄於 Madhusree Mukerjee, *Churchill's Secret War: The British Empire and the Ravaging of India during World War II* (orig. 2010; repr., New York: Basic, 2011), 205。

89. James Vernon, *Hunger: A Modern History* (Cambridge, MA: Harvard University Press, 2007).

90. 摘錄於 Davis, *Late Victorian Holocausts*, 58 頁。

91. 摘錄於 Davis, *Late Victorian Holocausts*, 58 頁。

92. 摘錄於 Davis, *Late Victorian Holocausts*, 8 頁。

93. Alfred Russel Wallace, *The Wonderful Century: Its Successes and Its Failures* (New York: Dodd, Mead, 1898), 338–340. 請見 Wilfrid Blunt 的沮喪評估, "The Shame of the Nineteenth Century," 摘錄於 Gopal, *Insurgent Empire*, 164, 341, 342 頁。

94. 有一個批判的例外是 Davis, Late *Victorian Holocausts*。

95. 關於英國這一時期的社會主義者和反帝國主義者的思想，可以參考 Claeys, *Imperial Sceptics*; A. P. Thornton, *The Imperial Idea and Its Enemies: A Study in British Power* (orig. 1959; repr., New York: Anchor, 1968); Gopal, *Insurgent*

of Law (Ann Arbor: University of Michigan Press, 2003)。

65. James Fitzjames Stephen, *The Story of Nuncomar and the Impeachment of Sir Elijah Impey*, 2 vols. (London: Macmillan, 1885).

66. 請見 T. Metcalf, *Ideologies of the Raj*, 210; Mantena, *Alibis of Empire*, 39–41, 45。

67. 關於這一爭議，請參考 Partha Chatterjee, *The Black Hole of Empire: History of a Global Practice of Power* (Princeton, NJ: Princeton University Press, 2012)。在東印度公司對停止修建堡壘的要求予以拒絕後，孟加拉的納瓦布（執政長官）用武力進行了反制，並扣押了留下來的英國和東印度公司士兵，將他們囚禁在威廉堡壘，這些人中的多數人在翌日死於酷熱。

68. R. E. Holmes, *History of the Indian Mutiny* (1883), 摘錄於 Herbert, *War of No Pity,* 204。

69. James Fitzjames Stephen, *Liberty, Equality, Fraternity* (orig. 1872; repr., New York: Holt and Williams, 1873), 331.

70. 見 Paul Strohm, *Conscience: A Very Short Introduction* (Oxford: Oxford University Press, 2011), 64–67.

71. Friedrich Nietzsche, "On the Use and Abuse of History for Life," trans. Ian Johnston, originally published in *Untimely Meditations* (1874; repr. 2010), http://johnstoi.web.viu.ca//nietzsche/history.htm.

72. John Morley, *On Compromise* (orig. 1874; repr., London: Macmillan, 1888), 28.

73. Baron Acton to Mandell Creighton, April 1887, in *Appendix of "Historical Essays and Studies by... First Baron Acton*," ed. J. N. Figgis and R. V. Laurence (London: Macmillan, 1907), 504–505.

74. John Acton, *The Rambler*, March 1862, in *The History of Freedom and Other Essays by... First Baron Acton*, ed. J. N. Figgis and R. V. Laurence (London: Macmillan, 1907), 240, 242.

75. 摘錄於 Mike Davis, *Late Victorian Holocausts: El Niño Famines and the Making of the Third World* (London: Verso, 2001), 32.

76. Jon Wilson, *Chaos of Empire*, 318.

77. Davis, *Late Victorian Holocausts*, 6–9, 12. 另見 Sunil Amrith, *Unruly Waters: How Rains, Rivers, Coasts, and Seas Have Shaped Asia's History* (New York: Basic, 2018)。

78. Davis, *Late Victorian Holocausts*, 32, 58.

79. 見 Satia, *Empire of Guns*; Satia, "Guns and the British Empire," Aeon, February

49. J. R. Seeley, *The Expansion of England: Two Courses of Lectures* (London: Macmillan, 1883), 193, 208, 214, 251. 另見 Mantena, *Alibis of Empire*, 46–48 頁。Mantena 認為西利是以不同的道德目標來為帝國效力的。我不同意這一點。
50. Seeley, *Expansion of England*, 8, 214, 255, 304–306.
51. 命運實在是很有趣，我寫這本書的第一個靈感是來自《自然》科學雜誌上的一篇內容，這本雜誌是在 1869 年創立的，刊物的名字是來自華茲華斯作品中的一句話，該雜誌早期刊登的作品中也包括斯賓塞和其他達爾文理論的支持者的作品。見 Priya Satia, "What Guns Meant in Eighteenth-Century Britain," *Nature*, Palgrave Communications, September 10, 2019, www.nature.com/articles/s41599-019-0312-z.
52. Herbert Spencer, *The Principles of Biology*, vol. 1 (London: Williams and Norgate, 1864), 453.
53. Thomas McCarthy, *Race, Empire, and the Idea of Human Development* (Cambridge: Cambridge University Press, 2009), 78.
54. Priya Satia, *Empire of Guns: The Violent Making of the Industrial Revolution* (New York: Penguin, 2018), 380–381.
55. Koditschek, *Liberalism, Imperialism, and the Historical Imagination*, 14.
56. W. D. Hay, *Three Hundred Years Hence*; *or*, *A Voice from Posterity* (London: Newman, 1881), 249–250, in *British Future Fiction*, vol. 2, *New Worlds*, ed. I. F. Clarke (London: Pickering & Chatto, 2001).
57. T. Metcalf, *Ideologies of the Raj*, 200.
58. Seeley, *Expansion of England*, 50–51.
59. 引用於 *Anti-Slavery Reporter*, Nov. 1, 1858, 摘錄於 Hall, *Civilising Subjects*, 361 頁。
60. Stephen, letter to the Times March 1, 1883, 摘錄於 Uday Mehta, *Liberalism and Empire: A Study in Nineteenth-Century British Liberal Thought* (Chicago: University of Chicago Press, 1999), 196–197 頁。
61. Mantena, *Alibis of Empire*, 42.
62. Stephen, 摘錄於 Collini, *Public Moralists*, 284 頁。
63. Jon Wilson, *The Chaos of Empire: The British Raj and the Conquest of India* (New York: Public Affairs, 2016), 310. 另見 Elizabeth Kolsky, *Colonial Justice in British India* (Cambridge: Cambridge University Press, 2010)。
64. 見 Nasser Hussain, *The Jurisprudence of Emergency: Colonialism and the Rule*

38. Diana Paton, "State Formation in Victorian Jamaica," Victorian Jamaica, ed. *Timothy Barringer and Wayne Modest* (Durham, NC: Duke University Press, 2018), 131.
39. 有一些工人階級活動者的確表達出了和牙買加反抗者的團結一致。見 Gopal, *Insurgent Empire,* 88 頁。
40. John Ruskin, "The Jamaica Insurrection," *The Daily Telegraph*, Dec. 20, 1865, in *The Complete Works of John Ruskin*, vol. 18, *Arrows of the Chase* (Philadelphia: Reuwee, Wattley & Walsh, 1891), 226–227. Emphasis added.
41. Amitav Ghosh, Dipesh Chakrabarty, "A Correspondence on Provincializing Europe," *Radical History Review* 83 (2002): 148, 152.
42. 關於這場大起義在全球的迴響，請參考 Crispin Bates and Marina Carter, eds., *Mutiny at the Margins: New Perspectives on the Indian Uprising of 1857, vol. 3, Global Perspectives* (London: Sage, 2013)。
43. J. S. Mill to Dr. William Ireland, June 22, 1867, *The Collected Works of John Stuart Mill*, vol. 16, *The Later Letters of John Stuart Mill, 1849–1873, Part III*, ed. Francis Mineka, Dwight Lindley (Toronto: University of Toronto Press, 1972), 1282. 可以概況地參考 Jimmy Klausen, "Violence and Epistemology: J. S. Mill's Indians after the 'Mutiny,'" *Political Research Quarterly* 69:1 (2016): 96–107 頁。
44. J. S. Mill, "Petition concerning the Fenians," June 14, 1867, item 62, *The Collected Works*, vol. 28.
45. William Gladstone, March 30, 1838, 收錄於 M. R. D. Foot, ed., *The Gladstone Diaries*, vol. 2 (Oxford: Clarendon, 1968), 358 頁。另見 Gladstone, "Speech Delivered in the House of Commons on the Motion of Sir George Strickland," March 30, 1838 (London: J. Hatchard, 1838)。
46. C. W. de Kiewiet, 1929, 摘錄於 John Gallagher and Ronald Robinson, "The Imperialism of Free Trade," The Economic History Review 6:1 (1953): 3. 關於 1930 年時把所有這些事實匯聚起來，把格萊斯頓呈現為一個「基督徒政治家」的連續形象的有趣努力，請參考 William Harbutt Dawson, "Gladstone as a Christian Statesman," *Contemporary Review* 137 (1930): 317–326 頁。
47. 關於約翰·布萊特的邏輯，請見 Gregory Claeys, *Imperial Sceptics: British Critics of Empire, 1850–1920* (Cambridge: Cambridge University Press, 2010), 35 頁。
48. Collini, *Public Moralists*, 217, 226.

能動性加以評論（儘管外在觀察的陷阱並不一定少於內在知識的陷阱），但當時說英語的牙買加人的聲音甚至比 1857 年的印度人更容易被接受（Gopal, *Insurgent Empire*, 第 8 頁）。就像所有的農民起義一樣，它的動機是混合的，並且在不同的程度上表達出來。

24. 另見 Jill Bender, *The 1857 Indian Uprising and the British Empire* (Cambridge: Cambridge University Press, 2016).
25. Eyre to Cardwell, October 20, 1865, *Parliamentary Papers: Papers Relating to the Disturbances in Jamaica,* Part I, Despatches from Governor Eyre (London: Harrison, 1866), 3, 7.
26. J. Bender, *The 1857 Indian Uprising*, chap. 5.
27. 轉引自 Burton, *Trouble with Empire*, 154.
28. Catherine Hall, *Civilising Subjects: Metropole and Colony in the English Imagination, 1830–1867* (Oxford: Polity, 2002), 406; Burton, *Trouble with Empire,* 155–156.
29. *Birmingham Daily Post*, November 21, 1865, 摘錄於 Hall, *Civilising Subjects*, 407 頁。
30. J. S. Mill, "The Disturbances in Jamaica (2)," July 31, 1866, item 33 in *The Collected Works of John Stuart Mill*, vol. 28, *Public and Parliamentary Speeches Part I November 1850–November 1868*, ed. Bruce Kinzer and John Robson (Toronto: University of Toronto Press, 1988), https://oll.libertyfund.org/titles/mill-the-collected-works-of-john-stuart-mill-volume-xxviii-public-and-parliamentary-speeches-part-i?q.
31. 摘錄於 Peter Daniel, "The Governor Eyre Controversy," *New Blackfriars* 50:591 (August 1969): 576 頁。
32. 摘錄於 J. Bender, *The 1857 Indian Uprising*, 157 頁。
33. T. Metcalf, *Ideologies of the Raj*, 53.
34. 摘錄於 Theodore Koditschek, *Liberalism, Imperialism, and the Historical Imagination: Nineteenth-Century Visions of a Greater Britain* (Cambridge: Cambridge University Press, 2011), 166 頁。
35. Herbert, *War of No Pity*, 234.
36. 關於這些法律上的糾結，見 Peter Handford, "Edward John Eyre and the Conflict of Laws," *Melbourne University Law Review* 32 (2008): 822–860 頁。
37. Jon Connolly, "'A Melancholy Example of Declension and Decay': Interpreting the Morant Bay Uprising," unpublished paper, 2011.

(New Haven, CT: Yale University Press, 2004), chap. 6.

4. Christopher Herbert, *War of No Pity: The Indian Mutiny and Victorian Trauma* (Princeton, NJ: Princeton University Press, 2008), 34.
5. John William Kaye, *A History of the Sepoy War*, vol. 3 (orig. 1880; repr., London: Longmans, Green, 1896), 649.
6. 摘錄於 Thomas Metcalf, *Ideologies of the Raj* (orig. 1995; repr., New York: Cambridge University Press, 1997), 45.
7. Pace Karuna Mantena, *Alibis of Empire: Henry Maine and the Ends of Liberal Imperialism* (Princeton, NJ: Princeton University Press, 2010), 11, 17, 22.
8. Mantena, *Alibis of Empire*, 12, 22.
9. Mantena, *Alibis of Empire*, 110, 154.
10. Stefan Collini, *Public Moralists: Political Thought and Intellectual Life in Britain, 1850–1930* (Oxford: Clarendon, 1991), 277.
11. Morley and Maine, 摘錄於 Collini, *Public Moralists*, 279.
12. Henry Maine, "Prinsep's Punjab Theories," October 26, 1866, in *Minutes by Sir H. S. Maine, 1862–69* (Calcutta: Superintendent of Government Printing, 1892), 106.
13. Mantena, *Alibis of Empire*, 112.
14. Mantena,*Alibis of Empire*, 15.
15. Mantena, *Alibis of Empire*, 137.
16. Maine, "The Effects of Observation of India upon European Thought," the Rede Lecture of 1875, in *Village-Communities in the East and West* (London, 1876), 236–237, 摘錄於 Mantena, *Alibis of Empire*, 148 頁。
17. Maine, 摘錄於 Mantena, *Alibis of Empire*, 138 頁。
18. Mantena, *Alibis of Empire*,138–139.
19. Maine, *Village-Communities in the East and West*, 摘錄於 Mantena, *Alibis of Empire*, 144.
20. Mantena, *Alibis of Empire*, 149, 163, 165.
21. Mantena, *Alibis of Empire*, 149, 163, 165.
22. Priyamvada Gopal, *Insurgent Empire: Anticolonial Resistance and British Dissent* (London: Verso, 2019), 106 頁。
23. 戈登斬釘截鐵地否認此事。Antoinette Burton, *The Trouble with Empire: Challenges to Modern British Imperialism* (New York: Oxford University Press, 2015), 155–156. 在評論印度人的能動性之前，我尚未準備好對牙買加人的

Green, Reader, and Dyer, 1867), 173.

150. J. S. Mill, *Considerations on Representative Government*, 26.

151. John William Kaye, *A History of the Sepoy War in India*, vol. 1(orig. 1864; repr., London: W. H. Allen, 1870), xii.

152. Kaye, *History of the Sepoy War*, 1:170, 177; Herbert, *War of No Pity,* 195–196. 關於印度兵變文學中的正反糾葛的情緒，可以在整體上參考 Herbert 的 *War of No Pity* 一書。

153. John William Kaye, *A History of the Sepoy War*, vol. 3 (orig. 1880; repr., London: Longmans, Green, 1896), 427.

154. John William Kaye, *A History of the Sepoy War*, vol. 2 (London: W. H. Allen, 1870), 217.

155. Lundberg, "From Defeat to Glory," 247.

156. 另請參考 Lundberg, "From Defeat to Glory," 256–257。

157. Samuel Smiles, *Self-Help; with Illustrations of Character and Conduct* (London: John Murray, 1859), chap. 8.

158. 比方說，可以參考 Seema Alavi, *Muslim Cosmopolitanism in the Age of Empire* (Cambridge, MA: Harvard University Press, 2015).

159. Timothy Mitchell, *Rule of Experts: Egypt, Techno-Politics, Modernity* (Berkeley: University of California Press, 2002), 63–64.

160. Hall, *Macaulay and Son*, 334–335.

第三章

章節前引文：George Bernard Shaw, *The Man of Destiny: A Trifle* (orig. 1897; repr., London: Constable and Constable, 1914), 201.

1. Caitlyn Lundberg, "From Defeat to Glory: The First Anglo-Afghan War and the Construction of the Victorian Military Machine, 1837–1851" (PhD diss., Stanford University, 2016), 248–249.

2. 這一失敗和 1857 年的失敗都是尚武種族理論獲得鞏固的關鍵時刻，該理論認為南亞西北部的人是天生尚武好戰的（但尚武並不一定是指在乎榮譽）。另請參考 Heather Streets, *Martial Races: The Military, Race and Masculinity in British Imperial Culture, 1857–1914* (Manchester: Manchester University Press, 2004), 和 Lundberg, "From Defeat to Glory," 249 頁。

3. 當然的，美洲的反叛者也被用種族語言詆毀了一番。見 Dror Wahrman, The Making of the Modern Self: Identity and Culture in Eighteenth-Century England

頁。

134. Karl Marx, "The British Rule in India," *New-York Daily Tribune*, June 25, 1853.

135. 比方說，可以看 Karl Marx, "Indian News," *New-York Daily Tribune*, Aug. 14, 1857; Karl Marx, "The Indian Revolt," *New-York Herald Tribune*, Sept. 16, 1857. 相比之下，恩格斯的專欄比馬克思的更能明顯地看出整體上的東方主義元素。

136. Karl Marx, "The Revolt in the Indian Army," *New-York Daily Tribune*, July 15, 1857.

137. Karl Marx, "Investigation of Tortures in India" *New-York Daily Tribune*, Sept.17, 1857.

138. Marx, "The Indian Revolt," *New-York Daily Tribune*, Sept. 16, 1857.

139. Karl Marx, "British Incomes in India," *New-York Daily Tribune*, Sept. 21,1857.

140. Friedrich Engels, "The Capture of Delhi," *New-York Daily Tribune*, Dec. 5, 1857.

141. Friedrich Engels, "Details of the Attack on Lucknow," *New-York Daily Tribune*, May 25, 1858.

142. Congreve, 1859, 摘錄於 Claeys, *Imperial Sceptics*, 61 頁。尤其要注意，理查・康格瑞夫從事的工作，哲學研究，給他提供了接觸到其他的非歷史性倫理思想模式的機會。

143. Karl Marx, "The Annexation of Oude," *New-York Daily Tribune,* May 28, 1858.

144. Miles Taylor, *Ernest Jones, Chartism, and the Romance of Politics, 1819–1869* (Oxford: Oxford University Press, 2003), 尤其是 34, 79, 99, 102 和 254 頁。

145. 這首詩的最初的標題叫作「新世界」，可能是在 1850 年歐內斯特・瓊斯從監獄中獲釋時寫的。這首詩於 1851 年首次發表，然後於 1857 年 8 月再版，當時英國對叛亂的鎮壓正在進行之中。Taylor, *Ernest Jones*, 142–144, 183–184 頁。關於英國人對這場叛亂的其他解讀，請參考 Priyamvada Gopal, *Insurgent Empire: Anticolonial Resistance and British Dissent* (London: Verso, 2019), chap. 1。

146. 見 Gopal, *Insurgent Empire*, 60–66 頁。就像是 Gopal 指出的那樣，當時在提及印度的標題下重新發表「新世界」是有一些投機取巧的意思的 (63)。關於馬克思和瓊斯的相互影響，請參考上述著作的 69-71 頁。

147. 見 Hall, *Macaulay and Son*, 289–290, 326–327 頁。

148. Marx, "The Indian Bill," *New-York Daily Tribune*, July 24, 1858.

149. J. S. Mill, "A Few Words on Non-Intervention," *Fraser's Magazine*, December 1859, reprinted in *Dissertations and Discussions*, vol. 3 (London: Longman's,

Momin, "Asar us ko zara nahin hota," 可見於 Rekhta, https://rekhta.org/ghazals/asar-us-ko-zaraa-nahiin-hotaa-momin-khan-momin-ghazals.

120. Faisal Devji, *The Impossible Indian: Gandhi and the Temptation of Violence* (Cambridge, MA: Harvard University Press, 2012), 20–21.

121. 比方說，可以參考 Francis Joseph Steingass, *A Comprehensive Persian-English Dictionary, Including the Arabic Words and Phrases to Be Met with in Persian Literature* (London: Routledge and K. Paul, 1892). 忠於英國的印度人也是這麼用這個詞的，比方說 Zahir Dehlvi 的 *Dastan-e-Ghadar* (1897)。

122. Farooqui, *Besieged*, 10, 394, 428–430.

123. Karl Marx, "The Indian Bill," *New-York Daily Tribune*, July 24, 1858, Karl Marx, Friedrich Engels, articles in the *New-York Daily Tribune*, Marxists Internet Archive, https://www.marxists.org/archive/marx/works/subject/newspapers /new-york-tribune.htm.

124. 摘錄於 Jon Wilson, *Chaos of Empire*, 258。

125. Macaulay，日記分錄，1857 年 10 月，摘錄於 Hall, *Macaulay and Son*, 326–327 頁。

126. 另見 Burton, *Trouble with Empire*, 58–68。

127. Herbert, *War of No Pity*, 40–41, 53, 203.

128. Lundberg, "From Defeat to Glory," 250.

129. Friedrich Engels, *The Condition of the Working Class in England* (orig. German 1845; trans. New York, 1887).

130. Karl Marx 和 Friedrich Engels, *The Communist Manifesto* (orig. 1848; trans.1888; repr., New York: Bantam, 1992), 24. 另見 Marshall Berman, *All That Is Solid Melts into Air: The Experience of Modernity* (London: Verso, 1983), 以及 Berman, "Tearing Away the Veils: The *Communist Manifesto*," *Dissent*, May 6, 2011, https://www.dissentmagazine.org/online_articles/tearing-away-the-veils-the-communist-manifesto.

131. Burrow, *Liberal Descent*.

132. 另見 John Gallagher 和 Ronald Robinson, "The Imperialism of Free Trade," *The Economic History Review* 6:1(1953): 1–15; Mike Davis, *Late Victorian Holocausts: El Niño Famines and the Making of the Third World* (London: Verso, 2001), 295.

133. Karl Marx, "The Future Results of British Rule in India," *New-York Daily Tribune*, August 8, 1853. 字體變化是我做出的。另請參考 E. Said, *Orientalism*, 153–156

105. 比方說，可以參考 William Dalrymple, *The Anarchy: The Relentless Rise of the East India Company* (New York: Bloomsbury, 2019)。十八世紀的英國東方主義歷史學家依靠的是 Muhammad Casim Ferishta 的 Tarikh-e-Ferishti (Alexander Dow 於 1768 年翻譯，譯名為 History of Hindostan) 等十六世紀末用波斯語寫成的作品。

106. Dalrymple, *The Anarchy*, 397.

107. S. Rahman, "'Delhi Renaissance': Intellectuals and the 1857 Uprising," *People's Democracy* 31:26 (July 2007), https://archives.peoplesdemocracy.in/2007/0701/07012007_1857.htm. 另見 Gail Minault, "Master Ramchandra of Delhi College: Teacher, Journalist, and Cultural Intermediary," *Annual of Urdu Studies* 18 (2003): 95–104.

108. Baqar, *Delhi Urdu Akhbar*, June 21, 1857, Farooqui, *Besieged*, 373; *Delhi Urdu Akhbar*, July 5, 1857, *Besieged*, 383.

109. Farooqui, *Besieged*, 5.

110. Baqar, *Delhi Urdu Akhbar*, June 21, 1857, Farooqui, *Besieged*, 370.

111. Baqar, *Delhi Urdu Akhbar*, June 21, 1857, Farooqui, *Besieged*, 368.

112. Farooqui, *Besieged*, 401.

113. Farooqui, *Besieged*, 427.

114. Baqar, *Delhi Urdu Akhbar*, July 5, 1857, Farooqui, *Besieged*, 377.

115. Baqar, *Delhi Urdu Akhbar*, July 5, 1857, Farooqui, *Besieged*, 380.

116. Farooqui, *Besieged*, 7, 404.

117. Baqar, *Delhi Urdu Akhbar*, July 5, 1857, Farooqui, *Besieged*, 377.

118. Edward Said, 摘錄於 Ned Curthoys, Debjani Ganguly, *Edward Said: The Legacy of a Public Intellectual* (Melbourne: Melbourne University Publishing, 2007), 199n34。這種對波斯語詩歌和伊斯蘭教的理解為歌德的「世界文學（Weltlieratur）」思想提供了依據，「把世界上所有的文學作品作為一個交響樂的整體來加以研究，這在理論上可以理解為既保留了每一部作品的個性，而又不失去整體性。」Edward Said, "A Window on the World," *Guardian*, August 1, 2003。就如同 Ahmed (*Archaeology of Babel*, chap. 1) 所指出的那樣，愛德華．賽義德（和歌德的）對於宮廷詩人哈菲茲的獨厚是完全的帝國主義遺產，意味著其他的非文本，或文本外的詩歌話語被邊緣化。

119. Mir Taqi Mir, "Faqirana aae sada kar chale," 可見於 Rekhta, https://rekhta.org/ghazals/faqiiraana-aae-sadaa-kar-chale-meer-taqi-meer-ghazals; Momin Khan

89. 對*History of the War in Afghanistan*的書評，見*The Calcutta Review* 30 (June 1, 1851), 424, 摘錄於 Lundberg, "From Defeat to Glory," 235 頁。
90. 見 G. J. Alder, "The 'Garbled' Blue Books of 1839: Myth or Reality?" *Historical Journal* 15:2 (1972): 229–259。
91. Frederick Gibbon, *The Lawrences of the Punjab* (London: J. M. Dent, 1908), 68–69. 在 1909 年時 *Globe* 報也刊登了奧克蘭的「不幸錯誤」。見 Lundberg, "From Defeat to Glory," 214 頁。
92. Lundberg, "From Defeat to Glory," chap. 3.
93. Christopher Herbert, *War of No Pity: The Indian Mutiny and Victorian Trauma* (Princeton, NJ: Princeton University Press, 2008), 101, 106, 110–112.
94. Jon Wilson, *Chaos of Empire*, 5.
95. 另請見 Crispin Bates, ed., *Mutiny at the Margins: New Perspectives on the Indian Uprising of 1857*, vol. 1, *Anticipations and Experiences in the Locality* (London: Sage, 2013)。
96. William Pinch, "Micro-history, Macro-history, and 1857," lecture, Stanford University, April 4, 2016.
97. Faisal Devji, *Muslim Zion: Pakistan as a Political Idea* (London: Hurst, 2013), 132–133.
98. Mahmood Farooqui, *Besieged: Voices from Delhi 1857* (orig. 2010; repr., Gurgaon: Penguin, 2012), 255, 283, 285, 430–431.
99. Farooqui, *Besieged*, 95.
100. Maulvi Mohammed Baqar, *Delhi Urdu Akhbar*, June 14, 1857, Farooqui, *Besieged*, 358–62, 366.
101. Farooqui, *Besieged*, 400–401.
102. 摘錄於 William Dalrymple, *The Last Mughal: The Fall of a Dynasty: Delhi, 1857* (orig. 2006; repr., New York: Vintage, 2008), 69 頁。
103. Rakhshanda Jalil, *Liking Progress, Loving Change: A Literary History of the Progressive Writers' Movement in Urdu* (Delhi: Oxford University Press, 2014), 21–23.
104. 關於殖民以前的南印度的歷史思想，請參考 Velcheru Narayana Rao, David Shulman, and Sanjay Subrahmanyam, Textures of Time: Writing History in South India, 1600–1800 (Delhi: Permanent Black, 2001)。另參考 Manan Ahmed Asif 即將出版的著作 *The Loss of Hindustan: Tarikh-i-Firishta and the Work of History* (Cambridge, MA: Harvard University Press, 2020)。

civilized-ballads-nations-and-histories-form-1.

72. Claeys, *Imperial Sceptics*, 28–36.

73. 關於輝格黨人的歷史學在其文化背景中的適應性，請參考 John Burrow, *A Liberal Descent: Victorian Historians and the English Past* (Cambridge: Cambridge University Press, 1981).

74. 摘錄於 Mehta, *Liberalism and Empire*, 13 頁。

75. Mehta, *Liberalism and Empire*, 45.

76. M. Shelley, *Frankenstein*, 210.

77. Charlotte Brontë [Currer Bell, pseud.], Jane Eyre (London: Smith, Elder, 1847).

78. Jon Wilson, *Chaos of Empire*, 174.

79. Priya Satia, "Guns and the British Empire," Aeon, February 14, 2018, aeon.co/essays/is-the-gun-the-basis-of-modern-anglo-civilisation.

80. Lauren Benton, Lisa Ford, *Rage for Order: The British Empire and the Ori-gins of International Law, 1800–1850* (Cambridge, MA: Harvard University Press, 2016), 14 頁。比方說，還可以參考 James Epstein 的 *Scandal of Colonial Rule: Power and Subversion in the British Atlantic during the Age of Revolution* (Cambridge: Cambridge University Press, 2012).

81. E. P. Thompson, *The Making of the English Working Class* (orig. 1963; repr., New York: Vintage, 1966), 710.

82. Antoinette Burton, *The Trouble with Empire: Challenges to Modern British Imperialism* (New York: Oxford University Press, 2015), 63; Gott, *Britain's Empire*.

83. Mark Doyle, *Communal Violence in the British Empire: Disturbing the Pax* (London: Bloomsbury, 2016), 2.

84. 請關注 Matthew Wormer 即將出版的關於鴉片貿易是如何被調適進大英帝國的自由神話中的著作。

85. Caitlyn Lundberg, "From Defeat to Glory: The First Anglo-Afghan War and the Construction of the Victorian Military Machine, 1837–1851" (PhD diss., Stanford University, 2016), chap. 2.

86. John William Kaye, *History of the War in Afghanistan*, 2 vols. (London: Richard Bentley, 1851).

87. Lundberg, "From Defeat to Glory," 229, 引用 Kaye, *History of the War in Afghanistan,* 1:195n.

88. Lundberg, "From Defeat to Glory," 234.

56. Macaulay, "Warren Hastings," October 1841, 摘錄於 Hall, *Macaulay and Son*, 248 頁。
57. Thomas Babington Macaulay, *The History of England from the Accession of James the Second*, vol. 4 (Leipzig: Bernhard Tauchnitz, 1855), 239.
58. 請參考凱瑟琳・霍爾（Catherine Hall）在《麥考萊和兒子》中對海登・懷特的討論。見 *Macaulay and Son*, 289 頁。
59. Hall, *Macaulay and Son*, 290.
60. 如同凱瑟琳・霍爾所指出的，很少有女性敢於在歷史的正規模式內寫作。*Macaulay and Son*, 269, 298 頁。大家可以回想一下在安東尼・特洛勒普的作品中對虛構人物 Lady Carbury 的 *Criminal Queens* 的不佳評論。見 Anthony Trollope, *The Way We Live Now* (orig. 1875; repr., London: Oxford University Press, 1941)。
61. Thomas Carlyle, *The French Revolution: A History*, 3 vols. (London: James Fraser, 1837).
62. Thomas Carlyle, *On Heroes, Hero-Worship, and the Heroic in History*, ed. George Wherry (orig. 1841; repr., Cambridge: Cambridge University Press, 1911), 1, 2, 14, 79, 147, 158.
63. Thomas Carlyle, "Occasional Discourse on the Negro Question," *Fraser's Magazine for Town and Country* 15 (1849): 670–679.
64. J. S. Mill, *Considerations on Representative Government* (orig. 1861; repr., London: Longmans, Green, 1919), 141.
65. J. S. Mill, *On Liberty* (orig. 1959; repr., New York: Henry Holt, 1879), 116–120.
66. 另請參考 Collini, *Public Moralists*, 110, 133-134 頁。
67. J. S. Mill, *On Liberty*, 24–25. 見 *Koditschek, Liberalism, Imperialism, and the Historical Imagination*, 61–63. T. Metcalf, *Ideologies of the Raj*, 31–32。
68. J. S. Mill, "Civilization," in *Dissertations and Discussions* (orig. 1836; repr., London: Routledge, 1910), 134; Mantena, *Alibis of Empire*, 33.
69. 關於英國在印度獲得的利益，見本書第六章。也請參考 Dirks, *Scandal of Empire*, chap. 4; Sven Beckert, *Empire of Cotton: A New History of Global Capitalism* (New York: Knopf, 2014).
70. Gregory Claeys, *Imperial Sceptics: British Critics of Empire, 1850–1920* (Cambridge: Cambridge University Press, 2010), 49–52.
71. Meredith Martin, "'Imperfectly Civilized': Ballads, Nations, and Histories of Form," Arcade, May 18, 2018, https://arcade.stanford.edu/content/imperfectly-

38. J. S. Mill, 摘錄於 Majeed, *Ungoverned Imaginings*, 135 頁。
39. James Mill, *The History of British India*, vol. 1 (London: Baldwin, Cradock and Joy, 1817), x, xv, 429. 此強調出自原文。另請參考 Karuna Mantena, *Alibis of Empire: Henry Maine and the Ends of Liberal Imperialism* (Princeton, NJ: Princeton University Press, 2010), 26–27; Majeed, *Ungoverned Imaginings*, 135.
40. 關於彌爾與以往英國人對印度的歷史論述模式的決裂，請參考 Theodore Koditschek, *Liberalism, Imperialism, and the Historical Imagination: Nineteenth-Century Visions of a Greater Britain* (Cambridge: Cambridge University Press, 2011), 第二章。
41. James Mill, *History of British India,* abridged and with an introduction by William Thomas (Chicago, 1975), xxxiii, 摘錄於 Catherine Hall, *Macaulay and Son: Architects of Imperial Britain* (New Haven, CT: Yale University Press, 2012), 208.
42. Mantena, *Alibis of Empire*, 29.
43. Majeed, *Ungoverned Imaginings*, 128.
44. 也請參考 T. Metcalf, *Ideologies of the Raj*, 30–31 頁。
45. Jon Wilson, *The Chaos of Empire: The British Raj and the Conquest of India* (New York: Public Affairs, 2016), 205.
46. Koditschek, *Liberalism, Imperialism, and the Historical Imagination*, 87.
47. T. Metcalf, *Ideologies of the Raj*, 94.
48. Thomas Babington Macaulay, "Minute of 2nd February 1835 on Indian Education," Macaulay, *Prose and Poetry*, selected by G. M. Young (Cambridge, MA: Harvard University Press, 1957), 721–724, 729, Internet Modern History Sourcebook, Fordham University, https://sourcebooks.fordham.edu/mod/1833macaulay-india.asp.
49. Koditschek, *Liberalism, Imperialism, and the Historical Imagination*, 113.
50. Majeed, *Ungoverned Imaginings*, 192.
51. Jon Wilson, *Chaos of Empire*, 214.
52. Hall, *Macaulay and Son*, 321–322, 331–332.
53. 對這部作品的精彩描述，見凱瑟琳・霍爾的 *Macaulay and Son*, 276-278 頁。
54. Koditschek, *Liberalism, Imperialism, and the Historical Imagination*, 134–138. 關於麥考萊的社會政治觀念的形成，請參考凱瑟琳・霍爾的《麥考萊和兒子》一書。
55. Dirks, *Scandal of Empire*, 323, 325.

(Dundonald, Narrative of Services, 23)。他把智利人比作是「東方人」，說他們「誇張地」使用「花俏的修辭」(21)。

24. Dundonald, *Narrative of Services*, 58, 125–126.
25. Linda Colley, *Britons: Forging the Nation, 1707–1837* (New Haven, CT: Yale University Press, 1994).
26. 例如說，可以參考 Percy Shelley, *Alastor, or The Spirit of Solitude: And Other Poems* (orig. 1816; repr., London: Reeves and Turner, 1885)。另見 Lord George Gordon Byron, *Childe Harold's Pilgrimage* (orig. 1812–1818; repr., Oxford: Clarendon, 1920)。
27. Siraj Ahmed, *Archaeology of Babel: The Colonial Foundation of the Humanities* (Stanford, CA: Stanford University Press, 2017), introduction.
28. William Jones, trans., *Sacontalá or The Fatal Ring: An Indian Drama by Cálidás* (Calcutta: J. Cooper, 1789).
29. G. W. F. Hegel, *Lectures on the Philosophy of History*, trans. J. Sibree (orig. 1837; trans. 1857; repr., London: G. Bell, 1914), 109.
30. 見 Aakash Singh Rathore 和 Rimina Mohapatra, *Hegel's India: A Reinterpretation, with Texts* (Oxford: Oxford University Press, 2017)。
31. Edward Said, *Orientalism* (orig. 1978; repr., New York: Vintage, 2003). 另請參考 Thomas Metcalf, *Ideologies of the Raj* (orig. 1995; repr., New York: Cambridge University Press, 1997), 7。
32. Charles Grant, *Observations on the State of Society among the Asiatic Subjects of Great-Britain, Particularly with Respect to Morals; and on the Means of Improving It* (written in 1792, presented to the East India Company in 1797), 15, 38, 178.
33. 比方說可以參考Nicholas Dirks, *The Scandal of Empire: India and the Creation of Imperial Britain* (Cambridge, MA: Harvard University Press, 2008), 32, 34, 298 頁。
34. 請參考 Dirks, *Scandal of Empire*, 和 T. Metcalf, *Ideologies of the Raj*, 24 頁。
35. 摘錄於 T. Metcalf, *Ideologies of the Raj*, 24 頁。
36. 關於英國在十八和十九世紀時對印度歷史的寫作，請參考 Dirks, *Scandal of Empire*, 和 T. Metcalf, *Ideologies of the Raj*。
37. 請參考 Javed Majeed, *Ungoverned Imaginings: James Mill's "The History of British India" and Orientalism* (Oxford: Clarendon, 1992), 127–128, 134–135 頁。

"Idea for a Universal History with a Cosmopolitan Aim": A Critical Guide (Cambridge: Cambridge University Press, 2009), 128 頁。

13. William Blake, *America: A Prophecy*, 1793, available at The William Blake Archive, http://www.blakearchive.org/work/america.
14. William Blake, *A Vision of the Last Judgment*, c. 1810, 出自 Alexander Gilchrist, *Life of William Blake, with Selections from his Poems and Other Writings*, vol. 2 (London: Macmillan, 1880), 198.
15. Lord George Gordon Byron, *Don Juan, in Sixteen Cantos, with Notes* (orig. 1819–1824; repr., Halifax: Milner and Sowerby, 1837).
16. Caroline Franklin, "'Some Samples of the Finest Orientalism': Byronic Philhellenism and Proto-Zionism at the Time of the Congress of Vienna," *Romanticism and Colonialism: Writing and Empire, 1780–1830*, ed. Tim Fulford, Peter Kitson (New York: Cambridge University Press, 1998), 231.
17. Lord George Gordon Byron, *The Siege of Corinth: A Poem* (London: John Murray, 1816).
18. Franklin, "'Some Samples of the Finest,'" 225–226.
19. Malcolm Kelsall, "'Once Did She Hold the Gorgeous East in Fee...': Byron's Venice and Oriental Empire," *Fulford and Kitson, Romanticism and Colonialism*, 258.
20. Thomas Paine, *Rights of Man: Being an Answer to Mr. Burke's Attack on the French Revolution*, ed. Hypatia Bradlaught Bonner (orig. 1791; repr., London: Watts, 1937), 206.
21. 請參考 Priya Satia, "Byron, Gandhi and the Thompsons: The Making of British Social History and the Unmaking of Indian History," *History Workshop Journal* 81(2016): 135–170 頁。關於世界各地在這段時期裡對英國統治做出反抗的記錄，請參考 Richard Gott, *Britain's Empire: Resistance, Repression and Revolt* (London: Verso, 2011)。
22. Thomas, Earl of Dundonald, *Narrative of Services in the Liberation of Chili, Peru, and Brazil, from Spanish and Portuguese Domination*, vol. 1 (London: James Ridgway, 1859), xi.
23. 摘錄於 Thomas, Eleventh Earl of Dundonald and H. R. Fox Bourne, *The Life of Thomas, Lord Cochrane, Tenth Earl of Dundonald,* vol. 1 (London: Richard Bentley, 1869), 159。科克倫用居高臨下的口吻描述「當地的人口」，而且還強調了大多數的官員是「英國人和北美人」這一「值得稱道的特點」。

第二章

章節前引文：摘錄於 Uday Mehta, *Liberalism and Empire: A Study in Nineteenth-Century British Liberal Thought* (Chicago: University of Chicago Press, 1999), 13.

1. *Yes Minister*, episode 20, "The Whisky Priest," Dec. 16, 1982.
2. Thomas Paine, *Common Sense*, 3rd ed., 1776, 重印於 *The Writings of Thomas Paine*, vol. 1, 1774–1779, ed. Moncure Daniel Conway (New York: Putnam's, 1894), 69.
3. Stefan Collini, *Public Moralists: Political Thought and Intellectual Life in Britain, 1850–1930* (Oxford: Clarendon, 1991), 67, 113.
4. Samuel Coleridge, *Ode on the Departing Year* (Bristol: N. Biggs, 1796), 5, 12, 15; Morton Paley, *Apocalypse and Millennium in English Romantic Poetry* (Oxford: Clarendon, 1999), 128.
5. Samuel Coleridge, "The Rime of the Ancient Mariner," 1798, *The Norton Anthology of Poetry*, ed. Alexander Allison et al., 3rd ed. (New York: Norton, 1983), 581.
6. Samuel Coleridge, *Biographia Literaria, Biographical Sketches of My Literary Life and Opinions*, 2 vols. (orig. 1817; repr., London: William Pickering, 1847), 2:2.
7. 另請參考 Talal Asad, *Formations of the Secular: Christianity, Islam, Modernity* (Stanford, CA: Stanford University Press, 2003), 13, 41, 194 頁。
8. Johann Wolfgang von Goethe, *Faustus* (1808, 1832), 見 *Faust: Part One*, trans. David Luke (trans. 1987; repr., Oxford: Oxford University Press, 2008); Goethe, *Faust: Part Two*, trans. David Luke (trans. 1994; repr., Oxford: Oxford University Press, 2008).
9. 牛津大學出版社在 2007 年出版了柯勒律治 1821 年的譯本，此事引起了一些爭議。*Faustus, from the German of Goethe*, trans. Samuel Taylor Coleridge, ed. Frederick Burwick and James C. McKusick (Oxford: Oxford University Press, 2007)。
10. Mary Shelley, *Frankenstein*, 或 *The Modern Prometheus* (orig. 1816, introduction 1831; repr., New York: Signet, 1965), 200.
11. M. Shelley, *Frankenstein*, author's introduction, xi.
12. 關於歌德和康德對於惡在人類追求善的過程中所扮演之角色的觀點的相似性，也請參考 Allen Wood, "Kant's Fourth Proposition: The Unsociable Sociability of Human Nature," Amélie Rorty and James Schmidt, eds., *Kant's*

請在整體上參考本書的第三章和第四章。以及 Ranajit Guha, "The Prose of Counter-Insurgency," *Selected Subaltern Studies*, ed. Ranajit Guha, Gayatri Spivak (orig. 1983; repr., Oxford: Oxford University Press, 1988), 45–84 頁。

135. E. P. Thompson, "The Moral Economy of the Crowd," *Past & Present* 50 (1971): 76–136.

136. E. P. Thompson, *Making of the English Working Class*, 68–74.

137. E. P. Thompson, *Making of the English Working Class*.

138. John Steinbeck, *The Grapes of Wrath* (orig. 1939; repr., New York: Penguin, 2002), 349.

139. Primo Levi, *Survival in Auschwitz: The Nazi Assault on Humanity*, trans. Stuart Woolf (orig. 1947; trans. 1959; repr., New York: Touchstone, 1996), 73.

140. Clausewitz, On War, c. 1820s, 摘錄於 Gallagher, *Telling It Like It Wasn't*, 43 頁。

141. 凱瑟琳・霍爾（Catherine Hall）十分精闢地用以下一席話總結了海登・懷特（Hayden White）的論點：「歷史敘述明明白白地就是『口頭虛構』，……『它被發明出來的內容和發明的形式的共同點就像是在文學寫作中一樣多，遠多過科學寫作中的虛構。』」引自 White, "The Historical Text as Literary Artifact," *Tropics of Discourse* (London, 1973), 42 頁。White 解釋了人們通過剪裁事實來創造出凝聚和一致，而不顧事情的本身。給事件添油加醋終究是一個文學行為。Hall, *Macaulay and Son: Architects of Imperial Britain* (New Haven, CT: Yale University Press, 2012), 291 頁。

142. Annette Richards, "C. P. E. Bach, the Musical Portrait and the Making of Music History," 2018 年 10 月 16 日在史丹佛大學人文中心的講話。

143. Winston Churchill, 與 Gustavus Ohlinger 的訪談 , "WSC: A Midnight Interview, 1902," *Michigan Quarterly Review*, February 1966, reprinted in Finest Hour 159 (Summer 2013), winstonchurchill.org/publications/finest-hour /finest-hour-159/wsc-a-midnight-interview-1902/.

144. Chris Otter, *The Victorian Eye: A Political History of Light and Vision in Britain, 1800–1910* (Chicago: University of Chicago Press, 2008); Patrick Joyce, *The Rule of Freedom: Liberalism and the Modern City* (London: Verso, 2003).

145. 也請參考 Slezkine, *House of Government*, 74-75 頁。

146. 也請參考 Thomas Laqueur, *The Work of the Dead: A Cultural History of Mortal Remains* (Princeton, NJ: Princeton University Press, 2015)。

147. Ghosh, *Great Derangement*, 138.

148. 康德，摘錄於 Mehta, *Liberalism and Empire*, 210 頁。

of the Rise, Progress and Accomplishment of the Abolition of the Slave-Trade by the British Parliament (Philadelphia: James P. Parke, 1808).

121. Brown, *Moral Capital*, 5.
122. 關於社會類別的鞏固，見 Nicholas Dirks, *Castes of Mind: Colonialism and the Making of Modern India* (Princeton, NJ: Princeton University Press, 2001)。
123. 比方說，可以參考 Yuri Slezkine, *The House of Government: A Saga of the Russian Revolution* (Princeton, NJ: Princeton University Press, 2017), 37, 關於學生在俄國革命期間將工人「改宗」到社會主義信仰。
124. Karl Marx, *The Eighteenth Brumaire of Louis Bonaparte*, trans. Saul Padover from the 1869 German edition (orig. 1852), chap. 1, 2nd para, "Works of Marx & Engels 1852," Marxist Internet Archive, www.marxists.org/archive/marx/works/1852/18th-brumaire/.
125. Slezkine, *House of Government*, 36–41.
126. Baker, "Revolution 1.0," 189–190, 201.
127. Baker, "Revolution 1.0," 212–213.
128. G. W. F. Hegel, *Lectures on the Philosophy of History*, trans. J. Sibree (orig. 1837;trans. 1857; repr., London: G. Bell, 1914), 22.
129. G. W. F. Hegel, *The Philosophy of Right*, trans. Alan White (orig. [1820]; Indianapolis: Hackett, 2002), 10.
130. Karl Marx, *Theses on Feuerbach* (orig. 1845; trans. from 1888 German edition), in Frederick Engels, *Ludwig Feuerbach and the End of Classical German Philosophy* (Peking: Foreign Languages Press, 1976), Eleventh Thesis, 65.
131. T. Asad, *Formations of the Secular*, 192–193.
132. V. I. Lenin, *What Is to Be Done? Burning Questions of Our Movement*, Lenin,*Collected Works*, vol. 5, trans. Joe Fineberg and George Hanna (orig. 1902; Moscow: Foreign Languages Publishing House, 1961), 347–530. 見 Slezkine, *House of Government*, 第二章和第三章關於推動了俄國革命者的歷史劇本。
133. 關於古羅馬對英國殖民主義產生影響的複雜途徑，請參考 Ananya Kabir 的細緻研究，Ananya Kabir, "Consecrated Groves: British India and the Forests of Germania," *Germania Remembered, 1500–2009: Commemorating and Inventing a Germanic Past*, ed. Christina Lee, Nicola McClelland (Tempe, AZ: ACMRS, 2012), 155–171 頁。
134. Dipesh Chakrabarty, *Provincializing Europe: Postcolonial Thought and Historical Difference* (Princeton, NJ: Princeton University Press, 2000), 108. 另

105. Brown, *Moral Capital.*
106. Brown, *Moral Capital*, 3, 10–11.
107. Brown, *Moral Capital*, 28, 352, 388, 418, 424.
108. Brown, *Moral Capital*, 437.
109. John Ashworth, "The Relationship between Capitalism and Humanitarianism,"in Thomas Bender, ed., *The Antislavery Debate: Capitalism and Abolitionism as a Problem in Historical Interpretation* (Berkeley: University of California Press, 1992), 186–187.
110. David Brion Davis, "Reflections on Abolitionism and Ideological Hegemony," in T. Bender, *The Antislavery Debate*, 177–178.
111. 康德在原則上反對奴隸制，但是相較之下，他似乎是把奴隸制看作是最終會推動文明進步的另一種罪惡而給予容忍。Thomas McCarthy, *Race, Empire, and the Idea of Human Development* (Cambridge: Cambridge University Press, 2009), 64 頁。 另 見 Pauline Kleingeld, "Kant's Changing Cosmopolitanism," Rorty 和 Schmidt, Kant's "Idea for a Universal History," 184 頁。
112. Brown, *Moral Capital*, 153, 231.
113. Thomas Haskell, "Capitalism and the Origins of the Humanitarian Sensibility, Part I," T. Bender, *The Antislavery Debate*, 110–111; Haskell, "Capitalism and the Origins of the Humanitarian Sensibility, Part 2," T. Bender, *The Antislavery Debate*, 140.
114. Satia, *Empire of Guns*, 329.
115. Joseph Priestley, *A Sermon on the Subject of the Slave Trade; Delivered to a Society of Protestant Dissenters at the New Meeting, in Birmingham; and Published at Their Request* (Birmingham: Pearson and Rollason, 1788), 5; Priestley, *Lectures on History*, 2:207.
116. 關於「戰爭資本主義」，請參考 Sven Beckert, *Empire of Cotton: A New History of Global Capitalism* (New York: Knopf, 2014)。
117. David Bell 將此描述為政治魅力的興起。*Men on Horseback: The Power of Charisma in the Age of Revolution* (New York: Farrar, Straus and Giroux, 2020。
118. Bell, *Men on Horseback*, 29; 53–89; 2020 年 3 月 27 日和大衛・貝爾的私人談話。
119. Samuel Galton to John Howard Galton, December 11, 1815, Birmingham City Archives: MS3101/C/D/10/9/53.
120. Brown, *Moral Capital*, 437, 439, 441, 444. 請參考 Thomas Clarkson, *The History*

88. Burke, speech in Parliament, Fourth Day of the Impeachment Trial of Warren.

89. Hastings, February 16, 1788, in *Writings and Speeches of Edmund Burke*, vol. 6, *India: The Launching of the Hastings Impeachment, 1786-1788*, ed. Paul Langford and P. J. Marshall (Oxford: Oxford University Press, 1991), 346.

90. Uday Mehta, *Liberalism and Empire: A Study in Nineteenth-Century British Liberal Thought* (Chicago: University of Chicago Press, 1999), 175.

91. Edmund Burke, *Reflections on the Revolution in France, and on the Proceedings in Certain Societies in London...* (London: J. Dodsley, 1790), 8–9.

92. Thomas Paine, *Rights of Man: Being an Answer to Mr. Burke's Attack on the French Revolution*, ed. Hypatia Bradlaught Bonner (orig. 1791; repr., London: Watts, 1937).

93. Keith Baker, "Revolution 1.0," *Journal of Modern European History* 11:2 (2013): 194–195. 另外可以參考Steve Pincus*, 1688: The First Modern Revolution* (New Haven, CT: Yale University Press, 2009).

94. Baker, "Revolution 1.0," 200–201, 210.

95. Priestley, *Lectures on History*, 1:iv.

96. 埃德蒙·伯克於1796年7月28日寫給法蘭馳·勞倫斯（French Laurence）的信，摘錄於 Dirks, *Scandal of Empire*, 128 頁。

97. 像是科爾特斯這樣的士兵能在新世界（美洲）成功地戰勝強大帝國主要是出於偶然因素，到那時關於他們的傳說（根植於科爾特斯本人的虛榮心）為現代的帝國英雄樹立了榜樣模式。

98. 摘錄於 Dalrymple, *The Anarchy*, 234 頁。

99. Dalrymple, *The Anarchy,* 240, 287 頁。

100. 正如E. P. 湯普森對於伯克與潘恩之爭的看法是「兩位作家都不夠有系統，不可以被列為重要的政治理論家。他們都是天才的宣傳家，他們兩人之所以引人矚目，不是因為內容，而是因為他們的語氣。」*The Making of the English Working Class* (orig. 1963; repr., New York: Vintage, 1966), 90 頁。

101. Dirks, *Scandal of Empire*, 92.

102. Thomas Metcalf(orig. 1995; repr., New York: Cambridge University Press, 1997), 19.

103. 這就是歷史情結的考量在英國自由主義思想的道德相對主義和普遍主義中的角色，伯克認為在這種思想中，托馬斯·潘恩對《人的權利》的辯護也同樣存在問題。

104. Dirks, *Scandal of Empire*.

aeon.co/essays/is-the-gun-the-basis-of-modern-anglo-civilisation.

71. Smith, Theory of Moral Sentiments, 92–93, 100. 對於「意圖」的哲學關注繼續讓人們在面對政治和道德危機時處在被動狀態。比方說，可以參考 S. Matthew Liao, "Do You Have a Moral Duty to Leave Facebook?" *New York Times*, November 25, 2018, 3.
72. Satia, *Empire of Guns*, 245–247.
73. Walter Benjamin, "The Work of Art in the Age of Mechanical Reproduction,"in *Illuminations: Walter Benjamin: Essays and Reflections*, ed. Hannah Arendt (orig. 1937; repr., New York: Schoken, 1968), 217–251.
74. Satia, *Empire of Guns*, 247–255.
75. Christopher Leslie Brown, *Moral Capital: Foundations of British Abolitionism* (Chapel Hill, NC: University of North Carolina Press, 2006), 52–53.
76. 關於英國東印度公司的早期歷史，可以參考 Philip Stern, *The Company-State: Corporate Sovereignty and the Early Modern Foundations of the British Empire in India* (New York: Oxford University Press, 2011).
77. Jackson, "Markets of Exception." 正如作者所指出的那樣，在一七二〇年的南海泡沫事件（South Sea Bubble）之後，有人攻擊羅伯特・沃波爾（Robert Walpole）的政府是腐敗，但是他在此後又成功地連續主導政局二十年，從而為自己做出了足夠有力的辯護。
78. Jackson, "Markets of Exception," 106.
79. Paine, *Common Sense*, 1776, 出自 *The Writings of Thomas Paine*, 96 頁。
80. Paine, "Reflections on the Life and Death of Lord Clive," *Pennsylvania Magazine*, March 1775, reprinted in *The Writings of Thomas Paine*, 29–35.
81. William Dalrymple, *The Anarchy: The Relentless Rise of the East India Company* (New York: Bloomsbury, 2019), 235.
82. Paine, "A Serious Thought," *Pennsylvania Journal*, October 18, 1775, reprinted in *The Writings of Thomas Paine*, 65–66.
83. Paine, "The Crisis," no. VII, "To the People of England," November 21, 1778, in *The Writings of Thomas Paine*, 274.
84. Smith, *Wealth of Nations*, 693, 666.
85. Smith, *Wealth of Nations*, 675–676.
86. Edward Gibbon, *The History of the Decline and Fall of the Roman Empire*, vol. 1 (London: Strahan and Cadell, 1776).
87. Dirks, *Scandal of Empire*, 10, 13, 18, 21, 39, 43, 80–81.

57. Stefan Collini, *Public Moralists: Political Thought and Intellectual Life in Britain, 1850–1930* (Oxford: Clarendon, 1991). 正如 Collini 在這本書中所展示的，「智識分子」是那個時期的一個動態的類別。但是我在本書中並沒有空間來探討他們和他們的工作的不斷變化著的領域。
58. Dror Wahrman, *The Making of the Modern Self: Identity and Culture in Eighteenth-Century England* (New Haven, CT: Yale University Press, 2004), xi.
59. Ian Baucom, *Specters of the Atlantic: Finance Capital, Slavery, and the Philosophy of History* (Durham, NC: Duke University Press, 2005), 239, 245.
60. Adam Smith, *The Theory of Moral Sentiments*, ed. D. D. Raphael and A. L. Mafied (orig. 1759–61; repr., Indianapolis: Liberty Fund, 1982), pt. 3, chap. 3.
61. Karl Marx, "A Contribution to the Critique of Hegel's Philosophy of Right," Introduction, in Deutsch-Franzosische Jahrbucher, February 1844, "Works of Karl Marx 1843," Marxists Internet Archive, https://www.marxists.org/archive/marx/works/1843/critique-hpr/intro.htm.
62. David Hume, *An Enquiry concerning Human Understanding* (orig. 1748; London: A. Millar, 1777), 98, Hume Texts Online, https://davidhume.org/texts/e/.
63. 請參考 Dana Rabin, Identity, Crime, and Legal Responsibility in Eighteenth-Century England (London: Palgrave, 2004), 169.
64. Thomas Paine, "To the Representatives of the Religious Society of the People called Quakers...," in appendix to Common Sense, 3rd ed., 1776, reprinted in The Writings of Thomas Paine, vol. 1, 1774–1779, ed. Moncure Daniel Conway (New York: Putnam's, 1894), 124. *Epistle from the Yearly Meeting in London to the Quarterly Meetings*, May 4, 1779, Birmingham City Archives: MS695/26/6.
65. 請參考 Satia, *Empire of Guns*, 127–130.
66. Wahrman, *Making of the Modern Self.*
67. 請參考 Satia, *Empire of Guns*, 第六章。
68. 關於對這種公有制土地的認識的歷史，請參考 Karuna Mantena, *Alibis of Empire: Henry Maine and the Ends of Liberal Imperialism* (Princeton, NJ: Princeton University Press, 2010), 130–131.
69. Satia, *Empire of Guns*, 第六章和第七章。
70. 這種擔憂被以下這種邏輯緩解了：放棄對土著人的軍火銷售只會把這些客戶送入到競爭對手的懷抱裡，或者鼓勵他們進行自己本土的軍火製造。因此，英國人將會失業、失去威望和外交影響力。請參考 Satia, *Empire of Guns*, 第七章 ; Satia, "Guns and the British Empire," *Aeon*, February 14, 2018,

MSS: 403/1/1/1/6.

40. Emma Rothschild, *The Inner Life of Empires: An Eighteenth-Century History* (Princeton, NJ: Princeton University Press, 2011), 123–124. 另見 132–133 和 150–153 頁。

41. 摘錄於 Peter Brock, Pacificism in Europe to 1914 (Princeton, NJ: Princeton University Press, 1972), 308 頁。

42. Satia, *Empire of Guns*.

43. Trevor Jackson, "Markets of Exception: An Economic History of Impunity in Britain and France, 1720–1830" (PhD diss., University of California, Berkeley, 2017).

44. T. Asad, *Formations of the Secular*, 25.

45. Amitav Ghosh, *The Great Derangement: Climate Change and the Unthinkable* (Chicago: University of Chicago Press, 2016), 123.

46. "Notoriously historical work": Rothschild, "The Theory of Moral Sentiments and the Inner Life," 26; 亞當・斯密的話出自：Adam Smith, *An Enquiry into the Nature and Causes of the Wealth of Nations*, ed. Edwin Cannan (orig. 1776; repr., New York: Modern Library, 1994), 765.

47. Priestley, *Lectures on History*, 2:355–358.

48. 見 Priya Satia, "Are 100 Years Enough?" *The New Republic,* November 9, 2018, http://newrepublic.com/Article/152153/100-years-enough。

49. Galton, "To the Friends of the Monthly Meeting at Birmingham."

50. Strohm, *Conscience*, 14–15.

51. Roy Porter, *English Society in the Eighteenth Century* (New York: Penguin, 1982), 323.

52. Ghosh, *Great Derangement*, 127–128.

53. Charles Taylor, *A Secular Age* (Cambridge, MA: Belknap Press of Harvard University Press, 2007).

54. 請參考 Thomas W. Laqueur, "Bodies, Details, and the Humanitarian Narrative," *The New Cultural History*, ed. Lynn Hunt (Berkeley: University of California Press, 1989), 176–204; Lynn Hunt, *Inventing Human Rights: A History* (New York: Norton, 2007), 第一章。

55. Miles Taylor, Ernest Jones, *Chartism, and the Romance of Politics, 1819–1869* (Oxford: Oxford University Press, 2003), 256.

56. Coleman, "Resacralizing the World," 395.

26. Henry Allison, "Teleology and History in Kant: The Critical Foundations of Kant's Philosophy of History," Rorty and Schmidt, *Kant's "Idea for a Universal History,"* 27.
27. Kuehn, "Reason as a Species Characteristic," 83.
28. Kant, "Idea for a Universal History with a Cosmopolitan Point of View," Introduction.
29. Kant, "Idea for a Universal History with a Cosmopolitan Point of View," Ninth and Fourth Theses.
30. Joseph Priestley, *Lectures on History and General Policy, to Which Is Prefixed, An Essay on a Course of Liberal Education for Civil and Active Life*, 2 vols. (orig. 1788; repr., London: J. Johnson, 1793), 1:48, 64–65, 83.
31. Gallagher, *Telling It Like It Wasn't*, 21–22.
32. Priestley, *Lectures on History*, 2:467–468; 1:80; 2:441. 楷體的最後一句話是我說的。
33. Charles Davenant, *An Essay Upon the Probable Methods of Making a People Gainers in the Ballance of Trade* (orig. London: Printed for James Knapton..., 1699; repr., Ann Arbor: Text Creation Partnership, 2011), 154–155, https://quod.lib.umich.edu/cgi/t/text/text-idx?c=eebo;idno=A69897.0001.001. 我要感謝 Jon Cooper 提供這一參考文獻。關於這一時期的奢侈品，可以參考 Maxine Berg and E. Eger, eds., *Luxury in the Eighteenth Century: Debates, Desires and Delectable Goods* (London: Palgrave, 2003)。通過商業活動和慾望的聯繫，其他的行為也用一種新的方式被引入到了道德問責中。比方說，可以參考 Thomas Laqueur, *Solitary Sex: A Cultural History of Masturbation* (New York: Zone, 2003)。
34. 我要在此感謝 Max Ashton 做出的這一觀察。
35. Thucydides, *History of the Peloponnesian War*, 82, 242.
36. Priestley, *Lectures on History*, 2:451, 453, 454, 467. 楷體標示的部分是原文中的斜體字。
37. 請參考 Priya Satia, *Empire of Guns: The Violent Making of the Industrial Revolution* (New York: Penguin, 2018)。
38. Samuel Galton, "To the Friends of the Monthly Meeting at Birmingham," 1795, Birmingham City Archives: MS3101/B/16/2. 楷體的「歷史」一詞在加爾頓的原文中是斜體字。
39. Joseph Freame to Mary Freame, June 16, 1762, Friends House Library: Temp

(Cambridge, MA: Harvard University Press, 2001), 15.

10. David Hume to William Strahan, August 1770, *The Letters of David Hume, vol. 2, ed. J. Y. T. Greig* (orig. 1932; repr., Oxford: Oxford University Press, 2011), 230.
11. Benedict Anderson, *Imagined Communities: Reflections on the Origin and Spread of Nationalism* (London: Verso, 1983).
12. Herodotus, *The Histories*, trans. Tom Holland (orig. 5th cent. BCE; repr., New York: Penguin, 2015).
13. Thucydides, *History of the Peloponnesian War*, ed. M. I. Finley, trans. Rex Warner (orig. 5th cent. BCE; trans. 1954; repr., New York: Penguin, 1972).
14. 比方說，可以參考 Matthew Gabriele, "Islamophobes Want to Recreate the Crusades. But They Don't Understand Them at All," *Washington Post*, June 6, 2017。
15. Euan Cameron, "The Protestant Reformers and World History: How Cosmic Time Became Theological Time," lecture, Humanities Center, Stanford University, November 8, 2019.
16. David Como, "In Due Time: Apostasy, Apocalypse, and the English Revolution," talk, Humanities Center, Stanford University, November 8, 2019.
17. Nicholas Dirks, *The Scandal of Empire: India and the Creation of Imperial Britain* (Cambridge, MA: Harvard University Press, 2008), 256–257.
18. 關於在啟蒙時期的上帝和基督教的所在位置的概括性的研究，可以參考 Charly Coleman, "Resacralizing the World: The Fate of Secularization in Enlightenment Historiography," *Journal of Modern History* 82:2 (2010): 368–395 頁。
19. Catherine Gallagher, *Telling It Like It Wasn't: The Counterfactual Imagination in History and Fiction* (Chicago: University of Chicago Press, 2018), 17.
20. Gallagher, *Telling It Like It Wasn't*, 18.
21. Talal Asad, *Formations of the Secular: Christianity, Islam, Modernity* (Stanford, CA: Stanford University Press, 2003), 27.
22. Kant, "Idea for a Universal History with a Cosmopolitan Point of View," Eighth Thesis.
23. Genevieve Lloyd, "Providence as Progress," Rorty and Schmidt, *Kant's "Idea for a Universal History,"* 202.
24. Bittner, "Philosophy Helps History," 245–249.
25. See Kuehn, "Reason as a Species Characteristic," 72.

The Revolution, ed. Jeremy McCarter (New York: Grand Central Publishing, 2016), 120.

1. 關於和這個觀念有關的有趣劇作，請看 Michelle Alexander, "What If We're All Coming Back?" *New York Times*, October 29, 2018。
2. 關於約翰・洛克的著作在這一轉變中的早期重要性，請參考 Paul Strohm, *Conscience: A Very Short Introduction* (Oxford: Oxford University Press, 2011), 41–42 頁。
3. Henry St. John Bolingbroke, *The Works of Lord Bolingbroke. With a Life, Prepared Expressly for This Edition, Containing Additional Information Relative to His Personal and Public Character, Selected from the Best Authorities. In Four Volumes* (orig. 1752; repr., London: Henry G. Bohn, 1844), 2:193. 這封信在他去世前曾私人刊印。
4. Emma Rothschild, "The Theory of Moral Sentiments and the Inner Life," in *The Philosophy of Adam Smith: The Adam Smith Review, vol. 5, Essays Commemorating the 250th Anniversary of "The Theory of Moral Sentiments,"* ed. Vivienne Brown and Samuel Fleischacker (London: Routledge, 2010), 28, 29, 30, 33.
5. Strohm, *Conscience*, 48.
6. Immanuel Kant, "Idea for a Universal History with a Cosmopolitan Point of View," 1784, trans. Lewis White Beck, from Kant, *On History* (Indianapolis: Bobbs-Merrill, 1963), Eighth and Ninth Theses, transcribed by Rob Lucas, Marxist Internet Archive, https://www.marxists.org/reference/subject/ethics / kant/universal-history.htm. 可以肯定的是，康德在其他地方肯定了更多超越性的道德價值，他勸告我們「在行動上，你要利用人性，無論是在你自己身上，還是在其他的任何人身上，總是同時把人性作為一個目的，而不僅僅是作為一個手段。」*Groundwork for the Metaphysic of Morals*, 第二章，摘錄於 Manfred Kuehn, "Reason as a Species Characteristic," Amélie Rorty 和 James Schmidt 編輯，*Kant's "Idea for a Universal History with a Cosmopolitan Aim": A Critical Guide* (Cambridge: Cambridge University Press, 2009), 86 頁。
7. Rüdiger Bittner, "Philosophy Helps History," in Rorty and Schmidt, *Kant's "Idea for a Universal History,"* 235.
8. Eckart Förster, "The Hidden Plan of Nature," in Rorty and Schmidt, *Kant's "Idea for a Universal History,"* 189.
9. David Bell, *The Cult of the Nation in France: Inventing Nationalism, 1680–1800*

對人們對於歷史學科多元化的關注所付出的「重大代價」表達了不滿。見 Niall Ferguson, "The Decline and Fall of History," speech, October 2016, Folger Shakespeare Library, Washington, DC, http://www.youtube.com/watch?v=7WXNF6Vy07A. 我為今天的歷史學家對政策制定和公共辯論的貢獻進行了辯護。請參考 Priya Satia, "The Whitesplaining of History Is Over," *Chronicle of Higher Education*, March 28, 2018, http://www.chronicle.com/article/The-Whitesplaining-of-History/242952.

20. 正如 David Armitage 和 Jo Guldi 在 *The History Manifesto* 中呼籲的那樣，這就是為什麼長期敘述（long-term narratives）的書寫並非必要的解決辦法：長期敘述並不能保證我們避免那些推遲了未來判決而得出的適得其反的政策決定。問題的解方在於對歷史的倫理邏輯進行重新想像（拋開在現有的政府結構中有效應用歷史知識的觀點）（第六章）。此外，David Armitage 在勸說歷史學家像以前一樣影響決策者的時候，並沒有區分從國家機構內部和外部施加的影響。見 Armitage, "Why Politicians Need Historians," *Guardian*, October 7, 2014. 但是，吸引大眾讀者的歷史作品對於政策制定者的影響和在國家機關內部為公務員和政策制定者提供建議的「內部」歷史學家是不同的。它們之間的區別是公共「相關性」的不同模式。在這本書裡，我講述了歷史作為帝國建設者的學科觀念的興起，以及在後來作為帝國主義政府外的批評者的反殖民主義角色。這就是今天的歷史學科，歷史學家們必須從這個學科中設想自己在公共辯論中起到的作用。
21. 關於最後一點，請看 Dane Kennedy, *Imperial History Wars: Debating the British Empire* (London: Bloomsbury, 2018), 第七章。
22. 那些想要了解和良知有關的哲學著作或良知概念的思想史的讀者不妨參考以下著作：Martin van Creveld, *Conscience: A Biography* (London: Reaktion, 2015); Richard Sorabji, *Moral Conscience through the Ages: Fifth Century BCE to the Present* (Oxford: Oxford University Press, 2014); Martha Nussbaum, *Political Emotions: Why Love Matters for Justice* (Cambridge, MA: Belknap Press of Harvard University Press, 2013); Kenan Malik, *The Quest for a Moral Compass: A Global History of Ethics* (London: Atlantic, 2014); Paul Strohm, *Conscience: A Very Short Introduction* (Oxford: Oxford University Press, 2011)。

第一章

章節前引文：Lin-Manuel Miranda, "Hamilton: An American Musical," *Hamilton:*

13. 另請參考 Afua Hirsch, "Britain's Colonial Crimes Deserve a Lasting Memorial," Guardian, November 27, 2017。

14. 關於這一點，請另外參考 Priya Satia, *Spies in Arabia: The Great War and the Cultural Foundations of Britain's Covert Empire in the Middle East* (New York: Oxford University Press, 2008), 一書的前言部分。

15. 關於呈現和帝國，通常要參考 Edward Said, *Orientalism* (orig. 1978; repr., New York: Vintage, 2003)。

16. Samuel Galton, "To the Friends of the Monthly Meeting at Birmingham," 1795, Birmingham City Archives: MS3101/B/16/2.

17. Priya Satia, "Byron, Gandhi and the Thompsons: The Making of British Social History and the Unmaking of Indian History," *History Workshop Journal* 81 (2016): 135–170 頁；Satia, "Poets of Partition: The Recovery of Lost Causes," 見 Arie Dubnov 和 Laura Robson 編輯的 Partitions: *A Transnational History of Twentieth-Century Territorial Separatism* (Stanford, CA: Stanford University Press, 2019), 224–256 頁。

18. 比方說可以參考 Martin Malia, *The Soviet Tragedy: A History of Socialism in Russia, 1917–1991* (New York: Free Press, 1994); Martin Amis, Koba the Dread: Laughter and the Twenty Million (New York: Vintage, 2002)。有大量的作品都指出了納粹主義和史達林主義之間的可比性特徵。

19. 這場在二〇一八年三月舉行的會議有超過三十個白人男性參加（卻只有一位女性主持了一個研討環節），這件事在一個有越來越多的非白人和女性學者構成的職業圈裡堪稱一件醜聞。見 Maya Salam "Stanford History Event Was 'Too White and Too Male,' Organizer Admits," New York Times, March 17, 2018, 21; Emma Kerr, "'Multiple Steves and Pauls': A History Panel Sets Off a Diversity Firestorm," *Chronicle of Higher Education*, March 15, 2018, http://www.chronicle.com/article/Multiple-Steves-and/242841; Allyson Hobbs and Priya Satia, "An Academic Conference Featured 30 White Men and One White Woman. How Should the University Respond?" *Washington Post,* March 26, 2018. 這場會議的人員構成與會議目的是有關聯的，它的目的即解決所謂的「大多數學術圈歷史學家傾向於迴避當代感興趣的問題，尤其是對政策制定者而言感興趣的問題」這一事實。這場會議的網站聲稱「先前的幾代人對這些問題並不感到這麼羞愧」。"Applied History," seminar program, available at axsonjohnsonfoundation.org/wp-content/uploads/2018/03/Applied-History.pdf. 這場會議的主要召集人尼爾・弗格森（Niall Ferguson）已經

View," 1784, trans. Lewis White Beck, from Kant, *On History* (Indianapolis: Bobbs-Merrill, 1963), Thesis 6, transcribed by Rob Lucas, Marxist Internet Archive, https://www.marxists.org/reference/subject/ethics/kant/universal-history.htm. 請注意我在這本書的其他地方也使用的是這個版本的翻譯，尤其是來自 Sixth Thesis 中的這句話，我選用了 Isaiah Berlin 膾炙人口的翻譯。因此 Beck 的這句話就是「from such crooked wood as man is made of, nothing perfectly straight can be built.」。

6. 請參考 James Scott, *Seeing Like a State: How Certain Schemes to Improve the Human Condition Have Failed* (New Haven, CT: Yale University Press, 1999).
7. Dipesh Chakrabarty, *Provincializing Europe: Postcolonial Thought and Historical Difference* (Princeton, NJ: Princeton University Press, 2000), 7.
8. 非常值得注意的是，Uday Mehta 給許多思想家進行了歸類，這些思想家在本書中被視為「政治理論家」。見 Liberalism and Empire, 6。這本書展示了建構這些人的政治思想的歷史想像在促使帝國主義的行為上做出了重要的倫理道德工作。
9. Mohandas K. Gandhi, 引用於 Nirmal Kumar Bose, ed., *Selections from Gandhi* (Ahmedabad: Navajivan, 1948), 203。
10. Will Dahlgreen, "Rhodes Must Not Fall," YouGov, January 18, 2016, http://yougov.co.uk/topics/politics/articles-reports/2016/01/18/rhodes-must-not-fall; Jon Stone, "British People Are Proud of Colonialism and the British Empire, Poll Finds," *The Independent*, January 19, 2016; Robert Booth, "UK More Nostalgic for Empire Than Other Ex-Colonial Powers," *Guardian*, March 11, 2020.
11. Paul Cornish, Nigel Biggar, Robert Johnson, and Gareth Stansfield, "Interests, Ethics and Rules: Renewing UK Intervention Policy," January 11, 2020 (Beckington, Nr Frome: Cityforum, 2020), 19.
12. Clement Atlee, *Empire into Commonwealth: The Chichele Lectures Delivered at Oxford in May 1960 on Changes in the Conception and Structure of the British Empire during the Last Half Century* (New York: Oxford University Press, 1961). 甚至是在艾德禮的時期，就已經有一些歷史學家（例如 Margery Perham）已經認識到了殖民地臣民的反抗並在英國人咬牙切齒的執念中贏得了他們的自由。但儘管如此，這種神話迷思還是一直迴響至今，並出現在例如 David Cannadine 和 John Darwin 等歷史學家的著作中。Priyamvada Gopal, *Insurgent Empire: Anticolonial Resistance and British Dissent* (London: Verso, 2019), 3, 12, 432–433。

註釋

導言

1. Alan Bennett, *The History Boys* (London: Faber and Faber, 2004).
2. J. R. Seeley, *Lectures and Essays* (London: Macmillan, 1870), 296.
3. 比方說，可以參考 Eric Alterman, "The Decline of Historical Thinking," New Yorker, February 4, 2019。比方說，關於把過度專業化看作是歷史學家影響力明顯下降的原因，可以參見 David Armitage 和 Jo Guldi, The History Manifesto (Cambridge: Cambridge University, 2014)。事實上，學術界的歷史學家就像是包括經濟學家在內的其他學術代理人一樣，他們的作品可能會被大眾讀者接受，也可能不會被大眾讀者接受——這取決於公共教育和文化的轉變，也取決於作品本身。在更深的層次中，人文主義的努力本身就是有內在價值的，而且不需要實際的理由。此外，對於「過度專業」的擔憂太常提供一種掩護，它讓人們看不清對更大多元性的考量和多元性關注已經改變了這個行業的方式。因此《經濟學人》最近把歷史學家的影響力下降歸因於他們關注「邊緣人而非強者，窮人而非富人」。"Bagehot," "The End of History," *The Economist*, July 20, 2019, 49. 另見註釋 19。無論歷史學家的學術傾向如何，他們都和其他的學者一樣，以教師、對公眾對話者、體制中的人、活動家，以及專業著作和流行書籍、散文作者的身分，從事著面對公眾的工作。這種公共角色（通過此角色實現其文化功能）正是我所感興趣的地方。
4. 關於自由主義和帝國，請尤其參考以下這兩本著作：Uday Mehta, *Liberalism and Empire: A Study in Nineteenth-Century British Liberal Thought* (Chicago: University of Chicago Press, 1999); Jennifer Pitts, *A Turn to Empire: The Rise of Imperial Liberalism in Britain and France* (Princeton, NJ: Princeton University Press, 2005)。從這些相關的故事中，人們可以看到法國人所說的「文明的任務（mission civilisatrice）」和美國人「註定的命運（manifest destiny）」的概念。
5. Immanuel Kant, "Idea for a Universal History with a Cosmopolitan Point of

知識叢書 1121

時間怪獸：被歷史塑造的大英帝國進步假象

Time's Monster: How History Makes History

作者	普莉亞・沙蒂婭（Priya Satia）
譯者	苑默文
主編	王育涵
責任編輯	邱奕凱
責任企畫	郭靜羽
封面設計	吳郁嫻
內頁排版	張靜怡
總編輯	胡金倫
董事長	趙政岷
出版者	時報文化出版企業股份有限公司 108019 臺北市和平西路三段 240 號 7 樓 發行專線︱ 02-2306-6842 讀者服務專線︱ 0800-231-705 ︱ 02-2304-7103 讀者服務傳真︱ 02-2302-7844 郵撥︱ 1934-4724 時報文化出版公司 信箱︱ 10899 臺北華江橋郵局第 99 信箱
時報悅讀網	www.readingtimes.com.tw
人文科學線臉書	http://www.facebook.com/humanities.science
法律顧問	理律法律事務所︱陳長文律師、李念祖律師
印刷	勁達印刷有限公司
初版一刷	2022 年 12 月 16 日
定價	新臺幣 680 元

ISBN 978-626-353-205-2 ︱ Printed in Taiwan

時報文化出版公司成立於一九七五年，並於一九九九年股票上櫃公開發行，於二〇〇八年脫離中時集團非屬旺中，以「尊重智慧與創意的文化事業」為信念。

時間怪獸：被歷史塑造的大英帝國進步假象／普莉亞・沙蒂婭（Priya Satia）著；苑默文譯 .
-- 初版 . -- 臺北市：時報文化出版企業股份有限公司，2022.12 ︱ 512 面；14.8×21 公分 .
譯自：Time's Monster: How History Makes History ︱ ISBN 978-626-353-205-2（平裝）
1. CST：帝國主義 2. CST：史學 3. CST：史學評論 4. CST：英國︱ 741.25 ︱ 111018930